이야기꾼과 놀이꾼　　**서사와 창의성**

내러티브 총서 03

이야기꾼과 놀이꾼 서사와 창의성

지은이 / 김상환, 김민호, 서성은, 신정아, 양혜림, 이수진, 이재환, 장태순, 최용호, 한충수, 한혜원
펴낸이 / 강동권
펴낸곳 / (주)이학사

1판 1쇄 발행 / 2023년 10월 31일

등록 / 1996년 2월 2일 (신고번호 제1996-000015호)
주소 / 서울시 종로구 율곡로13가길 19-5(연건동 304) 우 03081
전화 / 02-720-4572 · 팩스 / 02-720-4573
홈페이지 / ehaksa.kr
이메일 / ehaksa1996@gmail.com
페이스북 / facebook.com/ehaksa · 트위터 / twitter.com/ehaksa

ⓒ (주)크레버스, 2023, Printed in Seoul, Korea.

ISBN 978-89-6147-438-2 04100
       978-89-6147-395-8 04100(세트)

이 책의 저작권은 (주)크레버스가 가지고 있습니다.
저작권법에 의해 보호를 받는 저작물이므로 이 책 내용의 일부 또는 전부를 재사용하려면
(주)크레버스와 (주)이학사 양측의 동의를 얻어야 합니다.

* 책값은 뒤표지에 표시되어 있습니다.

이야기꾼과 놀이꾼

서사와 창의성
내러티브 총서 03

김상환
김민호
서성은
신정아
양혜림
이수진
이재환
장태순
최용호
한충수
한혜원

이학사

내러티브 총서 발간사

사람이 사는 곳에 집이 있다면 집이 있는 곳엔 이야기가 넘치기 마련이다. 인간이 대지에 거주하기 위해서는 도피처부터 있어야 했다. 그러나 도피처를 안식의 공간으로 지어내기 위해서는 먼저 이야기하는 능력이 필요하다. 물리적 건축술에 앞서는 것이 서사적 건축술이다. 우리 인간은 안식처가 있는 덕분에 이야기를 주고받게 된 것이 결코 아니다. 오히려 이야기를 주고받는 능력 덕분에 적절한 안식의 공간을 조성할 수 있게 되었다.

이야기 능력은 문화 세계의 인간에게 원초적 본능에 가깝다. 인간의 문화적 성취 대부분은 목적을 설계하고 그렇게 설계된 목적을 실현할 방법을 찾는 데서 비롯되었다. 그런데 그런 설계와 계획의 능력은 이야기를 짓는 능력에 뿌리내린다. 대부분의 문화적 현상은 인간의 서사적 본능에 닿아 있다. 이야기를 짓는다는 것은 경험의 내용을 시간적 순서와 인과적 질서에 따라 정돈한다는 것이다. 그런 서사적 정돈은 분류, 상상, 창조의 조건이자 실천적 행위의 발판이다.

그러므로 이야기 짓기는 밥 짓기, 옷 짓기, 집 짓기 등과 같은 계열을 이루는 한 가지 특수한 일로 그치지 않는다. 그것은 오히려 모든 짓기의 원천에 해당한다. 언어가 인간에게 '존재의 집'이라면, 그 집은 서사적 건축술의 산물이다. 언어는 근원적으로 서사적이고, 서사적인 한에서 비로소 존재의 집일 수 있다. 그러므로 이야기가 없다면 공동체(우리)도, 개인(나)도 있을 수 없다. 공동체는 이야기의 끈 속에 하나로 묶인다. 개인은 이야기의 자양분 안에서 성장한다. 이야기는 우리가 현재의 사물을 지각하고 과거의 사물을 기억하며 미래의 사물을 창안하는 근본 형식이다.

문화 세계의 정신적 가치는 이야기의 형식 안에서 탄생, 소멸한다. 시간 속에 현상하는 모든 것은 서사적 건축술의 통제 아래 비로소 질서와 의미를 얻는다. 역사적 현실 속에 발 디딘 모든 것은 서사적 실천에 힘입어 비로소 정체성을 획득한다. 시대의 정체성, 우리와 나의 정체성은 이야기를 통해 구축된 서사적 정체성이다. 우리의 사고와 행동이 자리하는 역사적 지평 자체부터가 과거, 현재, 미래를 상호 교차 및 정돈해가는 서사적 건축술의 산물이다. 이야기는 역사와 문화의 바탕이자 그 내용 자체다.

이런 까닭에 이야기의 본성은 문예 이론에 국한된 문제로 그치지 않는다. 심각한 존재론적 성찰에서부터 막 태어난 첨단 미디어 이론에 이르기까지 수많은 분야에서 이야기의 본성을 묻기에 이르렀다. 서사학은 다양한 학문이 만날 수 있는 광장을 열어놓았다. 그런데 그 광장에 모여드는 이질적인 담론들은 오늘날 도전적인 물음과 직면했다. 인문과학과 사회과학, 예술과 문화산업, 심지어는 자연과학과 기술적 발명의 현장에서까지 새로운 물음이 제기되었다. 새로운 물음, 그것은 인터랙티브 스토리텔링의 점진적 일반화에서 온다.

개인 컴퓨터는 물론 인공지능, 빅데이터, 클라우드 기술, 모바일

등이 출현함에 따라 현대의 미디어 환경은 급격히 재편되었다. 방송과 통신을 결합한 디지털 미디어 기술과 글로벌 플랫폼의 등장은 만인 서사의 시대를 열어놓았고, 문화산업의 폭발적 팽창을 가져왔다. 메타버스 공간이 열리면서 게임의 논리는 인간 삶의 주요 영역을 흡수해갈 조짐이다. 정보 교환 방식은 물론 상거래 방식, 인간이 만나고 결속을 유지하는 방식까지 달라지고 있음을 실감한다. 그러나 충격적인 변화는 무엇보다 직업 생태계에서 일어나는 중이며, 따라서 그에 따른 교육 프로그램의 개발이 절실해졌다.

한마디로 문화 전반이 변해가는 중인데, 우리는 그 변화의 요체를 이야기 형식의 변화로 집약할 수 있다. 오늘날 디지털 미디어 환경에서 텍스트는 고정된 구조를 지니지 않는다. 이야기는 선형적인 순서에 고정되어 있지 않다. 쌍방향 대화와 상호작용이 확산하면서 텍스트는 점점 더 다형성을 띠게 된다. 이야기는 인터랙티브 스토리텔링의 형태를 취하면서 끊임없이 새로운 문맥 속에 재구성된다. 특히 이것은 미디어 예술과 문화산업의 영역에서 두드러진 현상이었다. 그러나 메타버스의 출현과 더불어 앞으로는 사회-문화적 삶 전반으로 확산하리라 예상된다.

텍스트가 다형성을 띠어가고 인터랙티브 스토리텔링이 일반화되어가는 추세에서 우리는 그 어느 때보다 이야기의 본성을 처음부터 다시 물어볼 필요성과 마주친다. 이런 것이 문화산업을 일으킬 콘텐츠의 형식 자체라는 현실적인 이유에서만이 아니다. 고전적인 서사 이론의 확장 및 수정 가능성을 검토해야 한다는 학문적인 이유에서만도 아니다. 그것은 무엇보다 대지에 거주하는 새로운 방식을 묻는 물음이자 언젠가 다가올 우주 시대를 준비하는 문제다. 인간이 역사적 시간 속에 존재하는 방식을 다시 묻고 미래를 향하여 우리 자신을 정향定向하는 문제라 할 수도 있다.

내러티브 총서는 이런 문제의식 아래 기존의 국내 서사 연구에 박차를 가하는 동시에 스토리텔링을 중심으로 철학에서 대중문화에 이르는 다양한 분야 간의 대화를 유도하여 역동적으로 변모해가는 문명적 현실에 부응하는 인문학적 담론의 길을 모색하고자 기획되었다. 이런 총서 기획의 열매가 순수 학문의 영역을 넘어 창작과 교육의 현장에서도 긴요한 도구가 되고 풍요한 상상력의 밑거름이 될 수 있기를 희망한다.

끝으로 미래에 대한 준비와 인재 양성은 언제나 깊은 철학적 성찰과 폭넓은 인문학적 상상력을 원동력으로 삼아야 한다는 평소의 신념 아래 우리에게 초학제적인 서사 연구의 판을 처음 깔아주고 물심양면으로 지원해주신 ㈜크레버스 김영화 회장님께 감사드린다.

2021년 8월 10일
내러티브 패러다임 연구단을 대신하여
김상환 씀

차 례

5 내러티브 총서 발간사

11 서론 이야기꾼과 놀이꾼 ─ 김상환

55 1부 서사 이론

57 탈근대의 가치와 서사:
리오타르의『포스트모던의 조건』다시 읽기 ─ 김상환
107 프란츠 칼 슈탄젤의『서사 이론』속에 나타난
서사성과 창의성 ─ 최용호
143 시 짓기에 관한 하이데거의 생각 ─ 한충수
169 데리다의 서사론: 이야기 혹은 끝없는 거짓말 ─ 김민호

195 2부 서사와 창의성

197 놀이의 세 얼굴: 해방, 입법, 경쟁 ─ 장태순
213 놀이-서사-창의성 ─ 이재환
241 사물의 서사와 창의성 ─ 장태순

261 　연상호 감독의 SF 영화 〈정이〉에 나타난

　　　포스트휴먼 시대의 서사적 욕망 — 신정아·최용호

291 　**3부　디지털 문화와 서사적 창의성**

293 　디지털 게임의 서사성과 창의성 — 한혜원

321 　한국 웹툰 서사의 창의성:

　　　틀 안의 천착과 틀 밖의 확장에 대하여 — 양혜림

345 　트랜스미디어 스토리텔링의 서사성과 창의성 — 서성은

387 　'생생한' 내러티브의 표현: 창의적인 영화에 관하여 — 이수진

413 　결론 — 이재환

431 　미주

453 　참고문헌

서론
이야기꾼과 놀이꾼

김상환

> "인간이 존재하는 본래의 방식도 역시 놀이다.
> 인간은 이야기꾼이나 일꾼이기에 앞서 놀이꾼이다."

김상환은 서울대학교 철학과 교수로 현대철학의 다양한 통찰을 바탕으로 지금의 우리 모습과 시대를 진단하는 글을 써왔으며, 현대철학의 흐름을 체계적으로 재구성하는 연구에 매진하고 있다. 지은 책으로 『왜 칸트인가』(2019), 『근대적 세계관의 형성』(2018), 『김수영과 『논어』』(2018), 『철학과 인문적 상상력』(2012) 등이 있고, 옮긴 책으로 『차이와 반복』(2004) 등이 있다.

I.

"별들이 아름다운 것은 한 송이 꽃이 있기 때문이에요.
여기에서는 보이지 않지만. … 사막이 아름다운 이유는
어디엔가 샘을 감추고 있기 때문이에요."

사막과 오아시스

산책 중에 우연히 지나가던 담벼락에 누군가 적어놓은 문장이다. 머리에서 맴돌다 한참 후에야 생텍쥐페리의 『어린 왕자』에 나오는 구절임을 깨달았다. 우리의 이야기를 이 문장에서부터 시작해보자. "사막이 아름다운 이유는 어디엔가 샘을 감추고 있기 때문이에요." 어째서 사막은 샘이 있어 아름다운가? 아마 누군가를, 가령 목마름에 지친 방랑자를 맞을 수 있기 때문일 것이다.

사막은 샘과 더불어 비로소 쉴 수 있는 곳, 살 수 있는 곳이 된다. 샘에서 솟아나는 삶의 가능성, 거주 가능성 덕분에 사막은 아름다워진다. 그 거주 가능성과 더불어 사막은 기억이 쌓이고 희망이 숨쉬는 장소가 된다. 야생의 자연이기를 그치는 것이다. 그렇다면 이런 물음도 던져볼 법하다. 만일 삶이 다시 사막이라면, 거기서 샘에 해당하는 것은 무엇이 될까? 삶의 세계를 위협하는 허무의 모래바람에서 우리를 보호해주는 오아시스, 미래의 가능성을 길어 올릴 희망의 샘은 어디에서 찾아야 하는가?

두 해 전 내러티브 총서 첫째 권[1]을 낼 때 우리는 그것을 이야기에서 찾았다. 이야기의 샘이 삶의 의미가 솟아나는 원천이고, 이야기의 끈이 문화의 질서를 엮어가는 형식이라는 점, 그것이 우리의 가설이었다. 물론 이때 이야기는 로고스(논리)와 대립하는 좁은 의미의 뮈토스(서사)가 아니다. 그것은 태초의 로고스에 해당하는 이야기, 다시 말해서 로고스와 뮈토스의 이분법보다 오래된 원초적인 말에 가깝다.

지난해 내러티브 총서 둘째 권[2]을 내면서 우리는 새로운 가설에 도달했다. 즉 말하기와 일하기는 이야기의 샘에 숨은 하나의 동일한 가능성에서 연원淵源한다. 이야기의 끈 운동을 끌고 가는 줄거리(플롯)와 일꾼의 작업을 끌고 가는 목적 설계(플랜)는 하나의 원천에서 흘러나온 두 지류다. 그 공통의 원천은 초월론적 차원의 기투, 실존적 차원의 기획투사(프로젝트)에 있다. 우리가 자신의 고유한 가능성을 발견하고 그것을 실현하기 위해 미래로 투사하는 능력이 말하기와 일하기의 공통 뿌리다.

이번에 내러티브 총서 셋째 권을 내면서 우리는 다시 새로운 가설을 내놓는다. 그것은 이야기의 샘을 더욱 거슬러 올라가면 우리가 만날 궁극의 요소는 놀이의 성격을 지닌다는 것이다. 즉 말하기와 일하기의 공통 원천이 기투라면, 그 기투는 다시 놀이의 일종이다. 말하고 일하며 희망하는 인간은 무엇보다 먼저 놀 줄 아는 인간, 호모 루덴스다. 인간은 놀 줄 알므로 기투하며, 기투하므로 말하고 일할 줄 안다.

어부와 그물

이는 우리의 가설이라기보다 하이데거의 가설이다. 그는 『존재와 시간』(1927)에서 기투를 "현사실적 존재 가능의 놀이 공간을 지칭하는 실존론적 존재 구성 틀"³로 정의한다. 그리고 후속작인 『칸트와 형이상학의 문제』(1929)에서 그 놀이 공간을 칸트철학을 설명하는 핵심 개념으로 삼는다. 현상계의 바탕을 이루는 초월론적 평면을 기투가 일어나는 놀이 공간으로 풀이하는 것이다.⁴

이 점을 좀 더 쉽게 설명하기 위해서 이제는 사막을 떠나 물이 넘치는 강으로 가보자. 만일 그 강이 아름다워 보인다면, 그것은 왜일까? 우리의 어린 왕자처럼 생각하자면, 아마 근처 어딘가에 어부의 집이 숨어 있고, 그 집 어딘가에는 그물이 걸려 있기 때문이 아닐까? 어부가 강변에 살 수 있는 까닭은 그물을 던져 물고기를 잡을 수 있어서일 것이다. 그 덕분에 어부는 비로소 삶의 터전을 일구고, 거기에 자신의 이야기를 남길 수 있게 된다. 그런데 왜 하필 그물인가?

중요한 것은 바로 이 점이다. 인간은 동물이 아닌 까닭에 맨손이 아니라 그물을 쓴다. 그러나 인간은 그보다 먼저 신이 아닌 까닭에 그물에 의존한다. 신이 물고기를 잡아야 한다면 그물을 쓰지 않을 것이다. 인간이 그물에 의존하는 것은 그 존재가 유한하기 때문이다. 칸트의 초월론적 전회는 이와 유사한 통찰에서 시작되었다. 통찰의 핵심은 신적인 직관과 인간의 직관을 구별하는 데 있다.⁵ 이때 직관은 인식 활동에서 대상과 직접 관계하는 방식을 말한다. 그런데 신적인 직관은 대상을 생산한다. 신에게는 먼저 물고기가 있고, 그다음 그것을 직관하는 것이 아니다. 거꾸로 물고기를 직관하면, 비로소 그때 물고기가 존재하게 된다.

이런 의미에서 신적인 직관은 '근원적'이다. 반면 인간의 직관은 '파생적'이다. 이미 존재하는 것을 직관하되 그 대상에 맞추어 준비한 형식을 통해 직관하기 때문이다. 인간의 직관은 마치 물고기의 크기에 따라 서로 다른 그물을 던지는 어부의 투망과 같다. 무한한 신은 직관하면서 대상을 실재하게 만들지만, 유한한 인간은 일정한 형식의 그물을 실재의 강에 던져야 대상을 직관할 수 있다. 그 직관의 형식이 바뀌면, 당연히 대상은 다른 모습을 띠고 나타날 것이다.

유한성과 기투의 운명

자연과학에서 이는 익숙한 사실이다. 과학자에게 대상은 그가 사용하는 방법론적 규칙에 따라 다르게 나타난다. 어떤 그물을 던지느냐에 따라 잡히는 물고기가 달라지는 것처럼 어떤 규칙을 투사하느냐에 따라 자연에서 포착되는 대상이 변하게 된다. 이런 관점에서 칸트는 다음과 같이 적는다. 기획투사가 인간의 존재론적 유한성에 따른 인식론적 운명임을 말하는 대목이다.

한줄기 빛이 떠올랐다. 이성은 자신의 기투에 따라 스스로 산출한 것만을 통찰한다는 사실, 그리고 이성은 항구적인 법칙에 따른 자신의 판단 원리를 가지고 앞서 나아가 자연이 자신의 물음에 답변하도록 강요해야 하며, 따라서 이를테면 자연을 실마리

로 해서는 걸음마조차도 배워서는 안 된다는 사실을 자연 연구자들은 파악했다.[6]

여기에 칸트의 인식론 전체를 끌고 가는 근본 통찰이 담겨 있다. 즉 우리 인간은 신이 아닌 까닭에 실재(사물 자체)를 있는 그대로 표상할 수 없다. 어떤 법칙에 의존하여 표상할 수밖에 없고, 그 법칙에 상관적인 측면에서만 실재를 표상한다. 유한한 인간에게 대상은 온전한 실재 자체가 아니라 투사된 법칙에 따라 상대적으로 다르게 나타나는 '현상'에 불과하다.

그런 현상을 실재 자체, 사물 자체와 혼동하지 말라는 것이 칸트철학의 첫 번째 가르침이다. "이성은 자신의 기투에 따라 스스로 산출한 것만을 통찰한다." 이 사실을 받아들인다면 우리에게 나타나는 현상은 기투를 통해 생산된 것, 다시 말해서 해석되거나 구성된 어떤 것이 된다. 기투한다는 것, 그것은 특정 규칙에 따라 실재를 구성한다는 것과 같다.[7]

여기서 '초월론적transcendental'이라는 칸트의 용어를 설명할 기회가 찾아온 것 같다. 이것은 '기투적'이란 말과 같다. 어부가 그물을 던져야 물고기를 잡을 수 있듯 유한한 인간은 미리 준비된 법칙을 투사해야 대상과 만날 수 있다. 그러므로 초월론적 주체는 그물을 어깨에 멘 어부와 같다. 대상의 경험 이전에 그것을 가능케 하는 (선험적) 법칙을 미리 소유한 주체가 초월론적 주체다.

초월론적 주체가 미리 소유한 법칙은 대상 쪽에서는 나타남의 가능 조건이다. 하지만 주체 쪽에서 그 법칙은 유한성의 징표다. 어부는 동물도 아니고 신도 아닌 인간인 까닭에 그물을 던져서 고기를 잡는다. 마찬가지로 초월론적 주체는 그 존재의 유한성으로 인하여 미리 주어진 법칙을 투사해야 대상을 경험할 수 있다. 기획투사는 인간의 유한성에서 오는 존재론적 운명이다.

기투와 근원적 상상력

하이데거는 이런 운명이 펼쳐지는 초월론적 공간을 놀이터로 간주한다. "이러한 놀이 공간 안에 처음부터 체류하고 있음, 즉 이러한 놀이 공간을 근원적으로 형성함, 이것이 바로 존재자에 대한 모든 유한한 태도를 특징짓는 초월이다."[8] 인간은 유한하므로, 그리고 그 유한성을 의식하므로 초월을 지향한다. 어떤 초월인가? 기투의 유희를 통한 초월이다. 그러나 이는 칸트 이후의 일임에 유의하자.

칸트 이전에는 초월이 두 가지 방식으로 이루어졌다. 하나는 특수한 존재자들의 차이를 뛰어넘어 존재자 일반의 보편적 특성으로 향해 가는 초월이다(일반 형이상학). 다른 하나는 신과 같은 최고 존재자나 존재자의 마지막 기원을 향한 초월이다(특수 형이상학). 그러나 칸트 이후 초월은 어부의 투망과 유사한 방식으로 일어난다. 즉 초월은 미리 준비한 법칙을 실재의 강에 던지는 기획투사의 형태를 띤다.

그런데 기획투사의 공간은 왜 '초월론적'이라 불리는가? 일단 경험의 세계에 속하지 않기 때문이다. 그것은 경험의 세계가 나타날 가능성 — 다시 말해서 우리가 대상과 만나고 교류할 가능성 — 이

조성되는 공간이고, 이 점에서 초월론적이다. 그것은 경험의 세계가 나타나기 전에 먼저 그것의 인식론적 가능성과 존재론적 친밀성이 움트는 공간이다. 우리가 그 초월론적 공간을 놀이터로 부를 만한 이유는 여기에 있다.

어린아이가 세상을 경험하기 전에 거쳐야 하는 예비적 장소가 놀이터다. 팍팍한 현실과 무차별한 환상 사이에 있는 제삼의 장소가 놀이터다. 유한성의 주체가 나타남의 가능성을 기획투사하는 초월론적 차원은 그런 제삼의 장소에 해당한다. 현실에 대한 만남의 가능성이 솟아나고 친밀성이 쌓이는 공간이라는 점에서 그것은 놀이의 공간이라 부를 법하다.

이런 하이데거의 칸트 해석은 『순수이성비판』 재판(1787)보다는 초판(1781)에 기초한다. 이는 재판보다 초판이 상상력에 더 많은 힘을 실어주기 때문이다. 우리는 앞에서 칸트가 근원적 직관과 파생적 직관을 어떻게 비교하는지를 보았다. 칸트에게는 상상력도 그와 유사하게 근원적인 것과 파생적인 것으로 나누어야 할 때가 있다. 근원적 상상력, 그것은 모든 인식능력의 공통 뿌리다. 반면 파생적 상상력은 근원적 상상력에서 뻗어 나온 여러 인식능력 중 하나다.

칸트는 이렇게 말한다. "아마도 '공통적인 그러나 우리에게 알려지지 않은 뿌리'로부터 발원하는 인간 인식의 두 줄기가 있다. 즉 감성과 지성이다." "우리는 … 인식능력의 '보편적 뿌리'가 나누어져 두 줄기로 갈라지는 점으로부터만 출발한다."[9] 『순수이성비판』 초판 '연역' 장은 여기서 언급된 '보편적 뿌리'가 상상력임을 암시한다.

하이데거는 이 점을 더욱 밀고 나간다. 감성과 지성뿐만 아니라 다른 모든 인식능력, 심지어 『실천이성비판』(1788)의 이성까지 상상력에서 뻗어 나온 가지라고 본다. 이때 상상력은 기본적으로 도식 — 개념도概念圖에 해당하는 반추상의 다이어그램 — 을 그리는 능력이다. 하이데거는 칸트가 말하는 상상력의 도식화 활동을 기획투사의 유희로 해석한다. 그리고 그 기획투사의 유희를 모든 창조적 행위의 원동력과 동일시한다.[10]

II.

호모 나란스에서 호모 루덴스로

이런 하이데거의 칸트 해석 배후에는 서양의 놀이 철학 전통이 자리한다. 그것은 특히 헤라클레이토스와 니체로 대변되는 놀이 존재론의 전통이다. 이들은 존재의 근본 사태를 놀이로 본다. 모든 생성과 소멸의 원점에는 갈등하는 힘들의 유희, 쟁투의 놀이가 있다는 것이다. 만년의 하이데거는 이들을 따라 — 이제는 실존적 주체의 기투가 아니라 — 존재 자체의 생기生起를 놀이로 풀이한다.

이런 놀이 철학의 전통은 하이데거 이후 가다머, 핑크, 들뢰즈, 리오타르 등으로 계속 이어진다. 이들에게서는 자연은 물론 인간 세계의 모든 창조적 사건은 놀이의 형식을 취한다. 인간이 존재하는 본래의 방식도 역시 놀이다. 즉 인간이 말하고 일하며 희망을 일구어갈 수 있는 것은 무엇보다 먼저 놀 줄 알기 때문이다. 인간은 이야기꾼이나 일꾼이기에 앞서 놀이꾼이다.

그런데 이런 이야기는 철학자들의 주장만이 아니다. 그것은 『호모 루덴스』(1938)의 저자 요한 하위징아 같은 역사학자의 주장이기도 하다. 이 기념비적인 저작 이후 이른바 놀이학ludology이 탄생했다. 심리학에서 인류학에 이르는 다양한 학문을 아우르는 놀이학은 놀이의 특성을 실증적 사례를 통해 구체적이고 생생하게 묘사한다. 종교를 비롯한 문화현상의 기원에서 놀이를 발견하고 현대의 삶에서 놀이가 차지하는 의미를 서술한다. 놀이 철학의 추상적 언어는 이런 놀이학의 구체적 언어로 보충되어야 한다.

사실 놀이는 우리가 늘 접하고 때로는 그 마력에 빠져들기도 하는 친근한 현실이다. 가령 월드컵 축구 대회를 보라. 세계인의 축제가 된 이 대회 기간을 지나면서 누구나 지구촌 전체를 하나로 묶고 결속하는 놀라운 힘을 경험한다. 그런 힘은 과거에는 종교에서나 기대할 만한 것이었다. 월드컵 축구장 같은 놀이의 터전은 온 세계인이 함께 어우러지는 성전처럼 보일 때가 있다.

사실 어원으로 거슬러 올라가면 성스러움에 해당하는 용어들 — 영어 holy, 독일어 heil — 은 건강하다거나 온전하다는 뜻의 용어들 — 영어 whole, health — 과 서로 만난다. 성스러움을 추구하는 종교와 건강을 추구하는 스포츠가 원래부터 한 가족임을 말해주는 사실이다. 종교와 스포츠는 무사, 무탈을 기원한다는 점에서 같다. 그렇다면 종교는 정신의 건강을, 축구 같은 공놀이는 신체의 건강을 위한다고 말할 수 있을까?

우리는 보통 놀이를 특정한 이분법을 배경으로 이해한다. 가령 놀이는 노동의 반대말, 공부나 훈련의 반대말, 진지함의 반대말이다.

놀이는 성숙한 어른과 거리가 먼 유치한 아이의 영역이다. 정신의 영역이 아닌 신체의 영역, 이성의 영역이 아닌 감성과 충동의 영역, 생산의 영역이 아닌 소비와 방탕의 영역에 가깝다. 놀이꾼은 문화인이라기보다 충동에 붙들린 자연인에 가깝다. 이런 관점에서는 놀이의 긍정적인 면은 제한적으로만 인정된다. 노동의 생산성을 높이고 삶의 활력을 되찾는 데 필요한 여가생활의 한 부분으로 평가되고 마는 것이다.

그러나 하위징아 같은 학자에 따르면 종교에서 전쟁에 이르는 문화 일반이 놀이에서 비롯되었고, 놀이의 형식을 통해 존속한다. 놀이는 문화의 하위 부분이 아니라 오히려 문화가 놀이의 한 부분이다. 놀이는 문화보다 오래되었고, 문화의 영역을 초과한다. 문화를 형성하는 초보적 요소 — 가령 자유, 규칙, 믿음, 약속 같은 요소 — 는 놀이에서 처음 생겨났다. 정신 자체가 놀이를 통해 태어났으며, 우리가 기존의 문화에서 벗어나기 위해서도 놀이 정신으로 돌아가야 한다.[11]

하위징아는 이 모든 것을 호모 루덴스homo ludens라는 말로 집약한다. 인간은 생각하는 존재자homo sapiens나 도구를 제작하는 존재자homo faber이기에 앞서 노는 존재라는 것이다. 지식과 학문의 세계, 도구와 기술의 세계는 모두 인간이 잘 놀다 보니까 생겨났다는 이야기다. 하위징아는 이런 대담한 가설을 뒷받침하기 위해 인류학에서 철학에 이르는 다양한 분야의 문헌을 들춘다. 학문의 폭과 사색의 힘이 펼쳐지는 역작이다. 그러나 인간이 놀다 보니까 정신의 차원이 열리고 문화의 싹이 처음 돋아났다는 가설은 지나친 주장이 아닌가?

정신의 기원

이런 의심이 드는 사람은 동물의 행태를 돌아보기를 권한다. 동물은 인간처럼 깊게 생각하지도, 도구를 제작하지도 못한다. 하지만 동물도 놀 줄은 안다. 가령 어미 개와 강아지가 장난하는 모습을 보라. 서로 쓰러뜨리고 물지만, 실제로 싸울 때와는 완전히 다르다. 장난으로 무는 동작은 흉내에 불과하다. 그러나 중요한 점은 그들이 자신의 동작이 놀이임을 안다는 사실이다. 그들은 자신들이 현실과는 다른 차원에 있음을 안다.

동물 행태를 연구하던 그레고리 베이트슨은 놀이의 차원을 '메타커뮤니케이션'의 차원이라 불렀다. 쉽게 말하면 허구의 차원이고, 여기서 일어나는 일은 어떻게 보면 무의미하다. 그러나 장난질은 현실에 없는 의미, 가상의 의미를 지닌다. 사실 가상illusion이라는 서양말은 '놀이 중에 있음in-lusio'이란 말에서 왔다. 놀이는 현실과 구별되는 가상의 차원을 전제하고, 그 허구적 공간에서 일어나는 흉내(장난으로 물기)는 현실의 동작(진짜로 물기)과 다른 의미를 지닌다.[12]

하위징아와 베이트슨이 강조하는 점이 바로 이것이다. 즉 놀이의 영역은 자연적인 자극과 반응(충동)의 영역도, 현실적인 이해관계의 영역도 아닌 어떤 '비물질'의 영역이다. 그러나 그 가상의 영역은 무의미한 세계가 아니다. 거기서는 오히려 현실의 신호보다 한 차원 높은 의미의 교환이 일어난다. 놀이의 공간은 현실에 없는 어떤 메타 공간이고, 거기서 일어나는 동작은 현실에 없는 새로운 의미 부여의 실천이다. 그렇게 부여된 의미는 물질적 이해관계나 생리적 필요의 충족과 무관하다. 이런 점에 근거하여 정신은 놀이에서 태어났다고 할 만하다.

> 놀이를 인정한다면, 그것은 곧 마음(정신)의 존재를 인정하는 것이다. 놀이를 어떻게 정의하든 그것이 물질[맹목적 힘이나 충동]은 아닌 까닭이다. 동물의 세계에서조차도 놀이는 물질의 경계를 초월한다. … 동물은 논다. 그러므로 동물은 기계적 물체 이상의 것이다. 우리 인간도 놀며, 자신이 논다는 사실을 의식한다. 이런 놀이의 비합리적 특성으로 말미암아 우리는 합리적 존재자 이상의 존재자가 되는 것이다.[13]

이런 문장에는 놀이가 이성을 낳되 다시 이성을 초과한다는 뜻이 담겼다. 즉 놀이 정신은 이성보다 우월하다. 우리는 종종 논리와 대립하는 서사와 그런 대립 이전의 근원적 서사에 대해 언급했다. 놀이도 일과 대립하는 놀이, 이성과 반대말인 놀이가 있다. 그러나 문제는 그런 모든 대립 이전에 있는 어떤 근원적 놀이가 있다는 점이다. 이런 근원적 놀이는 이성을 낳되 다시 이성을 초과한다. 그렇다면 이런 근원적 놀이의 우월함은 어디서 오는 것인가?

하위징아에 따르면 놀이의 근본 특성 중에는 '단지 –하는 척한다'가 있다. 놀이는 '마치 –처럼as if'의 논리에 따른 가상의 공간을 연다.[14] 놀이ludeo와 가상il-ludo 사이에는 어떤 본질적인 연관이 있다. 그런데 놀이가 일어나는 가상의 공간은 진지함으로 채워진다. 놀이터는 진지한 가상의 공간이다. 진짜가 아니라는 의심이 자발적으로 중단된 공간, 참여자가 자발적으로 믿음과 확신을 심는 공간이다.

놀이의 본성

게다가 놀이와 더불어 열리는 가상의 공간은 초탈의 영역이기도 하다. 현실적인 이해관계나 자연적 필요를 벗어난 무관심disinterestedness의 영역이란 뜻이다. 현실을 이탈한 그 공간은 오로지 놀이 참여자의 '믿는 체하기'에, 그리고 참여자 각각의 진지한 역할 수행에 맞닿아 펼쳐진다. 하위징아는 고대 종교와 예식의 기원을 이런 관점에서 설명한다. 거칠게 말해서 원시종교는 우주의 질서를 표현하는 '척하기' 놀이다. 종교적 예식은 그 형식 면에서 놀이와 완전히 일치한다. 놀이 능력이 없으면 종교는 생겨나지도 유지되지도 못했다는 것이다.

'척하기'의 논리에 따라 놀이는 실제의 삶과 구분되는 가상의 공간을 연다. 그러나 그 가상의 공간은 시공간적인 한계가 있어야 한다. 반복 가능한 시작과 끝이 있어야 하고, 특히 공간적 테두리가 있어야 한다. 하위징아에 따르면 이것이 놀이의 또 다른 근본 특징이다.[15] 놀이는 '울타리 쳐진' 시공간에서 일어난다. 축구 경기장, 카트 테이블, 연극무대 같은 놀이터는 주술사가 그리는 '마법의 원환magic circle'과 같이 신성한 공간이다. 이때 신성함은 차마 손대지 못하는 지고함 혹은 순결함을 의미한다. 그 순결함은 놀이 공간을 조직하는 엄정한 규칙에서 온다.

놀이터는 그 누구도 훼손할 수 없는 절대의 규칙이 지배한다. 놀이는 신성한 규칙에 대한 자발적인 동시에 철저한 엄수를 통해 진행된다. 놀이에 어떤 기능이 있다면, 그것은 무엇보다 질서의 공간을 창조하는 데서 찾아야 한다. 그 질서는 율동과 조화 같은 미학적 형식을 취하는 동시에 우주의 질서를 모방하는 합리적 형식을 취한다. 이 점에서부터 놀이의 공간은 문화적 질서가 창조되고 습득되는 원초적 공간이라는 사실이 점차 드러난다.

그러나 이보다 더 중요한 점은 그 모든 것이 자발성에 기초해야 한다는 데 있다. 자발적 참여가 아니라면 그 어떤 놀이도 무의미하다. 그러므로 하위징아는 놀이의 첫 번째 특징으로 자유를 든다.[16] 이때 자유는 물리적 욕구뿐만 아니라 도덕적 의무로부터도 해방된 상태다. 놀이의 시간은 자유의 시간이다. 놀이의 공간은 우주 결정론이 정지되는 잉여의 공간이다. 그 잉여의 공간에 놀이꾼은 자연에 없는 규칙을 만들어 새로운 질서를 창조한다. 그리고 그렇게 창조된 질서를 자발적으로 수용하고 익히면서 승패를 다툰다.

놀이의 긴장감과 그에 기초한 즐거움은 이런 경쟁에서 온다. 놀이터는 신성함이 드러나는 원초적 공간이되 참여자들이 능력을 겨루는 싸움의 공간이다. 경쟁은 재현과 더불어 고등 형태의 놀이, 특히 예술이나 게임의 '두 가지의 기본적 양상'을 이룬다. "이 두 기능은 서로 합쳐져서 게임은 첫째, 경쟁의 '재현'이고 둘째, 어떤 것을 잘 재현하기 위한 경쟁이다."[17]

놀이의 분류

이상이 놀이의 본성에 관한 하위징아의 서술이다. 하지만 이런 서술에는 비판이 따른다. 놀이의 표현적 측면을 중시하고 무엇보다 중요한 경쟁적 측면을 소홀히 한다는 이유 때문이다. 특히 놀이와 종교적 제의의 친밀성을 강조하면서 사색적 추론으로 빠져들곤 한다. 그러므로 『놀이와 인간』(1958)의 저자 로제 카이와는 하위징아의 놀이 이론에서 관념성을 털어내고 놀이 그 자체의 특성을 밝히는 데 힘쓴다. 놀이와 문화 일반의 관계보다는 놀이 자체의 분류 기준이 중요하다는 것이다.

여기서 그 유명한 네 가지 분류 기준이 제시된다. 아곤agon(경쟁), 알레아alea(우연), 미미크리mimicry(흉내), 일링크스illinx(현기증)가 그것이다.[18] 가령 축구, 펜싱, 바둑 같은 놀이는 참여자의 능력을 겨룬다. 여기서는 체력, 인내력, 속도, 기억력 등 참여자의 천부적인 자질과 축적된 역량을 통해 승패를 다툰다. 이런 것이 아곤의 놀이다. 그러나 어떤 놀이에서는 실력보다 운을 겨룬다. 주사위놀이나 룰렛, 제비뽑기가 대표적이다. 여기서는 재능이 아니라 우연이 놀이의 원동력이다. 이런 것이 알레아의 놀이다.

다른 한편 규칙이 없는 듯한 놀이도 있다. 소꿉놀이나 병정놀이, 동물이나 다른 사람을 흉내 내는 의태 놀이, 역할 놀이가 그렇다. 여기서는 가상의 공간에 몰입해서 자기를 다른 사람으로 믿게 만들거나 자기가 특정한 이야기의 주인공이 되는 일이 중요하다. 이런 것이 미미크리의 놀이다. 마지막으로는 번지점프나 롤러코스터처럼 현기증, 지각의 마비, 공포를 추구하는 놀이도 있다. 이것이 일링크스의 놀이인데, 여기서는 위험을 마주하는 대담성이 관건이다.

카이와는 이상의 네 가지 기준을 통해 놀이가 여러 가지 유형으로 구별될 수 있음을 보이고자 했다. 모두 똑같은 특성을 갖는 것이 아니라는 이야기다. 물론 모든 놀이가 네 가지 유형 중 어느 하나에 속해야 하는 법은 없다. 여러 특성을 동시에 가질 수 있는데, 특히 축구가 그렇다. 축구는 선수들의 기량을 뽐내는 시합이지만, 운도 중요하게 작용한다. 특히 승부차기 같은 것은 우연의 요소가 많이 작용한다.

축구 애호가에게 걸출한 선수는 연예계의 스타와 같은 숭배의 대상이고, 그만큼 머리 스타일서부터 복장까지 흉내의 대상이다. 경기 마지막에 터지는 극장 골은 팬들에게 영원히 기억될 아찔한 드라마를 연출한다. 월드컵 경기장은 불가능한 벽을 뚫는 현란한 묘기와 운명의 여신이 불현듯 출몰하는 격정의 무대다. 승부에 돈을 건 도박꾼들에게 축구장은 패닉의 공간으로 돌변하기도 한다. 세속 사회에서 모래알처럼 흩어졌던 개인들은 거기서 때로는 터질듯한 기쁨을, 때로는 어이없는 슬픔을 맛보면서 하나가 된다.

III.

복수와 놀이 정신

그렇다면 복수는 이런 놀이와 어떤 관련이 있을까? 놀이는 승부의 경쟁을 핵심으로 한다는 점에서 복수와 혼동되기 쉽다. 그러나 니체에 따르면 놀이 정신은 복수 정신의 반대말이다. 니체의 계보학은 근대 유럽의 문화가 허무주의에 빠진 이유를 놀이 정신의 망각에서, 그리고 그것을 대신하는 복수 정신의 등장에서 찾는다. 그리고 이런 전회를 가져온 계기로 유럽의 문화를 지배한 플라톤-기독교주의 전통을 가리킨다.

니체에 따르면 플라톤-기독교주의 전통은 삶의 세계 저편에 이상적 모델을 수립한다. 그 모델을 통해 삶의 세계를 설명, 평가, 단죄하기 위해서다. 그런데 이런 단죄는 복수의 일환이다. 유럽인은 자연(생)에 대한 지배욕으로 불타는 복수심에서 비로소 생각하는 일에 몰두했고, 서양 형이상학은 여기서 탄생했다. 형이상학은 인간을 압도하던 자연의 힘을 지배하기 위한 계획이다. 니체의 차라투스트라는 다음과 같이 말한다.

> 그들[형이상학자들]은 영감을 받은 자들 같다. 그러나 그들에게 영감을 주는 것은 마음이 아니라 복수다. 그리고 그들이 섬세하고 냉정해질 때, 그들을 섬세하고 냉정하게 만드는 것은 그들의 정신이 아니라 그들의 질투다.[19]

복수심은 형이상학의 형태를 띠는 유럽적 사유의 원동력이라는 이야기다. 이런 문장 앞에서 유명 넷플릭스 드라마 〈더 글로리〉를 떠올리지 않을 수 없다. 학교 폭력에 시달려 영혼까지 망가졌던 주인공 문동은은 어떻게 강력한 정신의 소유자로 다시 태어나는가? 그것은 순전히 복수심 덕분이다. 죽음의 늪을 헤맬 만큼 무력하기 그지없던 18세 소녀가 불타는 복수심에 힘입어 영감에 찬 사고의 주체로 변신한다. 이런 점에서 〈질투는 나의 힘〉(2003)이라는 박찬옥 감독의 영화를 다시 돌아볼 만도 하다. 그 제목이 말해주는 것처럼 질투나 분노는 우리 인간에게 젖 먹던 힘까지 끌어내는 흥분제가 된다.

니체는 정확히 이런 점을 건드리면서 서양적 사유의 뿌리를 복수 정신에서 찾는다. 서양의 플라톤-기독교주의 전통은 경험적 세계보다 순수 정신적 세계에 더 많은 가치를 부여한다. 철학에서 이런 경향은 형이상학적 이상주의로 나타난다. 서양적 사유는 형이하학적인 것(물질)을 낮추면서 형이상학적인 것(정신)을 한없이 높인다. 여기서 마음의 고향은 자연 저편에 있다. 이런 형이상학적 이상주의의 기원은 『도덕의 계보학』(1887)에서 훨씬 자세하게 분석된다.

이 책(특히 3부)에 따르면 형이상학적 사유는 자연적 삶에 대한 '원한 감정'에서 유래한다. 형이상학은 자연적 충동을 억제하는 어떤 금욕주의를 전제하는데, 그 금욕주의는 자연적 삶에 대한 적대적 태도를 가리킨다. 그리고 그런 적대적 태도는 자연의 생명에 대한 원한 감정, 다시 말해서 자신을 지배하던 야생의 힘을 손보려는 앙심에서 생겨났다. 서양 정신이 자연과 맞서 자연을 지배하고 장악하려는 이론을 펼치게 된 배경에는 복수의 힘이 크게 작용했다.

명예와 인정 투쟁

드라마 〈더 글로리〉에서도 사정이 비슷하다. 주인공 문동은이 치밀한 계획의 역량을 획득하고 그 누구도 당해낼 재간이 없을 만큼 강력한 내면성의 화신으로 거듭나게 된 원동력은 그의 존재를 불사르는 복수심이다. 그렇다면 그 복수심은 무엇을 얻으려 하는가? 그것은 드라마의 제목이 말해주는 것처럼 글로리, 즉 영광 혹은 명예다. 이때 명예는 동서의 고대 문화에서 정의나 자유에 상응하는 말이다.

명예는 인정의 빛이다. 개인의 탁월성에 상응하여 받게 되는 보상이 명예인데, 그 명예는 타인의 눈을 통해 반사되고 세인의 말을 통해 반짝인다. 주인공 문동은은 왜 친구들에게 복수하는가? 일차적으로는 그들에 의해 부인된 자신의 존재를 되찾기 위해서다. 그러나 이것이 전부가 아니다. 여기에 더하여 자신의 숨겨진 탁월성과 드높은 존엄성을 증명하기 위해 복수한다. 이것이 '더 글로리'라는 제목이 말하고자 하는 점일 것이다.

하위징아에 따르면 고대 문화에서 명예라는 가치는 공정한 규칙(예식)에 따른 경쟁agon, 즉 놀이 정신을 배경으로 한다. 인간의 정신적 차원도, 종교를 포함한 문화 일반도 경쟁 충동이 분출하는 놀이에서 비롯된다. 그런 하위징아에게 명예는 고대의 자유인이 자신의 능력을 인정받기 위해 서로 경쟁하는 가운데 승자가 얻게 되는 월계관이다. 고대 윤리학의 근간이 되는 덕성arete/virutus의 개념도 마찬가지로 놀이 정신에서 유래한다. 그것은 경쟁을 통해 자신의 능력을 인정받으려는 욕망에 뿌리내린 개념이다.[20]

이런 관점에서 보면 드라마 〈더 글로리〉에 반복해서 등장하는 놀이공원, 특히 그 공원의 바둑판이 의미심장하게 다가온다. 놀이가 놀이다운 놀이가 되고, 그래서 진지함은 물론 신성함까지 띠기 위해 갖추어야 할 조건은 무엇인가? 그것은 앞에서 언급했던 것처럼 일상적 현실과 분리된 어떤 가상적인 공간 — 가상적이되 준엄한 규칙을 통해 구획된 예식적 공간 — 에서 찾아야 한다. 그 놀이 공간은 '마법의 원환'이라 할 만큼 우리의 온갖 관심을 한없이 빨아들이는 신성한 공간이어야 한다. 그런 놀이 공간은 몇 가지 특징을 지닌다.

첫째, 놀이터는 평등의 공간이다. 참여자가 현실에서 가졌던 신분이나 정체성은 놀이터에서는 아무런 의미가 없다. 거기에는 오로지 서로 존중하며 승부를 다투는 동등한 지위의 경쟁자만 있을 뿐이다. 둘째, 놀이터는 공정公正 혹은 정의(디케)의 공간이다. 규칙을 엄격하게 지키면서 경쟁할 때만 놀이가 성립하고 승자에게 명예가 돌아간다. 셋째, 놀이터는 우연(튀케)의 공간이다. 능력만이 아니라 우연, 재수, 운명, 신들이 함께할수록 놀이터는 숭고해진다. 넷째, 놀이터는 훈육의 공간이다. 놀이는 어떤 예견치 않은 위험이나 시련의 계기를 지나고, 그런 시련을 통과하면서 참여자는 성숙해간다.

자아 연출의 사회학

바둑판은 이런 마술적 원환의 축소판이다. 주인공은 자신의 조력자가 될 두 남자, 주여정(젊은 의사)과 하도영(복수 상대의 남편)을 놀이공원의 바둑판에서 만난다. 그리고 자신의 복수 계획에 끌어들인다. 놀이공원의 바둑판은 그 복수극이 어떤 게임이자 거룩한 예식임을 은연중 암시한다. 그러나 바둑판이 빠트리는 놀이의 요소가 있다. 그것은 가면과 같은 상징적 외양이다. 놀이 공간, 그 가상적인 예식의 공간으로 들어갈 때 참여자는 평소와는 다른 모습을 취한다. 가면을 쓰거나 특정한 복장을 하면서 자신이 일상과 분리된 별도의 시공간에 있음을 표시한다.

이런 관점에서는 주인공의 여성 조력자 강현남의 명대사가 곱씹을 만하다. "나 빨간 립스틱 바를 거야. 가죽잠바도 입을 거야." 극심한 가정폭력에 시달리면서 자신의 존재감을 완전히 상실했던 강현남은 문동은의 복수극에 참여하면서 자신의 정체성을 회복해간다. 일정한 역할 놀이 속에서 자신의 배역을 충실히 수행하는 가운데 자신의 존재감을 되찾아간다. 빨간 립스틱을 바르고 가죽잠바를 입는 일은 신성한 놀이의 공간에 굳건히 자리잡기 위한 예비적 조치다.

무대 위에 오르기 위해 가면을 쓰거나 분장하는 배우와 같이 강현남은 일상과 다른 차원인 복수의 무대에 오르기 위해 그런 상징적 외양을 갖추려 한다. 놀이의 공간은 예식의 공간이다. 그런 예식의 공간 속에서 인간은 자신의 내면적 정체성을 획득한다. 문동은과 강현남은 복수극의 무대 위에서 스스로 만족할 만한 정신적 존재자로 다시 태어난다. 이 점은 하위징아의 놀이 이론만이 아니라 고프먼의 『자아 연출의 사회학』(1959)이 강조하는 사실이기도 하다. 자아 연출의 사회학에서 모든 사회적 행위는 연극 모델을 통해 설명된다.

이 이론에 따르면 자아는 먼저 이미 완결된 정체성이나 특정한 본성의 속마음을 갖고 있다가 이것이 사회적 행위를 통해 외부로 표출되는 것이 아니다. 오히려 거꾸로 무대 위의 배우처럼 자신의 역할에 맞는 행위를 충실히 수행하다 보면 나름의 내면적 정체성이 앙금처럼 쌓이듯 형성된다. 이런 자아 연출의 사회학은 하위징아의 호모 루덴스 이론처럼 인간을 예식적 존재로서 이해한다. 자아의 본성이나 그 정체성은 역할 놀이에서 실행되는 예식적 자기 연출을 통해 창조된다는 것이다.[21]

문동은과 강현남이 자신의 존재를 되찾는 놀이의 공간은 복수극의 무대다. 그 복수극의 무대가 자신의 정체성을 회복하는 자아 연출의 공간이다. 그러나 복수가 모든 사람에게 자신의 존재를 회복하는 유일한 길인가? 오로지 복수를 통해서만 우리는 상실된 정의를 바로 세우고 명예의 빛 안으로 들어갈 수 있는가? 이미 언급했던 것처럼 니체는 복수가 놀이 정신의 망각이나 변질에서 온다고 보았다. 복수극의 무대는 진정한 놀이판이 될 수 없다는 것이다.

복수 정신을 넘어서

이런 점에서 바둑판을 사이에 놓고 하도영이 주여정에게 던지는 질문을 짚고 넘어가지 않을 수 없다. 하도영은 문동은이 당한 불의不義를 기울어진 저울에 비유하면서, 그 정의의 저울을 다시 바로잡는 길로 용서를 가리킨다. 복수 뒤에는 아무것도 변하거나 남을 게 없을 텐데, 왜 꼭 그 길로 가야만 하느냐는 것이다. 이런 질문에 주여정은 원점을 가리키며 대답한다. 용서든 복수든 자신이 원하는 것은 문동은이 멈추어 선 18세로 돌아가 다시 인생을 시작하는 것이라고 말이다.

복수는 평범한 개인을 비범한 존재로, 무력한 개인을 사려 깊고 유능한 존재로 만들어준다. 오죽하면 니체는 서양의 형이상학과 그것에 기초한 근대 문화가 복수심에서 탄생했다고까지 말했겠는가. 그렇다면 하도영과 주여정 사이의 대화에 니체가 끼어든다면 니체는 누구 편일까? 당연히 하도영의 편이다. 이 점을 위해서는 니체를 읽던 하이데거를 돌아볼 필요가 있다. 사실 니체의 계보학에 누구보다 커다란 매력을 느끼고 질투심까지 발휘한 철학자는 하이데거다.

하이데거는 1951년 가을 한동안 떠나야 했던 강단에 다시 서는데, 그해 강의 제목이 '사유란 무엇인가?'였다. 이 강의는 서양인이 아직 진정한 사유의 길로 접어들지 못했음을 강조하기 위해 니체의 복수 이야기에 자세한 주석을 붙인다. 즉 이제까지 형이상학을 통해 구축된 서양적 사유는 복수심에 근거한 사유다. 그런 까닭에 사물을 어떻게든 계산하고 조작하고 이용하려 드는 사유, 지배하고자 하는 사유에 머문다. 서양적 사유는 자연에 대한 복수와 지배의 계획에서 나온 까닭에 결국 사물의 표피에 머무는 데 그쳤고, 그래서 참된 사유와는 한참 동떨어져 있다.[22]

사실 니체의 『차라투스트라는 이렇게 말했다』(1885)에서 초인은 인간을 복수의 굴레에서 해방하기 위해 올 구원자로 등장한다. 차라투스트라는 그런 초인이 오는 길에 어떤 '교량'이 되고자 한다. 관련 문장을 인용하자면 다음과 같다. "왜냐하면 인간이 복수로부터 구원된다는 것, 이것이야말로 나에게는 최고의 희망에 이르는 교량이자 오랜 폭풍우 끝의 무지개이기 때문이다."[23] 인간은 복수의 굴레에서 벗어나기까지, 그래서 진정한 놀이 정신을 다시 회복하기까지 '오랜 폭풍우'를 견디어야 한다. 그만큼 긴 시련이 필요하다는 이야기다.

그러나 니체는 그런 복수의 운명에서 해방되는 것이야말로 어떠한 역경을 통과하더라도 절대로 놓치지 말아야 할 최고의 희망이라고 강조한다. 니체의 영원회귀 사상은 그런 복수의 굴레에서 벗어나 삶을 용서하고 사랑하라는 초인의 가르침에 해당한다. 그러나 우리에게 이보다 더 중요한 것은 그 사상이 놀이 정신 속에서 이해되어야 한다는 점이다. 니체는 자기 철학의 초석에 해당하는 힘의 의지와 영원회귀 사상을 헤라클레이토스의 놀이 존재론을 완성하는 어떤 것으로 풀이하곤 했다.[24] 초인의 가르침은 곧 놀이 정신으로 돌아가라는 말로 압축된다.

IV.

놀이와 중간태 존재

니체와 하이데거 이후 놀이 철학은 독일에서는 가다머와 핑크로, 프랑스에서는 들뢰즈와 리오타르로 이어진다. 그렇다면 이들에게 놀이는 무엇인가? 특히 존재론적 의미에서 놀이는 어떻게 정의할 수 있는가? 이런 물음에 가장 매력적인 대답을 내놓은 철학자는 가다머인 것 같다. 그는 놀이의 핵심적인 특성을 유럽어 문법에 등장하는 중간태 middle voice라는 용어로 풀이간다.[25]

유럽어에서 동사는 능동태나 수동태일 수 있지만, 그 외에 중간태를 띠기도 한다. 대명동사 — 혹은 재귀대명사 — 가 취하는 것이 중간태인데, 여기서는 능동태와 수동태의 대립이 사라진다. 가령 손을 씻는다는 뜻의 프랑스어 "je me lave les mains"이라는 문장을 보자. 여기서 나는 씻는 주체(je)이면서 씻김을 당하는 객체(me)이기도 하다. 대명동사의 주어는 능동적이면서 수동적이고, 원인이면서 결과일 수도 있다. 이런 중간태는 자기 형성적인 운동에 잘 들어맞는 문법적 형식이다.

좀 더 일반적인 관점에서 말하자면 어떤 것이 중간태를 띤다는 것은 스스로 자신을 자극하고 변용한다는 것을 말한다. 저 혼자 북 치고 장구 치면서 스스로 움직인다는 뜻인데, 이는 다시 외부로부터 독립적인 순수 자발적 주체가 됨을 말한다. 여기서 니체의 차라투스트라가 '노는 아이'를 '스스로 돌아가는 바퀴'에 비유했음을 기억하자. 우리는 놀이 속에서 중간태 존재가 함축하는 그런 바퀴 같은 자발적 주체가 되지만, 가다머에 따르면 중간태 존재는 무엇보다 놀이 그 자체다. "놀이의 주체는 놀이하는 사람이 아니다. 놀이는 놀이하는 사람을 통해서 단지 표현될 뿐이다." "놀이의 원래 주체는 놀이하는 사람이 아니라 놀이 자체다. 놀이하는 사람을 사로잡는 것, 그를 놀이로 끌어들여 놀이에 붙잡아 매는 것은 놀이다."[26]

가다머는 예술 작품의 본성을 설명하기 위해 놀이 개념을 끌어들였다. 그리고 놀이가 지닌 자율성을 강조하기 위해 중간태를 들먹였다. 즉 예술 작품의 존재 방식은 자연의 존재 방식과 마찬가지로 놀이에 있다. 놀이로서 존재하는 한에서 예술 작품은 놀이 참여자(창작자, 연기자, 관람자)보다 일차적이고 우월한 지위를 지닌다. 중간태를 띠기 때문이다. 예술 작품은 중간태 존재의 탁월한 사례다.[27]

즉 예술 작품은 존재하기 위해서 자기 이외의 그 어떤 것에도 의존하지 않는다. 단지 자기에 의존할 뿐이고, 오로지 자기를 자극하면서 의미 함량을 더해간다. 예술 참여자는 자율적인 의미 함량 운동 속에 놓인 예술 작품(놀이) 속에서 태어난다. 여기서는 연민과 공포 같은 정서도 놀이 참여자의 주관적 정서로 보기 어렵다. 그런 감정은 차라리 유희의 메커니즘이 생산하는 객관적 정서에 가깝다. 하지만 이런 예술적 유희는 '세계의 무한한 놀이'를 모방할 따름이다.

무엇보다 놀이의 중간태적 의미로부터 비로소 예술 작품의 존재에 대한 [놀이의] 관계가 드러난다. 자연은, 목적이나 의도, 긴장이 없이 부단히 자기를 재생하는 놀이이고, 그런 한에서 바로 예술의 모범으로 나타날 수 있다. 그래서 슐레겔은 다음과 같이 서술한다. "예술의 모든 성스러운 놀이는 다만 세계의 무한한 놀이, 즉 영원히 자신을 창조하는 예술 작품의 먼 모조품일 뿐이다."[28]

오토의 역사

이런 가다머의 예술론을 따라가면 몇 가지 논점이 더 나온다. 가령 예술 작품을 '이념적 형성체' — 자신의 고유한 의미를 표현하는 독립적 단위의 형성체 — 로 묘사하는 대목, 예술 작품의 시간성을 동시성으로 서술하는 대목이 그런 사례에 속한다. 그러나 가다머의 예술론 자체보다는 그 입구에 등장하는 중간태 개념에 계속 주목해보자. 왜냐하면 여기서 그리스적 존재 이해의 비밀을 풀어낼 만한 열쇠를 찾을 수 있기 때문이다.

가령 플라톤 철학에서 선善의 이데아는 태양과 같이 스스로 빛을 창출한다. 이 점에서 그것은 자기를 드러내기 위해 다른 것에 의존하는 다른 모든 존재자와 구별된다. 선의 이데아는 자기를 드러내면서 다른 모든 것을 드러낸다. 그러나 자기를 드러내기 위해서 자기 이외의 그 어떤 것과도 관계하지 않는다. 어떤 순수한 자기 관계 속에서 자기를 드러내고, 그렇게 자기를 드러내는 가운데 세계를 드러낸다. 선의 이데아는 탁월한 중간태 존재다.

아리스토텔레스의 자연학에서 선의 이데아는 신으로 명명된다. 그러나 이 신은 빛의 원천이기 전에 먼저 운동의 원천이다. 아리스토텔레스의 자연학에서 모든 사물은 하위 사물(가능태/질료)이 향하는 목적(현실태/형상)이자 상위 목적을 향해 움직이는 수단(가능태/질료)이다. 이런 목적의 질서는 더는 소급할 수 없는 최후의 목적에 도달한다. 그것이 다른 모든 사물을 움직이되 스스로는 다른 것에 의해 움직이지 않는 신, 부동의 동자the unmouved mouver로 명명되는 신이다.

이 신 역시 절대적 자기 관계 속에서 자신을 — 혹은 스스로 — 움직인다. 또 그런 자기운동을 통해 끊임없이 세상의 운동을 유발한다. 아리스토텔레스는 그런 신의 자기운동을 순수 현실태(에네르게이아), 다시 말해서 어떠한 잠재태(뒤나미스)도 남지 않은 지극한 현실태로 묘사한다. 지극한 현실태라는 것, 그것은 태양처럼 스스로 빛을 발한다는 것과 같다. 어떻게 빛을 발하는가? 자기를 자극하고 움직이면서 발한다. 세계는 그 빛에 의해 개시된다. 부동의 동자는 끊임없이 능동과 수동, 원인과 결과, 목적과 수단으로 이중화하기 위해 자기 자신을 자극하는 중간태 존재다.

중세 시대에 플라톤의 '선의 이데아'는 신플라톤주의 전통으로, 아리스토텔레스의 '부동의 동자'는 스콜라 전통으로 각각 계승되어 기독교의 신을 형상화하는 출발점이 된다. 그러나 근대에 이르러 그 둘은 신이 아니라 주체의 이미지를 구축하는 모델로 바뀐다. 가령 칸트의 윤리학에서 선의 이데아나 부동의 동자에 해당하는 것이 자율적 주체다. 자율적 주체는 자기 촉발적인 동시에 자기 입법적이다. 순수한 자기 자극(존경) 속에 도덕법칙을 수립하고, 그렇게 수립된 법칙을 통해 윤리적 차원 일반을 개시한다.

물론 자율적 주체가 그런 개시의 원점에 놓이기 위해서는 그것을 예비하는 역사가 먼저 있어야 했다. 그 예비적 역사에서 가장 중요한 이정표로는 두 가지를 꼽을 수 있다. 하나는 데카르트 철학의 제일원리인 코기토이고, 다른 하나는 스피노자 철학의 제일원리인 자연이다. 데카르트의 코기토는 자기의식이며, 그런 자기 관계적인 의식 위에 모든 대상 의식(표상)이 정초된다. 스피노자의 '자연 혹은 신'은 자기원인이며, 그런 자기 관계적인 원인 위에 모든 인과적 질서가 정초된다.

칸트의 자율(자기 입법)은 데카르트의 자기의식과 스피노자의 자기원인을 통해 전해오는 유구한 자기의 역사, 오토auto의 역사가 펼쳐지는 중요한 계기다. 오토의 역사란 신성함의 역사, 신성함의 위치가 바뀌어온 역사다. 이런 오토의 이정표는 이후 헤겔의 정신(자기 전개의 자기), 니체의 힘의 의지(자기 의지의 자기), 하이데거의 존재(자기 개시와 자기 은폐의 자기), 데리다의 원초적 문자(자기 기입의 자기), 들뢰즈의 반복(자기 변신의 자기) 등으로 계속 이어진다.

놀이와 예술의 차이

오늘날 자동화되는 기계와 정보 장치는 이런 오토의 역사 안에서 이해되어야 한다. 디지털 문명은 오토의 신성함이 고대의 신에서부터 근대의 주체를 거쳐 마침내 인공의 세계로 자리를 옮기는 국면이다. 물질의 차원에서 장치의 논리가 중간태 존재의 자기로서 주권을 떨치기에 이르렀다. 이런 오토의 역사는 언어학적 우연에서 시작되었는지 모른다. 중간태라는 유럽어의 문법적 요소에서 비롯된 존재론적 상상력의 역사라는 이야기다.

서양에서 놀이 철학의 전통이 이어져온 이유야 많을 테지만, 그중에서도 중간태라는 문법적 양태에 기초한 존재 이해가 중요한 배경을 이룰 것이다. 중간태는 놀이의 자기 감응적이자 자기 형성적인 본성에 정확히 상응하는 문법적 양태다. 그리스적 존재 이해의 특성을 극명하게 드러내는 오토의 역사, 혹은 오토라는 신성함의 역사는 서양 놀이 철학의 전통과 하나의 흐름을 이룬다. 이 흐름을 거슬러 올라가면 놀이가 예술과 더불어 주술과 일체를 이루던 태고의 출발점이 나온다.

사실 중간태는 놀이의 주술적 본성을 분석적으로 재구성하기 위한 출발점으로 삼을 만하다. 이미 언급했던 것처럼 놀이는 자기 목적성, 자기원인성, 자기 입법성, 자기생산성 같은 특성을 과시한다. 그런데 이런 주술적 특성들은 놀이의 중간태 존재가 드러나는 서로 다른 방식이라 할 수 있다. 물론 놀이는 이런 특성 외에도 다른 성격을 지닌다. 하지만 그것들도 대부분 중간태 존재라는 근본적 속성에서 파생된 것으로 보인다. 가령 생기와 활력, 공시성, 내재성 같은 것이 그런 성격에 해당한다.

이중에서 생기와 활력만 생각해보자. 이것은 칸트가 『판단력비판』(1790)에서 심미적 판단을 분석할 때 부연하는 놀이의 성질이다. 이때 심미적 판단은 '상상력과 지성의 자유로운 유희'[29]로 정의된다. 그런데 그 자유로운 유희는 두 가지 주요 특징을 드러낸다. 하나는 '무관심한 즐거움'이고, 다른 하나는 '목적 없는 합목적성'이다. 물론 주지하는 바와 같이 칸트의 심미적 판단은 그 둘 외에도 '개념 없는 보편성'과 '개념 없는 필연성'을 주요 특징으로 한다. 그런데 이 둘은 보편적 전달 가능성을 담보하는 성질이고, 이 점에서 예술이 가져야 할 특징이다. 놀이의 특징이 아니라는 이야기다.

놀이와 달리 예술은 작품을 매개로 창작자와 감상자를 연결하는 소통의 구조를 전제한다. 개념 없는 보편성과 개념 없는 필연성은 이런 소통의 구조 안에서 추구되는 가치다. 반면 놀이는 소통의 구조를 갖지 않는다. 무엇인가를 남겨야 한다는 것은 놀이의 본성과 상관이 없다. 놀이는 무엇인가 다른 것을 위한 행위가 아니라 오로지 자기 자신을 위한 행위이고, 그런 의미에서 '순수 행위'다.[30] 놀이에서 어떤 결과가 남고 소통이 일어난다면 그것은 놀이의 우연한 부산물에 불과하다. 칸트가 말하는 '무관심한 만족감'과 '목적 없는 합

목적성'은 그런 순수 행위로서 놀이가 지닌 특징을 표현한다.

그렇다면 그런 놀이의 특징은 어디서 오는가? 놀이를 통해 솟아나는 자발적 활력과 자연성에서 온다. 이것은 놀이가 순수 행위로서 중간태를 띨 때 발휘하는 생기生氣다. 중간태 존재는 놀이 속에 일어나는 생의 경험을 함축한다. 따라서 예술 작품을 중간태 개념을 통해 풀어가는 가다머의 미학은 제한이 필요해 보인다. 즉 그것은 놀이와 겹치는 부분이 많은 예술, 가령 연극 같은 공연예술이나 퍼포먼스 같은 행위예술에 관한 미학으로 한정되어야 한다. 놀이에 가까워질수록 예술은 작품보다는 과정이, 재현보다는 사건이 중요해진다.

놀이와 사건: 쾌락원칙을 넘어서

하이데거나 들뢰즈 같은 철학자에게서 사건 존재론이 놀이 존재론의 형태를 띤다는 점은 이런 관점에서 보면 너무 당연한 일이다. 이들에게서 사건과 놀이는 창조나 창발과 똑같은 의미를 지닌다. 화이트헤드의 과정철학도 창조성을 설명하는 데 주요 목표를 둔다. 그런데 이런 철학자들에게서 표면적으로 강조되는 놀이의 일차적 특성은 경쟁 혹은 쟁투agon다. 이는 그들이 계승하는 헤라클레이토스와 니체에게서도 마찬가지다.[31]

놀이 존재론의 전통에서 놀이는 기본적으로 쟁투의 놀이다. 그렇다면 여기서 쟁투의 놀이는 중간태 존재와 어떤 연관성을 지니는가? 한마디로 중간태 존재는 쟁투의 놀이가 도달하는 정점이다. 이는 니체 철학에서 영원회귀가 힘의 의지가 향하는 절정의 사건인 것과 같다. 영원회귀는 힘의 의지가 새로운 차원을 획득하는 반복의 사건이다. 마찬가지로 중간태 존재는 쟁투의 놀이가 반복적으로 도달하는 황홀경이다. 그 황홀경 속에서 놀이 참여자들은 자신의 한계를 넘으면서 변화를 겪는다.

그 변화의 과정은 역지사지易地思之에서 시작한다. 상대를 이기기 위해서는 자신을 상대의 자리로, 상대를 자신의 자리로 옮겨야 한다. 가령 헤겔의 『정신현상학』(1806)에서 주체화 이론을 끌고 가는 '타자 속의 자기 되기'나 '자기 속의 타자 되기'가 그런 것에 해당한다. 그것은 쟁투의 놀이에서 참여자가 겪을 수밖에 없는 전치轉置의 운동이다. 그 전치의 운동 속에서 참여자는 주체이면서 객체가 되고, 능동태를 띠면서 수동태를 띤다. 주체와 객체, 자기와 타자의 구별이 사라지는 황홀경에 빠지면서 중간태 존재로 상승한다.

그러나 이런 사건은 영원히 지속하지 않는다. 그것은 밀물에 허물어질 모래성처럼 곧 가라앉고, 쟁투의 놀이는 처음부터 다시 시작한다.32 그런 놀이의 정점에 해당하는 중간태 존재의 황홀경을 오이겐 핑크는 '행복의 오아시스'라 불렀다. 그리고 거기서 반짝이는 '영원의 순간적인 빛'을 가리켰다.33 그것은 실존적 주체가 존재의 불안에서 벗어나 '시간 내 인간적 거주 가능성'을 확신케 하는 빛이다.

우리가 출발했던 '어린 왕자'의 문장에서도 반짝이던 이 영원의 빛은 삶의 연속성이 끊기는 '휴지점'이기도 하다. 그것은 죽음, 노동, 투쟁, 사랑 같은 근본적인 실존 범주들이 놀이 속에 통합되고 새로운 활력을 얻는 순간이지만, 그런 만큼 그 숭고한 순간을 통해 "궁극

목적에 규정된 우리의 생명 과정의 연관이 중단된다."[34] 정신분석의 용어로 설명하자면 그것은 우리가 쾌락원칙을 넘어서 어떤 먼 곳과 관계하는 지점, 죽음충동에 휩싸이는 지점이다.

V.

리오타르의 일반 경기학

우리는 지금까지 놀이 철학의 주요 대목을 돌아보았다. 이제 마지막 이정표로 리오타르가 남았다. 리오타르는 놀이 철학의 역사에서 독특한 지점을 이룬다. 탈근대 지식의 조건에 맞추어 놀이 철학이 변형되는 지점인데, 여기서 놀이 철학은 '일반 쟁투학' 혹은 '일반 경기학agonistique général'의 형태를 띤다.[35]

우리가 리오타르의 일반 경기학에 주목할 각별한 이유로는 두 가지를 지적할 만하다. 하나는 놀이학과 서사학을 하나로 엮어간다는 점이고, 다른 하나는 탈근대 시대를 조망하는 역사철학적 관점을 제공한다는 점이다. 이것은 탈근대의 다원주의 인식론에 부응하기 위해 존재론적 차원을 탈피한 놀이 철학, 쟁투에 집중하는 놀이 철학이다.

그렇다면 먼저 『포스트모던의 조건』(1979)에서 리오타르가 서술하는 탈근대 지식(과학과 기술)의 본성에 주목해보자. 여기서 강조되는 탈근대 지식의 본성은 복잡화와 기술화에 있다. 오늘날 지식의 세계는 동질의 평면을 이루지 않는다. 근대의 백과사전적 체계 개념이나 대학의 분과 학문 체제로서는 감당할 수 없을 정도로 다원화하고 때로는 분열의 양상을 띤다. 하나의 논리나 규범, 혹은 하나의 체계를 통해 다양한 지식을 통합하고 정초할 수 있다는 근대인의 믿음은 오늘날 과학과 기술의 현장에서 사라진 지 오래다.

탈근대사회에서 지식 탐구는 대규모 자본이 투입되는 기술적 장치에 의존할 뿐만 아니라 새로운 수익을 가져올 기술적 혁신을 의도한다. 이런 탐구 현장을 지배하는 것은 인류 해방이나 복지 실현 같은 과거의 고귀한 이념이 아니다. 그것은 차라리 '최소 투입에 의한 최대 산출'이라는 수행성(효율성) 논리다. 복잡화와 기술화의 정도가 점증하는 이런 지식의 세계에서는 거대 체계를 수립하고 거기에 토대와 방향을 부여하던 철학적 메타서사는 회의의 대상으로 전락한다.

리오타르의 『포스트모던의 조건』이 명성을 떨치게 된 것은 탈근대(포스트모던)를 '메타서사에 대한 불신'으로 정의하는 대목 때문이다. 그러나 이 책이 정작 파헤치고자 하는 문제는 메타서사가 물러간 자리를 무엇이 차지하는가라는 물음에 있다. 리오타르는 수행성 서사와 '작은 이야기들petits récits'이라는 두 가지 탈근대 서사를 가리킨다.

우리는 조금 전 탈근대 지식의 본성을 복잡화와 기술화로 요약했다. 먼저 기술화의 조건에서 보면 근대 메타서사를 대신하는 탈근대 서사는 효율성 추구의 서사, 즉 수행성 서사다. 그러나 복잡화의 조건에서 보면 수행성 서사와는 완전히 다른 서사가 등장한다. 그것이 작은 이야기들이다.

메타서사의 후퇴 이후

왜 작은 이야기들인가? 지식의 세계가 군도群島처럼 파편화하기 때문이다. 끊임없이 분화하고 합종연횡을 이루는 지식의 세계는 다도해多島海를 이루는 섬들처럼 분리되어간다.[36] 그 섬들은 저마다 환경이 다르고 거주 방식이 다르다. 서로 다른 쟁점을 추구하고 서로 다른 규범을 따른다. 비트겐슈타인의 용어를 끌어오자면 거기서 일어나는 의사소통은 똑같은 언어 놀이에 기초하지 않는다. 지식의 세계는 각각의 영역마다 규칙이 다른 언어 놀이에 기초하고, 저마다 다른 정당화 서사를 요구한다.

이제 정당화 서사는 각각의 영역에서 피어나는 작은 이야기다. 그런데 『탈근대의 조건』에서 가장 심각한 오해의 대상이 이 작은 이야기 개념이다. 사람들은 이 개념을 보통 파편화된 지식의 단위로 받아들인다. 그러나 리오타르가 말하는 작은 이야기는 오히려 반대의 의미를 지닌다. 그것은 한마디로 이접離接과 횡단의 서사다. 군도 사이를 항해하듯, 다도해를 비행하듯 분리된 영역 사이의 거리를 지나는 서사, 대립하는 체계의 경계 — 역설과 배리背理paralogisme — 를 가로지르는 유비paralogie의 서사가 작은 이야기다.

이런 작은 이야기들 사이에 어떤 공통점이 있다면 그것은 새로운 아이디어의 생산과 미지항(문제)의 발견, 혹은 새로운 규칙의 발명을 쟁점으로 한다는 점이다. 즉 창의적 상상력을 펼치는 언어적 형식이 곧 작은 이야기다.

이미 언급했던 것처럼 이런 서사 이론은 놀이 이론과 함께 엮이면서 일반 경기학의 자장을 형성한다. 일반 경기학은 언어, 사회, 지식을 모두 게임을 모델로 해석하는 방법적 이념이다. 그런데 이 이념의 배후에는 비트겐슈타인의 언어 놀이 이론 못지않게 칸트의 상상력 이론이 자리한다. 리오타르의 포스트모더니즘은 신칸트주의인 동시에 신비트겐슈타인주의다. 그것은 탈근대의 다원주의를 설명할 때는 비트겐슈타인주의를, 탈근대의 상상력을 설명할 때는 칸트주의를 표방한다.

그러므로 먼저 비트겐슈타인의 언어 놀이 이론을 보자. 이 세상에는 많은 놀이가 있다. 구기종목만 해도 축구, 야구, 농구, 배구 등 손꼽기 힘들 정도로 많다. 그런데 이 게임들은 각각 규칙이 다르다. 모든 게임에 공통된 규칙은 없다. 비트겐슈타인에 따르면 일상언어의 세계에서도 마찬가지다. 언어는 도구와 같아서 그 의미는 오로지 그 사용에서 발생하는데, 언어의 사용은 다양한 놀이의 형태를 띤다. 언어는 사용 규칙과 맥락이 서로 다른 수많은 놀이, 가령 명령, 전달, 거래, 예식 같은 놀이가 공존하는 세계다.

이런 비트겐슈타인의 언어 놀이 이론에서 리오타르는 우리가 이미 언급했던 다도해의 이미지를 끌어낸다. 즉 일상언어를 구성하는 수많은 언어 놀이는 저마다 사용 규칙이 달라 서로 떨어진 군도群島와 같다. 그런데 이것은 일상언어만이 아니라 탈근대사회나 탈근대 지식의 이미지이기도 하다.

탈근대사회는 유기체 모델의 사회 이론이나 구조기능주의가 제시하는 조화로운 전체의 모습을 이루지 않는다. 오히려 영역마다 기능과 규범이 달라 이질화하는 모습이다. 그 모습은 비트겐슈타인의 언어 놀이 이론이 암시하는 다도해의 이미지에 가까워진다. 탈근대 지식도 날로 복잡화하는 가운데 분열하는데, 그 분열상 역시 다도해의 이미지를 닮았다.

<u>다도해의 군도, 탈근대의 체계 이미지</u>

이런 관점에서 리오타르는 비트겐슈타인에서부터 탈근대 시대가 요구하는 체계 이미지를 끌어낸다. 그 다도해 이미지는 들뢰즈와 과타리가 근대의 수목형 체계 이미지를 대체하기 위해 제시한 리좀형 체계 이미지와 공명한다.[37] 리오타르는 하버마스의 의사소통이론을 계속 비판하는데, 이는 이런 새로운 체계 이미지를 배경으로 한다. 즉 의사소통이론은 여전히 근대 지식이 전제하는 안정되고 동질적인 체계 개념(이상 언어 체계)을 전제한다. 다양한 언어 놀이로 복잡화하고 다원화하는 탈근대 지식이나 탈근대사회와는 부합할 수 없는 이론이다.

리오타르가 수행성 서사에 맞설 때도 여전히 새로운 체계 이미지에 근거한다. 수행성 서사는 하버마스의 의사소통이론 못지않게 안정되고 통제 가능한 체계 개념을 전제한다. 그러므로 수행성 서사가 그런 전제에 따라 사회체계를 기술적 장치를 통해 통제하려 할수록 사회의 다원적 분화의 논리를 저해하고, 따라서 사회는 본연의 활력적인 힘을 잃게 된다. 그렇다면 이런 수행성 서사의 부정적 기능을 치료할 수 있는 것은 무엇인가? 그것이 작은 이야기다. 작은 이야기는 다원주의가 필연적으로 예상하는 갈등과 불일치의 지점을 발견하고, 거기서 제기되는 배리와 역설을 창의적 도약의 계기로 삼는 상상력의 형식이다.

리오타르는 이 작은 이야기 개념을 다시 비트겐슈타인의 언어놀이 이론으로 돌아가 설명한다. 이때 중요한 것은 놀이의 의미다. 어떤 의미의 놀이인가? 바둑이나 장기 같은 놀이, 게임으로서의 놀이다. 그런데 이런 게임에서 싸움agon의 대상, 그 쟁점은 무엇인가? 리오타르에 따르면 놀이에서 승부를 가르는 기준은 창의적인 수手다. 언어나 지식의 세계에서 모든 실천이 놀이라면, 그 놀이에서 추구되는 쟁점은 누가 기발한 행보를 이어가느냐 하는 물음에 있다.

리오타르가 이렇게 비트겐슈타인에서 출발하여 자신의 일반 경기학을 구상할 때, 특히 놀이의 관건을 창의성 경쟁에 둘 때 그는 또한 칸트주의자다. 우리는 앞에서 하이데거가 칸트의 『순수이성비판』에 등장하는 상상력을 어떻게 해석하는지 보았다. 즉 모든 인식 능력의 '공통 뿌리'에 해당하는 근원적 상상력을 그는 기투의 놀이로 번역한다.

칸트주의자로서 리오타르에게도 열쇠 개념은 여전히 상상력이다. 그러나 그것은 『순수이성비판』에 등장하는 상상력, 도식화 능력으로서의 상상력이 아니다. 그것은 오히려 『판단력비판』(1790)에서 최종적인 모습을 드러내는 반성적 판단력이다.[38] 리오타르의 해석에 따르면 이때 판단력은 하나의 단일한 인식능력이 아니다. 그것은 오히려 여러 가지 인식능력이 함께 어울리면서 나오는 능력이다.

이런 의미의 판단력 혹은 상상력은 상이한 언어 놀이나 이질적인 사고 체제 사이를 이행하는 능력이다. 그것은 말하자면 초학제

연구나 융합 연구가 전제하는 체계 횡단적 인식능력에 해당한다. 그러나 어떻게 횡단하는가? 어떤 가정법as if의 논리에 따라 횡단한다. 창의적 상상력은 분화되어 이질화된 지식의 체계를 이행하는 유비의 능력이다. 다도해의 이미지로 돌아가서 말하자면 그것은 군도처럼 심연으로 분리된 이질적인 영역 사이를 항해하거나 비행하는 능력이다.

창의적 상상력과 작은 이야기

여기서 생텍쥐페리가 비행사였음을 기억하자. 비행사였기에 그는 우리가 읽었던 문장을 쓸 수 있었다. "별들이 아름다운 것은 한 송이 꽃이 있기 때문이에요. 여기에서는 보이지 않지만. … 사막이 아름다운 이유는 어디엔가 샘을 감추고 있기 때문이에요."

이 문장은 칸트-리오타르의 판단력이 무엇인지, 배리를 통과하는 횡단적 상상력이 무엇인지 구체적으로 말해주기도 한다. 가시성과 비가시성, 광대와 극미, 물리와 생명이 서로의 비밀을 나누면서 어떤 이념에 대한 감수성을 전달하기 때문이다. 이런 문장을 쓸 때의 작가는, 혹은 그의 생각을 전하는 '어린 왕자'는 이야기꾼이면서 놀이꾼이다. 니체의 차라투스트라가 정신의 형태 변화에 관한 연설에서 낙타와 사자 다음에 말하는 아이, 그 노는 아이에 해당하는 것이 우리의 어린 왕자다. 그리고 그 어린 왕자가 놀이꾼으로서 들려주는 이야기가 작은 이야기다.

모순과 역설에서 어떤 먼 것의 메시지를 풀어내는 이야기. 그

작은 이야기는 한편으로는 근대의 거대 정당화 서사와 구별되고, 다른 한편으로는 탈근대의 수행성 서사와 구별된다. 게다가 작은 이야기는 전근대의 스토리텔링과도 구별된다. 리오타르는 전통 스토리텔링의 사례로 카시나화족의 민담을 분석하여 서사적 지식의 특징을 추출한다. 그 특징은 다섯 가지 정도인데, 간략히 요약하면 다음과 같다.[39]

1) 첫 번째는 주인공이 겪어가는 성공과 실패의 드라마를 이야기하면서 공동체의 구성원에게 탁월한 일꾼(유능성)의 모델을 제시하고, 이 모델은 사회적 행위를 평가하는 기준으로 자리잡는다는 점이다.

2) 두 번째는 한 가지의 형식이 아니라 다양한 형태의 서사를 아우른다는 점이다. 지시와 서술, 질문과 회의, 규정과 명령, 평가와 예상 등과 같이 서로 다른 언어 놀이를 한데 엮어가면서 인간의 여러 능력 분야를 통일된 관점에서 응축, 전달한다.

3) 세 번째는 전승의 계보가 있다는 점이다. 전통 스토리텔링은 세대를 거쳐 전수되는데, 그런 전수의 역할을 맡은 이야기꾼은 어떻게 그리고 왜 자신이 그런 전승의 자격을 얻었는지를 밝혀 인정받아야 한다.

4) 네 번째는 과거의 시간성을 제거한다는 점이다. 전통 스토리텔링은 리듬(율동)과 운율(음보)을 통해 서술의 시간을 규칙적인 간격으로 나누고 똑같은 템포(박자와 속도)로 진행한다. 여기서 마술적인 효과가 일어난다. 즉 방금 말해진 것이 과거가 되었다는 사실이 잊힌다. 그것을 다시 듣게 된다면, 그것이 이미 말해졌다는 사실

은 이미 망각 상태에 있다. 전통 스토리텔링은 과거의 시간을 기억 저편의 공시적 시간, 영원한 태고l'immemorial의 시간으로 바꾸어놓는다.

5) 다섯 번째는 자기 스스로 정당화하는 힘과 권위를 지닌다는 점이다. 전통사회에서 지식은 서사의 형식을 지니고, 이 점에서 서사는 각별한 존중의 대상이다. 이런 서사 존중 문화에서 이야기할 줄 아는 사람은 커다란 특권이나 권위를 누린다. 그 권위는 스토리텔링 자체에서 오는데, 이야기는 이야기되고 있다는 단순한 사실에 의해 정당화되기 때문이다.

이런 전통 스토리텔링과 탈근대의 작은 이야기는 어떤 관계에 있는가? 리오타르는 작은 이야기 개념을 통해 전통 스토리텔링을 부활시키려 하는가? 많은 논자가 그렇게 평가하는 경향이 있지만, 이는 잘못된 해석이다. 작은 이야기는 탈근대의 수행성 서사 못지않게 전근대의 마술적 서사에 저항한다. 수행성 서사는 혁신의 이름으로 진정한 창의적 상상력을 고갈하는 위험성을 가진다. 반면 마술적 서사는 쟁론le différend을 은폐하고, 외부로의 열림을 차단하는 위험성을 지닌다.[40]

전통적 스토리텔링은 서로 다른 언어 놀이나 담론의 장르를 동질화한다. 경계에서 일어나는 쟁투agon를 약화하여 내부의 안정과 평화를 도모한다. 이는 진정한 놀이 정신의 망각으로 귀결된다. 전통적 스토리텔링은 태고의 영원성 안에 과거의 시간성을 지우듯 담론 사이의 이질성을 제거하고 목적론적 질서를 부과한다. 어떤 기원 서사의 형태를 띠면서 돌발적 사건의 의미를 축소하고 단일한 종말의 논리에 유일한 의미를 부여한다.

이런 전통적 스토리텔링이 전체주의를 정당화하는 데 종종 이용되었다면, 리오타르가 말하는 작은 이야기는 이상적 공화주의를 향한다.[41] 그것은 개방적인 공론장에서 활력적 토론과 더불어 일어나는 이야기, 쟁투의 놀이 속에서 창의적 상상력을 펼쳐가는 이야기를 뜻한다. 작은 이야기의 주체는 이야기꾼인가 하면 또한 놀이꾼이다.

I부 서사 이론

탈근대의 가치와 서사:
리오타르의 『포스트모던의 조건』
다시 읽기

김상환

"결국 탈근대 정신은 놀이 정신에서 찾아야 한다는 말이며,
탈근대 지식인은 놀이꾼인 동시에 이야기꾼이라는 말이다."

김상환은 서울대학교 철학과 교수로 현대철학의 다양한 통찰을 바탕으로 지금의 우리 모습과 시대를 진단하는 글을 써왔으며, 현대철학의 흐름을 체계적으로 재구성하는 연구에 매진하고 있다. 지은 책으로 『왜 칸트인가』(2019), 『근대적 세계관의 형성』(2018), 『김수영과 『논어』』(2018), 『철학과 인문적 상상력』(2012) 등이 있고, 옮긴 책으로 『차이와 반복』(2004) 등이 있다.

머리말

우리는 지금 어떤 시대를 살고 있는가? 오늘의 시대는 어떤 가치와 지식을 추구해야 하는가? 그리고 그 가치는 어떤 서사적 형식을 요구하는가? 이것이 아래의 글을 끌고 가는 주요 질문이다. 우리가 이런 질문을 반추하기 위해 주로 참조할 문헌은 프랑스 철학자 장 프랑수아 리오타르의 『포스트모던의 조건: 지식에 대한 보고』(1979)이다.

이 책은 원래 캐나다 퀘벡 정부 대학협의회의 요청에 따라 제출된 보고서였다. 20세기 후반 선진사회에서 지식이 갖게 될 성격이 연구 주제였다. '지식에 대한 보고'라는 부제가 이 점을 반영한다. 1950년대 이후 고도로 발달한 산업사회에서 과학과 기술의 발전이 사회에 미치는 영향, 그에 따른 대학의 변화 같은 것도 검토된다.

이 책은 출간 즉시 서구 지성계에 큰 파장을 일으켰다. 세기말을 뜨겁게 달군 포스트모더니즘 논쟁에 불을 지핀 까닭이다. 그만큼 당대의 필독서처럼 널리 읽혔고, 오늘날까지 수많은 논평의 대상이 되었다. 그러나 최근 이 저작을 다시 통독하면서 어떤 괴리감을 느꼈다. 저작에 담긴 의도와 통찰력을 제대로 부각한 경우가 드물다는 사실을 알았기 때문이다. 특히 인공지능 시대를 예언하는 듯한 전망이 여기저기 튀어나오는데, 이런 점을 제대로 평가한 논자가 별로 없다.

『포스트모던의 조건』은 수세기에 걸친 지식의 역사를 단순하고 압축적인 문장으로 그려간다. 여기서 리오타르는 탈근대(포스트모던)

를 "메타서사에 대한 불신과 회의"¹로 정의했다. 대부분의 논의는 이 정의의 주변을 맴도는 데 그쳤다는 인상이다. 주로 모더니즘이 아직 살았는지 죽었는지 하는 문제에 휩싸였다. 보편주의 담론을 거부하는 또 하나의 인식론적 입장이 등장한 사건으로 받아들였고, 그것을 역사 속에 등장했던 상대주의의 일종으로 자리매김하는 데 그쳤다.

이 책에서 첨단과학과 기술을 다루는 부분을 문제삼는 논평도 많다. 그런 대목이 얼마만큼 올바른 이해에 기초하는지 하는 관점에서 평가하는 글들이다.² 그러나 이런 논의도 이 책에 담긴 독창성을 충분히 살리지는 못한다. 리오타르의 독창성, 그것은 탈근대사회의 지식을 서사학과 놀이학을 이중화하는 관점에서 접근하는 데 있다. 이런 접근법은 두 마디로 요약된다.

첫째, 탈근대 지식은 놀이 모델에 기초해서 이해해야 한다. 둘째, 탈근대 가치는 체계 횡단적 상상력(파랄로지)에 있는데, 그 횡단적 상상력은 '작은 이야기petit récit'의 형식을 취한다. 결국 탈근대 정신은 놀이 정신에서 찾아야 한다는 말이며, 탈근대 지식인은 놀이꾼인 동시에 이야기꾼이라는 말이다. 탈근대가 거대서사의 위기라는 정의는 이런 이야기를 펼치기 위한 서론에 불과하다.

우리는 아래에서 리오타르 저작의 주요 논점을 정리하면서 이런 핵심 주장을 충분히 되살리고자 노력할 것이다. 물론 이런 작업은 앞에서 제기된 세 가지 물음을 안내자로 할 예정이다. 그것은 우리가 살아가는 탈근대사회, 거기서 추구하는 탈근대 지식과 가치, 그리고 그 가치가 요구하는 탈근대 서사에 관한 질문이다.³

탈근대사회

먼저 리오타르가 그리는 탈근대사회를 돌아보도록 하자. 1950년대 후반부터 선진사회에서는 두 가지 경향이 나타나기 시작했다. 두 가지 경향, 그것은 정보처리기계가 확산하고 컴퓨터언어의 지배력이 강화하는 흐름이다.

사회의 컴퓨터화, 지식의 외재화

이런 두 가지 경향은 "사회의 컴퓨터화" 혹은 "사회의 정보화 informatisation de la société"(§1, 42쪽)[4]로 수렴한다. 즉 1970년대 말 선진사회가 보여주는 기본적 특징은 사회의 전면적인 정보화다. 현대사회에서 지식의 본성과 위상이 과거와 근본적으로 달라지는 이유는 여기에서 찾아야 한다. 왜 그런가?

지식은 정보의 양[비트]으로 번역될 때만 새로운 채널에 들어맞고 조작 가능해지기 때문이다. 이렇게 번역할 수 없는 지식 구성물은 모두 폐기될 것이며, 새로운 연구 방향도 그 최종 결과가 컴퓨터언어로 번역될 가능성에 지배될 것이다(§1, 41쪽).

컴퓨터언어의 철저한 지배력, 이것이 인간과 지식의 관계를 서술하기 위한 작업가설이다. 이 가설로부터 귀결되는 첫 번째 논점은 "지식의 철저한 외재화"다. 즉 지식, 기억, 정보는 주체의 안이 아니라 바깥에 위치하게 된다. 이것이 탈근대사회의 두드러진 특징이다. 사실 과거에 지식은 내면적인 어떤 것이었다. 지식의 습득(배움)은 인성의 변화와 함께 간다고 여겨졌다. 학문은 도야Bildung의 이념 아래에서 이해되었다. 그러나 이런 생각은 낡은 것이 되었다. 지식은 가르치고 배우는 것이기를 그치고 저장장치에 담겨 장소를 옮기는 것, 심하게 말해서 물건처럼 사고파는 것이 되어버렸다.

> [인간이] 지식과 맺는 관계는 이제 생산자와 소비자가 상품과 맺고 있던 관계 형식을 띠는 추세를 보인다. … 지식은 팔리기 위해 생산되고 있고, 새로운 생산에서 가치를 얻기 위해 소비되고 있으며, 이는 앞으로도 계속될 것이다(§1, 41쪽).

상품처럼 교환되는 지식은 그 자체가 목적이기를 그치고 생산을 위한 도구적 가치만을 지니게 된다. 그러나 그 도구적 가치는 그 어떤 노동력보다 커다란 생산력의 원천이 된다. 선진사회란 지식이 주된 생산력으로 자리잡은 사회다. 여기서는 지식이 힘과 권력을 얻는 최고의 수단이 된다. 과학과 기술은 "국가의 생산력 창고에서 으뜸가는 위치"를 점하며, 국가 간 경쟁에서 "가장 중요한 관건"이 된다.[5]

서사의 위기와 복귀

이런 점 외에도 리오타르는 국가의 통제를 벗어나는 다국적기업의 등장, 사회주의의 몰락과 중국 시장의 개방, 지식 유통과 화폐 순환의 일체화를 점친다. 그러나 이런 이야기는 시작에 불과하다. 컴퓨터화된 사회에 관한 묘사는 탈근대 지식의 특징을 서사학의 관점에서 다시 접근하기 위한 발판일 뿐이다.[6]

이미 언급했던 것처럼 지식 차원의 탈근대성은 "메타서사에 대한 불신과 회의"로 정의할 수 있다. 이때 메타서사 혹은 거대서사는 모든 지식 담론을 하나로 통합하고 정당화하는 철학적 서사다. 그런데 탈근대사회에서 지식은 그런 정당화 서사가 발붙일 이유를 잃어버렸고, 따라서 위기에 빠졌다. 그러나 이보다 훨씬 더 중요한 논점은 그다음 이야기다.

근대 지식을 정초하던 거대서사가 물러난 빈자리는 무엇이 채우는가? 그동안 『포스트모던의 조건』을 둘러싼 논쟁에서 제대로 주목받지 못한 물음이 이것이다. 이 책은 탈근대사회에서 "거대서사의 후퇴"를 말하되 "서사의 귀환"(§8, 87쪽; §14, 150쪽)을 강조하기 위해 말한다. 거대서사가 남긴 빈자리를 채우기 위해 몰려오는 다른 유형의 서사가 있다는 것이고, 그 새로운 서사의 본성이 무엇인지 따져보자는 것이다. 그렇다면 어떤 서사가 몰려오는가?

탈근대 시대에 회귀하는 두 서사, 그것은 수행성performativité 서사와 작은 이야기들petits récits이다. 수행성 서사는 과학에 개입하는 기술과 자본, 그리고 관료의 논리를 따른다. 반면 작은 이야기들은 과학의 현장에서 창의성을 다투는 연구자의 논리를 따른다. 그렇다면 근대사회에서 지식을 정초하고 통합하던 거대서사는 왜 지배력을 상실하면서 수행성 서사나 작은 이야기들에 자리를 내어주게 되었는가? 이 두 가지 탈근대 서사는 어떤 성격을 지니는가?

관리사회의 길과 놀이 사회의 길

이런 것이 『포스트모던의 조건』이 답하고자 하는 주요 물음이다. 그러나 이런 주요 논점을 상론하기에 앞서 이 책이 서술하는 탈근대사회에 계속 초점을 맞춰보도록 하자. 탈근대사회, 그것은 일단 컴퓨터화된 사회다. 여기서는 이미 말한 것처럼 지식과 정보가 주체 바깥으로 자리를 옮긴다(지식의 외재화). 데이터뱅크가 "미래의 백과사전"(§12, 132쪽)이 되고, "탈근대 시대의 자연"(§12, 133쪽)이 된다.

이런 상황에서 연구와 교육의 방식이 달라질 수밖에 없다. 가령 기계가 선생의 역할을 대체하므로 단말기 사용의 중요성이 커진다. 정보 기계조작법이 외국어 못지않게 필수적인 기초 교양으로 자리 잡는다. 그런데 기계조작은 세련된 질문 능력과 함께 가야 한다. 또한 "적절한 자료를 '지금 당장' 어떤 문제를 푸는 데 활용할 수 있는 능력"(§12, 133쪽)이 전제되어야 한다. 그것은 동떨어진 계열의 자료들을 새로운 방식으로 배열하는 능력이자 새로운 토론의 주제를 발견하는 능력이다.

그렇다면 이런 조건에서 탈근대사회가 맞이한 새로운 희망은 무엇이며, 위험은 어디서 오는가? 이는 탈근대 지식에 개입하는 두 가지 서사가 초래할 극단적 가능성에 관한 질문이다. 어떤 가능성인가? 하나는 수행성 서사가 지배력을 더해갈 때 나타나는 닫힌사회의 가능성이다. 다른 하나는 이야기꾼과 놀이꾼들이 만들어갈 열린사회의 가능성이다. 사회의 컴퓨터화는 공동체를 전면적인 감시와 통제의 체계로 만들어 권위주의 정치를 뒷받침하는 길로 나아갈 수 있다. 반면 공동체의 규범이나 지식의 전제를 두고 활발하게 토론하도록 조장하여 사회정의를 실현할 뿐만 아니라 지적 모험을 계속 자극할 수 있다.[7]

이상적인 권위주의 통치와 이상적인 공화주의 통치를 동시에 가능케 해주는 것이 사회의 컴퓨터화다. 한편으로는 일인 독재나 일당독재의 꿈이 실현될 수 있고, 다른 한편으로는 개성과 독창을 다투는 놀이의 세계가 펼쳐질 수 있다. 리오타르는 탈근대사회에 이런 두 가지 가능성이 공존한다는 사실을 예언하면서 글을 마친다.

우리 시대의 언표, 뇌피셜

『포스트모던의 조건』에는 컴퓨터화된 사회에서 개인이 차지하는 위상이나 여론 형성 방식에 관한 서술도 보인다. 데카르트의 코기토로 대변되는 근대의 주체 이미지가 정보화사회에서 새로운 유형의 주체로 대체된다는 이야기다. 문제는 컴퓨터화된 사회에서 지식이 주체 바깥에 자리한다면, 그런 외재화의 조건에 부합하는 개인의 모습은 어떤 것인가 하는 데 있다. 어떤 모습인가?

정보화사회에서 개인은 다양한 회로의 메시지가 교차하는 어떤 매듭이나 "결절점"(§5, 64쪽)으로 나타난다. 리오타르는 이런 결절점에 해당하는 주체가 결국 놀이꾼이자 이야기꾼이 되어야 함을 말한다. 어떻게 그럴 수 있는가?

이 점을 위해서 잠시 리오타르를 떠나서 우리 시대의 신조어 하나에 주목해보자. '뇌피셜'이란 용어인데, 우리말 '뇌'와 영어 '오피셜'이 합해져서 나왔다. 오피셜은 공인된 진리나 객관화된 사실을 암시한다. 반면 뇌피셜은 개인의 뇌에서만 공식적인 생각, 뇌에서 나온 주관적인 의견, 그러므로 아직 공식적으로 검증되지 않은 주장을 가리킨다.

이 괴상한 발음의 단어를 만나면서 가장 먼저 떠오른 것은 푸코 철학에 나오는 문서고archive나 언표énoncé 같은 개념이다. 푸코는 언표를 "사건들의 분산 속에서, 그리고 각각의 고유한 순간에 구성된 기호"[8]로 정의한다. 지식의 고고학은 이런 특이한 기호들을 찾아 그것들이 어떻게 계열을 이루어나가는지를 밝히는 작업이라는 것이다. 조금 어려운 설명인데, 뇌피셜 같은 신조어는 이런 푸코의 개념만이 아니라 리오타르가 그리는 탈근대 주체를 구체적으로 풀이하기 위해 끌어들일 만한 좋은 사례다.

푸코의 고고학은 지식의 역사를 주체나 정신 같은 범주 없이 설명하려는 시도다. 과거 근대철학은 지식을 설명하는 원리를 주체 안에서 찾으려 했다. 한 시대의 문화를 설명하는 원리도 공동체 정신이나 집단적 의식을 설정하여 그 안으로 들어가 찾으려 했다. 그러나 푸코는 의식 바깥에서, 도서관의 문서고에서, 거기에 숨어 있는 언표에서 찾는다. 리오타르가 탈근대사회의 특징으로 제시한 '지식의 외재화' 테제와 함께 가는 관점이다.

그런데 푸코가 말하는 언표란 한 시대의 언어적 산물이되 그 시대 특유의 문화적 패러다임(에피스테메)을 발견할 수 있는 결정적인 단서다. 뇌피셜이란 용어는 그런 푸코적인 의미의 언표에 해당하는 단어같이 보인다. 우리 시대 문화적 변동, 특히 디지털매체가 가져온 변화를 압축적으로 반영하는 언표인 듯하다.

정보화사회의 여론 형성 방식

과거에는 어느 분야에서나 선도적인 집단이 있었고, 그 집단에서 형성된 규범이 공적인 판단의 기준이 되었다. 엘리트 집단의 권위는 사회의 안정성을 보장하는 주춧돌이었으며, 일반 대중은 그 주춧돌 위에 구축된 상징적 질서에 머물렀다. 여론은 위쪽에서 형성되어 아래쪽으로 전해졌다.

그러나 디지털매체 시대에 들어서는 여론 형성 양상이 달라지기 시작했다. 대중의 허접한 의견과 고만고만한 이야기들이 모이고 넘치면서 커다란 의견이 생겨난다. 미분량微分量에 해당하는 조그만 생각들이 모여 일정한 방향의 커다란 흐름을 형성한다. 마치 바위섬에 부서지는 파도 소리가 수없이 많은 물방울 소리가 합쳐져서 나오는 것과 같다. 이런 상향적 여론 형성 방식의 추세를 반영하는 단어가 '뇌피셜'이다.

이 신조어는 디지털매체 시대의 주인공이 누구임을 분명히 알린다. 디지털매체는 아날로그 매체와 달리 정보의 교환이 양방향적이다. 정보의 발신, 수신, 저장, 검색, 편집이 발신자와 수신자 쪽에서 동시에 가능해졌다. 이런 디지털매체의 특성이 여론 형성 방식을 뒤바꾸어놓고 있다. 정보 생성과 발신의 축(엘리트)이 누렸던 독점적

권위가 서서히 무너지는 대신 수신과 반응의 축(대중)이 차지하는 비중이 커지게 되었다.

여기서 과정이란 단어를 떠올릴 필요가 있다. 과거에는 발신자가 보내는 정보는 완결된 형태로 여겨졌다. 그러나 디지털매체의 공간에서는 수신자의 반응 속에서만 정보가 의미를 얻는다. 양방향 대화의 빈도와 진폭이 중요해지는 시대다. 그러므로 완결된 형태의 정보가 있다기보다는 어떤 과정이 있다. 끝없이 계속되는 양방향 소통과 피드백 속에서 정보의 형태와 의미는 지속적인 변이의 과정에 놓인다. 이른바 인터넷상의 밈 현상도 그런 변이의 한 양상일 것이다.

이런 상황에서 '오피셜'을 자처하는 목소리는 가끔 조롱거리가 된다. '뇌피셜'은 때로 공식적인 진리의 재판관에게 보내는 욕설이기도 하다. 마치 '그래, 네 똥 굵다' 같은 식의 비꼬는 말투가 그 단어에 들어 있다. 아무리 권위를 자랑하는 인물의 판단이라도 그의 뇌에서 나온 개인적인 이야기에 불과하다는 것이다. 이런 점을 생각하면 나 같은 인문학자는 등골이 오싹해지지 않을 수 없다.

사실 고전적인 의미의 인문학, 특히 문학이나 철학은 침잠의 학문이다. 개인의 내면으로 깊이 잠수해갈수록 대어大魚를 낚는 분야가 인문학이다. 인문학적 독창성은 자폐성에서 나오는 듯 보이는 경우가 많다. 근대문학의 중심에 있던 소설부터가 그렇다. 작가 혼자 자기 방에서 창작한 작품을 다시 독자가 고독한 방에 처박혀서 읽는다. 사람들이 둘러앉아 이야기꾼의 입담을 직접 즐기던 그 옛날과는 전혀 다른 스토리텔링 방식이다.

소설의 성공이 근대도시의 개인주의적 스토리텔링 방식에 부합한 데서 왔다는 것은 이야기꾼을 주제로 한 발터 벤야민의 글에 나오는 지적이다.[9] 그는 마르크스주의자답게 새로운 기술의 발명이나 경제적 생산양식의 변화가 예술에 미치는 영향에 민감했다. 가령 사진과 영화의 등장을 다루는 글에서는 기계적 복제가 가능해지면서 예술 작품이 지니던 아우라가 사라지는 현상을 지적했다. 성스러운 장소에 찾아가지 않고도 예술 작품을 얼마든지 쉽게 접할 수 있게 되면서 그것이 원본으로서 지니던 신비감을 상실하게 되었다는 것이다.[10]

문화적 현상의 뿌리를 사회의 물적 토대에서 찾으려는 벤야민 식의 관점에서 본다면, 오늘날 인문학은 분명 도전적인 물음에 직면했다. 새로운 도전, 그것은 매체 환경의 변화에 따른 인터랙티브 스토리텔링의 점진적 확산에서 온다. 문제는 이것이 단순히 스토리텔링 방식만의 변화로 그치지 않는다는 데 있다. 스토리텔링상의 변화는 다시 지식의 생성 방식, 지식인의 위상과 그 유형에 변화를 몰고 온다. 이런 변화를 함축적으로 대변하는 용어가 뇌피셜이다.

뇌피셜에서 초피셜로

마치 기계적 복제 기술이 예술 작품의 아우라를 앗아간 것처럼 이런 모든 변화가 인문학의 아우라를 박탈해갈 것인가? 물론 그럴 수 있다. 디지털매체 환경은 이미지 위주의 세계다. 그런 만큼 대중의 문해력이 떨어져 책이 외면당하는 추세가 벌써 확연히 드러나기 시작했다. 문자에 기초한 인문학에 있어서는 심각한 위기 상황이다.

인문학은 이제 아우라가 문제가 아니라 생존 자체가 위태로워 보일 지경이다.

그러나 아무리 사정이 그렇다 해도 인간의 삶과 문화에 대해서 인문학이 가지는 중요성마저 사라지는 것은 결코 아닐 것이다. 고도의 기술문명이 유지되기 위해서는 수학과 물리학을 비롯한 순수학문이 뒷받침해주어야 한다. 마찬가지로 개인의 내면적 성숙과 공동체의 문화적 자긍심은 인문학적 교양과 그에 기초한 창의적 상상력에서 자양분을 얻는다. 우리가 기계적인 사고에서 벗어나고 평균적인 사고를 넘어서는 데 필요한 것이 인문학이다.

우리의 삶에 의미를 부여하고 현재에 주어진 조건을 넘어 미래의 이상을 설계하기 위해서도 인문학은 살아 있어야 한다. 이 점에서 인문학은 '뇌피셜'의 세계라기보다는 '초피셜'의 세계라 할 수 있다. 기계성, 평균성, 근시성, 공식성(오피셜)을 초과하여 진선미眞善美가 역동적인 균형과 조화를 이루는 지점을 찾는 학문이 인문학이다. 인문학적 사유는 그런 본성에 따라 어떤 예감된 먼 것과 관계하기 위해 자기 자신으로 깊이 침잠해가기를 멈추지 말아야 한다.

물론 『포스트모던의 조건』을 피상적으로 읽으면 이런 시대는 이미 지나간 것처럼 보인다. 그러나 탈근대사회에서는 인문학이 추구하던 초피셜이 다른 방식으로 추구되고 있을 뿐이다. 이미 개인뿐만 아니라 사회 자체가 근대에서와는 다른 조건에서 존재하기 때문이다. 여기서 기억은 데이터뱅크에 자리를 내주게 된다. 자기는 내면적 깊이보다는 바깥과 연결된 소통 회로 안에서 정의된다. 그러나 이것은 주체가 자기의 내면성을 다시 자각하고 회복하는 조건일 뿐이다.

자기soi는 대단찮다. 그러나 고립되어 있지 않다. 자기는 과거 어느 때보다 더 복잡하고 유동적인 관계의 그물망 속에 존재한다. 자기는 언제나 남녀노소, 빈부격차를 막론하고, 아무리 작은 점일지언정 특정한 소통 회로의 결절점에 자리한다. 좀 더 좋게 말해서 자기는 언제나 다양한 메시지가 통과하는 어느 위치들postes에 자리하는 존재다. 우리 중에 그 누구도, 심지어 가장 적은 특권을 지닌 사람조차도 메시지들 — 자기를 발신자나 수신자 혹은 지시 대상에 위치시키면서 통과하는 다양한 메시지들 — 에 대해 전적으로 무력하지 않다(§5, 64쪽).

21세기의 초인

쌍방향 매체 시대의 여론 형성 과정을 예견하는 듯한 문장이다. 탈근대사회에서 주체는 일차적으로 다양한 정보 회로의 교차 지점에 자리한다. 그 주체는 근대를 대표하는 데카르트적 주체에 비하면 하찮아 보인다. 실체적 깊이나 선험적 내면성이 없기 때문이다. 그렇지만 이 하찮은 자기는 전혀 무력한 존재도, 수동적인 주체도 아니다. 정보화시대의 자기는 자신을 통과하는 메시지를 끊임없이 수정, 전치, 증폭하면서 전체 여론의 형성에 이바지한다.

탈근대사회의 개인은 부서지는 파도를 만들면서 끊임없이 이합집산하는 작은 물방울들과 같다. 그 물방울의 몫은 가시적인 크기

배후의 미분량에 불과할지 모른다. 그러나 유동하는 관계의 그물망 속에서 언제든지 거대한 변화를 일으킬 수 있는 주체가 탈근대사회의 개인이다. 문제는 어떠한 위치, 어떠한 교차 지점에 자리하는가에 있을 뿐이다. 더 정확히 말해서 얼마만큼 외부의 힘과 정보에 연결되는가 하는 문제가 관건이다.

여기서 푸코가 『말과 사물』(1966)의 끝에서 제시한 '인간의 죽음'이라는 테제[11]를 다시 생각해보자. 들뢰즈는 푸코의 테제를 인간 본성의 과격한 변화를 예견하는 테제로 본다. 왜, 그리고 어떻게 변하는가? 푸코가 그리는 근대적 인간은 말하고 일하면서 살아가는 생명체다. 언어, 노동, 생명이 인간의 존재를 구성하는 근본 범주라는 이야기다. 그런데 푸코의 테제는 이 근본 범주가 완전히 바뀌어 인간이 전혀 새로운 방식으로 존재할 시기를 예고하지 않는가?

이것이 들뢰즈의 물음이다. 가령 "탄소를 대체하는 실리콘, 유기체를 대체하는 유전적 요소들, 기표를 대체하는 비문법성"[12] 같은 것들이 인간존재의 근본 범주가 맞이한 변화를 암시한다. 여기서 실리콘은 반도체와 초연결 정보망을, 유전적 요소들은 비유기적이고 기계적인 생명체의 가능성을, 비문법성은 디지털 언어(비트)의 무한한 번역 능력을 상징한다.

즉 미래의 인간은 탄소 대신 실리콘과 관계하면서 노동한다. 유기체적 코드보다는 기술적 코드와 관계하면서 생명을 이해한다. 그리고 자연언어보다는 인공언어와 관계하면서 말하고 소통한다. 그런 탈근대 인간은 과거의 인간 개념을 지배하던 유한과 무한의 이항대립 혹은 신과 인간이라는 이분법을 넘어선다. 들뢰즈는 과거의 이

분법을 초과하는 새로운 본성의 인간을 가리키기 위해 니체의 초인(위버멘쉬)이란 용어를 빌린다.

> 푸코가 말한 것처럼 초인은 실존하는 인간의 사라짐이라기보다는 오히려 인간 개념의 변화에 가깝다. 그것은 우선 이전의 '신'도 '인간'도 아니면서 우리가 이전의 두 형식보다 못한 것은 아니리라 희망하는 어떤 새로운 형식의 도래인 것이다.[13]

그러므로 들뢰즈에게 초인은 보통의 인간을 뛰어넘어 신적인 이미지에 가까워지는 인간이 아니다. 그것은 탈근대 시대에 진입하여 과거와 다른 방식으로 존재하게 된 인간이자 과거와는 다른 것을 희망하게 된 인간이다. 리오타르의 맥락으로 돌아가서 말하자면 자신의 위치를 통과하는 다양한 메시지에 개입하여 ― 뇌피셜을 만드는 대신 ― 초피셜을 만들어가는 개인에 대한 이름이 초인이다. 초인은 이제 탈근대사회의 창의적 인간을 개념화하는 용어가 되었다. 우리는 그것을 외부와 연결되는 만큼 자신의 내부를 형성해가는 탈근대 인간으로 다시 정의할 수 있을 것이다.

탈근대 지식과 가치

그런 초인의 창의적 능력은 『포스트모던의 조건』에서 파랄로지paralogie라 불린다. 이 책에서 결정적으로 중요한 위치에 있는 이 용어는 탈근대 시대의 창의적 가치뿐만 아니라 그 가치에 부합하는 지식 추구 방식을 가리킨다. 그러므로 이제부터는 이 용어를 중심으로 탈근대사회의 가치와 지식을 다루어보도록 하자.

일반성에서 독특성으로

그런데 우리말 번역본에서 '배리'로 옮긴 '파랄로지'는 그 뜻이 다소 모호하고 번역하기 어려운 용어다. 그래서 일단 들뢰즈 철학, 특히 그의 사건 이론으로 우회해보자. 왜냐하면 리오타르의 파랄로지는 들뢰즈의 사건 이론을 장식하는 독특성, 특이성 같은 개념과 같은 계열의 개념이기 때문이다. 이것들은 한마디로 탈근대 시대의 보편성이나 그것을 추구하는 방식을 개념화하는 단어다.[14]

철학은 다른 학문처럼 보편성을 추구한다. 그런데 보편성은 시대마다, 맥락마다 다르게 이해된다. 과거의 보편성 l'universel부터 생각해보자. 그것은 개념의 일반성 le général을 뜻했다. 이때 일반성은 특수성 le particulier의 반대말이다. 반면 오늘날 새로 등장한 보편성은 독특성 le singulier의 형태를 취한다. 그것은 개념보다는 문제의 독특성이다. 그리고 독특성과 대립하는 말은 규칙성 le régulier이다. 과거에 보편성은 일반성-특수성의 구도에서 정의되었다. 그러나 탈근대의 흐름에서 보편성은 독특성-규칙성, 혹은 특이성-평범성의 구도 속에서 파악된다.

오늘의 정신은 평범한 것, 진부한 것, 평균적인 것을 거부한다. 평균을 넘어서는 가치가 독특성이다. 규격, 표준, 사이즈에 맞추려는 것은 과거의 사상이다. 과거의 용어를 사용하자면 독특성은 개성의 다른 말이다. 이때 개성은 개인에 특유하면서도 폭넓은 호소력을 지니는 속성을 말한다. 독특성은 사로잡는 힘이 있다는 점에서 끼를 발휘하는 개성이다. 즉 그것은 놀이학의 자장 안에서 이해해야 하는 개념이다.

일반성과 독특성의 차이는 다른 문맥에서도 중요한 의미를 지닌다. 일반성은 총체성을 전제한다. 모든 경우에 들어맞는 명제의 진리치를 일러 일반적이라 한다. 이런 일반성 개념은 경험상으로나 이론상으로 총체성이 주어질 수 있다는 믿음을 바탕에 깔고 있다. 그러나 20세기 과학 — 가령 괴델의 불확정성원리, 양자역학, 프랙탈이론, 르네 톰의 파국 이론 등 — 은 총체성을 담는 폐쇄적 체계가 불가능함을 말해준다.

현대 과학에서 체계가 있다면, 그것은 국지적인 문제를 해결하는 잠정적인 해들의 집합이다. 따라서 그것은 가변적이고 열린 체계일 뿐이다. 독특성은 열린 체계를 낳는 그런 국지적인 문제의 타당성(가치)을 가리킨다. 좀 더 정확히 말해서 독특성은 기존의 규칙이 무력화되어 새로운 해법을 요구하는 문제, 또는 새로운 잠정적 체계를 기다리는 문제의 진리치를 의미한다. 독특성은 창조성을 자극하는 개념이고, 이 점에서 서사학의 자장 안에서 이해해야 하는 개념이다.

들뢰즈의 사건 이론

이상의 내용을 요약하자면 독특성은 첫째, 기존의 분류법이나 관행을 벗어나는 것, 둘째, 과거에는 없던 규칙의 창조를 촉구하는 것이다. 그리고 셋째, 독특성은 신선한 해법의 체계를 기다리는, 그러나 기존의 규칙으로는 역설로 가득한 새로운 문제의 속성이다.[15] 들뢰즈는 『의미의 논리』(1969)에서 이런 독특성 개념을 중심으로 사건 이론을 제시한다. 이때 사건이란 물음이나 문제에 해당하는 독특성이 발생하는 사건이다.

어떤 문제인가? 과거와는 달라진 언어 놀이나 말의 풍경을 낳는 문제다. 언어 사용의 원천에 있는 물음들, 들뢰즈는 그것들을 의미라 부른다. 사실 어떤 말은 무의미하게 들린다. 왜 말하고 무엇을 위해 말하는지 이해되지 않을 때 그렇다. 또는 대수로운 문제를 건드리지 않을 때 그렇다. 말의 의미나 생기生氣는 궁극적으로 그것이 전달하거나 해결하려는 물음에서 온다.

언어 놀이의 바탕에 깔린 이런 물음이나 의미sense는 구조주의 언어학에서 가치valeur나 기능이라 불린다. 소쉬르는 가치나 기능을 장기 놀이를 통해 설명한다. 가령 장기판에서 각각의 말이 지닌 가치는 어디서 오는가? 다른 말들과 갖는 관계(대립과 차이)에서 온다. 소쉬르는 언어(랑그)를 어떤 공시적인 구조 — 차이를 통해 분절화되는 가치의 체계 — 로 보았다. 가치나 기능은 언어 체계(구조) 안에서, 그것에 해당하는 차이의 관계망에서 만들어진 하나의 매듭이다.

들뢰즈는 그 매듭을 기능, 가치라 하지 않고 그 대신 의미 혹은 문제 혹은 '순수 동사'라 부른다. 『의미의 논리』에서는 의미, 문제, 순수 동사는 동의어로서 모두 독특한 점에 해당한다. 이것들은 면(표면, 장場)으로 표시되는 언어 구조(랑그)를 구성하는 점이다. 그리고 그 점은 차이의 관계망에서 성립하는 매듭이다. 들뢰즈가 말하는 사건은 그 매듭(점, 의미, 문제)이 만들어지는 역동적 절차다.[16]

문제 발견적인 사고를 위하여

이미 말한 것처럼 들뢰즈의 사건 이론에서 독특성은 특정한 점, 특히 문제에 해당하는 점의 속성을 말한다. 독특한 점 point singulier, 그것은 문제를 가리키는 용어다. 그런데 독특한 점은 특이점 point remarquable과 유사하지만 구별되어야 한다. 독특성은 특수-일반의 구별이 무력해지는 한계 사태에 해당하고, 규칙성을 반대말로 한다. 특이성은 평범함의 반대말이다.

그러나 독특성과 특이성은 거의 같은 사태를 가리키며, 그래서 동의어라 할 수 있다. 그렇다면 독특한 점과 규칙적인 점, 특이점과 평범한 점은 어떤 차이가 있는가? 그것은 해解가 있는 문제인가 아닌가 하는 데 있다. 해가 있는 미분방정식(도함수)은 좌표 위에 그래프로 표시할 수 있다. 그렇게 그래프에 표시할 수 있는 점이 규칙적인 점, 혹은 평범한 점이다.

그러나 해가 없는 문제, 풀 수 없는 미분방정식이 있다. 그런 방정식은 근사치를 제공하는 다른 방정식을 통해 접근하고, 근방의 규칙적인 점들을 이용하여 그 위치를 간접적으로 추정할 수 있다. 그런 추정 가능한 위치를 표시하는 점이 독특한 점 혹은 특이점이다. 특이점은 풀 수 없는, 그러나 근방에 무수한 규칙적인 점들을 유발하는 문제를 가리킨다. 특이점은 자신의 주변에 규칙적으로 발생하는 근사치를 유도하지만, 그 자체로는 값을 가지지 않는다. (이것은 풀리지 않는 미분방정식을 발견한 프랑스 수학자 푸엥카레의 용어다.)

특이점은 자신의 근방에 여러 형태의 적분곡선을 유도하는 어떤 한계 지점 — 가령 안부점鞍部點, 결절점結節點, 과상점過狀點, 과심점過心點 등과 같은 점 — 이다. 그것은 일반성이 한계에 부딪히거나 상실되는 지점이다.[17] 그러나 그 점은 근방의 미분방정식으로 표현할 수 있으므로 그 해결의 조건과 방향이 정확하게 규정된 문제다. 물리적인 영역에서는 응결점, 비등점 등과 같은 임계점이 그런 독특한 점에 해당한다.

들뢰즈의 철학에서 경험적 현상은 이런 독특한 점(특이점)을 통해 정의된다. 즉 현상은 독특한 점이 품고 있는 문제에 대한 해결이자 답이다. 물이 얼거나 끓는 현상, 딱딱한 물질이 녹거나 다시 굳는 현상, 일정한 크기의 유기적 형태나 부피가 발생하는 현상 등은 모두 경험 배후의 잠재적인 차원에서 성립한 특정한 문제(이념)의 해결 과정이다.

탈근대사회의 두 가지 덕목

문제에 해당하는 들뢰즈의 독특성 개념을 자세히 돌아보았다. 이는 리오타르의 『포스트모던의 조건』에 등장하는 두 용어 파랄로지와 파랄로지즘의 이해를 돕기 위한 예비적 설명이었다.

리오타르의 파랄로지paralogie는 파랄로지즘paralogisme이라는 역설적이고 배리적인 물음에 답하는 능력을 말한다. 이런 점에서 그것은 들뢰즈의 사건에 가까운 개념이다. 다만 들뢰즈의 사건이 존재론적 과정이라면, 리오타르의 파랄로지는 인식론적 과정이라는 점에서 다를 뿐이다. 파랄로지는 들뢰즈적 의미의 독특성과 관계하는 능력이자 거기서 새로운 서사(작은 이야기)를 풀어내는 능력, 흔히 창의적 상상력이라 일컫는 능력이다.

우리는 잠정적으로 파랄로지를 체계 횡단적 상상력, 혹은 줄여서 횡단성이라 옮기도록 하겠다. 왜냐하면 사전에서 그것은 '유비'로 옮기지만, 이 말은 대단히 빈곤한 번역이기 때문이다. 『포스트모던의 조건』에서 파랄로지는 탈근대사회, 특히 지식 세계의 가장 중요한 덕목으로 꼽힌다. 그런데 문제는 그것이 탈근대사회에서 또 하나의 덕목과 공존한다는 데 있다. 어떤 덕목인가? 그것은 효율의 극대화를 추구하는 수행성performativité이다. 바로 여기에 새로운 서사적 상상력(작은 이야기)의 형식에 해당하는 횡단성paralogie이 대립한다. 이 두 가지 가치는 앞에서 언급된 탈근대사회의 두 노선에 각각 대응한다.

한쪽에서 보면 탈근대사회는 완벽한 감시와 통제의 체계로 변할 수 있다. 공포를 조장할 수 있는 이런 진화의 가능성을 뒷받침하는 것이 수행성의 논리다. 그러나 다른 한쪽에서 보면 탈근대사회는 그 어떤 공화주의자도 꿈꾸지 못한 완벽한 공론의 장을 만들어갈 수 있다. 공공선에 관한 토론과 발명을 다루는 지식 탐구의 무대를 누구에게나 열린 놀이터로 만들어갈 수 있다. 이런 진화의 노선을 이끌어가는 가치는 창의적 문제 해결을 자극하는 배리(역설)와 그것을 해결하는 파랄로지다.

기존의 해법을 거부하고 새로운 해법을 요구하는 문제, 그것이 배리다. 파랄로지는 서로 다른 규칙이 지배하는 영역들, 배리를 통해 충돌하는 통약 불가능한 영역들을 가정법as if의 논리를 통해 횡단하는 능력이다. 좀 더 중립적인 용어로 하자면 체계 횡단적trans-systemic 이행의 논리가 파랄로지다. 리오타르는 그 체계 횡단적 이행의 논리를 서사학과 놀이학이 교차하는 지점에서, 그리고 탈근대과학의 특성을 해명하기 위해서 파랄로지라는 용어를 통해 개념화한다.

『포스트모던의 조건』을 마무리하는 마지막 14절의 제목은 "파랄로지에 의한 정당화"다. 탈근대 지식은 오로지 파랄로지 — 체계 횡단적 사유와 발견 — 를 통해 정당화되어야 한다는 주장이다. 그리고 이런 제목은 11절과 12절의 제목 — "연구와 수행성에 의한 정당화", "교육과 수행성에 의한 정당화" — 과 대비를 이룬다. 수행성의 논리가 얼마만큼 탈근대 지식의 세계를 지배하는지를 보여주는 부분이다. 그러므로 탈근대 지식이 파랄로지에 의해 정당화되어야 한다는 언명은 두 가지 관점에서 읽어야 한다.

1) 먼저 그것은 근대 지식의 조건과 대비를 이루는 말이다. 근대 지식의 조건, 그것은 메타서사에 의해 정당화되어야 한다는 데 있다. 근대과학은 공동체에 수용되고 확산하기 위해서는 철학적 서사에 의해 정초되어야 했다. 그러나 탈근대 지식은 메타서사와는 다른 서사에 의해 정당화된다. 어떤 서사인가? 바로 파랄로지를 펼치는 작은 이야기다.

2) 다른 한편 파랄로지 서사는 근대의 메타서사뿐만 아니라 탈근대의 수행성 서사와 대비를 이룬다. 수행성 논리는 최소 투입에서

최대 산출을 거두어야 한다는 효용 추구의 논리로서 탈근대사회를 실질적으로 지배한다. 파랄로지 서사는 탈근대사회의 실세인 수행성 서사와 대립하여 그것이 초래하는 퇴행성이나 위험을 극복하고 창의적 상상력을 선도하는 대안에 해당한다.

거대서사의 후퇴

리오타르가 그리는 탈근대 상황은 보통 "메타서사의 후퇴"와 "정당성의 위기"로 요약되고 마는 경향이 있다. 그러나 『포스트모던의 조건』이 들려주는 진짜 이야기는 그 뒤에 온다. 그것은 근대의 메타서사가 물러난 공백을 채우는 수행성 논리에 관한 이야기이자 그 괴물 같은 논리와 싸우는 파랄로지 서사에 관한 이야기다.

리오타르는 이런 이야기를 과학 자체의 진화 과정을 해설하면서 펼쳐간다. 즉 메타서사가 물러가고 수행성 서사와 파랄로지 서사가 공존하는 탈근대 상황은 과학 자체의 내적 진화에서 초래된 결과다. 그런데 리오타르는 탈근대 지식의 조건을 말하기 전에 근대 지식의 조건을 먼저 말한다. 이것이 첫 번째 단계의 이야기다. 하지만 편의상 근대 관련 이야기, 특히 거기서 등장하는 메타서사에 관한 이야기는 다음 절로 미루자. 그리고 여기서는 두 번째 단계의 이야기, 즉 탈근대과학의 등장과 그 특징에 주목해보자. 왜냐하면 수행성과 횡단성(파랄로지)이라는 두 덕목은 탈근대과학의 두 측면에 맞물려 나오는 가치이기 때문이다.

탈근대과학은 자신의 이중적 속성 때문에 근대의 가치를 표현하던 메타서사를 물러나게 하면서 수행성과 횡단성이라는 두 가지 가치를 담는 서사를 불러들였다. 그렇다면 탈근대과학의 이중적 속성이란 무엇인가? 그것은 과학적 탐구가 겪어온 "두 가지 중요한 변화"에서 오는 속성이다. 어떤 변화인가? "[하나는] 논증 방법이 늘고 있다는 것과 [다른 하나는] 증거 확립 과정에서 복잡성이 증가하고 있다는 것"(§11, 113쪽)이다. 이것은 동전의 양면처럼 분리할 수 없는 두 측면이다. 하나는 과학의 형식이나 체계 혹은 통사와 관련된 측면이다. 반면 다른 하나는 과학의 내용이나 증거 생산과 관련된 측면이다.

이 두 가지 측면에서 현대 과학은 서로 다른 체계 이미지를 산출한다. 미리 언급하자면 형식과 방법의 측면에서 탈근대과학은 역설과 파랄로지에 의해 중심화된 체계를 내놓는다. 여기서 체계는 유동적이고 개방적이다. 반면 대상이나 증거 산출의 측면에서 탈근대과학은 수행성 극대화의 논리를 따르고, 여기서 체계는 안정성과 예측 가능성을 띠어야 한다. 탈근대과학은 그 형식과 내용 면에서 이렇게 상반된 체계 이미지를 생산한다.

수행성 서사의 힘과 한계

그러면 편의상 탈근대과학의 두 번째 측면, 즉 내용과 증거 산출의 측면부터 보도록 하자. 현대 과학의 실험실에서 관찰과 실험은 눈이나 귀 같은 신체 기관에 의존하지 않는다. 정교한 기술과 거대한 장비가 투입된 기계적 지각이 자연적 지각을 대신한다. 가능한

한 방대한 자료를 소화하고 확고한 증거를 생산하기 위해서다. 이런 추세 속에서 첨단의 실험실에 투입되는 비용이 커질 수밖에 없다. 장치와 설비는 모두 돈이기 때문이다. 그런데 여기서 새로운 문제가 생겨난다.

> 돈이 없으면 증거도 없으며, 이는 진술의 검증이나 진리도 없음을 의미한다. 과학 언어 놀이는 부자들의 게임이 된다. 돈이 제일 많은 사람이 참될 기회도 가장 많다. 그래서 부나 효율성이 진리와 하나를 이루는 등식이 성립한다. … 부가 없으면 기술이 없고, 기술이 없으면 부도 없다(§11, 119쪽).

돈, 기술, 진리 사이의 상호 연관성은 이미 1차 산업혁명 시기에 발견된 이래, 제2차 세계대전 이후 확고한 등식으로 자리잡았다. 그런데 돈과 기술은 최소 투입과 최대 산출이라는 수행성 극대화의 논리를 따른다. 따라서 돈과 기술이 진리를 뒷받침하는 힘이 클수록 수행성 논리가 과학에 의미를 부여하는 근거가 된다. 탈근대과학을 정당화하는 역할은 효율성 개선을 중심에 놓는 수행성 서사의 몫으로 돌아간다.

이는 과학이 증거 산출에서 기술에 의존할수록 피할 수 없는 조건이다. 과학적 연구의 영역에 기술 의존도가 커지면서 진리의 기준도 영향을 받지 않을 수 없다. 기술을 통해 증거 생산 능력을 향상함에 따라 올바르고 참될 수 있는 능력 또한 커지기 때문이다. 이제 수행성 논리가 이론적 진리 개념을 지배하기에 이른다. 독일의 사회학자 니클라스 루만의 체계 이론은 여기서 한 걸음 더 나아간다. 후기 산업사회에서는 이론적 진리만이 아니라 법률의 규범성마저 절차의 수행성으로 대체된다는 가설을 내놓는 것이다.

게다가 탈근대사회는 컴퓨터화된 사회인 만큼 기술적으로 매개되는 정도가 커질 수밖에 없다. 모든 사회적 관계와 행위가 기계적 장치에 의존하게 되고, 그에 따라 효율성의 논리가 지배하게 된다. "기술은 [과거의 정당화 서사가 추구하던] 진리, 정의, 아름다움 등과 관계된 게임이 아니라 효율성과 관련된 게임"(§11, 118쪽)이다.

이런 추세가 강화하면서 모든 분야에서 과정상의 수행성 증대가 모든 것을 정당화하는 근거나 평가 기준으로 통할 수 있게 되었다. 이상과 같은 여러 경로를 거쳐 수행성 서사는 근대의 정당화 서사를 대신하는 탈근대의 정당화 서사로 등극했다. 물론 이런 수행성 서사는 긍정적인 효과도 가져왔다. 나름의 장점도 있다는 이야기다. 어떤 장점인가?

> 수행성 기준은 원칙적으로 형이상학적 담론에 대한 집착을 배제한다. 그것은 우화의 거부를 요구하며, 명석한 정신과 차가운 의지를 요청한다. 그것은 본질에 대한 정의를 상호작용의 계산으로 대체한다. 그것은 놀이 참여자가 자신이 제시하는 진술만이 아니라 그 진술이 수용되기 위해 따라야 하는 규칙들에 대해서도 책임을 지도록 만든다(§14, 153쪽).

형이상학적 담론과 본질주의를 배제한다는 것, 냉철하고 명료한 시선을 추구한다는 것, 공정한 경쟁과 책임의식을 부추긴다는 것, 이런 것들이 수행성 서사의 장점이다. 이런 장점 덕분에 수행성 서사는 논증, 증거 생산, 지식 전수, 교육 등 과학적 활동 전반에 지배력을 발휘할 수 있게 되었다. 심지어 기존의 정규 지식의 범위를 벗어나는 진술조차 의미 있는 지식으로 정당화해주고, 기존의 결정에 정당성 문제를 제기하는 근거를 제시해주기도 한다. 모든 이질적인 언어 놀이를 자신의 기준 아래 흡수 통합하고 정당화하는 위력을 발휘하는 것이다.

일반 경기학과 작은 이야기를 향하여

이런 위력에도 불구하고 수행성 서사에도 한계가 있다. 무엇보다 먼저 지적해야 할 것은 특정한 체계 이미지를 전제한다는 점이다. 어떤 체계인가? 고도로 안정된 체계, 정확한 예측이 가능한 체계, 따라서 완벽한 통제를 허락하는 체계다(§13, 137, 140쪽).

오늘날의 기술관료와 정책 결정자는 수행성 논리의 수호자임을 자처한다. 그들은 수행성 논리의 전제를 있는 그대로 받아들여 사회체제를 완벽하게 통제할 수 있다고 믿는다. 그리고 한 걸음 더 나아가 사회체제에 대한 완벽한 통제가 수행성의 정도를 높일 수 있다고 믿는다. 이는 결국 "사회체제를 가능한 한 수행성의 극대화를 추구하는 총체로 이해하기"(§14, 155쪽) 때문이다.

이런 믿음과 이해 속에서 사회체제와 자신을 동일시하는 오만한 관료주의가 싹튼다. 관료주의는 수행성 극대화를 촉진하기 위해 그것에 반하는 행보를 제한하는 일이 자신의 임무라고 생각한다. 사회체제에 불안정성을 유발하거나 목표에 방해되는 연구를 사회체제 바깥으로 밀어내려는 위협을 가하기에 이른다. 이것이 수행성 논리가 체제 수호의 이름 아래 행사하는 "테러"다.

그러나 이것이 또한 이야기의 끝이 아니다. 탈근대과학의 형식적 측면이 남아 있기 때문이다. 오늘날 과학은 논리학과 수학을 비롯한 다양한 형식언어를 이용한다. 그런데 이 분야의 대표자인 괴델은 완결된 형식체계의 불가능성을 입증했다. 수학 체계에는 그 체계의 규칙으로는 논증할 수 없는, 다시 말해서 참인지 거짓인지 결정할 수 없는 명제가 존재한다는 것이다.

이렇게 형식체계에는 어떤 결정 불가능자가 내재한다는 점에서부터 중요한 결론이 도출된다. 그것은 형식체계가 역설의 발생을 막지 못한다는 점이다.[18] 체계 중심의 결정 불가능자는 서로 모순되는 해석을 동시에 허락하기 때문이다. 이런 상황에서 최종적인 판단을 내린다면, 입장이 서로 다른 전문가들이 토론하고 합의하는 절차를 거쳐야 한다. 궁극의 진리는 증명의 대상이 아니라 토론과 합의의 대상이다.[19] 문제는 그 토론과 합의가 어떻게 도출되느냐에 있다.

리오타르는 바로 이 지점에서 독창적인 관점을 제시한다. 그것은 놀이 철학의 관점이다. 즉 합의와 토론은 어떤 경기나 게임처럼 진행되어야 한다는 것이다. 탈근대과학은 어떤 결정 불가능한 요소에 의해 중심화된 열린 체계다. 따라서 과학자 사이에 최종적인 판단이 성립할 때까지 서로 다른 대안이 갈등하며 경쟁한다. 배타적인 관점과 규칙 사이에서 승패를 다투는 게임이 벌어진다. 과학의 진보는 이런 놀이의 상황에서 이루어진다. 그것은 장기 놀이에서 '신의 한 수'를 두어 승부를 뒤집거나 심지어 새로운 규칙을 끌어들여 판 자체를 바꾸는 것에 비유할 수 있다.[20]

현대 과학에서 탐구와 발견은 창의적인 수를 다투거나 새로운 게임의 법칙을 찾는 놀이처럼 이루어진다. 리오타르가 『포스트모던의 조건』에서 가장 공들이는 철학적 논점은 여기에 있다. 즉 탈근대 과학에서 주목해야 하는 것은 체계 이미지의 변화 못지않게 "이성 관념의 중대한 자리 이동"(§11, 117쪽)이다. 왜냐하면 놀이 정신과 게임의 논리가 발견의 현장을 지배하기 때문이고, 이로써 과학적 탐구가 "일반 경기학agonistique général"(§3, 53쪽; §13, 148쪽)의 자장 안으로 들어오기 때문이다.

리오타르는 이 점을 중심으로 탈근대과학에 충실한 서사의 형식을 찾을 뿐만 아니라 현실 세계를 장악한 수행성 서사에 거리를 두거나 그것의 폐해를 치료할 가능성을 찾는다. 『포스트모던의 조건』을 통해 유명해진 '거대서사métarécit'는 물론 '작은 이야기petits récits' 개념도 이런 일반 경기학을 배경으로 하는 개념이다. 이제 이 주제를 본격적으로 반추해보도록 하자.

탈근대 서사

『포스트모던의 조건』에는 네 가지 서사가 차례로 등장한다. 첫 번째 것은 전근대 지식의 형식인 전통 서사인데, 인류학자가 발굴한 카시나화족 이야기꾼의 서사가 주요 사례로 분석된다. 두 번째 것은 근대 지식을 정당화하는 메타서사 혹은 거대서사다. 거대서사의 사례로는 계몽적 해방 서사와 사변적 체계 서사가 있다. 세 번째와 네 번째 것은 탈근대과학과 맞물려 등장하는 두 가지 서사다. 그것은 수행성 서사와 파랄로지 서사(작은 이야기)다.

근대과학과 메타서사

여기서는 이 네 가지 중에서 먼저 근대의 거대서사를 검토하고, 그다음 탈근대의 파랄로지 서사 혹은 작은 이야기에 대해 돌아보도록 하자. 그럼 왜 메타서사인가? 그것은 과학이 진리를 추구하지만, 그 진리 개념이 널리 수용되고 새로운 연구를 자극하는 희망의 원천이 되기 위해서는 먼저 어떤 조건을 만족시켜야 하기 때문이다. 어떤 조건인가? 그것은 공동체의 지식 개념이나 가치 기준에 부합해야 한다는 조건이다.

공동체의 가치 기준에서는 참되고 올바르다는 것le vrai과 정의롭고 공정하다는 것le just은 서로 얽혀 있는 관념이다. 과학은 윤리와 함께, 지식은 권력과 함께 동전의 양면을 이룬다. 적어도 제2차 세계대전에 이르는 근대에는 옳음과 바름은 하나의 관점으로 수렴한다(§2, 49). 따라서 객관적 사실을 탐구하는 과학은 자신이 생산하는 명제가 공동체의 가치 — 이론적 진리 개념과 실천적 정의 개념 — 에 부합한다는 사실을 증명해야 한다.

서양에서는 이런 정당화 작업을 철학이 떠맡아왔다. 플라톤과 아리스토텔레스 그리고 데카르트의 형이상학이 그런 정당화 작업의 대표적 사례다. 그러나 근대 국민국가가 등장할 무렵에는 최종적으로 독일관념론 전후의 철학이 이런 역할을 맡게 되었다. 독일관념론이 제시한 정당화 서사는 두 가지인데, 하나는 피히테와 셸링 그리고 헤겔로 이어지는 사변적 서사다. 다른 하나는 칸트의 자율성 개념을 중심으로 하는 자유와 해방의 서사인데, 마르크스주의와 프랑크푸르트학파가 이를 이어가는 주요 사례다.

이중 사변적 서사는 학문적 지식 전체에 일관된 질서를 부여하는 거대 체계의 구축에 방점을 둔다. 이때 체계는 스스로 발전해가는 생명체이자 거대 주체이기도 하다. 반면 해방적 서사는 지식의 유일한 정당성을 개인의 자유, 그리고 도덕성 실현에서 찾는다. 해방적 서사는 과학적 담론과 민주주의를 통해 인류가 점점 더 자유롭고 풍요한 사회로 발전해간다는 진보주의적 서사다. 과학과 민주주의를 통해 세상은 점점 밝아지고 인간은 점점 자유로워진다는 것이다.

반면 사변적 서사는 거대 체계를 역사의 주체로 설정하는 총체성의 서사다. 이것에 따르면 분과 학문은 백과사전적인 체계 안에서 자신의 위치와 역할을 찾을 때 비로소 의미를 지닌다. 정당화되는 것이다. 개인적 행위나 시민적 활동의 준칙도 마찬가지다. 그것은 국가를 구성하는 원리들의 체계로부터 연역 및 파생될 수 있을 때만 정당한 의미를 지닌다. 모든 지식 담론과 실천 담론을 하나로 모으고 정당화하는 체계 자체는 스스로 생각하고 반성하는 메타 주체다.

피히테, 셸링에게서 체계는 개인적 주체를 넘어서는 그런 메타 주체로서 때로는 정신으로 때로는 생명으로 명명된다. 여기에 헤겔이 다시 최종적인 조건을 덧붙인다. 즉 살아 있는 체계는 자기 서사 속에서 각각의 분과 학문이 분화하는 과정과 단계를 보여주어야 한다. 자기 자신의 발전단계에서 각각의 분과 학문이 배치되고 거기서 떠맡는 기능과 역할을 설명해야 한다. 이는 체계의 자기 발전단계를 통해 지식 전체를 정당화하는 방식이다. 이런 정당화 방식은 체계 자체의 논리-역사적 발전을 서술하는 거대서사의 형식을 취한다.

근대 메타서사와 대학

사변적 서사나 해방적 서사의 힘은 민족주의를 뛰어넘는 보편주의에 있다. 이 점에서 그것은 프랑스혁명 이후의 대학 담론이나 훔볼트의 대학 담론과 구별된다. 이런 대학 담론은 지식(과학과 기술)의 의미를 국민국가의 실현에 이바지한다는 데서 찾았다. 지식의 주체는 과학자라기보다 국민이어야 했고, 과학 정신은 민족정신의 수호 아래 국가에 거주해야 했다.

그러나 독일관념론에 오면 이야기가 달라진다. "지식의 주체는 국민이 아니라 사유하는 정신이다. 지식은 국가가 아닌 체계에서 구현된다. 정당화의 언어 놀이는 국가-정치적 성격이 아니라 철학적 성격을 띤다."(§9, 97쪽) 근대 메타서사, 특히 사변적 서사에서는 국가와 민족을 넘어서는 보편 정신이 메타 주체로 등장한다. 모든 분과 학문의 명제와 실천적 원리는 이 메타 주체의 역사 내에 자리할 때 의미를 얻는다. (이는 계몽적 해방 서사에서도 비슷하다. 여기서 해방되어야 하는 것은 구체적인 개인이라기보다 인류라는 보편적 주체다.)

그렇다면 메타 주체는 어디에 존재하는가? 바로 대학이다. "메타 주체가 거주하는 장소는 사변적인 대학Université spéculative이다. 실증 학문과 국민은 메타 주체의 조야한 형식에 불과하다. 민족국가는 오로지 사변적 지식을 매개로 해서만 국민을 유효하게 표현할 수 있다."(§9, 98쪽) 사변적 체계는 국민을 대신하는 보편 정신이자 생명이다. 대학은 그런 체계가 거주하는 장소이자 그것이 담당하는 연구 및 교육의 기관이다. 과거에 과학은 이런 사변적 대학의 울타리 안에서만 정체성을 지닐 수 있었다.

그러나 제2차 세계대전이 지나면서 상황이 달라졌다. 과학과 기술이 발전한다는 것과 인류가 더욱 자유롭고 행복한 사회를 이룬다는 것은 무관한 문제가 되었다. 아우슈비츠 학살이나 히로시마 원폭 투하는 과학과 기술이 오히려 인류의 멸망이나 자유의 후퇴를 가져올 가능성을 일깨웠다. 과학적 담론과 실천적 담론이 분리되었으며, 그에 따라 과학은 외부의 권위에 의존할 필요가 없게 되었다. 정당화의 문제는 전문가 사이의 토론과 경쟁 속에 해결되기에 이르렀다. 그리고 마지막 판정의 기준은 해방의 이념이나 보편 정신을 대신하는 수행성 논리에서 찾게 되었다(§10, 105쪽).

과학의 분열과 메타서사의 위기

그렇다면 거대 정당화 서사가 쇠퇴하고 수행성 서사가 그 자리를 차지한 이유는 무엇일까? 일단 그 이유는 1950년대 이후의 기술 발전과 자본주의의 진화에서 찾아야 한다. 하지만 이 모든 것보다 중요한 이유는 과학 자체의 발전적 변화에 있다.[21] 기술과 사회가 탈근대성을 취하기 전에 과학이 먼저 탈근대성을 띠며 과거와 다른 모습을 보여주었다. 어떤 모습인가?

복잡화의 모습이다. 과학의 세계는 서로 다른 규칙이 지배하는 무수한 언어 놀이로 분열한다. 과학은 분화를 거듭하면서 영역 간 분계선이 불분명해지고 지식의 사변적 위계가 무너진다. 그 자리에는 수직적인 체계 대신 "평면적인 그물망"(§10, 108쪽)이 형성된다. 과학적 연구는 다른 집단에서 알아듣기 어려운 전문가 집단의 내적 토론과 경쟁으로 진행된다. 게다가 개별 학문은 그 변경에서 끊임없이 유동적인 변화를 겪는다. 이런 분열의 추세 앞에서 다양한 과학의 언어를 하나로 통합하고 정초한다는 시도는 호랑이 담배 먹던 시절의 이야기가 되어버린다.

보편 정신이 거주하던 대학은 이런 분열 상황을 통제할 수 없다. 오래된 학과 체계는 여러 형태의 연구소나 재단들로 분할된다. 지식의 세계는 서로 다른 규칙과 목적을 따르는 다양한 영역으로 쪼개진다. 상이한 언어 놀이가 합종연횡하는 장으로 바뀌는 것이다.[22] 이런 분열상이 탈근대과학이 연출하는 주요 풍경이다. 이런 지식 세계의 자체 분열과 복잡화 속에서 근대 정당화 서사와 대학은 의심의 대상으로 전락한다.

이런 학문 분열과 복잡화는 과학이 사용하는 언어의 차원에서 시작한다.[23] 게다가 학문의 경계는 계속 세분될 뿐만 아니라 기존의 경계 사이에는 매년 수없이 많은 융합 학문이 생겨났다 사라진다. 이것은 백과사전적 지식 체계를 구현하던 대학의 변화를 초래한다. 학과보다는 연구소가 중심이 되고, 연구소는 외부 기업이나 전문가 집단과 함께 산업 클러스터의 한 부분이 된다. 그럴수록 내세우는 슬로건은 학제 연구나 융합 연구다. 하지만 융합 연구는 기존 대학의 봉건적 구조에 대항하는 것에 그치지 않는다. 그것은 대학의 정체성 자체에 대한 도전이기도 하다.

훔볼트의 대학 모델에서 개별 과학은 사변이라는 왕관을 쓰고 있는 하나의 체계 속에서 제 위치를 차지한다. 하나의 과학이 다른 과학 영역을 잠식하게 되면 체계에 혼란과 '소음'만 생길 뿐이다. 공동 작업은 사변의 수준에서만, 즉 철학자들의 머릿속에서만 생겨난다(§12, 134쪽).

융합 연구와 수행성 서사

이런 대목을 읽으면 C. P. 스노가 『두 문화』(1959)에서 극적으로 묘사했던 학문 간 갈등을 좀 더 근본적인 수준에서 바라보아야 한다는 생각이 든다. 즉 문과와 이과 사이의 반목이나 융합 연구의 걸림돌은 단순히 심리적 태도나 문화적 차이에서만 오는 것이 아니다. 저항은 궁극적으로 근대의 지식 개념과 그것을 구현하는 대학의 이념 자체에서 온다. 학제 연구나 융합 연구는 기존의 대학 이념 자체에 대한 도전이나 다름이 없다.

과거에 융합 연구는 오로지 철학자의 몫이었다. 철학자는 보편 정신의 실현(사변 서사)이나 인류 해방의 이념(자유 서사) 아래 다양한 학문에 개입하면서 새로운 종합을 시도했다. 그러나 오늘날 융합 연구는 연산 도구나 측정 장치 같은 기계를 둘러싸고 새로운 데이터나 증거 산출을 위해 이루어진다. 그럴수록 융합 연구의 현장에서는 근대적 형식의 거대서사는 물러가고 그 대신 수행성 서사가 등장하여 정당화의 역할을 맡는다.

사실 탈근대사회는 수행성 서사에 힘을 실어줄 수밖에 없는 구조다. 그 어느 때보다 경쟁적인 국제질서를 배경으로 하기 때문이다. "지식의 중상주의화"(§1, 43쪽)가 두드러진 시대, 과학과 기술이 그 어떤 자원보다 비중이 큰 생산력의 원천인 시대, 기술 패권이 곧 세계 패권인 시대다. 여기에 더하여 과학 실험실 자체가 증거 산출을 위해 기술적 장치에 의존하는 정도가 커진다는 점을 상기하자. 과학이 기술에 매개되거나 기계에 의존하는 정도는 점점 더 커지고, 그에 따라 효율성의 논리에 지배될 수밖에 없다.

이런 추세는 지식이 자본순환의 한 계기로 전락하는 결과를 초래한다. 첨단기술과 거대 장치를 운영하기 위해서는 그만큼 커다란 비용이 요구되기 때문이다. 게다가 과학은 국가 내에서 재정 사용의 권리를 두고 다른 분야와 경쟁하는 처지에 있다. 따라서 "기술과 이윤의 유기적 관련성"(§11, 120쪽)을 스스로 강조할 수밖에 없다.

우리는 앞에서 이런 추세 속에 싹트는 위험에 대해 언급한 바 있다. 즉 수행성 논리는 본성상 안정되고 예측 가능하며 통제 가능한 사회를 전제한다. 따라서 수행성 논리가 지배할수록 불안정성을 유발하는 요인에 대해, 자유로운 토론과 상상력에 대해 허락된 공간은 점점 줄어들 수밖에 없다. 이것은 사회체제가 유연성과 활력을 점점 잃어버리는 효과를 낳고, 이것은 마침내 수행성 자체의 감소로 귀결한다. 수행성 논리의 지나친 강조는 오히려 수행성 감소라는 역설적 결과를 가져오는 것이다.

탈근대과학과 놀이 모델의 체계

게다가 탈근대과학의 체계 개념이 암시하는 것처럼 사회체계의 완전한 통제라는 권위주의적 믿음은 불가능한 꿈에 불과하다. 가령 괴델 이후의 형식과학은 '안정되고 예측 가능하며 통제 가능한 체계'가 성립하기 어려움을 말한다. 즉 체계에는 자체의 규칙으로는 결정 불가능한 요소, 역설로 보이는 요소가 중심을 차지한다.

양자역학 이후의 물리학에서도 연속성에 기초한 안정된 체계는 과거의 것이 되었다. 입자의 운동은 연속적이고 예측 가능한 경로를 따르지 않는다. 측정과 제어를 가할수록 불확실성이 증가하기 때문이다. 현대물리학에서 체계의 최초 상태에 대한 완벽한 정의나 특정 상태에 대한 정확한 측정은 권리상 가능할지 모르지만(라플라스의 악마) 사실상 불가능하다. 르네 톰의 파국 이론은 불연속성과 불안정성이 체계의 기본적 속성임을 말해준다.

수행성 서사의 옹호자들이 생각하는 안정되고 예측 가능한 체계는 근대과학의 고전적 결정론에서나 전제되었던 모델이다. 프랙탈이론과 브라운운동을 거쳐 베이트슨의 이중구속 이론에 이르는 다양한 현대 과학의 사례를 검토한 후(§13, 140-147쪽) 리오타르는 다음과 같은 결론에 이른다.

탈근대과학은 결정 불가능한 것, 정확한 통제의 한계, 콴텀, 불완전한 정보상의 갈등, 프랙탈, 파국, 화용론적 역설의 주위를 맴도는 가운데 자신의 고유한 진화를 불연속적이고 파국적인 것으로, 또 교정 불가능하고 역설적인 것으로 이론화한다. … 탈근대과학은 알려진 것이 아닌 알려지지 않은 것을 생산한다. 그리고 탈근대과학은 어떤 정당화 모델을 시사하지만, 그것은 수행성 극대화 모델과는 전혀 상관이 없으며, 단지 파랄로지로서 이해되는 차이의 모델일 뿐이다(§13, 148쪽).

이런 결론은 세 가지로 요약된다. 첫째, 탈근대과학은 안정되고 닫힌 체계가 아니라 유동적이고 열린 체계를 전제한다. 둘째, 탈근대과학은 지식 개념 자체에 변화 — 알려진 것보다 알려지지 않는 것에 방점을 두게 된 변화 — 를 가져온다. 셋째, 탈근대과학은 수행성 논리가 아니라 횡단성(파랄로지)에 기초한 정당화 모델을 제시한다. 그런데 열린 체계, 달라진 지식 개념, 횡단성에 기초한 정당화라는 이상의 세 가지 요소는 다시 상위모델 속에 통합된다. 탈근대과학의 상위모델, 그것은 바로 놀이 모델이다.

언어 놀이에서 일반 경기학으로

리오타르가 탈근대과학과 결합하는 놀이 모델은 비트겐슈타인의 '언어 놀이' 개념을 확대 적용한 결과다. 비트겐슈타인은 『철학적 탐구』(1953)에서 말의 의미가 쓰임새에 있음을 강조한다. 즉 말의 의미는 대상을 지시하거나 세계의 그림을 반영하는 데 있지 않다. 의미는 말을 도구처럼 사용할 때 생겨난다. 사용되지 않는 도구 그 자체는 바둑판에 놓이지 않은 바둑알처럼 의미가 없다. 언어도 특정 맥락(상황) 속에서 특정 규칙에 따라 사용될 때 의미를 지닌다. 비트겐슈타인은 이런 근본 직관에 세 가지 점을 덧붙인다.

첫째, 특정 문맥 속에서 특정 규칙에 따라 말을 사용하는 것은 놀이에 참여하는 일과 같다. 둘째, 말의 사용 규칙은 한 가지가 아니라 무수히 많다. 언어의 세계는 이질적이고 이형異形적인 말놀이들로 이루어진 복잡한 세계다. 셋째, 말놀이 속에서 표현되는 것은 궁극적으로 '삶의 형식'이다.[24] 즉 언어적 행위는 곧 사회적 행위다. 넷째, 삶의 형식을 표현하는 한에서 언어 놀이가 따르는 규칙은 항구적이지 않다. 자기 자신 속에 정당성을 지니지도 않는다. 규칙은 놀이 참여자들 사이의 관습이나 계약에 지나지 않고, 따라서 취소되거나 변경될 수 있다.

이런 언어 놀이 이론에 따르면 말을 한다는 것은 행동한다는 것과 같다. 그런데 그 행동은 놀이상의 행동에 가깝다. 즉 행동한다는 것은 장기나 바둑을 두는 것처럼 어떤 수手를 둔다는 것이다. 리오타르는 바로 이 점을 부연하면서 탈근대 지식을 서술할 방법론적 제일원리를 끌어낸다. "이 마지막 사항에 따르면 우리의 방법론 전체를 받쳐주는 제일원리, 즉 말한다는 것은 놀이한다는 의미에서 싸운다는 것이며, 언어 행위는 일반 경기학un agonistique général의 영역에 포함된다는 결론에 이른다."(§2, 53쪽) 일반 경기학, 이 용어는 리오타르가 『포스트모던의 조건』에서 두는 '신의 한 수'에 해당한다. 이 승부수에는 여러 의미가 들어 있다.

1) 먼저 그것은 언어만이 아니라 그것에 기초한 지식도, 나아가 사회도 놀이 상황을 모델로 이해해야 한다는 점을 암시한다. 1960년대에는 소쉬르의 '일반언어학' 이후 바타유의 '일반 경제학'과 데리다의 '일반 문자학'이 계획되었다.『포스트모던의 조건』에 등장하는 '일반 경기학'은 그런 계열의 용어에 속한다.

데리다는 '일반 문자학'을 토대로 언어는 물론 그 밖의 모든 경험적 현상을 설명해야 한다고 주장했다. 그와 비슷하게 리오타르도 '일반 경기학'의 관점에서 언어는 물론 대부분의 탈근대 현상을 설명해야 한다고 본다. 이 점은 그가 일반 경기학을 설명하기 위해 헤라클레이토스와 니체로 대변되는 서양의 놀이 철학 전통을 인용할 때 분명해진다(§2, 53쪽 각주 35). 이들에게 놀이는 존재론적 근본 사태로서 말하자면 세상에서 일어나는 모든 생성 소멸의 원점이다.[25]

2) 둘째, '일반 경기학'은 놀이를 승부를 다투는 게임으로 파악해야 함을 암시한다. 게임을 중심으로 이해할 때 놀이는 근대 지식이 전제하는 주객主客 관계를 깨뜨린다. 양방향 작용의 주객 관계를 전제하기 때문이다. 승부를 다투는 게임 참여자는 서로에 대해서 주체인 동시에 객체다. 여기서 객체는 수동적인 위치에 머물지 않는다. 상대의 행보에 따라 전략을 바꾸고 예측하기 어려운 수手를 던진다.

인문학은 오래전부터 이런 게임 모델에 익숙했다. 연구 대상인 인간이 타성적이고 수동적인 물체와 달리 관찰자의 접근에 능동적으로 반응하면서 모종의 전략을 구사하기 때문이다. 그 결과 관찰자와 관찰 대상자의 상호 관계 방식이 계속 변하게 된다. 이에 따라 인문학적 탐구에는 언제나 예측하거나 통제하기 어려운 "경기적 우연hasard agonistique"이 발생한다. 그런데 탈근대과학은 인간 못지않게 자연도 놀이의 참여자처럼 반응한다는 사실을 발견했다.

> 여기서 과학자의 진술과 '자연이 말하는 것' 사이의 관계는 어떤 불완전한 정보에 기초한 게임에 속하는 것처럼 보인다. … 문제는 상대방(자연)이 무엇인지를 인식하는 데 있는 것이 아니라 그것이 행하는 놀이를 아는 데 있다(§13, 143쪽).

파랄로지에 기초한 정당화

탈근대과학에서 자연은 놀이의 주체, 게임에 참여하는 전략적 주체로 설정된다. 자연이 어떤 체계를 이룬다면, 그것은 게임 모델에 기초해서 접근해야 하는 체계다. 이런 체계 개념을 전제하는 탈근대과학은 일반 경기학의 자장 안에서 움직인다. 그리고 그런 한에서 놀이 철학의 기원에 있는 헤라클레이토스에서 영감을 받을 수 있다.

헤라클레이토스가 남긴 단편 중에는 "인생의 시간aion은 장기를 두면서 노는 아이, 왕국은 아이의 것이니"(단편 86), "전쟁polemos은 모든 것의 아버지이고, 모든 것의 왕이다"(단편 87) 같은 말들이 있다.[26] 19세기의 실러, 슐레겔, 니체뿐 아니라 20세기의 하이데거, 비트겐슈타인, 가다머, 핑크, 들뢰즈로 계승되는 놀이 철학은 이런 헤라클레이토스의 단편을 끊임없이 맴돌아왔다.

두 단편이 말하는 것처럼 세계를 놀이 모델을 통해 이해한다는 것은 모든 생성과 변화를 투쟁을 중심으로 파악한다는 것이다. 리오타르의 '일반 경기학'에 담긴 세 번째 중요한 의미는 여기에 있다. 그러나 여기서 투쟁은 단순한 승부를 위한 싸움이 아니다. 그것은 무엇보다 창의성을 다투는 경쟁이다. 이는 이미 리오타르가 자신의 방법론적 제일원리를 제시할 때 강조한 점이다. 다시 인용해보자.

> 여기서 우리의 방법론 전체를 받쳐주는 제일원리, 즉 말한다는 것은 놀이한다는 의미에서 싸운다는 것이며, 언어 행위는 일반 경기학의 영역에 포함된다는 결론에 이른다. 이 말은 우리가 꼭 이기기 위해서만 놀이한다는 의미가 아니다. 단지 창의적인 발견l'inventer의 기쁨으로 한 수를 둘 수 있다. … 구절이나 단어, 또는 의미를 끝없이 바꾸는 발명invention은 [문학을 포함한] 언어 진화의 이면에 숨은 과정으로, 거기엔 큰 기쁨이 따른다. 하지만 이런 기쁨도 상대를 이겼다는 성취감, 그것도 확립된 언어 혹은 기존의 함축의미라는 만만찮은 상대를 이기고 난 후 느끼는 성취감과 무관치 않다."(§3, 53쪽)

이 문장이 분명하게 말하는 것처럼 일반 경기학을 끌고 가는 핵심 가치는 독특성이자 그것과 관계하는 창의성이다. 기존 규칙 체계나 통념을 깨는 행마 ― 이른바 '신의 한 수' ― 를 통해 한 차원 높은 질서를 여는 문제를 제기하고 해결하는 능력이 초점의 대상이다. 물론 그 바탕에는 게임의 논리를 따르는 경쟁이 자리한다. 리오타르는 과학적 탐구 게임에서 성립하는 그런 창의적인 수를 일러 파랄로지라 부른다.

파랄로지는 "지식 화용론에서 두는 하나의 수"(§14, 151쪽)를 가리키는데, 보통 발명이라 칭하는 결정적인 행마에 해당한다. "언어 놀이의 새로운 수, 심지어 새로운 규칙의 발명"(§13, 137쪽)이 파랄로지다. 파랄로지paralogie는 보통 '배리'로 번역하는 파랄로지즘paralogisme과 혼동하기 쉽다. 『포스트모던의 조건』 자체에도 이런 혼동을 부추기는 구절이 없는 것은 아니다.[27] 그러나 파랄로지는 아날로지analogie, 즉 유비에 가까운 개념이다. 그것은 서로 다른 규칙을 따르는 이질적인 언어 놀이 사이를 "마치 –처럼comme si"이라는 가정법적 논리를 통해 횡단하는 능력, 혹은 운동이다.

이는 『포스트모던의 조건』(1979)에서 싹텄던 생각을 완성하는 리오타르의 최후 대작 『쟁론』(1983)을 보면 확실하다. 특히 칸트의 판단력(창의적 상상력)을 재해석하는 대목에서 아주 분명해진다. 리오타르는 칸트적 의미의 판단력 — 새로운 규칙을 창조하는 반성적 판단력 — 을 아날로지라 부른다. 그리고 아날로지를 마치 "다도해의 군도群島"처럼 흩어진 다양한 언어 체제 사이의 심연을 항해하는 능력으로 풀이한다.[28] 서로 다른 체제 사이의 거리를 횡단하는 능력인데, 그 횡단적 이행의 능력이 가정법적 논리를 따르는 아날로지다.

『포스트모던의 조건』에서 전략상 결정적인 위치를 차지하는 '파랄로지'는 그런 『쟁론』의 '아날로지'와 겹치는 개념이다. 그것은 서로 다른 문법이 지배하는 "결정론의 섬들"(§13, 148쪽) 사이를 횡단하는 능력, 혹은 절차를 말한다. 반면 파랄로지즘, 즉 배리는 파랄로지를 요청하는 어떤 문제에 해당한다. 기존의 논리를 초과하는 어떤 역설, 새로운 해법을 기다리는 어떤 미지의 사태가 파랄로지즘이다. 들뢰즈의 용어로 하자면 그것은 독특성이다.

그런 파랄로지즘의 독특한 이의제기에 부딪힐 때, 그에 맞서 두는 '신의 한 수'가 『포스트모던의 조건』에서는 파랄로지로, 『쟁론』에서는 아날로지로 명명된다. 이런 의미의 파랄로지는 수행성 극대화 논리와 대립한다. 파랄로지는 그런 대립 관계를 통해 때로는 수행성 서사의 독소를 중화하는 해독제로, 때로는 수행성 서사를 대신하여 탈근대과학을 정당화할 진정한 기초로 등장한다. 파랄로지 서사는 탈근대의 수행성 서사와 경쟁하는 정당화 서사이되 결국 "유일한 정당화"(§14, 159쪽) 서사로서 드러난다.

맺음말

『포스트모던의 조건』에서 이런 의미의 파랄로지는 '상상력'(§12, 133-135쪽)이나 '아이디어 생산'(§13, 149쪽; §14, 157쪽)으로 지칭되기도 한다. '상상적 발명'이란 말도 보이는데, 그것은 정확히 '작은 이야기'를 정의하는 대목에서 등장한다. 즉 "작은 이야기는 상상적 발명이 취하는 탁월한 형식이되 무엇보다 과학에서 취하는 탁월한 형식이다."(§14, 150쪽)

'작은 이야기'란?

여기서 『포스트모던의 조건』 덕분에 널리 사용된 — 차라리 널리 오용된 — '작은 이야기'란 개념의 의미가 분명히 드러난다. 작은 이야기는 거대서사의 보편주의를 거부하는 인식론적 상대주의나 파편화를 함축하는 용어가 아니다. 그 용어에서 다원주의의 의도를 보려는 해석도 아직 오해가 크다. 이 모든 것은 작은 이야기를 파편화된 지식이나 인식론의 단위로 오인하는 데서 비롯한다. 그러나 상대주의나 다원주의는 작은 이야기로 구성된 상황이 아니라 작은 이야기가 해결해야 하는 상황이다.[29]

이것이 결정적으로 중요하다. 작은 이야기라는 개념을 통해 리오타르가 의도하는 점, 그것은 탈근대 지식으로서는 피할 수 없는 다원화 — 과학의 복잡화와 분열 — 를 횡단적 상상력(파랄로지)을 통해 넘어서는 방법이다. 파랄로지는 서로 경쟁하는 이론적 입장들 사이를 가로질러 상위의 관점에 도달하는 문제 발명적 상상력인데, 그런 "발명적 상상력이 취하는 탁월한 형식"이 바로 작은 이야기다.

여기서 많은 오해가 풀렸을 것이다. 하지만 여기에 덧붙일 말이 아직 많이 남아 있다. 가장 먼저는 누가 작은 이야기의 주체(화자)인지를 말해야 한다. 근대의 거대 정당화 서사의 주체는 칸트나 헤겔 같은 철학자였다. 탈근대의 수행성 서사에서는 정책 결정자나 기술관료가 스스로 주체임을 자임한다. 반면 탈근대의 작은 이야기는 탐구 현장에서 새로운 아이디어를 다투는 과학자의 서사다.[30] 리오타르가 바라보는 과학자는 놀이꾼이자 이야기꾼이다.

지식 탐구의 장은 독특성의 성취 여부로 승부를 다투는 게임의 세계인 까닭에 과학자는 놀이꾼이다. 그런데 발명의 현장에서 상상력이 취하는 탁월한 형식이 작은 이야기이므로 이 놀이꾼은 또한 이야기꾼이다. 『포스트모던의 조건』의 모든 논의는 결국 이런 결론으로 수렴한다.

그다음 두 번째로 덧붙여야 할 점은 혁신innovation과 발명invention의 구별이다(§14, 151쪽). 혁신은 수행성 극대화의 논리, 다시 말해서 최소 투입에 의한 최대 산출의 논리가 이룬 개선을 말한다. 반면 발명은 파랄로지, 다시 말해서 체계 횡단적 상상력의 형식인 작은 이야기가 가져오는 성취다. 세 번째로 덧붙여야 할 것은 메타서사와 수행성 서사 이외에도 작은 이야기가 반대하는 것이 있다는 점이다. 또 무엇에 반대하는가?

탈근대 정신과 놀이 정신

작은 이야기가 반대하는 것에도 여럿이 있다. 먼저 근대의 두 가지 사회모델에 반대한다. 첫 번째 모델은 유기체론(헤겔)에서 기능적 일원론(탈코트 파슨스)으로 이어지는 조화 모델이다. 다른 하나는 갈등적 이원론(마르크스, 프랑크푸르트학파)이 제시하는 투쟁 모델이다(§4 참조).

리오타르의 작은 이야기는 갈등적 이원론에 친화적인 개념인 것처럼 보일 때가 있다. 왜냐하면 그것이 펼쳐내는 놀이 정신은 일치보다는 불일치를, 조화보다는 투쟁을 동력으로 하기 때문이다.[31] 그러나 작은 이야기는 다원론적 관점을 배경으로 하고, 이 점에서 갈등적 이원론과 완전히 다른 사회모델을 불러들인다. 어떤 모델인가? 놀이 모델이다. 탈근대사회의 이미지를 놀이 혹은 게임을 모델로 그려가기를 요구하는 것이 작은 이야기 개념이다.

리오타르가 비트겐슈타인의 언어 놀이 이론에서 끌어내는 첫 번째 방법론적 원리가 일반 경기학에 기초한 언어 이해라면, 사실 거기서 끌어내는 "두 번째 원리"(§3, 54쪽)는 일반 경기학에 기초한 사회 이해다. 이것에 따르면 "관찰 가능한 사회적 관계lien social는 언어[놀이]의 여러 가지 수手로 이루어진다."(§3, 54쪽) 그런데 언어 놀이에서는 여러 가지 수 못지않게 여러 가지 위치가 발생한다. 발신자, 수신자, 지시 대상(의미)이라는 세 가지 위치가 그것이다. 그런데 바로 이 위치들이 사회적 주체가 태어나고 사회적 관계가 형성되는 모태다(§5, 65쪽).

그러나 이보다 중요한 것은 사회적 관계가 형성되는 동력이 놀이 정신에 있다는 점이다. 즉 사회적 행위는 장기에서 승부를 다투는 행마나 바둑에서 고심 끝에 던지는 전략적인 수와 같다. 작은 이야기는 그런 놀이 정신에 따라 색다른 지점을 연결하는 형식, 즉 플롯이다. 그러므로 리오타르는 하버마스의 의사소통이론에 반대한다. 소통 대신 놀이를 의도하고, 합의consensus 대신 이의dissensus를 제기하는 것, 그것이 작은 이야기다(§14, 151쪽). 그리고 이것이 칼 포퍼의 반증 이론으로 대변되는 탈근대과학의 정신이기도 하다(§7, 81쪽). 한마디로 하버마스의 의사소통이론은 탈근대 지식을 정당화할 수 없다. 탈근대 지식은 차이의 감각을 자양분으로 하고, 파랄로지라는 배리적 횡단을 방법으로 하기 때문이다.

탈근대 지식은 그저 단순히 당국자들의 도구만은 아니다. 그것은 차이에 대한 우리의 감각을 세련화하고 통약 불가능한 것에 관한 관용을 강화해준다. 그 원리는 전문가의 호몰로지homologie(상동성)가 아니라 발명가의 파랄로지paralogie(횡단성)다(서론, 36쪽).

통약 불가능한 체계 사이를 횡단하고 심연으로 갈라진 '결정성의 섬' 사이를 이행하는 논리나 능력이 파랄로지다. 점점 융합적 형태를 띠어가는 탈근대 지식에 대하여 이런 파랄로지만이 유일한 정당화 원리가 될 수 있다(§14, 159쪽). "현행의 과학적 화용론을 끌고 가는 상상력 또는 파랄로지의 차이 생산적 활동"(§14, 159쪽)을 기준으로 보자면, 의사소통이론은 근대 지식을 정초하던 해방 서사의 일종이거나 체계의 안정성을 최우선 과제로 하는 수행성 서사에 봉사하는 이론으로 비친다(§14, 150쪽). 새로운 규칙의 발명이나 독특성의 추구를 응원한다기보다는 오히려 방해하는 쪽으로 보이는 것이다.[32]

그러므로 하버마스의 의사소통이론에 리오타르는 일반 경기학을 마주 세우고, 이것이 고취하는 놀이 정신을 탈근대 정신 자체와 동일시한다. 파랄로지와 작은 이야기는 그런 등식 아래 등장하는 개념이다. 리오타르는 놀이 정신을 표현하는 이런 개념이 "인공 두뇌학(사이버네틱스) 측면의 정보화 이론에서 결정적으로 놓치고 있는 중요한 사항"(§5, 66쪽)임을 강조한다. 마치 인공지능 시대가 본격화하는 오늘의 현실을 내다보며 적은 문장 같다. 하여간 계속 새겨들어야 할 것은 탈근대 정신은 놀이 정신에서 찾아야 한다는 점이고, 놀이 정신은 인공지능과 구별되는 인간 정신의 고유한 차원이라는 점이다.

프란츠 칼 슈탄젤의
『서사 이론』 속에 나타난
서사성과 창의성

최용호

"새로운 매개의 방식을 발명하는 것이야말로 서사적
창의성이 도달할 수 있는 가장 높은 수준의 성취를
보여주는 것이다."

최용호는 한국외국어대학교에서 프랑스어를 전공하고, 프랑스 파리 10대학에서 소쉬르의 시간 개념에 관한 논문으로 언어학 박사학위를 받았다. 현재 한국외국어대학교 프랑스학과 교수로 재직 중이다. 지은 책으로 『소쉬르는 이렇게 말했다』(2017), 『노랑 신호등』(공저, 2012), 『서사로 읽는 서사학』(2009), 『의미와 설화성』(2006), 『광고 커뮤니케이션 문화 마케팅』(2005), 『텍스트 의미론 강의』(2004), Le temps chez Saussure(2002) 등이 있고, 옮긴 책으로 『신앙과 지식/세기와 용서』(공역, 2016), 『정념의 기호학』(공역, 2014), 『일반언어학 노트』(공역, 2007) 등이 있다.

서사 이론

프란츠 칼 슈탄젤은 1979년에 『서사 이론Theorie des Erzälens』을 출간함으로써 앞서 1955년에 발표한 『소설에서 전형적 서술 상황Die typischen Erzälsituationen im Roman』이라는 제목의 그의 첫 작품에서 야심 차게 설계한 서사학적 모델을 완성한다. 그의 『서사 이론』은 제라르 주네트의 「서사 담화Discours du récit」(1972)와 더불어 구조주의 서사학의 중흥기를 선도한 독일어권 서사학계를 대표하는 고전적인 작품으로 평가받는다.[1] 오늘날 서사학은 이 학문 분야의 역사 서술이 하나의 과제로 떠오를 정도로 발전을 거듭하고 있으며 그만큼 초기 구조주의 패러다임으로부터 멀리 벗어나 있다. 이 글에서 지난 시대에 속한 한 작품을 다시 소환하고자 한 이유는 이러한 역사 서술적인 관심 때문이 아니라 이 작품이 지닌 고전으로서의 가능성 때문이다. 하나의 고전이 지닌 가치가 자신을 탄생시킨 역사적 맥락을 뛰어넘어 역사를 재개방하는 힘을 보유한 것에 있다고 할 때 슈탄젤의 『서사 이론』은 고전 중의 고전으로 불릴 만하다. 그가 제시한 '유형학적 원typological circle'이라는 서술 양식의 구조주의 모델은 구조의 체계성을 이상적으로 구현하고 있으면서도 원의 순환성이 지닌 역동적 움직임을 재활성화함으로써 체계의 경직성을 이미 극복하고 있다.

그의 책은 1986년 『서사 이론A Theory of Narrative』이라는 제목과 함께 영어로 번역되어 영미권에 소개되었다. 프랑스에서는 최근, 그러니까 2007년에 『서사 이론. 독일 연구의 성과Théorie du récit.

L'apport de la recherche allemande』라는 제목으로 함부르크대학교 서사학 연구팀이 공동으로 집필한 전문 서적이 프랑스어로 출간되어 슈탄젤의 모델을 포함한 독일어권 서사 이론에 대한 재평가가 이루어지고 있다. 주네트의 「서사 담화」가 1992년에 우리말로 번역되면서 서사학이라는 학문의 국내 수용이 비교적 일찍 이루어졌다고 할 수 있겠지만 슈탄젤의 저작이 아직 번역되지 않았을 뿐만 아니라 논의조차 드문 것은 우리 서사학계의 이론적 공백이 아닐 수 없다. 이 한 편의 글로 이러한 공백을 메우는 작업을 대신할 수는 없을 것이다. 유형학적 원이라는 모델을 중점적으로 논의하는 가운데 이 글이 특별히 주목하고자 하는 대목은 1장 「서사의 유적 특성으로서 제시의 매개성」에서 슈탄젤이 "창의적인 역량innovative abilities"이라고 부른 것이다. 그는 "대중소설의 저자들과 다르게 미증유의 서사문학 작품들의 저자들은 … 창의적인 역량의 상당 부분을 소설의 서술적 과정을 제시하는 데 할애"[2]한다고 지적한다. 그의 유형학적 모델이 분류학적 작업에 머물지 않고 역동적 움직임을 보이는 것은 바로 이러한 "창의적인 역량"을 효과적으로 다룰 수 있기 때문이다.

　이 글의 순서는 다음과 같다. 서사학의 역사 서술에서 슈탄젤의 모델이 구조주의 패러다임에 속한 것으로 다루어지고 있지만, 프랑스 구조주의 서사학과는 결이 다른 전개를 보이는 것이 사실이다. 앞으로 살펴보겠지만 이는 서사성을 정의하는 그의 방식에서 확연히 드러난다. 사상사적 좌표계에서 그의 서사학적 모델이 차지하는 위치를 가늠하기 위해서는 서사학의 역사를 서사성을 정의하는 방식에 따라 재서술할 필요가 있다. 이 작업에 이어 슈탄젤이 제시한 세 가지 서술 상황을 중심으로 그의 유형학적 모델에 대한 본격적인 논의가 진행될 것이다. 이 짧은 글이 그의 책을 개괄적으로 소개하는 수준을 벗어날 수는 없겠지만 그의 모델이 "창의적인 역량"을 담보한 유연하고도 역동적인 모델이라는 점은 논의를 진행하는 가운데 반복해서 강조될 것이다. 이 글은 이 글의 제목이기도 한 서사성과 창의성의 관계에 대한 논의로 마무리될 것이다.

서사성과 서사학의 역사

서사학이란 무엇인가? 이 질문에 대한 대답은 비교적 간단하다. 츠베탕 토도로프는 1969년에 펴낸『데카메론의 문법』에서 "아직 존재하지 않은 과학"에 대한 프로그램을 제안하면서, 이 과학적 프로그램을 가리켜 "말하자면 서사학"이라고 호명한다.[3] 여기서 서사학은 서사 과학을 뜻한다. 롤랑 바르트의 용어로 구조주의 시대를 지시하는 "에크리튀르"[4]로서 '과학'이라는 토도로프의 표현이 서사'학' narrato*logie*을 심리'학'psycho*logie*이나 생물'학'bio*logie*에 범접한 학문으로 과장하는 것처럼 들린다면 이 표현 대신에 '이론'이라는 다소 완화된 표현을 사용해도 좋을 것이다. 요컨대 서사학은 서사 이론이다. 그렇다면 서사란 무엇인가? 앞의 질문과 다르게 이 질문에 대한 대답은 그리 간단하지 않다. 이 물음에 답변하기 위해서는 우선 서사를 비서사와 구분할 수 있어야 하는데 서사학자마다 상이한 구분 기준을 제시하고 있어 문제가 복잡해진다. 예를 들어 미케 발의『서사학Narratologie』(1984)은 영화는 서사가 아니라고 주장하고 시모어 채

트먼의 『스토리와 담화Story and Disocurse』(1978)는 영화도 서사라고 주장한다. 슈탄젤의 『서사 이론』(1979)은 극은 서사가 아니라고 주장하고 모니카 플루더닉의 『자연 서사학을 향하여Towards a 'Natural' Narratology』(1996)는 극도 서사라고 주장한다. 롤랑 바르트는 「서사 구조분석 입문」이라는 기념비적인 논문의 첫 문단을 "서사는 삶처럼 저기에 있다"[5]라는 말로 마무리하면서 서사의 초장르적, 초매체적, 초역사적, 초문화적 성격을 강조한다. 그에 따르면 "서술적 층위 너머에서 세계가 시작된다."[6] 그의 범서사주의 사상에서 서사는 오직 세계와 구별될 뿐이다. 서사성은 이처럼 서사를 비서사와 구분하는 조건이나 기준을 가리킨다. 서사가 시작되고 끝나는 경계는 어디인가? 하나의 텍스트 a를 서사 텍스트라는 집합 A의 원소로 만드는 것은 무엇인가? 모든 서사 이론은 명시적이든 암시적이든 나름대로 이 질문에 대한 고유한 대답을, 바꿔 말해 하나의 서사성을 상정하고 있다.

　　서사학 분야에서 비교적 이론의 여지가 없는 가장 중요한, 그리고 가장 오래된 개념적 구분 가운데 하나는 파불라와 슈제트의 구분이다. 거칠게 말해 파불라는 사건의 계열을 가리키고 슈제트는 서술 행위를 가리킨다. 전자는 '스토리'에 상응하고 후자는 '담화'에 상응한다. 좀 더 쉽게 풀이하자면 파불라는 서사의 '무엇'과 관련되고 슈제트는 서사의 '어떻게'와 관련된다. 말하자면 서사학은 '무엇'이 주어졌을 때 이를 '어떻게' 다루는가와 관련된 학문 분야다. 전통 서사학은 이 두 개념 중 어디에 방점을 두고 서사성을 정의하느냐에 따라 크게 두 가지 계열로 나뉜다. 하나는 논리-문법적 계열이고 다른 하나는 텍스트-수사학적인 계열이다. 이 두 계열이 하나로 결합하여 이른바 구조주의 서사학이 탄생한다.

논리-문법적 계열의 서사 이론이 옹호하는 작업가설은 서사는 하나의 문장이나 동사로 축소될 수 있고 하나의 문장이나 동사는 하나의 서사로 확장될 수 있다는 것이다. 바르트가 이 가설을 앞서 인용한 논문에서 처음으로 정식화한 이후[7] 토도로프, 주네트 등에 의해 수용되면서 이 가설은 구조주의 서사학의 중핵으로 자리잡는다. 스토리가 중요한 이유는 바로 여기에 있다. 스토리는 사건의 계열로 정의되고 하나의 사건은 행위자와 행위의 결합으로 모델링된다. 논리-문법적 계열에서 행위자와 행위의 결합은 문법적으로는 주어와 술어의 관계로 재서술되고 논리적으로는 논항과 함수의 관계로 재서술된다. 예를 들어 알기르다스 줄리앙 그레마스의 서사 문법에서 서사적 언표(EN)는 행위소들Actants의 함수(F)로 정의되고 이는 다음과 같이 정식화된다. $EN = F(A)$. 구조주의 서사학의 초기 모델을 제공한 이 계열의 서사 연구에서 서사성은 이처럼 하나의 사건으로, 좀 더 구체적으로 말하자면 상태나 상황의 '변형'으로 정의된다. 사건을 규정하는 행위는 변형 행위며 이러한 행위는 필연적으로 시간의 전개를 전제한다. 여기서 서사와 비서사의 구분 기준은 사건성, 바꿔 말해 시간성이다. 주네트는 모든 서사가 하나의 동사로 환원될 수 있다고 가정하는데 그 이유는 동사가 사건성, 곧 시간성을 문법적으로 표시하기 때문이다.[8] 이 계열에서 시간성이 결여된 텍스트는 서사 텍스트로 분류되지 않는다. 예를 들어 시나 수필이나 회화는 시간성을 결여하고 있어 서사 텍스트에서 제외된다. 그레마스의 『구조 의미론Sémantique structurale』(1966), 바르트의 「서사구조분석 입문」, 토도로프의 『데카메론의 문법』과 클로드 브레몽의 『서사 논리Logique du récit』(1973) 등이 논리-문법적 계열에 속한 대표적인 작품들이다. 이 계열의 선구적인 작품으로 블라디미르 프로프Vladimir Propp의 『민담 형태론Morphologie du conte』(1928/1998), 클로드 레비스트로스의 「신화의 구조Structure des Mythes」(1958) 등을 지목할 수 있다. 이 계열의 연구가 지닌 중요성은 구조주의 서사학, 한마디로 서사학이라는 학문의 역사적이고 인식론적인 기초를 확립했다는 것이다. 하지만 구조주의 서사학이 이 계열의 연구에 머물렀다면 민담이나 신화 분석의 한계를 벗어나지 못했을 것이다.

주지하다시피 서사학의 전신은 소설 이론이다. 텍스트-수사학적 계열의 연구가 중요한 이유는 헨리 제임스의 『소설의 예술The Art of Fiction』(1884)에서 시작해서 퍼시 러보크의 『소설의 기술The Craft of Fiction』(1921), 에드워드 모건 포스터의 『소설의 이해Aspects of the Novel』(1927/1990) 등을 거쳐 웨인 부스의 『소설의 수사학The Rhetoric of Fiction』(1961/1999)에 이르기까지 소설 이론의 전통에 뿌리를 두고 있다는 점 때문이다. 슈탄젤의 『소설에서 전형적 서술 상황』은 이러한 전통 속에서 탄생한 작품이다. 주네트의 「서사 담화」와 슈탄젤의 『서사 이론』이 구조주의 서사학의 중흥기를 이끈 선구적인 작품으로 평가받는 이유는 소설 연구의 전통에 뿌리를 두고 초기 구조주의 모델을 혁신할 수 있었기 때문이다. 텍스트-수사학적 계열은 문장의 미시적 구조가 아니라 텍스트 차원에서 전개되는 수사학적 전략에 방점을 두고 연구를 진행한다. 스토리보다 담화가 중요한 이유가 여기에 있다. 이 계열에서 서사성은 매개성으로 정의된다. 매개적 역할을 수임하는 심급은 크게 두 가지다. 하나는 '서술자narrator'고 다른 하나는 '반영자reflector'다. 주네트가 전자를 '누가 말하는가?'와 관련된 문제로 후자를 '누가 보는가?'와 관련된 문제로 명확히 구분하기 전까지 매개성은 소설 연구의 전통에서 주로 시점point of view 이론의 틀 내에서 다루어져왔다. 여기서 서사와 비서사를 구분하는 기준은 서술자의 존재 여부다. 예를 들어 서술자의 목소리가 소거된 극이나 영화는 서사로 분류되지 않는다.

주네트의 「서사 담화」 이후 채트먼의 『스토리와 담화』, 슐로미스 리몬-케넌의 『서사적 허구Narrative Fiction』(1983), 제랄드 프랭스의 『서사학Narratology』(1984/1999), 미케 발의 『서사학』 등으로 이어지는 이른바 구조주의 서사학 이론들은 논리-문법적 계열과 텍스트-수사학적 계열이 통합되면서 발전을 거듭한 것이다. 서사적 커뮤니케이션의 모델을 도입해 이러한 발전 과정을 다시 한번 요약해보자. 서사적 커뮤니케이션은 발신자(작자), 메시지(작품), 수신자(독자)로 구성된다. 서사적 커뮤니케이션에서 스토리는 일종의 메시지에 상응한다. 작자는 이 메시지를 독자에게 효과적으로 전달하기 위해 수사학적 전략을 구사한다. 스토리 중심의 서사성이 메시지의 구조와 관련된다면 담화 중심의 서사성은 작자의 수사학적 전략과 관련된다. 90년대 이후 서사성을 스토리나 담화가 아니라 독자의 독서 활동에 방점을 두고 재정의하려는 시도가 이루어져왔다. 예를 들어 모니카 플루더닉은 이른바 인지주의 서사학이라는 새로운 이론적 경향을 이끌게 될 『자연 서사학을 향하여』(1996)라는 작품에서 "서사성을 서술자의 존재에 두려는 것을 단호히 거부"[9]한다고 말하면서 "경험성, 다시 말해 실제-삶의 경험에 대한 의사 모방적 환기"[10]를 서사성의 구성적 요소로 제시한다. 자연 서사학에서 서사성은 "경험성의 재현"[11]으로 정의된다. 여기서 재현의 주체가 작자가 아니라 독자라는 점이 중요하다. 서사성은 독서 과정에서 재구축되는 것이고 이 과정에서 독자의 실제 삶의 경험이 결정적인 역할을 수행한다. 오늘날 서사 및 스토리텔링 연구의 주요 경향으로 자리잡은 인지주의 서사학은 이러한 "수용 지향의 모델"[12]에 기초한다. 데이비드 허먼의 『스토리 논리Story Logic』(2002), 피터 스톡웰의 『인지 시학Cognitive Poetics』(2002), 마리-로어 라이언과 잔 노엘 숀이 편집한 『미디어 스토리 세계: 미디어 의식 서사학을 향하여Storyworld across Media: toward a Media-Conscious Narratology』(2014) 등이 이 계열에 속한 작품들이다. 예를 들어 허먼은 "근본적으로 서사적 이해는 텍스트적 단서들과 그러한 단서들이 가능하게 한 추론을 토대로 스토리의 세계를 재구성하는 과정"[13]이라고 주장하면서 수용 지향의 모델을 지지한다. 구조주의 서사학의 논리-문법적 계열이 선호하는 서사가 민담이나 신화고 텍스트-수사학적 계열이 선호하는 서사가 18세기에서 20세기에 이르는 전통적인 소설들이라면 인지적 계열이 선호하는 서사는 20세기 초에 등장한 의식을 다루는 소설들이다.[14] 오늘날 인지주의 서사학이 새롭게 주목하는 지점은 인물의 행위나 서술자의 목소리가 아니라 독자의 의식인 것이다.[15] 이 의식의 기원이 뇌일 수도 있고 라이언이 제시한 것처럼 미디어일 수도 있지만 말이다. 지금까지의 논의를 도표로 정리하면 다음과 같다.

〈표 1〉 서사성과 서사학의 계열

서사학의 계열	서사성	서사성의 장소	서사 커뮤니케이션	선호하는 서사
논리-문법적 계열	사건성(시간성)	스토리	메시지(작품)	민담, 신화
텍스트-수사학적 계열	매개성	담화	발신자(작자)	전통 소설
인지적 계열	경험성(의식)	독서 활동	수신자(독자)	의식의 흐름 소설

서사성을 정의하는 방식에 따라 서사학의 역사를 재서술할 때 이 역사의 그늘에 가려져 있던 한 가지 서사학적 경향이 가시화된다. 이른바 해체주의 서사학이 그것이다. 구조주의 서사학이나 인지주의 서사학이 서사성에 대한 자신만의 고유한 정의를 간직하고 있는 것과 다르게 해체주의 서사학은 서사성 자체를 문제적인 것으로 만든다는 점에서 주목할 만하다. 조너선 컬러는 「서사 분석에서 스토리와 담화Story and Discourse in the Analysis of Narrative」(1981)에서 사건의 논리에 지배를 받는 스토리와 주제의 논리에 지배를 받는 담화가 서로를 배반하면서도 전제하는 대리 보충적인 해체의 덫에 걸려 있음을 소포클레스의 『오이디푸스 왕』, 조지 엘리엇의 『다니엘 데론다』, 프로이트의 『늑대인간』 등의 사례를 통해 설파한다. 컬러의 기념비적인 이 논문 이후 구조주의 서사학의 주요 개념들이 — 예를 들어 파블라와 슈제트, 사건, 플롯 등 — 의심스러운 대상이 되면서 서사학의 토대를 근본에서부터 재검토하려는 작업이 전개된다. 이러한 작업이 모순에 빠질 수밖에 없는 것은 해체주의 서사학이 하나의 모델을 제시할 수 있으려면 이 모델의 이론적 토대를 확정할 수

있어야 하는데 이러한 토대가 확정되는 순간 해체의 대상이 될 수밖에 없기 때문이다. 이것이 바로 컬러가 "종합의 불가능성"[16]이라고 부른 역설의 핵심이다. 그가 바르게 지적하고 있듯이 스토리와 담화의 이분법은 그것이 유지되는 한에서 해체될 수 있을 뿐이며 해체되는 한에서 유지될 수 있을 뿐이다.

서술 상황과 유형학적 원

슈탄젤의 서사 이론은 앞에서 논의한 구조주의언어학의 텍스트-수사학적 계열에 속한다. 그는 서사의 종별성이 서술이라는 매개성에 있다고 주장한다.[17] 서술자의 목소리에 의해 매개되지 않은 양식은 그것이 드라마적이든 텍스트적이든 미디어적이든 서사로 분류되지 않는다. 아리스토텔레스의 용어를 빌리자면 슈탄젤은 미메시스가 아닌 오직 디에게시스만을 서사적 양식에 부합한 것으로 간주한다.

주네트 이전의 소설 이론에서 매개성은 주지하다시피 시점의 문제로 다루어져왔다. 웨인 부스에 따르면 시점은 "인칭과 전지성"이라는 "두 변수"의 상관관계로 정의된다.[18] 일반적으로 1인칭이면서 전지성의 특권을 지닐 때 1인칭 주인공 시점으로, 1인칭이면서 전지성에 제한을 받을 때 1인칭 관찰자 시점으로, 3인칭이면서 전지성의 특권을 지닐 때 전지적 작자 시점으로, 3인칭이면서 전지성에 제한을 받을 때 작자 관찰자 시점으로 각각 분류된다. '인칭person'이 서술의 문제와 관련된다면 전지성은 관찰자, 다시 말해 '관점perspective'의 문제와 관련된다.

주네트는 이러한 시점 분류 방식에서 '누가 말하는가?'라는 문제와 '누가 보는가?'라는 문제를 구별함으로써 소설 연구가 하나의 기예가 아니라 서사학이라는 하나의 분과 학문으로 거듭나는 데 결정적으로 공헌한다. 우선 인칭과 관점을 혼동하지 않는 것이 중요하다. 이 두 문제의 혼동을 피하고 나면 발이 올바르게 지적했듯이[19] 그러한 혼동이 불가피했던 이유가 해명되어야 한다. 서사적 짜임에서 인칭과 관점, 말하기와 보기의 "평행 관계parallélisme"[20]가 은폐되어서는 안 된다. 이론적으로는 이 둘을 구분하는 것이 마땅하지만 기술적으로는 이 둘의 상호 침투를 다룰 줄도 알아야 한다는 말이다. 웨인 부스는 서술자가 1인칭이든 3인칭이든 전지성이 특권적이든 제한적이든 작품의 주제와 관련된 수사학적 효과에 대한 분석이 수반되지 않는다면 시점의 유형학적 분류는 그것이 아무리 정교하다 하더라도 비평적으로 아무런 가치가 없다고 역설한다.[21] 인칭과 관점을 혼동하지 않는 것만큼 이들의 상호 침투가 산출하는 수사학적 효과를 기술하는 것이 중요한 것이다.

슈탄젤은 매개성의 전통적인 두 가지 구성요소, 다시 말해 인칭과 관점에 '양식mode'이라는 새로운 구성요소를 추가한다. 그가 유형학적 원이라고 부른 매개성 모델은 요컨대 인칭, 관점, 양식의 상호작용으로 구축된다. 인칭은 다시 1인칭과 3인칭으로 나뉘고 관점은 외적 관점과 내적 관점으로, 양식은 서술자 양식과 반영자 양식으로 각각 세분된다. 이 모델의 강점은 이 세 구성요소를 한편으로 명확히 구분하면서도 다른 한편으로 이들의 상호 침투의 역동성을 원이라는 이미지를 활용하여 상당히 효과적으로 담아낼 수 있다는 것이다.

슈탄젤은 매개성을 '서술 상황narrative situation'이라는 용어로 대체한다. 매개성이라는 개념을 표현하기에 다소 어색하고 낯선 이 용어는 큰 무리 없이 서사적 커뮤니케이션의 상황을 가리키는 말로 재서술될 수 있다. 서술자의 목소리라는 매개성은 이 목소리가 전달되는 커뮤니케이션의 상황을 요구한다. 서사적 커뮤니케이션의 상황은 앞에서도 제시했듯이 발신자(서술자), 메시지(인물 및 허구적 세계), 수신자(독자)로 구성된다. 서사적 커뮤니케이션의 상황에서 인칭은 특별히 발신자와 메시지 사이에 개입하고, 관점은 메시지와 수신자 사이에, 양식은 발신자와 수신자 사이에 각각 개입한다.

슈탄젤의 매개성 모델에서 인칭은 존재론적 범주로 정의된다. 여기서 관건은 서술자가 허구적 세계에 존재하는 인물과 존재론적 체제를 공유하고 있느냐의 여부다. 1인칭 서사는 서술자의 존재론적 체제가 인물의 존재론적 체제와 일치하는 서사고 3인칭 서사는 일치하지 않는 서사다. 주지하다시피 소설의 연구사에서 인칭은 가장 많은 논란을 불러일으켰던 서사학적 범주 중 하나다. 일반적으로 객관성의 여부가 1인칭과 3인칭을 구분하는 기준으로 작용한다. 1인칭 서술이 주관적이라면 3인칭 서술은 객관적이다. 혹자 — 예를 들어 볼프강 로크만Wolfangag Lockemann — 는 신뢰성 여부에 따라 1인칭 서술은 믿을 수 없는 반면에 3인칭 서술은 믿을 수 있다고 주장한다. 혹자 — 예를 들어 햄버거Hamburger — 는 오래된 기준에 호소하여 엄밀한 의미에서 1인칭 서술만이 디에게시스에 상응하고 3인칭 서술은 미메시스에 불과하다고 주장한다. 슈탄젤이 보기에 존재론적 기준을 제외한 이 모든 기준은 1인칭 서사와 3인칭 서사의 구별이 갖는 서사학적 함의를 드러내기에 미흡하다. 1950년대 이후 작자와 서술자가 근본적으로 다른 심급이라는 인식이 확산되면서 작자와 다르게 서술자는 1인칭이든 3인칭이든 모두 허구적 존재라는 점에서 객관성의 여부를 진지하게 따지는 작업은 의미를 잃게 된다. 신뢰성의 여부도 엄밀한 기준으로서 미흡하기는 마찬가지인데 3인칭 서사에서도 — 예를 들어 대부분의 탐정 서사에서 — 믿을 수 없는 서술자가 등장하는 경우가 적지 않기 때문이다. 슈탄젤이 존재론적 기준을 제시한 이유 중 하나는 이 기준이 서술 동기의 측면에서 1인칭 서사와 3인칭 서사의 차이를 가장 잘 드러내줄 수 있기 때문이다.

  1인칭 서술자는 허구적 인물과 존재론적 체제를 공유한, 말하자면 스토리의 세계 속에 존재론적으로 육화된 서술자다. 그에 비해 3인칭 서술자는 비육체적 서술자다. 부스는 서술자가 1인칭이냐 3인칭이냐라는 문제보다 서술자가 극화되었느냐 극화되지 않았느냐가 서사학적으로 더욱 중요한 문제라고 지적한다.[22] 이에 대해 슈탄젤은 1인칭 서술자만이 아니라 3인칭 서술자도 극화될 수 있다는 점을 들어 극화의 여부보다 육화의 여부가 서사학적으로 훨씬 중요하다고 반박한다.[23] 예를 들어 육화된 1인칭 서술자는 비육체적인 3인칭 서술자에 비해 사건을 바라보는 시야가 제한적이라는 특징을 지닌다. 또한 육화된 서술자의 서술에서는 — 예를 들어 골드너프Goldknopf가 지적한 대로 — 고백이 증가하는 것을 볼 수 있다. 더욱 중요한 것은 육화된 서술자의 서술 동기가 실존적일 수밖에 없다는 것이다. 글을 쓰는 이유가 삶의 의미와 관련되어 있다는 말이다. 예를 하나 들어보자. 2022년 노벨문학상을 수상한 프랑스 소설가 아니 에르노는 『한 여자』라는 자전적 작품에서 서술 동기를 다음과 같이 밝힌다.

> 나는 어머니에 관한 글을 계속 써나가겠다. 어머니는 내게 진정 중요했던 유일한 여자이고, 2년 전부터는 치매 환자였다. 기억의 분석을 보다 쉽게 해줄 시간적 거리를 확보하자면, 아버지의 죽음과 남편과의 헤어짐이 그랬듯 어머니의 병과 죽음이 내 삶의 지나간 흐름 속으로 녹아들 때를 기다리는 게 더 나을지도 모르겠다. 하지만 나는 지금 이 순간 다른 것은 할 수가 없다.[24]

위의 마지막 문장은 어머니에 관한 글을 "지금 이 순간" 쓰지 않으면 안 되는 실존적 압박을 그대로 드러낸다. 1인칭 서술자의 서술 동기가 이처럼 실존적이라면 3인칭 서술자의 서술 동기는 슈탄젤에 따르면 미학적이다. 서술 동기가 미학적이라는 말은 글을 쓰는 이유가 새로운 인물이나 자신만의 환상의 세계를 창조하고자 하는 문학적 열망에 있음을 뜻한다. 예를 들어 자연주의문학의 출현을 알린 작품인 『테레즈 라캥』의 서문에서 에밀 졸라는 이 작품의 저술 동기를 다음과 같이 밝힌다.

> 『테레즈 라캥』에서, 나는 사람의 성격이 아니라 기질을 연구

하기를 원했다. 이 책 전체는 바로 그것을 담고 있다. 나는 자유의지를 박탈당하고 육체의 필연에 의해 자신의 행위를 이끌어가는 신경과 피에 극단적으로 지배받는 인물들을 선택했다. 테레즈와 로랑은 인간이라는 동물들이다. 그 이상은 아무것도 없다.[25]

자연주의 선언문으로 간주되는 위 서문에서 졸라는 문학을 과학적 탐구를 위한 하나의 실험실로 만들고자 하는 의도를 피력한다. 1인칭 서사의 서술적 동기가 실존적이라면 3인칭 서사의 서술적 동기는 위의 서문이 잘 보여주듯 미학적이다.

서술 상황의 구성요소로서 인칭이 상술한 바와 같이 존재론적 범주라면 관점은 인식론적 범주다. 관점은 독자가 허구적 세계를 지각하는 방식을 조정하는 인식론적 장치와 관련된다. 칸트에 따르면 하나의 이미지를 획득하기 위해서는 이른바 통각이 움직여야 한다. 통각은 지각이 제공한 단편적인 이미지들을 모아 하나의 통합된 이미지를 구축하는 인식 활동이다. 슈탄젤은 허구적 세계를 지각하는 과정에서도 이와 같은 작용이 개입한다고 지적한다. 독자가 허구적 세계의 구체적인 이미지를 획득하기 위해서는 현실에서와 마찬가지로 통각이 동원되어야 한다. 이는 독서 활동의 중요한 부분을 차지한다. 작자는 이러한 독자의 통각을 통어할 줄 알아야 하는데 바로 이러한 통어의 방식이 관점의 대립으로 나타나는 것이다.

관점은 크게 비관점과 관점으로 나뉘고 관점은 다시 내적 관점과 외적 관점으로 나뉜다. 모든 서술자가 서사에 자신의 관점을 투영할 수 있다는 점에서 사실상 모든 서사에 관점이 존재한다고 볼 수 있다. 슈탄젤이 의미하는 관점은 헨리 제임스나 귀스타브 플로베르 이후 확산되기 시작한 새로운 소설 기법과 관련된다. 제임스는 이러한 기법을 반영화라고 부르고 주네트는 초점화라고 부른다. 슈탄젤은 이를 관점화라고 부른다. 거칠게 말해 소설의 역사는 비관점주의에서 관점주의로의 이행으로 요약될 수 있다.[26] 관점주의라는 표현에서 관점은 전체적인 것이 아니라 부분적인 것으로 이해되어야 한다. 고전소설에서 작자적 서술자가 투영한 관점이 부분적인 것이 아니라 전체적이라는 점에서 관점주의에서 말하는 관점이 여기서 작동한다고 볼 수 없다. 작자적 서술자가 스토리 세계에 투영한 관점은 이 허구적 세계에 하나의 이미지를 부여하는데 이렇게 생성된 세계의 세계상은 독자에게 특별한 지각적 반응을 자극하지 않는다. 서술자가 하나의 세계를 바라보고 있더라도 독자에게 서술자의 눈은 그의 목소리를 통해서만 들릴 뿐이다. 슈탄젤이 고전소설의 서술 기법을 비관점주의라고 부른 이유는 여기에 있다. 이와 다르게 관점은 독자에게 스토리의 세계 안에 직접 들어가 있다는 느낌을 불러일으킨다. 프랑수아즈 사강의 『브람스를 좋아하세요…』의 첫 문단을 인용해보자.

폴은 거울에 비친 자신의 얼굴을 들여다보고 있었다. 그녀는 이런 경우 흔히 갖게 마련인 신랄함이나 당혹감이 아니라 조심성에 가까운 차분함을 가지고, 좌절로 얼룩진 거울 속의 얼굴을 서른아홉 해로 나누어 보았다. 얼굴의 음영을 두드러져 보이게 하고 주름을 더 깊어 보이게 하기 위해 자신이 손가락 두 개로 잡아당기는 그 탄력 없는 살갗이 마치 누군가 다른 사람, 아가씨의 대열에서 아줌마의 대열로 마지못해 넘어가고 있는, 외모에 몹시 신경을 쓰는 또 다른 폴의 것이기라도 한 것처럼. 그녀로서는 그런 모습이 낯설었다.[27]

위에서 독자는 서술자의 의식이 아니라 폴의 의식 안으로 들어간다. 3인칭 서술자가 "그 탄력 없는 살갗"이라고 말할 때 독자는 서술자의 목소리를 듣는 것이 아니라 거울에 비친 자신의 얼굴을 바라보는 폴의 시선을 따라간다. 이처럼 스토리 세계 안에 직접 들어가 있다는 생생한 느낌은 행위나 사건의 재현이 아니라 의식의 재현을 통해 촉발된다. 비관점이 서술의 장치가 의식을 끌어안은 것이라면 관점은 의식의 장치가 서술을 밀어낸 것이다.

슈탄젤은 관점을 내적 관점과 외적 관점으로 나눈다. 내적 관점은 위의 인용문이 잘 보여주듯 의식의 장치가 주요 인물이나 사건의 내부에 장착된 경우다. 외적 관점은 이 장치가 주요 인물이나 사건의 외부에 장착된 경우다. 외적 관점을 적용한 대표적인 사례로 자주 언급되는 어니스트 헤밍웨이의 「살인자들」의 첫 문단을 인용해 보자.

헨리네 식당의 문이 열리고 사내 둘이 들어왔다. 그들은 카운터 앞에 앉았다. "뭘 드릴까요?" 조지가 그들에게 물었다. "글쎄. 이봐, 앨, 자넨 뭘 먹을 텐가?" 그중 한 사람이 말했다. "모르겠는

걸, 먹고 싶은 게 생각이 안 나." 앨이 대답했다. 식당 밖은 점점 어두워졌다. 창밖 가로등에 불이 들어왔다. 카운터에 앉은 두 사내는 메뉴판을 들여다보았다. 카운터 반대쪽 끝에서 닉 애덤스는 그들을 지켜보았다. 조지하고 한창 얘기를 나누고 있을 때 바로 이 두 사람이 들어왔던 것이다. "사과 소스로 구운 돼지 등심 구이와 으깬 감자를 주게." 첫 번째 사내가 주문했다. "그건 아직 준비가 안 됐는데요." "그럼 도대체 왜 메뉴에 적어 놓았어?"[28]

위에서 관점은 서술자의 목소리에 담겨 있지 않다. 그렇다고 특정 인물의 의식이 가시화된 것도 아니다. 마치 식당 주변 어딘가에 카메라가 설치되어 있고 그 카메라를 통해 바라보는 것처럼 장면이 펼쳐진다. 고전소설에서 서술자의 목소리가 서술자의 눈을 완전히 덮었다면 외적 관점이 지배하는 현대소설에서는 서술자의 눈이 서술자의 목소리를 완전히 잠재운다. 고전소설에서도 현대소설에서도 서술자가 주도적인 역할을 일임한다. 다만 전자에서는 서술자가 목소리로 환원되고 후자에서는 의식으로 환원된다는 차이점이 존재할 뿐이다.

서술 상황의 구성적 요소로서 양식은 발신자와 수신자 사이에, 다시 말해 서술자와 독자 사이에 개입한다. 서술자는 독자에게 스토리의 세계를 이를테면 '말하는' 서술의 방식으로 전달할 수도 있고 '보여주는' 제시의 방식으로 전달할 수도 있다. 전자의 방식을 서술자 양식이라고 부르고 후자의 방식을 반영자 양식이라고 부른다. 엄밀한 의미에서 반영자는 전달자가 아니라 생산자다. 반영자는 스토리의 세계를 생산하는 것이지 전달하는 것이 아니다. 바로 여기에 서술자와 반영자 사이에 서사학적으로 중요한 차이가 놓여 있다. 전달의 문제는 항상 신뢰성의 문제와 결부되어 있다. 서술자 양식과 관련해서 중요한 서사학적 문제는 서술자가 믿을 수 있는 서술자냐 아니냐다. 믿을 수 없는 서술자를 설정하는 이유는 여러 가지다. 예를 들어 탐정 서사에서 독자에게 잘못된 추리를 유도하여 반전을 준비하기 위해 서술자가 충분한 정보를 제공하지 않은 경우가 있다. 하지만 반영자에게 이러한 신뢰성의 문제는 제기되지 않는다. 믿을 수 없는 반영자라는 말은 성립되지 않는다. 다시 한번 강조하지만 반영자가 하는 일은 허구적 세계를 생산하는 것이다. 생산된 것, 하나의 산물은 믿을 수 있느냐 없느냐로 평가되지 않는다. 산물은 신뢰성의 여부가 아니라 유용한지 유용하지 않은지, 아름다운지 아름답지 않은지 등 다른 기준의 적용을 받는다. 여기서 제기되는 문제는 부스가 『소설의 수사학』에서 언급한 신뢰성이 아니라 로먼 인가르덴이 「미학적 경험과 미학적 대상Aesthetic Experience and Aesthetic Object」(1961)에서 언급한 미결정성의 지대와 관련된 것이다. 인가르덴에 따르면 실제 대상과 다르게 미학적 대상은 독자의 참여를 통해 완성되어야 하는 미완의 대상으로 미결정성을 본질로 삼는다. 반영자가 하는 일이 바로 이러한 미결정성의 지대를 생산하는 것이다. 앞서 인용한 프랑수아즈 사강의 『브람스를 좋아하세요...』의 첫 문단을 올바르게 이해하려면 폴의 시선을 좇는 것만으로는 부족하고 폴이 거울 앞에서 자신의 모습을 보고 있는 장면 — 화장대, 의자, 로션, 콘솔 등 — 을 세부적인 이미지들로 채워 넣을 수 있어야 한다.

서술자가 독자에게 요구하는 것이 자신의 말을 믿어달라는 것이라면 반영자가 독자에게 요구하는 것은 자신이 만든 세계를 완성해달라는 것이다. 바르트는 '읽을 수 있는 텍스트'와 '쓸 수 있는 텍스트'를 구분하는데[29] 전자에서는 서술자 양식이 지배적인 것으로 나타나고 후자에서는 반영자 양식이 지배적인 것으로 나타난다. 인칭이 존재론적 범주에 해당하고 관점이 인식론적 범주에 상응한다면 양식은 허구적 세계라는 미학적 대상의 전달과 생산에 관여한다는 점에서 미학적 범주에 속한다고 할 수 있다.

상술한 서술 상황의 구성요소들을 하나의 도표로 정리하면 다음과 같다.

〈표 2〉 서술 상황의 구성요소

서술 상황의 구성요소	범주	구분	서사적 커뮤니케이션
인칭	존재론적	1인칭 vs 3인칭	서술자와 인물
관점	인식론적	내적 vs 외적	독자와 허구적 세계
양식	미학적	서술 vs 제시	서술자와 독자

슈탄젤이 제시한 매개성의 모델은 서술 상황을 구성하는 이 세 요소를 각각 하나의 축으로 해서 만든 둥근 원의 형상으로 이루어져 있다. 원의 중심을 교차하는 세 축은 이론적으로 여섯 가지 유형의 서술 상황이 가능함을 시사한다. 슈탄젤은 그중 역사적으로 구현된 세 가지 전형적인 서술 상황들을 구별한다. 1인칭 서술 상황first person narrative situation, 작자적 서술 상황authorial narrative situation, 형상적 서술 상황figurative narrative situation이 그것이다. 1인칭 서술 상황에서 지배적인 요소는 인칭이고 작자적 서술 상황에서 지배적인 요소는 관점이며 형상적 서술 상황에서 지배적인 요소는 양식이다. 슈탄젤이 유형학적 원이라고 부른 서술 상황을 하나의 도식으로 제시하면 다음과 같다.

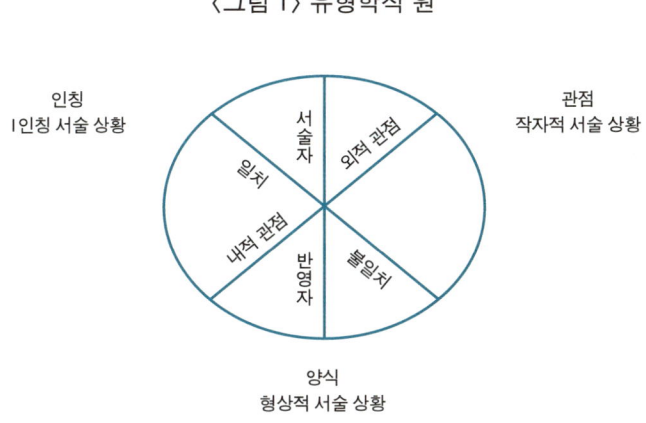

〈그림 1〉 유형학적 원

슈탄젤의 모델이 갖는 독창성은 그동안 서사학적으로 논란이 됐던 — 인칭, 관점, 양식, 신뢰성, 미결정성, 미메시스, 디에게시스 등 — 여러 요소를 망라하여 원이라는 하나의 이미지로 담아낸 것이 아니라 이러한 원을 회전시킴으로써 이들의 상호작용을 체계적으로 설명할 수 있는 길을 가시화한 것이다. 유형학적 원은 다음의 방식으로 회전한다. 먼저 작자적 서술 상황과 형상적 서술 상황 사이에서 회전이 이루어진다. 이를 통해 작자적-형상적 연속체가 형성된다. 다음으로 작자적 서술 상황과 1인칭 서술 상황 사이에서 회전이 이루어진다. 이를 통해 작자적-1인칭적 연속체가 형성된다. 끝으로 1인칭 서술 상황과 형상적 서술 상황 사이에서 회전이 이루어진다. 이를 통해 1인칭적-형상적 연속체가 형성된다. 원의 둘레를 따라 펼쳐진 이러한 연속체들의 존재는 슈탄젤의 매개성 모델에 유형학적인 체계성뿐만 아니라 조작적인 역동성을 부여한다.

작자적 서술 상황과 형상적 서술 상황 사이에 작자적-형상적 연속체가 펼쳐져 있다. 이 연속체를 중심으로 작자적 서술 상황에서 형상적 서술 상황으로 회전이 이루어질 수도 있고 형상적 서술 상황에서 작자적 서술 상황으로 회전이 이루어질 수도 있다. 전자를 '반영화reflectorization'라고 부르고 후자를 '작자화authorialization'라고 부른다. 여기서 중요한 것은 반영화다. 형상적 서술 상황이 지배적인 서사, 예를 들어 헤밍웨이의 「살인자들」에서 작자적 서술자의 개입은 앞의 인용문이 잘 보여주듯 인물들 간의 대화를 이어주는 부수적인 역할만을 수행한다. 이와 다르게 작자적 서술 상황이 지배적인 서사에서 반영화라는 작용은 서사학적으로 중요한 역할을 실행한다. 작자적-형상적 연속체에서 반영화는 다음의 방식으로 전개된다.

작자적 서술 상황 → 대화의 증가 → 자유간접화법 → 형상적 서술 상황

작자적 서술 상황에서 형상적 서술 상황으로의 이행은 단번에 이루어지지 않는다. 예를 들어 먼저 대화가 증가하면서 서술자의 말

이 아니라 인물의 말이 서사를 이끌어 가기 시작한다. 이어 서술자의 시각이 인물의 시각과 뒤섞이면서 이른바 자유간접화법이 침투해 작자적 서술자는 한 걸음 더 뒤로 물러난다. 마침내 인물의 의식이 허구적 세계를 지배하면서 작자적 서술 상황은 형상적 서술 상황으로 완전히 이행한다. 이러한 이행은 소설의 역사에서도 일어난 것이었다. 비관점주의에서 관점주의로의 이행은 서술자-인물이 후퇴하고 반영자-인물이 전경화되는 반영화와 다른 것이 아니다. 19세기 말 인격적 서술자가 대거 등장하면서 전지적 작자의 전지성이 제한을 받게 된다. 이와 함께 서술자의 언어가 ─ 예를 들어 제임스 조이스나 윌리엄 포크너에서처럼 ─ 문어에서 구어로 바뀌는 현상이 일어난다. 소설에서 서술 부분이 줄어들고 대화 부분이 늘어나고 ─ 예를 들어 카프카에서처럼 ─ 이름 대신 대명사의 사용이 증가한다. 이 모든 것은 작자의 후퇴를 보여주는 증상들이다. 20세기 초 의식의 흐름이라는 새로운 소설 기법의 등장은 우리 시대 형상적 서술 상황이 지배적인 매개성의 양식이 되었음을 시사한다.

작자화라는 움직임이 중요성을 띨 때는 이 움직임이 작자적 서술 상황과 1인칭 서술 상황 사이에서 이루어질 때다. 여기서 작자화는 1인칭 서술자가 자신의 경험을 마치 제3자가 바라보듯 중립적으로 서술하는 방식을 가리킨다. 이를 통해 경험적 자아는 후퇴하고 서술적 자아는 전경화된다. 작자화와 반대되는 움직임은 '체현화embodiment'다. 체현화는 서술적 자아가 후퇴하고 경험적 자아가 전경화되는 움직임이다. 작자적-1인칭적 연속체에서 작자적 서술자가 체현화되는 과정을 단계별로 세분하면 다음과 같다.

작자적 서술자 → 종속적 서술자 → 주변적 서술자 → 중심적 서술자

작자적 서술자는 경험적 자아가 최소화되고 서술적 자아가 최대화된 서술자다. 대부분의 고전소설의 전지적 작자는 비육체적인 작자적 서술자 유형에 속한다. 종속적 서술자는 허구적 세계에 어느 정도 육화된 인격화된 서술자다. 비록 육화되어 있지만, 자신의 역할을 서사적 정보 제공에 한정하기 때문에 주요 인물과 실존적 긴장을 촉발하지 않는다. 예를 들어 에밀리 브론테의 『폭풍의 언덕』에서 캐서린의 보모인 넬리 딘과 같은 서술자가 종속적 서술자다. 이와 다르게 주변적 서술자는 주요 인물의 형제이거나 친구(예를 들어 『셜록 홈즈』에서 왓슨)이거나 찬미자(예를 들어 『로드 짐』에서 말로우)로 등장한다. 앞서 인용한 아니 에르노의 『한 여자』에서 서술자는 주변적 1인칭 서술자로 분류될 수 있다. 이 서술자는 어머니의 삶을 관찰하고 기록한다. 이러한 서술자의 서술은 어머니와의 긴장 관계를 포함한다. 여기서 부스가 제시한 신빙성 개념이 적절하게 활용될 수 있는데 서술자의 주관적 편견이 자신의 서술에 개입할 수밖에 없기 때문이다. 예를 들어 어머니가 속한 노동자계급의 세계를 바라보는 서술자의 ― 딸로서 그리고 지식인으로서 ― 이중의 시선은 서사의 의미 해석에 결정적이다. 중심적 서술자는 서술적 자아가 최소화되고 경험적 자아가 최대화된 서술자다. 여기서 체현화는 완벽하게 이루어진다. 중심적 서술자는 서술자일 뿐만 아니라 주요 인물인 것이다. 자전적 서사의 서술자가 이러한 유형에 속한다.

1인칭 서술 상황과 형상적 서술 상황 사이에는 1인칭적-형상적 연속체가 개입한다. 여기서 중요한 움직임은 1인칭 서술 상황에서 형상적 서술 상황으로의 이행이다. 반영화라고 불리는 이러한 이행의 움직임은 1인칭 서술자가 반영자의 역할을 직접 떠안으면서 이루어진다. 작자적 서술 상황에서는 작자적 서술자가 예를 들어 앞서 인용한 『브람스를 좋아하세요...』의 첫 문단에서 폴이라는 특정 인물에 반영자의 역할을 맡김으로써 반영화가 이루어진다. 1인칭 서술 상황에서는 1인칭 서술자가 이 역할을 스스로 떠안아야 한다. 이는 상당히 어려운 작업이다. 왜냐하면 1인칭 서술자가 서술자-인물과 반영자-인물로 분열되어야 하기 때문이다. 슈탄젤은 1인칭 서술자의 내적 독백을 1인칭 서술 상황에서 반영화가 이루어지는 대표적인 방식으로 제시한다. 내적 독백을 하는 자아는 자신의 경험과 생각을 기록하는 것이 아니다. 그렇다고 다른 사람과 소통하는 것도 아니다. 내적 독백을 하는 자아는 자신도 모르는 사이에 자신의 의식 내용을 폭로하는 것이다. 바로 이 폭로의 순간이 반영화가 이루어지는 순간이다. 여기서 1인칭 서술자의 서술은 자신이 하는 말의 의미를 정확하게 포착하지 못한다. 1인칭 서술자가 서술자-인물과 반영자-인물로 분열된 것이다. 슈탄젤은 또한 자신의 죽음을 묘사하는 1인칭 서술자가 동원할 수 있는 최고의 서사적 전략이 반영화라는 점을 지적한다. 몸을 떠난 유령이 자신의 몸을 바라보듯 반영자-인물의 의식은 죽어가는 서술자-인물의 몸을 바라보며 기술할 수 있다는 것이다.[30]

　　슈탄젤이 제시한 유형학적 모델은 그가 서술 상황의 구성요소로 제시한 인칭, 관점, 양식이 서로 구별되면서도 상호 침투를 허용함으로써 상당한 유연함을 드러낼 뿐만 아니라 상술한 바와 같이 하나의 원 안에 통합되어 회전함으로써 역동적인 양상을 보인다. 슈탄젤은 자신의 매개성의 모델을 서사라는 양식에 제한하고 있지만, 그가 이 양식에서 제외한 영화나 드라마를 분석할 때에도 이러한 유연성과 역동성 덕분에 상당한 기술력을 보장할 수 있을 것이다. 이 점에 관해서는 앞으로 좀 더 많은 논의가 필요할 것이다. 여기서는 창의적 역량이라는 시각에서 이에 관해 간략한 언급만을 추가하고자 한다.

서사성과 창의성

슈탄젤은 『서사 이론』 첫 장에서 자신의 매개성 개념을 칸트적 의미에서 이해할 것을 제안한다.[31] 서사가 보여주는 세계가 아무리 생생하다고 해도, 다시 말해 독자로 하여금 허구의 세계 안에 직접 들어가 있다는 환상을 불러일으킨다고 해도 항상 서술자의 목소리로 매개된 세계라는 사실을 기억하는 것이 중요하다. 허구의 세계가 우리가 살아가는 현실과 다르다는 범박한 의미가 아니라 서사가 창조해낸 세계가 사실주의적이든 환상적이든 세계 자체로 드러날 수 없으며 항상 매개된 형태로 구성된다는 말이다. 칸트에게 물자체가 매개된 것으로서 나타나듯 슈탄젤에게 허구의 세계는 매개된 것으로 나타난다. 이러한 매개를 실행하는 심급이 칸트에게 사유하는 주체라면 슈탄젤에게는 말하는 주체, 곧 서술자. 서사를 비서사와 구별하는 기준은 서술자의 존재 여부다. 슈탄젤의 『서사 이론』에서 극이나 영화가 서사로 분류되지 않은 것은 극이나 영화가 서술자의 목소리로 매개되어 있지 않기 때문이다. 모방의 양식인 미메시스와 서술의 양식인 디에게시스가 구분되듯 극이나 영화는 서사와 구분된다.

여기서 좀 더 근본적인 질문을 제기해보자. 극이나 영화와 같은 미메시스 양식은 전혀 매개적 형태를 취하지 않는 것인가? 미메시스의 양식이 직접적이라는 환상을 불러일으켜도 이러한 환상은 매개된 것일 수밖에 없다. 극에서 연출자나 영화에서 카메라의 눈은 서술자의 목소리를 대신하여 극이나 영화의 세계를 매개적인 것으로 만든다. 연출자나 카메라의 눈이 하는 역할에 상응하는 역할을 하는 것이 서술자의 이형異形으로 슈탄젤이 제시한 반영자다. 반영자 양식은 정확히 연출자나 카메라의 눈이 극이나 영화에서 하는 일을 서사에서 행한다. 이 양식에서 디에게시스와 미메시스는 새로운 관계로 들어선다.

앞서 우리가 비관점주의에서 관점주의로의 이행으로 요약한 소설의 역사는 디에게시스 양식이 미메시스의 양식을 전유하는 과정으로 풀이될 수 있다. 슈탄젤의 매개성 개념을 이처럼 미메시스 양식을 포함하는 것으로 넓게 이해할 때 소설뿐만 아니라 극이나 영화도 서사의 범주에 속한 것으로 다루어질 수 있다. 20세기 지배적인 서사 양식으로서 영화는 슈탄젤이 반영화라고 부른 서술 과정을 독자적인 스토리텔링의 방식으로 발전시킨 것이다. 여기서 우리가 스토리텔링이라는 용어를 사용한 것은 서술이 서술자에 국한된 개념인 반면에 스토리텔링은 서술자나 반영자뿐만 아니라 연출자나 카메라의 눈을 포함하는 개념으로 확장되어 사용될 수 있기 때문이다. 슈탄젤이 서술 상황이라고 부른 매개성 모델을 스토리텔링 상황으로 고쳐 쓰면 그의 매개성 모델을 디에게시스뿐만 아니라 이처럼 미메시스를 포함한 좀 더 광의의 의미에서 재해석할 수 있는 가능성이 열리게 된다.

슈탄젤에 따르면 창의적 역량이 집중적으로 발휘되는 지점은 서술 또는 스토리텔링의 과정, 다시 말해 매개성의 방식이다. 새로운 매개의 방식을 발명하는 것이야말로 서사적 창의성이 도달할 수 있는 가장 높은 수준의 성취를 보여주는 것이다. 앞서 지적한 대로 슈탄젤의 매개성 개념은 칸트적이다. 그가 유형학적인 원이라고 부른 매개성의 모델은 좀 더 적극적인 의미에서 칸트적이다. 이를테면 이 원은 하나의 도식으로 이해될 수 있다. 주지하다시피 칸트에게서 도식은 감성적이면서도 지성적이라는 이중의 귀속성 덕분에 감성계와 지성계를 매개하는 역할을 수임한다. 슈탄젤의 유형학적 원은 구체적인 서술이나 스토리텔링이 예술적 형식으로 거듭날 수 있는 자유로운 실험 공간을 제공한다는 점에서 칸트가 도식에 부여한 매개적 역할에 가까운 역할을 실행한다. 정낙림은 『놀이하는 인간의 철학』에서 칸트의 도식이나 미적 판단에서 "지성과 상상력의 조화로운 일치"[32]가 이루어지는 공간을 놀이 공간으로 해석할 것을 제안한다. 유형학적 원이 하나의 도식으로 이해될 수 있다면 이 원은 창의적인 역량이 자유롭게 놀이하는 하나의 공간으로 이해될 수 있을 것이다. 말하자면 이 둥근 모양의 공간은 『호모 루덴스』의 저자 요한 하위징아의 표현을 빌리자면 "이에로스 쿠크로스",[33] 즉 신성한 동그라미와 닮았다. 바로 여기가 서사성과 창의성이 마주치는 놀이터다. 유형학적 원이라는 신성한 동그라미는 새로운 매개의 방식이 탐구되고 실험되고 발명되는 이상적인 공간으로 무엇보다 상상력의 지배를 받는다. 요컨대 슈탄젤의 유형학적 원은 서술 상황이라는 매개의 방식들을 경험적으로 분류한 정태적 모델이 아니라 새로운 매개의 방식들을 자유롭게 실험할 수 있는 놀이의 공간을 구획한 동태적 모델이다.

유형학적 원이라는 놀이 공간에서 벌어지는 움직임은 앞서 살펴보았듯이 크게 세 가지로 요약될 수 있다. 작자화, 체현화, 반영화가 그것이다. 이 도식에 따르면 새로운 서술 또는 스토리텔링 방식의 발명은 새로운 작자화의 방식, 새로운 체현화의 방식, 새로운 반영화의 방식을 통해서 이루어진다.

작자화가 서사학적으로 흥미로운 효과를 일으키는 지점은 1인칭 서술 상황에서 작자적 서술 상황으로의 이행이다. 알베르 카뮈의 『이방인』의 1인칭 서술자가 시도하는 서술은 경험적 자아와 서술적 자아 사이의 서사적 거리를 최대한으로 확장함으로써 전자에 대한 후자의 무심한 태도를 서술적 효과로 도출한다. 이 작품이 20세기 가장 뛰어난 고전 중 하나로 평가받는 것은 뫼르소라는 매혹적인 우리 시대의 이방인을 창조한 것 때문만이 아니라 무엇보다 이러한 창조를 가능하게 한 작자화의 새로운 방식을 발명했기 때문이다. 앞서 인용한 『한 여자』에서 아니 에르노는 이러한 작자화를 좀 더 극단적인 지점으로 끌고 간다. 1인칭 서술자는 어머니의 이야기를 써야겠다고 말하고 나서 이야기를 마무리짓기까지 여섯 번이나 서술 상황으로 되돌아와 자신이 글을 쓰고 있다는 사실을 지속적으로 환기한다. 이러한 작자적 서술 상황에 대한 자의식은 그의 글쓰기를 전기도 아니고 소설도 아닌 어떤 것으로 만드는 데 일조한다. 그에 따르면 "이것은 전기도, 물론 소설도 아니다. 문학과 사회학, 그리고 역사 사이에 존재하는 그 무엇이리라."[34] 아니 에르노가 실험한 작자화의 새로운 방식은 그의 서사를 더이상 허구로 치부할 수 없는 "신화와 역사의 접점"[35]에 갖다놓는다.

체현화가 서사학적으로 흥미로운 지점은 작자적 서술 상황에서 1인칭 서술 상황으로의 이행이 이루어질 때다. 앞서 언급했듯이 영화는 카메라의 눈, 다시 말해 외적 관점이 지배적인 스토리텔링의 양식이다. 이러한 미메시스 양식에서 체현화를 실행하는 방식 가운데 하나가 디에게시스다. 영화에서 누군가가 보이스오버로 말하는 순간 관객은 카메라의 눈이 아니라 그 누군가의 시선을 좇아 그가 처한 세계를 바라보게 된다. 다시 말해 서술자의 목소리가 스크린에 삽입될 때 카메라의 눈은 인물의 눈으로 대체되고 카메라의 눈에 비친 세계는 중립성을 잃고 1인칭 시점으로 전환된다. 말하자면 카메라의 눈이 서술자-인물로 육화된 것이다. 예를 들어 넷플릭스 오리지널 드라마 〈더 글로리〉에서 주인공 문동은이 보이스오버의 형식으로 서술자의 역할을 떠안을 때 카메라의 눈이 허구적 세계 속으로 육화되는 효과가 발생한다. 카메라의 눈이라는 외적 관점은 문동은이 서술자로서 말하는 순간 내적 관점으로 전환되고 시청자 ― 또는 구독자 ― 는 문동은의 시선을 따라가며 그녀가 바라보는 방식대로 세계를 바라보게 된다. 바로 이러한 카메라의 눈의 체현화 덕분에 문동은의 복수는 공감을 불러일으킬 뿐만 아니라 처음부터 정당한 것으로 수용된다.

반영화는 작자적 서술자와 1인칭 서술자가 반영자-인물의 역할을 수임할 때 일어나는 작용이다. 이는 몰입의 효과를 강화하는 서사적 기법으로 소설의 연구사에서 소설이라는 글쓰기의 모험이 이끌어낸 문학적 성취 중 하나로 평가받는다. 이러한 반영화는 소설뿐만 아니라 영화적 스토리텔링의 양식에 고유한 매개성의 방식으로 간주될 수 있다. 영화가 보여주는 현실이 매개된 현실이라고 말할 수 있기 위해서는 무엇보다 반영화라는 개념을 도입할 필요가 있다. 소설과 영화를 포함한 지난 세기의 스토리텔링에서 지배적인 양식은 반영화라고 할 수 있다. 한 가지 흥미로운 사실은 이미지 스토리텔링의 방식이 다시금 변화를 모색하고 있다는 것이다. 예를 들어 게임의 스토리텔링은 분명히 영화의 스토리텔링과는 다른 매개적 방식을 실험하는 것처럼 보인다. 게임 스토리텔링에서 플레이어는 마치 관객이 카메라의 눈을 따라가며 영화의 세계를 지각하듯 게임의 세계를 지각하는 것이 아니라 자신의 분신인 캐릭터의 눈을 따라가며 게임의 세계를 지각한다. 영화의 스토리텔링이 작자적 서술 상황에 가깝다면 게임의 스토리텔링은 슈탄젤이 형상적 서술 상황이라고 부른 것과 유사한 매개성의 양식을 보여준다. 소설의 역사가 비관점주의에서 관점주의로의 이행으로 서술될 수 있다면 이미지 스토리텔링의 역사는 외적인 관점주의 — 예를 들어 영화 — 에서 내적인 관점주의 — 예를 들어 게임 — 로의 이행으로 서술될 수 있을 것이다. 이러한 변화는 여전히 슈탄젤이 반영화라고 부른 매개성의 자장 안에서 일어나는 것이다. 물론 게임의 스토리텔링에서 실행되는 반영화는 영화나 소설에서 실행되는 반영화와는 다른 방식일 것이다. 우리 시대 대표적인 스토리텔링 형태로서 게임은 앞으로 더 많은 논의와 연구가 필요한 분야라고 할 수 있다.

　　작자화, 체현화, 반영화라는 서술적 과정에 투자된 창의적 역량은 기존의 매개성 도식을 문제삼는 데까지 나아갈 때 이 역량의 최고치에 다다를 수 있을 것이다. 슈탄젤은 매개화의 이전 단계와 이후 단계를 상정함으로써 자신의 모델 자체가 구성되고 해체되는 움직임을 이론적 시야 안으로 가져온다. 그는 『서사 이론』 2장 「매개성의 영도」에서 시놉시스, 장 머리, 개요 등을 분석하는 것으로 매개성 모델에 대한 논의를 시작하고 7장 「유형학적 원: 다이어그램과 기능」 마지막 절에서 사무엘 베케트의 「쿵Ping」을 인용하는 것으로 논의를 마무리짓는다. 매개성의 영도라는 개념은 매개화가 이루어지기 이전 단계를 가리킨다. 이 개념으로 슈탄젤이 포착하고자 하는 것은 실제 작자에게서 서술적 자아가 출현하는 연속적인 과정이다. 슈탄젤은 시놉시스의 현재 — 예를 들어 "감정은 위험하다", "남자는 사랑에 빠지는 습관이 있다" 등과 같은 보편적 진술이 담고 있는 비시간적인 시제로서의 현재 — 나 지각과 인상을 기록하는 개요문의 현재는 서술자의 목소리로 전달되는 것이 아니라 매개성의 영도를 나타내는 것이라고 지적한다. 매개성은 매개화의 결과로 주어지는 것이다. 바꿔 말하자면 '나'라는 인칭대명사가 실제 작자를 가리키는지 아니면 허구적 서술자를 가리키는지 식별하기 어려운 지점이 존재한다. 이 글에서 자주 인용한 아니 에르노의 서술 기법이 주목을 끄는 대목이 바로 이 지점이다. 예를 들어 『한 여자』에서 그는 자주 동사를 명사화하는 방식으로 문장을 만들고 있는데 이는 매개화의 과정에 제동을 거는 효과를 일으킨다. 예를 하나 들어보자.

내 어머니의 청춘, 부분적으로는 이렇다. 그리 될 가능성이 가장 높은 운명, 그러니까 확실하게 빈곤할 테고, 어쩌면 술에 빠져들게 되리라는 운명, 그것에서 벗어나려고 노력함. 여공이 〈되는 대로 살고〉(예를 들어 담배를 피우고, 밤에 거리를 돌아다니고, 얼룩을 묻힌 채 외출함) 더이상 그 어떤 〈성실한 젊은이〉도 그녀를 원하지 않을 때, 그녀에게 닥칠 수 있는 그 모든 것에서 벗어나려고 노력함.[36]

『한 여자』의 저자가 자신의 글이 허구가 아니라 "문학과 사회학, 그리고 역사 사이에 존재하는 그 무엇"이라고 강조할 때 그의 이러한 주장이 주장으로 그치는 것이 아니라 새로운 문학적 실험으로 받아들여질 수 있는 것은 그의 글쓰기에서 매개성의 양식에 모종의 변화가 일고 있기 때문이다. 말하자면 아니 에르노는 실제적 작자로서 '나'와 허구적 서술자로서의 '나' 사이를 오가며 서술적 매개화가 완료되는 것을 방해하는 방식으로 서술한다. 위 인용문에 잘 나타나 있듯이 "-함" — 프랑스어로는 동사 원형 — 이라는 동사의 명사화는 동사의 시제를 제거함으로써 서사를 시놉시스로 만드는 효과를 유발한다. 이러한 효과 덕분에 그의 서사는 사회학적 보고서의 느낌을 전달한다. 슈탄젤에 따르면 사무엘 베케트의 「쿵」은 1인칭 서술도 3인칭 서술도 아니고 내적 관점도 외적 관점도 아니며 서술자 양식도 반영자 양식도 아닌 지점을 향해 나아간다.[37] 다시 말해 유형학적 원의 중심을 향해 나아가는 것이다. 그런데 바로 이 지점에서 서사학적 사건이 일어난다. 원이 하나의 점으로 압축되는 순간 매개성은 사라진다. 아마도 슈탄젤의 모델에서 창의적 역량이 최대치에 이르는 지점이 바로 여기일 것이다. 그의 『서사 이론』은 이처럼 매개성의 영도에서 시작해서 매개화의 여러 단계를 거쳐 매개성이 둥근 원의 형태로 모양을 갖춘 다음 원의 중심을 향해 매개성 — 인칭, 관점, 양식 등 — 의 구성요소들이 마치 블랙홀로 빨려 들어가듯 쿵! 하고 빨려 들어가는 극적인 장면으로 마무리된다.

오늘날 스토리텔링 상황은 커다란 지각변동을 일으키고 있다. 예를 들어 K-영상 콘텐츠의 마르지 않는 수원으로 평가되는 웹소설은 많은 경우 웹툰화를 염두에 두고 제작되고 웹툰도 많은 경우 드라마화나 영화화 또는 게임화를 염두에 두고 제작된다. 이는 디에게시스와 미메시스 사이의 역동적인 상호작용을 다시 생각해야 할 때가 도래했음을 시사한다. 슈탄젤이 제시한 세 가지 서술 상황이 오늘날 수명을 다한 것처럼 보인다면, 아마도 스토리텔링의 다양한 매체 환경 속에서 현재 새로운 서술 상황에 대한 요구가 거세게 일고 있기 때문일 것이다. 하지만 바로 이러한 새로운 서술 상황의 발명이야말로 슈탄젤이 유형학적 원이라는 이름의 모델로 밝혀내고자 한 것이었음을 상기할 필요가 있다. 앞으로 한 걸음 내딛기 위해 뒤로 물러나 되돌아보아야 할 고전이 그의 『서사 이론』이다. 새로운 놀이터를 만들기 위해 신성한 동그라미를 다시 그려야 할지도 모르지만 말이다.

시 짓기에 관한
하이데거의 생각

한충수

"그렇게 근원적인 언어는 일상의 언어가 된다.
따라서 시 짓기는 일상의 언어를 가능하게 하는 것이다."

한충수는 서울대학교 기계항공공학부를 졸업하고 동 대학원 철학과에서 석사학위를, 독일 프라이부르크대학교 철학과에서 박사학위를 받았다. 실존철학, 예술철학, 비교철학을 연구하며 현재 이화여자대학교 철학과 교수로 재직 중이다. 옮긴 책으로는 한병철의 『선불교의 철학』(2017), 하이데거의 『철학의 근본 물음』(2018), 야스퍼스의 『철학적 생각을 배우는 작은 수업』(2020), 하이데거의 『예술 작품의 샘』(2022)이 있다. 한국 하이데거 학회 및 Heidegger Circle in Asia에서 활동하며 국내외 하이데거 철학 연구에 기여하고 있다.

들어가는 글

이 글에서는 독일 철학자 마르틴 하이데거의 시 짓기 개념을 살펴본다. 이 개념이 최초로 등장하는 그의 논문은 「예술 작품의 샘」(1935/36)이다. 이 논문은 세 개의 장으로 이루어져 있고, 각각의 장의 제목은 "사물과 작품", "작품과 진실", "진실과 예술"이다. 첫 번째 장 앞에는 도입부 성격의 짧은 글이 위치한다. 시 짓기 개념은 세 번째 장에서, 그것도 강연의 막바지에 이르러서야 언급된다. 그래서 그 개념의 의미나 의의가 충분히 드러나지는 않는다.

이 개념에 대한 보다 풍부한 설명은 하이데거의 논문 「횔덜린과 시 짓기의 본질」(1936)에서 찾을 수 있다. 이 논문을 고른 이유는 세 가지이다. 첫째, 「횔덜린과 시 짓기의 본질」은 1936년 4월 이탈리아 로마에서 처음 발표되었는데, 이 시기는 하이데거가 「예술 작품의 샘」을 저술한 시기와 겹친다. 이 논문은 원래 하이데거가 1935년 11월 독일 프라이부르크에서 행한 강연이었다. 그 강연의 제목은 "예술 작품의 샘에 대하여"였다. 그후 하이데거는 강연문의 내용을 크게 수정 및 보완하였고, 제목도 "예술 작품의 샘"으로 바꾸었다. 새로운 강연문은 1936년 11월 독일 프랑크푸르트에서 발표되었다. 둘째, 하이데거는 「예술 작품의 샘」의 마지막에 예술의 의의를 강조하기 위해 독일 시인 프리드리히 횔덜린의 시 「편력」의 한 구절을 인용한다. 그 시구는 다음과 같다. "떠나기 어렵다 / 샘 가까이 사는 것은, 그 장소를."¹ 이 구절은 「예술 작품의 샘」의 주요 개념들 가운데 하나인 샘 개념을 포함하고 있다. 그러니까 하이데거는 예술에 대한 사유를 처음부터 횔덜린을 염두에 두고 전개한 것이다. 셋째, 하이데거에게 횔덜린은 시 짓기의 본질을 가장 철저히 고민하고, 시 짓기의 본질을 가장 순수하게 시로 지은 시인이다. 그래서 하이데거는 시 짓기의 본질에 대해 횔덜린과 함께 사유하지 않을 수 없었다.

먼저 이 두 편의 논문, 즉 「예술 작품의 샘」과 「횔덜린과 시 짓기의 본질」을 차례대로 고찰하며 하이데거의 시 짓기 개념을 파악할 것이다. 이어서는 그가 횔덜린의 시구를 해명한 논문 「" … 시적으로 인간은 거주한다 … "」(1951)에 대한 고찰을 통해서 시 짓기 개념이 인간의 거주와 밀접한 관련이 있음을 보일 것이다. 이상 언급된 하이데거의 논문들을 탐구하기에 앞서 그의 생애와 사상을 짤막하게 소개하도록 하겠다.

하이데거의 생애와 사상

하이데거는 1889년 독일 남서부의 작은 마을 메스키르히에서 태어났다. 독실한 천주교 집안에서 자란 그는 성직자가 되고자 1909년 예수회 신학교에 입학하였으나 곧 심장질환으로 신학교를 중퇴하였다. 그 대신 하이데거는 프라이부르크대학교에 입학해 신학을 철학과 함께 전공하였고, 1913년 철학박사학위, 1915년 철학 교수 자격을 취득하였다. 제1차 세계대전 중에 그는 건강상의 이유로 전선이 아니라 후방에서 근무하였다. 종전 후 하이데거는 프라이부르크대학교의 강단에 섰고 명강사로서 독일 전역에 이름을 날렸으며, 1923년 마르부르크대학교의 교수로 부임하였다. 그는 1927년 『존재와 시간』을 출간하며 세계적인 철학자가 되었고, 1928년 프라이부르크대학교의 철학과 정교수로 부임하였다. 1933년 하이데거는 대학 총장으로 선출되며 국가사회주의 독일 노동자당에 가입하였다. 이듬해 그는 당과의 불화로 총장직에서 사임하였다. 1935년부터 그는 횔덜린에 관한 다수의 강의를 진행하였다. 1945년 독일은 패망하였고, 하이데거는 나치 정화 위원회로부터 교수 자격 정지라는 처벌을 받았다. 그는 1951년 복권되었고 대학교수로서 퇴임하였다. 활발하게 강의와 강연 활동을 재개하였고, 주로 시를 통해 언어의 본질에 대해 숙고하였다. 하이데거 전집은 102권으로 기획되었고, 1975년부터 출간되기 시작하였다. 1976년 그는 프라이부르크에서 죽음을 맞았고, 고향에 안장되었다.

하이데거는 영국 철학자 루트비히 비트겐슈타인과 함께 20세기 서양철학의 양대 산맥을 이룬다. 그의 대표작 『존재와 시간』은 고대 그리스 철학자 플라톤의 『파이드로스』, 독일 철학자 임마누엘 칸트의 『순수이성비판』, 독일 철학자 게오르크 헤겔의 『정신현상학』, 프랑스 철학자 앙리 베르그손의 『의식에 직접 주어진 것들에 관한 시론』과 함께 서양철학의 역사에서 가장 우수한 책으로 손꼽힌다.

독일에는 철학 고전을 여러 전문가가 함께 해설하는 시리즈의 책들이 있는데, 그 시리즈에는 『존재와 시간』에 대한 해설서도 포함되어 있다. 그 책의 편집자는 서문을 다음과 같이 시작한다. "『존재와 시간』, 즉 미완성으로 남은 이 1927년 책이 최초로 세계적으로 영향을 미친 역사가 없었다면 20세기의 철학도 21세기 초반 세계 철학의 현대적 담론도 이해될 수 없을 것이다. 세계의 구조에 대한 새로운 접근법이 드러났고, 시간 및 역사뿐만 아니라 이를 이해하는 방식도 새롭게 다루어졌다. 그 토대에는 전통 존재론 및 형이상학과 인식론에 대한 심오한 비판이 있었다."² 이와 같은 편집자의 말에서 드러나듯 『존재와 시간』은 철학사에 한 획을 그은 책이다.

세계적으로 유명해진 하이데거는 1931년 말부터 예술에 대한 철학적 사유를 시작하였다.³ 그 사유의 결과는 1935년과 1936년 여러 차례의 강연을 통해서 세상에 알려졌다. 이때 그의 시 짓기 개념도 처음 소개되었다. 하이데거는 이 강연문을 나중에 덧붙인 「후기」 및 「부록」과 함께 논문집 『숲길』에 포함해 1950년 출간하였다.⁴ 이 논문집은 1977년 하이데거 전집을 위해 재편집되어 출판되었고,⁵ 이 권호는 현재까지 11개국어로 번역되었다.⁶ 『숲길』에는 총 여섯 편의 논문이 실려 있는데, 그중에 「예술 작품의 샘」만 1960년 독일 철학자 한스-게오르크 가다머가 작성한 「입문」을 달고 단행본으로 독일 레클람 출판사에서 간행되었다.⁷ 2012년 이 단행본은 재편집되었고 독일 클로스터만 출판사에서 출간되었다.⁸ 따라서 「예술 작품의 샘」은 서로 다른 네 종류의 독일어 판본과 수많은 번역본을 통해서 만날 수 있다. 이는 이 논문의 높은 인지도와 커다란 중요성을 짐작할 수 있게끔 한다. 「예술 작품의 샘」은 하이데거의 대표작 『존재와 시간』 다음으로 가장 널리 읽히고 가장 많이 참조되었다. 왜냐하면 이 논문은 그의 긴 사유의 길의 중간이면서 중심이고, 그의 성숙한 전기 철학뿐만 아니라 싹트는 후기 철학도 품고 있기 때문이다. 하이데거 철학 연구의 권위자 카르스텐 해리스Karsten Harries는 「예술 작품의 샘」을 그의 사유에 입문하기 위한 최고의 길잡이라고 주장한다.⁹

「예술 작품의 샘」에서 시 짓기 개념

　「예술 작품의 샘」에서 하이데거가 말하는 시 짓기는 사람들이 흔히 생각하는 것과 다르다. 즉 개인적 감정이나 영웅의 업적 따위를 운율에 맞추어 함축적으로 표현하는 것이 아니다. 오히려 그에게 시 짓기는 예술의 본질이다. 하이데거는 예술이 "그 본질에서 시로 짓는 것"이라고 주장한다.[10] 따라서 그의 시 짓기 개념을 이해하기 위해서는 먼저 예술 개념을 살펴볼 필요가 있다.

　하이데거는 「예술 작품의 샘」에서 예술을 다음과 같이 정의한다. "예술의 본질은 존재자의 진실의 스스로를-작품-속에-작업하게-놓음일 것이다."[11] 아마도 이러한 정의는 예술에 대한 철학자의 명료한 설명을 기대한 많은 사람을 당혹스럽게 만들 것이다. 그 이유는 이것이 과연 예술에 관한 규정인지, 아니 심지어 도대체 무엇에 관한 규정인지조차 알기 어렵기 때문일 것이다.

　이 수수께끼 같은 규정에서 가장 먼저 눈에 띄는 것은 여러 개의 붙임표일 것이다. 복합명사를 만들기 위해서 한 개 정도의 붙임표를 쓰는 것은 이상한 일이 아니다. 그런데 하이데거는 무려 네 개의 붙임표를 통해서 긴 명사구를 만들었다. 게다가 이 명사구는 「예술 작품의 샘」에서 20번 가까이 반복해서 등장하는 핵심어이기도 하다. 분명 그에게는 붙임표를 사용한 의도가 있을 것이다. 위의 규정에서 또 주목할 만한 것은 예술을 정의할 때 진실 개념이 사용되었다는 점이다. 진선미, 즉 참됨, 착함, 아름다움은 서로 구분되는 가치들이다. 철학에서도 진실은 논리학에서, 착함은 윤리학에서, 아름다움은 예술철학에서 다루어진다. 그러니까 하이데거는 논리학과 예술철학의 경계를 해체하고 있다. 그 해체는 그의 독특한 진실 개념에 근거하고 있다.

먼저 하이데거가 여러 개의 붙임표를 사용한 의도부터 파악해 보겠다. 이를 위해서는 예술의 본질에 관한 위의 정의에 조금 앞서 있는 다음 문장을 같이 볼 필요가 있다. "예술의 작품 속에서는 존재자의 진실이 스스로를 작품 속에 작업하게 놓았다."[12] 이 문장을 이루는 낱말들은 하이데거가 예술의 본질을 정의하면서 사용한 것과 같다. 다만 긴 명사구의 형태가 아니라 비교적 자연스러운 문장의 형태로 표현된 점이 다를 뿐이다. 이 문장의 원문이 되는 독일어 문장은 글자 그대로 번역하게 되면 "예술의 작품 속에서는 존재자의 진실이 스스로를 작품 속에 놓았다"가 된다. 이때 "작품 속에 놓다"로 옮긴 독일어 표현은 "ins Werk setzen"이다. 그런데 이 표현은 독일어 관용구이고, 그 뜻은 "무엇인가를 작업하게 하다"이다. 그러니까 하이데거는 자신이 "ins-Werk-setzen"을 글자 그대로가 아니라 관용구로 사용하였음을 나타내고자 붙임표로 낱말들을 연결한 것이다. 그러니까 그가 말하는 예술은 존재자의 진실이 스스로를 작업하게 하는 것이다. 이는 작품을 통해서 존재자가 진실로 나타나게 되는 것을 말한다.

전통적으로 그리고 일반적으로 진실은 사실과 일치하는 명제를 의미한다. 예를 들어 "하이데거는 독일 사람이다"라는 명제가 있다. 실제로 그는 독일에서 태어났고 죽을 때까지 독일 국적을 유지하였다. 따라서 예로 든 명제는 사실과 일치하는 진실한 명제이다.

그런데 하이데거는 이러한 일치의 근거가 되는 다른 진실 개념에 대해 말하고, 그것이 더 근본적임을 강조한다. 그 다른 진실은 바로 "존재자의 막힘없음"이다.13 그러니까 "하이데거는 독일 사람이다"라는 명제가 진실이려면 먼저 그가 막힘없이 존재해야 한다. 그후에야 예로 든 명제와의 일치 여부가 결정될 수 있다.

하이데거가 생존하였다거나 독일 사람이라는 것은 아무런 막힘이 없이 알려진 사실이다. 하지만 삶 속에는 그렇지 않은 은폐된 사실이 많이 있다. 그러한 사실들은 예술을 통해서 막힘없이 드러날 수 있다. 이를 하이데거는 예술이 존재자의 진실을 작업하게 한다고, 즉 작품을 통해서 존재자가 진실로 나타나게 된다고 표현한 것이다. 그는 자신의 예술관을 설명하기 위해 네덜란드 화가 빈센트 반 고흐의 회화 〈신발Schoenen〉(1886)을 사례로 든다.

하이데거에 따르면 이 그림은 신발이라는 도구의 진실한 본질을 말해준다. 본질本質이란 본래本來부터 있는 성질性質을 말한다. 도구는 어떠한 일을 하는 데에 사용하는 연장이다. 모든 연장에는 그것이 쓰이는 용도가 있다. 따라서 "용도로 쓰임"이 도구 일반의 본질이다. 하이데거는 이렇게 일반적인 본질을 본질이 아닌 본질이라고 부른다. 이처럼 역설적인 표현은 "용도로 쓰임"이 정말로 도구의 본질이 아님을 뜻하기보다는 그것의 근본이 되는 진실한 본질이 따로 있음을 강조하기 위한 것이다. 하이데거는 그 다른 본질을 "정情이 들었음"이라고 부른다.14

사람들은 누구나 수많은 도구를 각각의 용도로 사용하면서 살아간다. 신발을 예로 들어보면 구두는 보통 사무실에 출근할 때 신

시 짓기에 관한 하이데거의 생각 **151**

고, 등산화는 산에 오를 때 사용한다. 이처럼 신발들은 제각각의 용도로 쓰인다. "정이 들었음"은 독일어 "Verlässlichkeit"에 대한 번역이다. 이 낱말은 "신뢰할 수 있는"을 뜻하는 형용사 "verlässlich"에 추상명사 접미사 "keit"가 결합한 것이다. 그러므로 정이 든 도구는 굳게 믿고 의지할 수 있는 신뢰의 대상이다. 다시 신발의 예를 생각해 보겠다. 직장에서 오랫동안 서서 근무하거나 많이 걸어야 하는 사람은 딱딱한 구두보다는 자신의 발에 맞는 편안한 구두를 신을 것이다. 높고 험한 산을 타려는 사람은 방금 구매한 등산화보다는 오래 신어 길이 든 등산화를 착용할 것이다. 그러니까 쉽지 않은 일을 하려는 사람은 먼저 자신이 신뢰할 수 있는 신발을 찾아 신는다. 그 신뢰를 위해서는 신발과 적잖은 시간 동안 관계를 맺었어야 한다. 그 시간만큼 정이 드는 것이다. 하지만 오래 착용하였다고 해서 무조건 그 신발에 정이 드는 것은 아니다. 마구 신었거나 제대로 관리하지 않은 신발은 금방 망가질 것이다. 그러니까 신발에 정이 들려면 긴 시간 정을 쏟았어야 한다. 그리하여 신뢰할 수 있게 된 신발은 그 용도로 잘 쓰일 것이다. 이러한 의미에서 하이데거는 "용도로 쓰임"이 "정이 들었음"에 "의지한다"라고 말한다.15

앞서 언급한 반 고흐의 그림을 처음 본 사람들은 다음과 같은 의문을 품을 수 있다. 왜 화가가 깨끗한 새 신발이 아니라 낡고 구겨진 신발을 그렸을까? 그 의문은 도구의 본질이 "정이 들었음"으로 이해되면 저절로 풀릴 것이다. 그러니까 반 고흐는 단순히 그 용도로 쓰이는 신발이 아니라 오래 신어 정이 든 신발을 나타낸 것이다. 그럼으로써 신발의 진실한 존재를 사람들이 이해할 수 있도록 보여주었다.

"정이 들었음"이라는 도구의 본질은 누구나 생각해보면 이해할 수 있다. 물론 아침 출근길에 지하철이나 버스를 놓치지 않으려고 헐레벌떡 뛰어가는 사람들은 자신들이 착용하는 신발의 진실한 본질에 대해 생각할 겨를이 없을 것이다. 하지만 그들이 장시간 서서 일하다 보면 더 정이 든 편안한 신발을 신지 않고 출근한 것을 후회하게 될 것이다. 그리고 주말에 여유가 생겨서 등산하러 갈 때는 새 등산화보다는 자신의 발에 익숙한 등산화를 찾아 신을 것이다. 그러니까 "정이 들었음"이라는 본질은 사람들의 삶 속에 이미 존재한다. 다만 그 진실한 본질이 마치 막으로 덮여 있는 것처럼 막혀 있어서 잘 보이지 않는 것이다. 즉 도구의 진실이 은폐되어 있는 것이다. 예술은 그 막에 틈을 내고 진실이 다시 드러나도록 하는 일이다.

앞서 하이데거는 이러한 예술의 본질을 시 짓기라고 말하였다. 이때 시 짓기는 "트는 설계lichtender Entwurf"이다.[16] 먼저 "트는lichtender"부터 살펴보겠다. 이 낱말은 "숲을 간벌하다"를 뜻하는 동사 "lichten"의 현재 분사형이다. 간벌間伐은 숲에서 불필요한 나무들을 베어서 트인 곳을 마련하는 작업을 말한다. 그다음으로 "설계Entwurf"는 "윤곽을 그리다"를 뜻하는 동사 "entwerfen"의 명사형이다. 원래 이 동사는 무늬가 있는 직물을 만들 때 사용되었다.[17] 베틀에서 천을 짤 때 무늬를 만들기 위해서는 북이 필요하다. 북은 날실을 푸는 기구인데, 씨실의 틈으로 왔다 갔다 하도록 과거에는 베를 짜는 사람이 직접 던졌다. 그래서 "entwerfen"은 "던지다"를 뜻하는 동사 "werfen"에 "생성"을 뜻하는 접두사 "ent"가 붙어 있다. 따라서 트는 설계는 어떤 공간을 열면서 그 윤곽을 그리는 것을 뜻한다. 그럼으로써 전에 없던 공간이 던져지듯 생겨나는 것이다. 하이데거에게 그 공간은 존재의 장소이다. 그러니까 시 짓기는 존재의 장소를 트면서 설계하는 일이다. 그럼으로써 그 장소에 존재자가 진실로 나타나도록 하는 것이다.

하이데거는 존재의 장소를 틈Lichtung이라고도 부른다. 이러한 명명은 숲과 관련이 있다. 독일 남서부에는 나무들이 빽빽하게 들어차서 한낮에도 어두운 숲이 거대하게 펼쳐져 있다. 하이데거는 그 숲의 산장에서 살았다. 그 우거진 숲속의 군데군데에는 나무들이 베어져서 햇살이 쏟아지는 곳이 있다. 독일 사람들은 그러한 곳을 숲속의 빈터Waldlichtung, 즉 숲의 틈이라고 부른다. 그런데 이 틈은 "Gottesfinger(신의 손가락)"라고도 불린다. 그 이유는 나무들 사이의 틈으로 들어오는 햇빛의 줄기가 빛나는 신의 손가락처럼 보이기 때문이라고 한다. 그렇게 빛이 던져진 숲속의 빈터에서는 그곳에 거주하는 동식물, 예를 들어 어두운 숲속에서 잘 보이지 않던 노루가 그 모습을 환히 드러낼 수 있다. 마찬가지로 평소 은폐된 존재자가 존재의 장소에서는 진실로 존재하게 되는 것이다.

이제 예를 하나 들어 하이데거의 시 짓기 개념을 부연해보겠다. 그 예는 서정시나 서사시와 같은 짧은 운문이 아니라 고대 그리스 작가 소포클레스의 비극 『오이디푸스 왕』이다. 반 고흐가 한 개의 도구 신발을 그린 것처럼 소포클레스도 한 명의 인간 오이디푸스를 이야기하였다. 물론 그 비극에서는 오이디푸스의 친부모와 양부모를 비롯하여 다른 사람들도 많이 등장한다. 하지만 그들은 모두 주인공을 두드러지게 하기 위한 배경과 같다. 반 고흐의 회화에서도 다양한 명도와 채도의 노란색, 흙색, 갈색 등등으로 칠해진 배경이 있다. 이러한 배경은 가운데에 있는 한 켤레의 신발을 돋보이게 한다. 이렇게 중심부와 주변부를 구분하여 강조하는 것부터 벌써 트기 작업의 시작이다. 만약 반 고흐가 한 폭의 캔버스에 여러 켤레의 신발을 그려 넣었다면 사람들이 신발에 집중하기 어려웠을 것이다. 마치 그림 속에 빛이 들지 않아서 나타내고자 하는 대상이 잘 보이지 않는 것과 같다. 그러니까 화가는 다른 불필요한 신발들을 제거하였다. 비극 작품도 마찬가지이다. 시인이 너무 많은 주인공과 적대자를 등장시켰다면 관객들이 이야기를 따라가기가 힘들었을 것이다. 마치 비극 속에 빛이 들지 않아서 이야기하고자 하는 인물이 잘 보이지 않는 것처럼 말이다. 그러니까 시인은 덜 중요한 다른 인물들을 제거한 것이다. 이렇게 트기 작업을 통해서 작품 속에는 환한 존재의 장소가 생겨난다. 그 장소에서 신발과 오이디푸스는 진실로 존재한다.

도구의 본질은 "용도로 쓰임"이지만, 반 고흐의 그림은 그 진실한 본질을 "정이 들었음"으로 보여주었다. 이것은 작품을 통해서 진실한 도구가 존재의 장소에 던져진 것과 같다. 인간 일반의 본질은 이성이다. 이 말은 인간이 이성적이고, 합리적이고, 계산적임을 뜻한다. 그러니까 이성적인 인간은 합리적으로 계산할 수 있고, 자기 행동의 결과 및 이익이 최대가 되는 방향으로 선택하여 살아갈 수 있다. 이것은 인간이 일반적으로 살아가는 방식이다. 하지만 『오이디푸스 왕』은 이성과는 다른 인간의 본질을 보여준다. 그 본질을 이해하기 위해서는 오이디푸스의 생애를 간단히 살펴볼 필요가 있다.

오이디푸스는 고대 그리스 도시국가 테베의 왕(라이오스)과 왕비(이오카스테)의 아들로 태어났다. 라이오스는 그가 낳을 아들이 어머니와 결혼하고 아버지를 살해할 운명이라는 신탁에 두려워하였다. 그래서 그는 갓난 아들을 인적 없는 산에 내다 버렸다. 하지만 그 아이는 어느 목자에게 발견되었고 이웃 도시국가 코린토스의 왕(폴뤼보스)과 왕비(멜로페)에게 입양되었다. 그런데 양부모는 오이디푸스에게 입양 사실을 숨겼다. 오이디푸스는 20살쯤 되었을 때 자신이 폴뤼보스와 멜로페의 친자식이 아니라는 소문을 들었다. 마음이 혼란스러웠던 오이디푸스는 델피의 신전에 찾아갔고 저 신탁의 예언에 대해 알게 되었다. 그 예언이 실현되지 않도록 그는 코린토스를 떠나 테베로 향하였다. 그 길에서 오이디푸스는 낯선 이들을 만났고 다툼 끝에 그들을 모두 죽였다. 그는 테베의 길목에서 스핑크스를 만났다. 스핑크스는 지나가는 사람들에게 수수께끼를 내고 대답하지 못하면 잡아먹는 괴물이었다. 오이디푸스는 그 수수께끼를 풀었고, 화가 난 스핑크스는 절벽에서 떨어져 죽었다. 스핑크스에게 고통받던 테베의 시민들은 오이디푸스를 마침 공석이었던 왕의 자리에 앉혔다. 그는 미망인인 왕비를 아내로 맞이하였고, 네 명의 자녀를 낳았다.[18]

오이디푸스의 삶을 여기까지 보게 되면, 그는 자신과 주변 사람에게 불이익을 주지 않는 방향으로 합리적인 선택을 하며 살았다. 그 결과 왕국, 아내, 자식들이라는 훌륭한 보상도 받은 것처럼 보인다. 그러니까 이성적인 인간은 자신의 지혜를 발휘해 신들이 정해놓은 운명도 피할 수 있는 것처럼 보인다. 따라서 인간을 인간답게 하는 것, 즉 인간의 본질은 바로 "이성"이다.

그런데 흥미롭게도 소포클레스의 『오이디푸스 왕』은 그 이후의 삶부터 시작한다. 오이디푸스의 자식들이 어느 정도 자랐을 때 테베에 갑자기 역병이 돌면서 수많은 사람이 죽어간다. 바로 이 전염병이 찾아온 위기의 순간부터 그 비극의 막이 오른다. 테베의 왕으로서 오이디푸스는 이 위기를 극복하기 위해서 자신의 처남 크레온이 받은 신탁에 귀를 기울인다. 그 신탁에 따르면 선왕 라이오스를 살해한 범인이 지금 테베에 있어서 도시국가가 오염되어 역병이 도는 것이고, 그 범인을 찾아내 처벌해야만 도시는 정화되고 구원될 수 있다. 오이디푸스는 진실을 밝힐 것과 선왕의 복수를 맹세한다.[19] 그는 스핑크스의 수수께끼를 풀었던 자신의 지혜를 발휘해 증거를 수집하고 범인을 찾고자 노력한다. 수사가 진행되면서 오이디푸스는 자신이 범인일지 모른다는 불길한 예감이 들었으나 수사를 멈추지 않고 결국 진실을 밝혀낸다. 사실이 드러나자 이오카스테는 스스로 목숨을 끊고, 오이디푸스는 자기 눈을 찔러 멀게 한 후 자신을 추방한다. 이렇게 『오이디푸스 왕』은 끝난다.

오이디푸스의 삶을 여기까지 보게 되면, 지혜와 이성적 판단은 그가 인간다운 삶을 사는 데에 궁극적으로 도움이 되지 않은 것 같다. 인간의 지혜에 대한 부정적인 생각은 작품 속 인물의 대사에서도 볼 수 있다. 예언자 테이레시아스는 다음과 같이 말한다. "아아! 지혜 있는 자에게 지혜가 쓸모없을 때, 지혜로움은 얼마나 괴로운 일인가."[20] 이 말은 인간이 지혜를 지니지만 그것을 항상 사용할 필요는 없음을 말한다. 그러니까 지혜는 적절한 때에만 쓸모가 있는 것이다. 그렇지 않을 때 발휘되는 지혜, 즉 지나친 지혜는 유용한 것이 아니라 괴로운 것이 될 뿐이다.『오이디푸스 왕』을 독일어로 번역하였던 횔덜린도 테이레시아스와 비슷하게 생각하였다. 그는 자신의 시「사랑스러운 푸르름 속에서 피어나는 … 」에서 다음과 같이 말한다. "오이디푸스 왕은 하나의 / 눈을 너무 많이 가졌는지도 모른다."21 여기서 눈은 지혜를 상징하는 것으로 볼 수 있다. 그러니까 오이디푸스의 삶은 너무 많은 지혜로 인해 파국으로 치달은 것이다. 횔덜린의 이러한 해석은 진실이 밝혀졌을 때 오이디푸스가 자신의 눈을 찌른 이유도 설명해준다. 그러니까 그는 자신의 과도한 지혜를 스스로 제거한 것이다. 독일 철학자 프리드리히 니체도 횔덜린과 비슷한 해석을 보여준다. 그는 자신의 책『음악 정신으로부터 비극의 탄생』에서 오이디푸스 신화의 교훈을 다음과 같이 정식화한다. "지혜의 뾰족한 끝은 지혜로운 자에게 향한다. 지혜는 자연에 대한 범죄이다."22 따라서『오이디푸스 왕』은 인간의 진실한 본질을 "지혜의 절제"로 보여준다. "용도로 쓰임"이라는 도구의 본질이 "정이 들었음"이라는 진실한 본질에 의지한 것처럼 이성과 지혜의 쓸모 역시 그 절제에 기대고 있다. 이렇게 소포클레스의 비극을 통해서 인간의 진실한 본질이 존재의 장소에 던져졌다.

　이제까지「예술 작품의 샘」에서 시 짓기 개념을 예술의 본질 및 트는 설계와 관련하여 살펴보았다. 실제로 하이데거는 그 개념을 많이 언급하지도 않았고 충분한 설명을 제공하지도 않았다. 따라서 이 글의 이어지는 장에서는 시 짓기 개념이 주제적으로 다루어진「횔덜린과 시 짓기의 본질」을 고찰하겠다.

「횔덜린과 시 짓기의 본질」에서 시 짓기 개념

하이데거는 1934년에서 1935년으로 넘어가는 겨울 학기부터 횔덜린의 시들에 대한 강의를 여러 차례 진행하였다. 그는 서양철학의 역사를 고대 그리스의 사유에서 처음 주제가 되었던 존재 개념이 중세와 근대를 거쳐 점점 잊혀가는 과정으로 이해한다. 니체의 사유에서 그 망각은 정점에 다다르고, 그와 함께 서양철학은 종말에 이른다. 하이데거는 이렇게 철학이 끝난 후에 새로운 사유를 시작하는 것을 목표로 한다. 그는 그 새로운 시작의 가능성을 새로이 존재 개념을 설립하는 횔덜린의 시 짓기에서 찾는다.

「횔덜린과 시 짓기의 본질」은 다음과 같은 물음으로 시작한다. "시 짓기의 본질을 제시하기 위해 횔덜린의 작품이 선택된 이유는 무엇인가?"[23] 이러한 물음이 제기된 까닭은 횔덜린보다 고대 그리스 작가 호메로스나 소포클레스, 혹은 영국 작가 윌리엄 셰익스피어나 독일 작가 요한 볼프강 폰 괴테를 더 위대한 시인으로 생각하는 사람들이 많기 때문이다. 하이데거가 제시하는 이유는 다음과 같다. "왜냐하면 횔덜린의 시 짓기는 오로지 시 짓기의 본질만을 시로 짓는다는 시인의 사명에 의해 지탱되고 있기 때문이다."[24] 그러니까 시 짓기의 본질을 가장 치열하게 고민한 시인은 바로 횔덜린이다. 하이데거는 그 본질을 제시하기 위해 횔덜린을 인용하며 그 의미에 대해 숙고한다.

먼저 하이데거는 횔덜린의 시 「회상」(1803/04)의 마지막 구절을 인용한다. "그러나 머무르는 것을 / 설립하는 것은 시인이다."[25] 하이데거는 여기서 시인이 설립하는 머무르는 것을 존재로 보고, 시 짓기는 "존재를 언어로 설립하는"[26] 것으로 이해한다. 이러한 설립은 시인이 신들과 만물을 명명하는 것과 관련이 있다. 이렇게 명명하는 일은 이미 알려진 것에 그저 이름만을 붙이는 것이 아니다. 오히려 존재자를 그것 자체로 임명하며 비로소 존재하도록 하는 것이다. 시인의 명명을 통해서 존재자는 그렇게 존재하는 것으로서 알려지게 된다.

이러한 명명의 사례는 고대 그리스신화에서 많이 볼 수 있다. 거기서는 신들이 곧 자연과 세계의 모든 것의 이름이다. 그러니까 만물이 신적으로 존재하는 것이다. 한 가지 구체적인 예를 들어보겠다. 사랑의 남신 에로스의 출생과 관련해서는 여러 가지 설이 있다. 그중에 가장 잘 알려진 것은 에로스가 아름다움의 여신 아프로디테의 아들이라는 것이다. 아프로디테는 아름다운 여인 프쉬케에게 질투를 느껴 아들이 그녀를 괴롭히도록 하였다. 하지만 에로스는 오히려 프쉬케에게 첫눈에 반하였고 어머니 몰래 함께 살기까지 하였다. 아프로디테는 두 사람의 관계를 막으려고 프쉬케에게 많은 시련을 내렸다. 그 모든 고난을 극복한 프쉬케는 에로스와 결혼하였고 아프로디테와의 갈등도 해소하였다. 인류에게 말과 글이 없던 시절에도 사람들은 서로 사랑하였을 것이다. 하지만 그들은 자신들의 감정과 생각을 명확히 설명하지는 못하였을 것이다. 하지만 시인이 그것에 에로스, 즉 사랑이라는 이름을 붙여주었고, 사랑에 빠진 사람들을 프쉬케, 즉 영혼이라고 불러주었다. 또 에로스와 프쉬케의 아름다운 이야기도 들려주었다. 이렇게 명명하는 시 짓기는 사랑과 영혼의 결

합이 존재하게 해주었다. 그리고 사람이 모든 시련을 이겨내는 힘이 사랑임도 보여주었다.[27]

그다음으로 하이데거는 횔덜린이 1800년 작성한 유고를 인용한다. 그 유고에서 횔덜린은 시 짓기의 언어를 인간의 "소유물들 가운데 가장 위험한 것"[28]이라고 말한다. 이 말을 이해하기 위해서는 시 짓기의 언어와 일상의 언어를 구분해야 한다. 시 짓기의 언어는 시인이 만들어내는 이름과 같다. 시인은 존재자의 본질과 존재에 이름을 붙여 설립하고, 그로써 그 존재자를 존재하도록 하는 것이다. 이러한 이름은 근원적인 언어와 같다. 그후에 사람들은 그 존재자를 시인들이 지은 이름으로 따라 부른다. 그렇게 근원적인 언어는 일상의 언어가 된다. 따라서 시 짓기는 일상의 언어를 가능하게 하는 것이다.

시 짓기의 언어가 위험한 이유는 같은 해에 쓰인 횔덜린의 시 「마치 휴일인 것처럼 … 」(1800)에 다음과 같이 탁월하게 표현되어 있다. "하지만 우리에게 합당한 일은 신성한 거친 날씨 속에, / 그대 시인들이여! 맨머리로 서는 것이고, / 아버지의 번개, 그것 자체를 그대들의 손으로 / 잡는 것이고, 민족에게 노래로 / 감싸서 그 하늘의 선물을 건네주는 것이다."[29] 여기서 "아버지"와 "번개"는 각각 올림포스의 최고신 제우스와 그의 상징인 번개를 가리킨다. 시인의 사명은 그 신의 무서운 번개를 두려움 없이 받아서 민족에게 안전하게 전달하는 것이다. 이처럼 시인은 신과 인간 사이에 있다. 그래서 시인은 반신반인半神半人인 것이다.

같은 시에서 횔덜린은 고대 그리스신화를 예로 들어 시 짓기의 위험성을 다시 설명한다. 거기서는 제우스 신전의 여사제 세멜레가 등장한다. 그녀는 제물을 준비하다가 몸이 더러워져 강에서 몸을 씻었는데 그 모습을 보고 제우스는 사랑에 빠졌다. 그는 남자로 나타나 스스로 제우스임을 밝히고 세멜레와 사랑을 나누었다. 세멜레는 임신하였는데, 이를 알게 된 제우스의 부인 헤라가 질투하였다. 헤라는 변장을 하고 세멜레에게 다가갔고, 그 남자가 진짜 제우스인지 확인하라고 부추겼다. 그래서 세멜레는 제우스를 만났을 때 진짜 모습을 보여달라고 부탁하였다. 부탁을 거절하지 못한 제우스는 번개로 나타났고 세멜레는 타 죽고 말았다. 그때 세멜레의 배 속에 있던 아기는 제우스가 자신의 허벅지에 넣어서 만삭까지 품었다. 그렇게 태어난 아이는 디오니소스 신이 되었다.[30] 그러니까 번개를 직접 받는 일은 인간에게는 위험하고 불가능한 일이다. 하지만 반신반인인 디오니소스는 살아남았다. 그는 고대 그리스비극과 포도주를 상징하는 신이다. 이때 비극은 그 속에 담긴 삶의 진실을 감싼 노래와 같다. 그 진실은 치명적인 번개와 마찬가지로 무시무시할 것이다. 가령 오이디푸스의 삶은 너무나 비참하고 끔찍하다. 하지만 고대 그리스 민족은 그 삶의 참담함을 소포클레스의 비극『오이디푸스 왕』을 통해서 받아들이고 이해할 수 있다. 아마도 이러한 의미에서 횔덜린은 민족이 위험 없이 "하늘의 불을 마실" 수 있게 되었다고 말하였을 것이다.[31]

　하지만 횔덜린의 시나 하이데거의 논문에는 시 짓기의 언어가 위험한 이유가 직접적으로 밝혀져 있지 않다. 왜냐하면 번개가 위험한 것이지 그 번개로 비유한 언어가 해로운지는 알 수 없는 것으로 남아 있기 때문이다. 그 위험성은 다음과 같이 상상해볼 수 있을 것 같다. 시인이 시를 짓는 작업은 어떤 사물에 이름을 부여해 그 사물을 비로소 그것답게 존재하도록 하는 것이다. 그 결과 지금까지 없던 사물이 나타날 수도 있지만, 아마 대부분은 기존의 익숙한 사물이 새롭게 나타나는 것일 것이다. 이때 새로움은 전과 달리 생생하고 산뜻하게 느껴지는 맛을 말한다. 이러한 맛을 내기 위해서 시인은 먼저 기존의 낯익은 사물을 낯선 시선으로 바라보아야 한다. 그러니까 친숙한 세계에서 벗어나야 한다. 그렇게 생소한 공간에 홀로 머무르며 그 사물의 참된 이름을 찾는 일은 어둠 속에서 번쩍일 번개를 기다리는 것과 비슷할 것이다. 보통 사람들은 익숙한 일상 세계를 떠나려 하지 않고, 불안 및 권태 그리고 우울함에 사로잡혀 그 세계가 어느 순간 무의미하게 나타나는 것을 견디고 싶어 하지 않을 것이다. 그들과 달리 시인은 그 위험을 감수하고 시 짓기의 언어를 찾아 나선다. 이러한 의미에서 그 언어는 가장 위험한 것일 것이다.

하이데거가 횔덜린과 함께 숙고한 시 짓기의 의미를 정리해보겠다. 시 짓기는 그 시가 노래하는 대상의 존재를 언어로 설립하는 일이다. 이러한 설립은 시인이 그 대상을 명명함으로써 비로소 존재하도록 혹은 기존의 대상을 새롭게 보이도록 하는 것이다. 이때 시인의 언어는 인간이 소유할 수 있는 것 중에서 가장 위험한 것이다. 그 이유는 대상에 걸맞은 새로운 이름을 찾으려면 익숙한 언어와 거리를 두고 일상 세계를 떠나야 하기 때문이다. 하지만 이는 인간이 살아가면서 뭔가를 소유하기 위해 하는 일반적인 행동에 맞지 않는다. 가령 사업을 해서 부를 축적하려는 사람은 보통 자신에게 친숙한 세계에 남아 능통한 언어를 구사하며 일할 것이다. 그러니까 시 짓기는 인간의 정상적인 일이 아니고, 심지어 비정상적인 일이다. 시인은 자신이 지금까지 살아왔던 세계에서 소외되거나 배제될 수도 있다. 바로 여기에 그가 찾아 나서는 언어의 위험이 도사리고 있다.

앞서 하이데거가 횔덜린의 「마치 휴일인 것처럼 … 」을 인용해 시인의 사명을 규정한 것을 살펴보았다. 그때 시인은 신과 인간 사이에 존재하는 반신반인이었다. 하이데거는 이러한 사이에 주목하였다. 왜냐하면 "바로 이러한 사이에서 인간이 누구이며 어디서 정착해야 하는지가 결정되기"[32] 때문이다. 이어서 그는 횔덜린의 시구 "시적으로 인간은 이 대지 위에 거주한다"[33]를 인용하였는데, 이 구절을 「횔덜린과 시 짓기의 본질」에서 설명하지는 않았다.

하이데거는 이 시구에 크게 관심을 가졌고, 심지어 이 시구를 제목으로 하는 논문도 한 편 저술하였다. 「" … 시적으로 인간은 거주한다 … "」는 1951년 바덴바덴에서, 1952년 취리히에서, 1953년 올덴부르크와 카셀에서, 1954년 하멜른에서 발표되었다. 하이데거가 한 편의 논문을 이렇게 여러 차례 발표한 것은 이례적인 일이다. 그만큼 이 논문에 대한 그의 관심이 매우 컸다는 것을 짐작할 수 있다. 이어지는 절에서는 하이데거가 이 논문에서 횔덜린의 시구 " … 시적으로 인간은 거주한다 … "를 어떻게 해석하였는지 고찰할 것이다. 이러한 고찰은 하이데거가 말하는 시 짓기와 인간의 거주 사이의 긴밀한 관계를 이해하는 데에도 도움이 될 것이다.

「" … 시적으로 인간은 거주한다 … "」에서 시 짓기 개념

먼저 하이데거는 저 시구와 관련해서 제기될 수 있는 의문을 소개한다. 그 의문은 다음과 같다. "어떻게 '인간', 즉 모든 인간이 인간으로서 그리고 끊임없이 시적으로 거주하란 말인가?"[34] 이러한 의문이 제기되는 이유는 쉽게 이해할 수 있다. 시라는 문학 장르는 모든 사람보다는 소수의 사람이 즐기는 것이고, 또 직업 시인이 아니고서는 항상 시를 지으면서 살지 않기 때문이다. 그러니까 횔덜린의 시구는 현실과 맞지 않는 말이다. 하이데거는 그 시구의 참된 의미를 밝히기 위해서, 즉 거주하기와 시 짓기의 관계를 이해하기 위해서 횔덜린의 말에 주의를 기울이고자 한다.

하이데거는 횔덜린이 말하는 시 짓기를 인간을 본래적으로 그리고 근원적으로 거주하도록 하는 행위로 이해한다. 이어서 하이데거는 횔덜린의 시구에서 앞뒤로 생략된 부분을 살펴본다. 온전한 시구는 다음과 같다. "가득 찬 공적, 하지만 시적으로, 거주한다 / 인간은 이 대지 위에."[35] 먼저 하이데거는 "가득 찬 공적"이라는 표현부터 설명한다. 이 말은 인간이 노력을 기울여 쌓은 수많은 공적을 가리킨다. 하지만 그러한 공적은 거주하기의 본질을 다 설명하지 못한다. 오히려 그러한 공적에만 치중하면 제대로 거주하기가 힘들 수도 있다. 이는 현대인들이 살아가는 모습을 뒤돌아보게 한다. 예를 들어 수험생들은 좋은 대학을 가기 위해서 밤늦게까지 공부하고, 취준생들은 좋은 직장에 취직하기 위해 바쁘게 스펙을 쌓고, 직장인들은 승진을 위해 혹은 더 좋은 직장으로의 이직을 위해 정신없이 일한다. 그들은 분명 많은 공적을 쌓고 있다. 하지만 그들이 집보다 학교, 학원, 직장에서 보내는 시간이 훨씬 더 많다는 사실만 가지고도 그들이 온전히 거주하지 못할 것이라고 짐작해볼 수 있다. 게다가 집에서 머무르는 시간도 대부분 거주가 아니라 수면이나 휴식을 취하는 데에 쓰일 것이다.

이어서 하이데거는 "이 대지 위에"라는 표현을 설명한다. 이 말은 불필요해 보일 수 있다. 인간은 누구나 이미 대지 위에서 살고 있기 때문이다. 하이데거는 이 표현을 시 짓기가 비현실적인 것을 상상하는 행위가 아니라 대지에 뿌리를 내리고 벌어지는 구체적인 행위임을 강조하는 것으로 본다. 이러한 시 짓기는 "인간을 비로소 대지 위로, 대지 쪽으로 데려와서 거주하게"[36] 한다. 이는 시 짓기 없이 혹은 전에 인간이 대지 위에서 거주하지 않음을 뜻한다. 흥미롭게도 독일어 "wohnen(거주하다)"은 "Gewohnheit(관습)"와 관련이 있다. 아마도 이러한 관련성은 사람들이 어떤 곳에 장기간 거주할 때 관습이 생겨나는 것에 근거할 것이다. 하지만 앞서 언급한 현대인들은 모두 끊임없이 다른 곳으로 옮겨가려고 애쓴다. 따라서 그들에게는 오랫동안 지켜 내려왔거나 널리 인정하는 질서나 풍습이 있기 어렵고, 그들의 삶도 거주와는 거리가 멀다.

그런데 횔덜린은 대지 위에 거주하는 인간은 하늘을 올려다본다고 말한다. 이렇게 올려다보면서 하늘과 대지 사이의 차원을 측량한다고 한다. 이때 인간은 하늘을 척도로 삼아 자기 자신을 측량한다.[37] 그 척도가 되는 하늘은 신성한 것이다. 이러한 측량은 인간이 가끔 하는 것이 아니다. 오히려 그렇게 측량할 때 인간은 비로소 인간다운 인간이 된다. 그러니까 인간답게 살기 위해서는 항상 신성한 것을 척도로 삼아 스스로를 측량해야 하는 것이다. 이렇게 측량하는 것이 바로 "시적으로 거주하는" 것이다.[38] 이때 시적인 거주로서의 측량은 두 가지 단계로 나누어 볼 수 있다. 첫 번째 단계는 시인이 신성한 척도를 얻기 위해 시적으로 거주하는 것이고, 두 번째 단계는 시인이 속한 민족이 그 얻어진 척도에 따라 시적으로 거주하는 것이다. 이 두 단계에서 모두 시와 거주는 불가분의 관계에 있다.

하이데거는 시 짓기가 "탁월한 측량"[39]이라고 말한다. 이 말을 이해하기 위해서는 시 짓기와 집 짓기의 관계를 생각해볼 필요가 있다. 집Wohnung은 사람들이 거주하는wohnen 곳이다. 그러니까 거주하려면 먼저 집을 지어야 한다. 집을 짓기 위해서는 설계도가 필요하다. 이 도면을 그리기 위해서는 거주할 집을 측량해야 한다. 이때 측량은 아직 지어지지 않은, 즉 눈에 보이지 않는 집을 측량하는 것이다. 도면이 다 그려지고 나면 그 도면을 척도로 삼아 건축 재료들을 측량하고 준비한다. 그후에 그 재료들을 자르고 결합해 눈에 보이는 집을 짓는다. 집이 완공되고 나면 물리적으로 살아갈 준비는 마친 것이다. 하지만 그곳에 인간이 거주하기 위해서는 아직 시 짓기, 즉 신성한 것을 척도로 삼아 자기 자신을 측량해야 한다. 즉 시 짓기를 통해서 거주하기에 이르는 것이다. 따라서 시 짓기의 측량은 집 짓기의 측량에 비해서 탁월한 것이다.

하이데거는 횔덜린의 시구 " … 시적으로 인간은 거주한다 … "를 해석하면서 두 종류의 측량을 구분하였다. 그 구분을 설명하는 과정에서 측량이 집 짓기와 밀접한 관련이 있는 만큼 서로 다른 두 개의 집이 언급되었다. 첫 번째 집은 아직 지어지지 않은 눈에 보이지 않는 곳이었고, 두 번째 집은 그 도면에 따라 완공된 곳이었다. 그런데 명시적이지는 않았지만, 다른 집이 하나 더 있었다. 그 세 번째 집은 인간이 거주하는 곳이었다. 앞서 예로 들었던 현대인들은 두 번째 집의 안에서 살아가고 있다고 말할 수 있을 것이다. 하지만 거주하지 않고 있는 그들은 세 번째 집의 밖에 머물고 있을 것이다. 이러한 의미에서 현대인들은 노숙자라고 부를 수 있겠다. 만약 그들에게 거주할 집이 필요하다면, 그 집을 선물해줄 수 있는 것은 바로 시 짓기이다.

데리다의 서사론:
이야기 혹은 끝없는 거짓말

김민호

"서사 자체의 바깥은 없다. 그러나 개개의 서사들은 저마다 고유한 외부에 의해서, 형언하지 않고 형언하지 못하는 바깥에 의해서 규정된다."

김민호는 서울대학교 법학과를 졸업하고 같은 대학교 철학과에서 석사학위를 받았다. 현재 파리8대학(생드니) 산하 철학의 현대적 논리 연구소에서 그라마톨로지 이전부터 유령론 너머까지 이어지는 데리다 사유의 전개를 주제로 박사 논문을 작성하고 있다. 논문으로 「사유의 시간들: 데카르트와 데리다의 경우」, 「데리다의 시원적 사유로서의 『발생의 문제』」, 「리듬 게임, 가장 빈곤해서 가장 자유로운」 등이 있고, 옮긴 책으로 『비밀의 취향』(2022), 『우편엽서』(공역, 근간)가 있다.

들어가며: 데리다와 이야기하기?

우리는 '데리다와 이야기'라는 묶음에 대해서, 혹은 이야기에 관한 데리다의 논의에 대해서 논하고자 한다. 그런데 어쩌면 '데리다와 이야기'라는 묶음은 애초부터 잘못 설정된 것일지도 모른다. 왜냐하면 데리다 자신이 친우 드만Paul de Man에게 바치는 글에서 "저는 이야기를 할 줄 알았던 적이 없습니다"[1]라고 문두를 트고 있기 때문이다. 게다가 이어서 데리다는 묻는다. "누가 정말로 이야기histoire를 할 수 있겠습니까? 서사narration란 가능한 일입니까?"[2] 그럼에도 데리다는 커비 딕Kirby Dick과 에이미 코프먼Amy Z. Kofman이 제작한 다큐멘터리에서는 또 자기에게 "관건은 서사라는 물음"이었으며 그것이 언제나 "중대한 문제"였다고 말한다. 즉 데리다가 이야기·역사·서사·내러티브 같은 개념들과 맺는 관계는, 그의 경우에 으레 그렇듯, 양가적이다. 이야기라는 문제, 내레이션이라는 문제는 데리다로서는 회피하고 싶은 문제인 동시에 본격적으로 탐구해야 하는 문제다.

흥미로운 점은 데리다가 이 문제를 유독 거짓말[3] 혹은 위증[4] 같은 개념의 주변에서 사유한다는 것이다. 앞서 인용한 다큐멘터리에서 데리다는 자신이 차마 이야기에 돌입하지 못하고 머뭇거리는 사정을 덧붙인다. "이야기récit는 제가 말하고 싶은 역사histoire와 같지가 않습니다."[5] 그러니까 서사라는 주제의 주변에서 데리다가 품고 있는 근본적 두려움을 규정하는 것은 오류, 과오, 거짓, 틀림의 가능성, (재구성된) 이야기가 (실제의) 역사와 불일치할 가능성이다.

만약 이것이 전부였더라면 '해체'의 사상가 데리다는 진리의 수호에 투신하는 고전적인 철학자가 되었을 것이다. 하지만 데리다는 진리-거짓이라는 구도 자체를 비틀어 진실함-거짓말이라는 구도로 전치시키며, 이로써 사유의 기본 원리여야 할 진리에 대한 충실성truisme 자체를 의문에 붙인다. 이하에서 우리가 추적하고자 하는 것은 바로 이 전치와 그 귀결로, 그럼으로써 창의성이라는 관념을 약간 다른 방식으로 이해할 수 있게 될 것이다.

자아를 생산하는 거짓말: 거짓말이라는 진리(1)

그런데 데리다가 거짓을 말할 가능성을, 거짓말을 저지르게 될 가능성을 이토록 두려워한다는 사실은 역으로 거짓말이 품고 있는 모종의 초월성을, 거짓말의 근원적 환원 불가능성을 드러낸다.

거짓말이란 무엇인가? 그것은 간단하게 말해서 표면과 내면 사이의 의도적 불일치로, 단순한 비진리·오류·거짓의 상태와는 구별되어야 한다. 예를 들어 내가 무언가를 열심히 생각해서 아주 정직한 의도에서, 그러나 결과적으로 틀린 말을 뱉을 때 그것은 거짓일지언정 거짓말이 아니다. 거짓말은 언표 자체의 특성이 아니라 언표 행위의 특성으로, 진리를 말하지 않으려는 의지이자 다른 이야기를 만들어내려는 의지다. 그런데 데리다가 보기에는 개체에게 허락된 모든 의지 중에서 이것이야말로 자아다운 자아를 생산하는 의지다. 두 가지 의미에서 그렇다.

(1) 한편으로 자아는 종종 '제 안에 욕망, 감정, 생각 등이 있어

서 그것을 표현하는 덩어리'로 규정되며 여기서 '표현'에 방점이 찍히곤 한다. 하지만 실은 돌멩이조차도 자신의 존재를 전력으로 표명하고 있다. 그럼에도 그것에는 왜 자아가 인정되지 않는가? 돌멩이가 자신의 존재 전체를 언제나 표명하고 있고, 결코 그 표명을 계류시키거나 미룰 수 없기 때문이다. 모든 것이 즉각적·직접적으로 표현되고 있는 개체에는 자아의 내면성이란 것이 존재할 수 없다. 그러니까 자아의 형성에서 표현할 역량보다 더 핵심적인 것은 욕망, 감정, 생각 등을 곧장 표현하지 않을 역량, 더 정확히는 그것을 지연시키는 역량이다. 이 지연의 도덕적인 이름이 '예의범절'이라면 비도덕적인 이름은 '위선'이나 '거짓말'이다. 아이의 양육 및 발달 과정에서 최초의 거짓말은 핵심적 순간으로 지목되며 부모는 이 거짓말을 단순히 죄악시해서는 안 되는데, 이는 그것이 아이가 진정으로 자아를 갖추기 시작했음을 드러내는 증거이기 때문이다. 데리다에게는 거짓말의 순간이 곧 독립적인 정신이 출현하는 순간이다.

> 비밀·분리·기게스의 불가시성('인간의 조건 자체')은 우리가 '프시케'라고 부르는 것의 상태 자체이고 지위다. 이 절대적 분리, 이 자연적 무신론, 이 거짓말할 자유 안에 진리도 담화도 뿌리를 내리고 있으며, 저 모든 것이야말로 '창조주에게로 돌아갈 위대한 영광'이다.[6]

거짓말의 역량은 자신의 내면성을 즉시 고스란히 드러내지 않을 역량으로서 이렇게 자기를 세계의 순접적인 흐름으로부터 비교적 독립적인 것으로 절취découper해내는 역량이자 자기를 자기로서 액자화encadrer하는 역량이다.

(2) 다른 한편으로 자아의 기본 역할은 물질들의 한가운데에 처해 잡다하게 흩어지는 우발적 연쇄인 생을 그러모아("레게인") 일관되게 꿰뚫는 서사를 재생산함으로써 생산해내는 데에, 간단하게 말해 생을 정말로 '하나의' 생으로 존립시키는 데에 있다. 그런데 우리가 부러 사용한 "재생산함으로써 생산한다"라는, 이 전형적으로 데리다적인 표현은 이런 서사화가 줄곧 사후적으로 이루어진다는 것을 뜻한다. 명백하게 의식되지 않을지언정 이런 서사화는 언제나 이미 사후적이다. 이 사후성은 최면의 경우에는 시간적으로, 분리 뇌의 경우에는 공간적으로 확인된다. 우선 최면의 사례가 시간성을 드러내기에 직관적이다. 예컨대 최면을 걸어 5분 뒤 형광등을 끄도록 주문한 뒤 최면 상태를 풀어주면, 더이상 최면 상태가 아닌 피험자는 자기 자신도 알 수 없는 충동으로 어쨌든 5분 뒤에 형광등을 끄러 간다. 이제 왜 그랬냐고 물어보면 피험자는 방이 너무 밝아서 그렇다는 둥, 형광등에서 소음이 들렸다는 둥 정확한 이유를 제외한 모든 이유를 만들어낸다. 다음으로 우뇌와 좌뇌 사이에 연결이 끊어진 분리 뇌 환자의 경우는 좌안(우뇌)에는 눈보라 사진을, 우안(좌뇌)에는 닭장 사진을 보여준 뒤 적절한 도구를 선택하라고 지시하면 (우뇌에 인식된) 눈보라를 치우는 데 적절한 삽을 고르고서는 왜 그랬냐고 물어보면 정작 (언어 및 논리를 담당하고 있는 좌뇌에 인식된) 닭장을 치우기 위해서라고 대답한다. 여기에는 이를테면 수동적인 거짓말이, 거짓말을 한다는 의식조차 없는 거짓말이 개재해서 생의 분열적 잡다

를 하나의 서사로 종합해낸다. 이런 맥락에서 보들레르의 「위조화폐」라는 짧은 글에 관한 분석인 『시간을 주다 I. 위조화폐』의 한 대목을 느슨하게 읽어볼 수 있을 것이다.

> 화자narrateur의 '나'라는 위조 서명 … 그(나)는 그렇게 언명하지 않은 채로, '나'라고 말하지 않은 채로, 그럼에도 자기 자신에게 이름을 붙이고 '자기 명명'한다. … 위조화폐는 텍스트의 제목이다. 하지만 그는, '나'가 위조화폐 같은 것이라고 말하면서 그 제목을 주고 있는 것인가? 그렇지 않다. 위조화폐는 [위조화폐라는] 제목[자격]을 밝히지 않는 한에서만 위조일 수 있다. … 위조화폐는 그 자체로는 결코 위조화폐 같은 것이 아니다. 위조화폐는 위조화폐로서 인지되자마자, 자기 자신이 되자마자 위조화폐로서의 기능과 가치를 상실한다. 위조화폐는 어쩌면 위조화폐일지도 모른다는 가능성을 통해서만 존재한다.[7]

이처럼 중층적인 거짓말이 '나'를 적실하게 하나의 '나'로 만드는 것이기에, 5분 전의 나와 5분 후의 나, 좌뇌의 나와 우뇌의 나 중 진정한 '나'는 어느 쪽이냐고 묻는 것은 무의미한 일이다. 또한 '나'가 거짓말의 산물, 즉 위조물이라는 사실을 폭로하면서 단일한 자아라는 신화를 파쇄하는 것 역시 쟁점이 아니다. 수동적일지언정 거짓을 말하는 '나'는 결코 제거되지 않기 때문이다. 따라서 관건은 이렇게 한 번은 자아와 세계의 사이에서, 다른 한 번은 자아의 내부에서 자아를 자아로서 존립시키는 데 종사하는 거짓말이야말로 진위나

참 거짓의 구별에 앞서는 수준에서 가동되는 원본적 진리임을, 그것이야말로 이미 하나의 공동체인 자아를 다스리는 원리임을 인식하는 데 있다.

세계를 생산하는 거짓말: 거짓말이라는 진리(2)

데리다에게 거짓말의 원본성은 자아와의 연관 속에서 확인되는 데 그치지 않는다. 그가 보기에 거짓말의 가능성은 우리가 입을 뻥끗하는 그 순간에 이미 발생해서, 세계와의 연관에 개입한다.

목소리 안에서 이미 대상의 현전은 상실된다. 목소리 및 스스로-말하면서-듣기의 현전은 가시적인 공간이 우리 앞에 존재하게끔 하는 사물 자체를 탈취한다. 사물은 사라지고, 목소리는 음성적인 기호, 감춰진 대상 대신에 나를 심원하게 꿰뚫을 수 있는 음성적인 기호로 그걸 대신한다. … 이것은 현상을 내재화하는 유일한 방법이다. 현상을 청상akoumène으로 전화하기.[8] 이것은 근원적인 공작용 및 공감각을 전제할 뿐만 아니라 대상, 전재자, 용재자의 형식에서 현전의 탈취가 파롤의 기원에 일종의 거짓말을, 혹은 거짓말까지는 아니라고 해도 일종의 허구를 설치한다는 것을 전제하기도 한다. 파롤은 사물 자체를 주는 법이 없다. 그것이 주는 것은 진리보다도 더 심원하게 우리를 건드리고 더 효과적으로 '타격'하는 가상이다.[9]

주관에 의한 용이한 처분을 위해 대상과 파롤이, 즉 사물·실재·사태와 말·표상·기호가 서로 상이한 질서에 속하는 것으로 분리되고 나면 후자들은 전자들과의 불일치라는 문제에 시달린다. 당연하지만 파롤은 우리에게 사물의 대용물이 되는 기호를 줄 뿐 사물 자체를 주지 않는다. 그리고 이 괴리로 인해 허구화의 가능성은 원천적으로 제거 불가능한 것이 된다.

거짓말의 이 상시적 가능성은 세계가 구성되는 한에서만 우리에게 주어진다는 식의 구성주의적 세계관을 내포하는 듯 보이지만 바로 위에서 논의한 거짓말에 의한 자아의 수립 기제를 고려한다면 그것으로 전적으로 환원되지는 않는다. 대상 세계를 제 편에서 구성한다고 간주되는 능동적인 주관이 애초에 거짓말의 산물이기 때문이다. 자아도, 그와 상관적인 대상 세계도 거짓말의 초월성에 종속되며, 이렇게 볼 때 거짓말은 주관 대 세계라는 고전적인 대립이 수립되면서 와해되는 심급이다. 주체와 객체는 초월적인 거짓말(의 가능성)에 의거해서 비로소 서로 맞세워지는데, 바로 그 거짓말을 경유하는 산물로서는 동렬에 놓인다. 체첸이나 이스라엘에서 국경이라는 문제가 수행적으로 생산되는 것과 마찬가지로,[10] 주와 객 사이의 경계도 행위 수행적으로 생산된다고 말할 수 있다. "이 행위 수행적 차원이 진리를 만든다."[11] 자아라는 진리, 대상이라는 진리가 허구의 효과로서 생산되는 이 차원에서는 통념적인, 즉 진위 진술문적 층위에서의 참 거짓의 구별이 더이상 유효하지 않다.

바로 이런 궤에서 데리다는 『거짓말의 역사』에서 니체의 『우상의 황혼』에 실린 「어떻게 '참된 세계'가 마침내 설화가 되고 마는가?

— 오류의 역사」를 실마리로 삼아 다음과 같이 쓴다.

> "어떻게 '참된 세계'는 한 편의 설화fable가 되고 마는가?" 한 편의 설화가 우리에게 제시되는 것이 아니다. 우리가 듣게 될 이야기는 이를테면 어떻게 설화가 날조[affabuler]되는지에 관한 것이다. 마치 이 날조의 역사에 대해서 참된 이야기récit vrai가 가능하다는 듯 구는 것인데, 이 날조란 다름 아니라 참된 세계의 이념을 생산하는 것으로, 바로 이로 인해서 참되다고 했던 그 이야기의 진리가 불식될 위험이 있다.
>
> 설화 짓기fabulation에 대한, 날조로서의 진리에 대한 우화적인 서사.[12]

데리다가 니체의 이와 같은 '이야기'를 다층적으로 나누면서 접근한다는 데 유의해야 한다. 이것은 다음과 같은 세 단계로 나눠질 수 있다. (1) 기만 속에서일지언정 안온하게 머물 곳으로서 서사화된 '참된 세계'의 층위, (2) '참된 세계'가 날조된 설화에 불과함을 폭로하는 서사의 층위, (3) 바로 그 폭로의 서사가 자기 면역적임을 밝히는 층위. 데리다의 관심사는 이 세계가 설화로서 날조된 역사를 인식해야 한다는 계몽적 논점에 국한되지 않는다. 데리다에게 중요한 것은 그렇게 주장하는 순간에야말로 우리가 한층 더 그 역사에 사로잡힌다는 사실이다. 니체가 '참된 세계'라고 여겨지던 무언가가 실은 한 편의 설화에 불과함을, 즉 참된 세계의 가상성 내지는 허구성을 폭로하는 그 자리에서 데리다는 "텍스트의 바깥이 없고"[13] "콘텍스트의 바깥이 없는"¹⁴ 것처럼 '설화의 바깥은 없다'고 주장하고 있다. 이것은 단순하게 모든 것이 허구적이라는 주장이 아니고, 설화의 직조texere가 참 거짓이라는 구별 자체에 대해 정초적인 진리가 되는 수준이 있다는 주장이다.

이처럼 자아도 세계도 설화 혹은 거짓말의 바깥에 있지 않다고 주장하는 데리다를 다른 누구 못지않게 급진적인 서사의 사상가로, 동시에 급진적인 창조성의 사상가로 자리매김시킬 수 있지 않을까? 왜냐하면 다시 한번 정확을 기하건대 거짓말이란 곧 '다른 이야기를 하는 능력'이기 때문이다.

'거짓말의 역사' 혹은 거짓말에 의한 역사

실은 『거짓말의 역사』라는 일견 부조리하게 보이는 표제가 이미 이 모든 것을 집약하고 있다. 거짓말에 대해서도 역사가 성립할 수 있는가? 지어낸 설화로서의 거짓말은 실제의 역사와 오히려 대립하는 것 아닌가? 이 온당한 물음에 맞서 데리다는 설화를 지어내는 능력이야말로 역사의 가능성을 보장하는 것이라고 주장한다.

거짓말하다, 행위하다, 정치적으로 행위하다, 행위를 통해 자유를 현시하다, 사실들을 변경하다, 장래를 예기하다 등의 사이에는 본질적인 친연성이 있다. 아렌트에 따르면 '거짓말하는 능력'과 '행위하는 능력'의 공통된 뿌리인 상상력. 이미지를 생산할 수 있는 능력 … 거짓말, 그것은 곧 장래다.¹⁵

데리다는 이렇게 아렌트를 경유하여 '거짓말의 역사'라는 짝짓기의 부조리함을 한층 더 전개한다. 데리다에게 역사는 곧 거짓말의 역사인데, 이는 개개의 거짓말들을 열거하고 집산한다는 의미에서가 아니라, 역사가 거짓말을 통해 가동되고 창조되고 촉발된다는 의미에서 그렇다. 그에게 설화 짓기는 "초월의 운동 자체, 총체성에 대한 과잉의 운동 자체"[16]인 역사와 대립하기는커녕 오히려 그 가능 조건이 된다. 기실 존재했던 것 및 존재하는 것 총체를 초월하는 운동이 아니라면, 역사는 동일자의 무한한 반복, 즉 판박이cliché에 불과할 것이다. 동일자로부터 이탈하는 장래의 가능성, 쉽게 말해서 새로운 무언가가 도래할 가능성이란 현재나 과거로 단순히 환원되지 않고 그것들로부터 단순히 연역되지 않는 서사가 산출될 가능성이며, 진정한 창조란 거짓말과 불가분하다. 간단하게 말해서 기왕의 세계 행정에서 순행적으로 도출될 수 있는 것과는 다른 이야기를, 거짓말을 할 수 있어야 한다. 그리고 이렇게 거짓말에 제 가능성을 의탁하고 있는 역사는 차연의 역량을 통해 축조된 자아의 내면성에도 마찬가지로 제 가능성을 의탁해야 한다. 요컨대 역사는 현전했던 것이나 현전하는 것의 집합으로 환원되지 않고, 오히려 현전에 저항하는 것이나 미처 현전하지 않은 것에 의해, 즉 차연되고 감춰지고 언술되지 않은 것들에 의해 존립한다. 창조가 단순히 있는 것이나 있었던 것의 연결·조립·조합으로 환원될 수 없다면 이 때문이다.

거짓말의 편에 장래와 역사를 내맡기는 이 교정은 사소하게, 심지어는 당연하게 보이지만 그 귀결은 그렇지 않다. 직접적으로 거론되지는 않지만 데리다가 은밀히 대결하고 있는 것은 푸코의 파레시아parrêsia 개념이기 때문이다. 거짓말을 역사의 원동력으로 삼음으로써 데리다는 파이네스타이phaínesthai의 논리로부터 사유를 해방시키는 동시에, 푸코에 의해 파레시아의 의무, 즉 모든 것을 말해야 할 의무 내지는 진실을 말해야 할 의무를 중심으로 집약된 서구의 그리스-기독교적 전통과 첨예하게 결별한다. 이 전통에서 철학은 파레시아의 규정과 연동되어 있어서, 철학적 삶은 파레시아를 절대적으로 전제하고 모든 철학자는 파레시아스트여야 한다. 그러나 거짓말이야말로 역사를, 따라서 장래를 허락하는 것이라고 보는 데리다에게 그와 같은 진리에의 충실성은 오히려 의고성의 증거가 되기까지 한다.

> 반대로 진리 말하기dire la vérité란 있는 것이나 있었을 것ce qui est ou aura été에 대해 말하는 것으로, 오히려 과거에 대한 선호다.[17]

데리다가 보기에 그것은 장래보다는 과거의 편에 서 있는 것이다. 철학을 위해서는 옳은 말을 하는 것이 중요할 수 있다. 그러나 역사를 위해서라면 그렇지 않다.[18]

데리다적 역사관의 철학적 함의를 여기서 끝까지 논구할 수는 없겠지만, 적어도 이야기 짓기라는 주제와 관련해서라면 이런 역사관은 서사를 서사답게 만드는 요소가 무언가를 명명백백하게 드러내는 현시에 있기는커녕 숨기고 간과하는 생략임을 가르쳐준다. 말해지고 언술되는 것보다 말해지지 않고 누락되는 '외부'가 서사의 구성에 더 결정적인 것이다. 앞선 예를 다시 들자면 삶의 '진짜' 진리는 실은 닭장이 아니라 눈보라다. 그러나 이를 그대로 언술했더라면

저 서사화에는 아무런 흥미로운 점이 없었을 것이다. 저 서사의 기묘한 매력은 눈보라가 결코 이야기되지 않았다는 데서, 기어코 닭장이 삽의 진리로서, 서사 전체의 명시되지 않은 '배꼽'으로서 생산되었다는 데서 비롯된다. 서사 자체의 바깥은 없다. 그러나 개개의 서사들은 저마다 고유한 외부에 의해서, 형언하지 않고 형언하지 못하는 바깥에 의해서 규정된다.

액자화로서의 창조, 에르곤을 만드는 파레르곤

저로서는 반 고흐가 그린 뒤 서명한 것 안에서 감지될 수 있는 어떤 부인할 수 없는 자극이 존재한다고, 이 자극은 현존하지 않기 때문에 한층 더 난폭하게 되고 부인 불가능하게 된다고 말하고 싶습니다. … 액자, 분열, 분리의 체험 … 저는 탈구된 반 고흐un Van Gogh disloqué를 봅니다.[19]

무엇을 누락시키고 무엇을 드러낼지 가르는 실천을 데리다는 주로 액자화encadrement로 개념화하는데, 액자화는 비단 물질적인 액자에 의한 것으로 한정되지 않는다. 따옴표 치기, 괄호 치기, 서명하기, 절취하기 등은 모두 가능한 의미의 단위를 결정하는 행위로서 액자화에 준하는 행위다.

이미 위조 서명이야말로 자아를 어엿한 자아로 수립시키는 심급이 아니냐고 되묻는 데리다에게 이는 철두철미 일관된 이야기로, 전혀 현학적인 객설이 아니다. 예컨대 다음의 작품을 보자.

<그림 1> 작자 미상, <연약한 남성성>, 2018

이 '작품'은 뉴질랜드의 한 술집에서 누군가가 남자 화장실 벽을 때려 파손시킨 것을 해당 술집의 관리자 캠벨Lucie Campbell이 발견하고 거기다 액자를 두른 뒤 멋들어진 제목을 붙임으로써 만들어진 것이다.[20]

단순한 기물 파손을 두고 마치 작품인 양 의미화한 이 재치는 액자화의 역량에 힘입은 것이다. 실제로 어떤 작품을 작품답게 만드는 것은 내재적 목적성인데 — 왜냐하면 작품은 작품이기 위해서 외재적인 어떤 쓸모와는 거리를 두어야 하므로('무사심성'이라는 오래된 미학적 주제) — 그 내재성의 범위는 일종의 액자에 의해 결정된다. 꼭 실제로 액자를 씌워야 한다는 것이 아니다. 의미가 규정적으로 생산되기 위해서는 무대·액자·서명 무엇이 됐든 특정한 틀에 의한 재단, 분절, 절취가 감행됨으로써 의미의 단위가 결단되어야 한다는 것이다. 러시아 태생으로 미국에서 주로 활동한 화가 마크 로스코는 자신이 그린 화폭을 걸어놓고 감상하는 데 적절한 벽면의 색깔을 지정한 바 있는데, 그 색은 그 자체로 일종의 액자인 셈이다.

이렇게 볼 때 창조란 의미의 단위를 도려내는 액자화의 역량을 통념을 넘어서 거의 자의적일 만큼 밀어붙이는 활동이다. 예컨대 뒤샹과 로스코는 각각 우리의 일상에서 변기를 도려내거나 연속적인 빛의 스펙트럼에서 특정한 검정, 빨강, 노랑의 덩어리를 도려내어 다르게 의미화해야 할 단위로서 제시한다. 에펠탑과 내 책상 위의 지우개를 '하나'로 묶어 사고하는 것은 통상적인 논리로는 낯설고 기묘하게 느껴지겠지만, 예술은 그런 일을 아무렇지 않게 해낸다. 예술의 경우에 자의성은 폭력적이라기보다는 내재적이다.

이처럼 절취나 재단이 창조의 핵심 요소라는 사실은 앞서 말한 것처럼 창조를 기왕의 것을 조합하고 재조립하는 것으로 사유하는 것도 금지시키지만, 동시에 그것을 단적인 새로움으로 사유하는 것도 금지시킨다. 절취할 대상이 되는 상속물이, 바꾸어 말하면 맥락이 있어야 하기 때문이다.

생산되는 무언가는 자신에 대한 독해를 가능하게 하는 조건들과 함께 생산됩니다. 어느 정도까지는 내생적인 이 생산의 방식을 저는 산물이라는 좀 의심스럽고 전통적인 이름으로 불렀습니다. 산물은 어느 정도까지는 자기 자신의 맥락입니다. 산물이 스스로의 조건이 된다는 것은 산물이 자기 입법적이거나 자생적이라는 소리가 아닙니다. 이는 [어떤 사건이 함입되어 있는] 맥락 전반은 현안이 되는 바로 그 사건을 고려해야만 사고될 수 있다는 소리입니다. 철학적인 것이든 아니든 산물들은 맥락에 의해 만들어지는 것인 만큼 맥락을 만드는 것이라고 말해볼 수도 있습니다. 이는 지나친 언사가 아닙니다. 플라톤 없이는 플라톤의 시대를 읽어낼 수 없습니다. 플라톤이 하늘에서 떨어졌다는 소리가 아닙니다. 그의 시대를 읽어내기 위해서는 플라톤을 이용해야 한다는 것이죠.[21]

요컨대 플라톤은 일정한 역사·서사 속에서 탄생했지만, 동시에 플라톤이라는 이름으로 절취됨으로써 자기 자신의 고유한 역사·서사를 만들어내면서 태어났다. 창조는 한편으로는 맥락 안에 정박하고 있어야 하고, 다른 한편으로는 그럼에도 불구하고 그 맥락을 벗어나야 한다. 뿌리의 이미지를 이용하자면 그것은 한편으로는 착근이고 다른 한편으로는 발본이다. 관건은 언제나 이 두 가지를 한꺼번에 사유해야 한다는 데 있는데, 이것은 쉽지 않은 사무다.

현대 예술의 출발점으로 지목되곤 하는 뒤샹의 〈샘〉은 진정한 창조란 바로 그런 것 외의 무엇이 아님을 직관적으로 보여준다. 잘 알려져 있듯 1917년 뒤샹은 기성품 변기에 'R. Mutt'라는 가명으로 서명한 뒤 〈샘〉이라는 표제로 전시회에 출품한다. 그런데 〈샘〉이라는 작품의 창조성은 무릇 전시회란 이러이러해야 한다, 무릇 예술이란 이러이러해야 한다, 같은 관념들을 우선 전제하는 한에서만(창조의 착근적 측면) 그것들을 배반함으로써(창조의 발본적 측면) 성립한다. 역으로 그런 기존의 통념들이 아니라면 〈샘〉 역시 아무것도 아니게 된다. 〈샘〉의 예술적 가치는 그 기왕의 상속물에 대해서 불충실하게 구는 데서 비롯되기 때문이다. 뒤샹은 아무렇게나 〈샘〉을 만든 것이 아니다. 그는 다름 아니라 그렇게 불충실하게 굴기 위해서 그 통념들의 작동 방식을 명확하게 의식해야 했다. 여기에서 작동하는 것은 데리다가 "불충실한 충실성"이라고 명명한 논리다.

> 불충실한 충실성. 제가 프랑스어에 폭력을 가할 때 저는 이 언어가 그 삶과 진화 속에서 내리는 명령injonction이라고 생각되는 것에 대한 정교한 존중을 가지고 그런 일을 합니다. 프랑스어의 "고전적인" 철자법이나 구문론을 사랑 없이 위반한다고 믿는 사람들의 글을 읽을 때 저는 웃지 않을 수 없고, 때로는 경멸하게 됩니다.[22]

"불충실한 충실성"이라는 정식을 통해 데리다가 만나게 만드는 것은 창조를 두고 서로 대립하는 고전적인 두 관념이다. 진정한 창조는 맥락 내에서의 충실한 창조이되, 마치 무로부터의 창조인 양 불충실하게 현현한다. 바꾸어 말하면 창조는 자신에게 주어진 맥락과 그저 결별하는 것이 아니고 그렇다고 해서 그것을 이어나가는 것만도 아니다. 그것은 맥락에 충실하게 굴되 그 질서를 동일하게 한층 더 연장하기 위해서가 아니라 오로지 바로 그 맥락을 와해시키기 위해서만 그렇게 한다. 모든 자식이 부모에 대해 그러하듯, 창조적인 것은 단순히 이방·외지·바깥에서 들이닥친다기보다는, 자기를 배태한 환경·맥락·정황의 내부에서, 그러나 바로 그 환경·맥락·정황을 무너뜨리면서 도래한다. 액자는 이 와해의 문턱을 지시하거나 규정한다.

이런 액자화의 논리가 이야기, 서사, 설화의 제작에 대해서도 타당하다. 여기서도 우리는 거짓말에서와는 약간 다른 방식으로지만 다시 한번 수동적인 처지에 놓인다. 무한히 이야기를 풀어나갈 수 없다는 무력함, 괄호와 따옴표를 달아야 한다는 필연성이 서사의 리듬을 심원하게 규제한다. 그래서 이야기 자체에 대해서는, 에르곤 자체에 대해서는 외재적인 파레르곤이 때로는 이야기되는 소재보다도 더 이야기의 생산에 심원하게 영향을 끼친다. 액자 장인들은 로스코와 마찬가지로 액자가 작품만큼이나 감상의 정서를 좌우한다는 사실을 잘 알고 있다. 데리다는 이렇게 액자화가 작품의 내적 논리에 개입하는 것을 '경제성의 문제'로 본다.

> 제가 글을 쓸 때 굉장히 소중히 생각하는 어떤 것, 즉 작풍 혹은 리듬 같은 것 … 이 리듬이 어쩌면 제가 무엇을 말하는가보다, 즉 내용보다 더 중요합니다. … 글을 쓸 때 항상 마주치게 되는 경제성의 문제죠. … 200쪽 분량의 글을 부탁받았다면 … 더 많은 것을 덧붙일 수 있고 그렇게 되면 모든 것이, 전체 '풍경'이 달라졌을 테고 리듬도 마찬가지였겠죠. 그러니까 여기에는 우발적인 뭔가가 있습니다. 어쨌든 저는 (제가 거듭 타협적 거래라고 부르는 것에 의거해서) 이 맥락의 우연성을 작문의 내적인 필연성

과 조화시키기 위해서 노력합니다.[23]

데리다는 저자의 입장에서 말했지만, 이것은 독자의 입장에서라면 더 잘 이해되는 사태다. 20쪽짜리 글을 읽는 태도는 200쪽짜리 글을 읽는 태도와 다를 수밖에 없다. 전자책이나 스마트폰으로 책을 읽을 때 시원스레 읽히지 않고 어딘지 불편하게 느껴지는 것은 이 때문이다. 종이책을 읽을 때 우리는 손에 잡히는 두께로 무의식 중에 남은 분량을 헤아리고 그에 입각해서 책을 읽는 나 자신의 태도와 리듬을 변경한다. 내가 읽고 있는 위치가 책의 전체 "풍경" 중 어디쯤인지를 부지불식간에 가늠하면서 책의 내적인 필연성과 나의 리듬을 동기화하는 것이다.

때로는 '200자 원고지 70매'라는 일견 비필연적인 제한이 저자의 집필 충동만큼이나, 혹은 그보다도 더 글의 내부 경제에 깊이 개입한다. 서사 작품이든 회화 작품이든 여하한 작품의 감상이 "액자·분열·탈구의 체험"[24]이 되는 것은 이 때문이다. 모든 화폭에는, 그리고 모든 글에도 '이번에는 여기까지…' 같은 체념적 정조가, 서명을 하고 연필을 내려놓음으로써 가필을 중단하기로 결단하는 서글픔이, 원하는 걸 지금 당장 이 자리에서 몽땅 설명·전달·실현할 수 없다는 무력감이 스며 있다.

실패하는 거짓말 혹은 끊임없는 서문

그러나 액자화는 절대적이고 유아론적인 유폐enfermement가 아니다. 정반대로 그것은 새로운 절취·지시·인용·재현·반복의 가능성에 자기 자신을 내어주는 단위를 설정하는 것이고, 그럼으로써 역사의 가능성을 창출하는 것이다. 어떤 작품을 배태한 작자가 그 작품을 통제할 수 없다는 불가능성이 작품의 근원적 자율성이자 역사성이다. 그래서 자아든 작품이든 세계든 반복될 수 있는 어떤 단위unité는 단번에 영구적으로une fois pour toutes 안정적으로 확정되어 주어지지 않고, 끊임없이 재생산됨으로써 생산된다. 데리다의 경우 서사라는 주제와 관련해서라면 이 무한정한 생산의 과정은 특히 『알리바이 없이』[25]라는 책에서 구체적으로 현시된다.

'책의 종말'을 선언한 뒤 데리다는 말한다. "우리는 쓰기 시작하고, 다르게 쓰기 시작한다."[26] 그런데 다르게 쓰기 위해서 데리다는 특히 서문이라는 사소한 관념에 착목한 것처럼 보인다. 후설 철학의 진지한 번역자이자 연구자로서 학문적인 여정을 개시한 데리다는 어느 순간부터 실험적이고 유희적인 글을 쓰기를 멈추지 않는데, 1972년의 『산종』이나 『철학의 여백들』부터 '제사, 머리말, 서언, 명제, 추기'라는 구조로 작성된 1995년의 『아카이브의 열병』에 이르기까지 특히 서문의 형식을 빌려 그렇게 한다. 혹은 더 정확히는 그는 자기가 쓴 모든 글이 실은 서문과 다름없는 양 군다. 기묘하게도 데리다는 300쪽이 넘는 「발송들」을 두고도 "당신들은 이 「발송들」을 제가 결코 쓰지 않은 책의 서문처럼 읽을 수 있을 것"[27]이라고 말하고, 400쪽이 훌쩍 넘는 『우정의 정치』를 두고도 "내가 언젠가 쓰고자 하는 책의 서언"[28]이라고 말한다. 그리고 『조종』 같은 데리다의 다른 실험적 텍스트들은 명시적으로 서문의 형태를 취하지 않더라도 이 서문들에서 주조된 양식을 자신의 범형으로 삼는다.

데리다의 이런 서문에서의 실험은 『알리바이 없이』에서 정점을 찍는다. 데리다에게 그 책은 다소간 불측한 책이었다. 왜냐하면 그는 해당 논선집의 저자가, 적어도 그 고유한 의미에서라면, 아니기 때문이다. 물론 거기 실린 글들을 쓴 것은 데리다이지만, 그것들을 영어로 번역하고 한 권의 책으로 만든 이는, 즉 액자화한 이는 페기 카무프Peggy Kamuf다. 그래서 카무프가 이 작품에 수합된 다섯 개의 텍스트 사이의 내재적인 연속성을 해명·증명하기 위해서 작성한 서문과 서설 사이에 있는, 자기 자신의 서언인 「도발: 서언」에서 데리다는 자신의 것이 아닌 책의 저자가 된다는 것에 대한 놀라움을 표하고, 이 '저자 됨'의, 즉 저자의 주권의 균열에서 비롯된 절대적 기묘함을 소화하고자 애쓴다. 그런데 이 소화는 더 많은 서문을 쓰는 것으로 이뤄져 있다. 이미 이 책에 세 개의 서문이 실려 있음에도 불구하고 서언에서 데리다는 이를 증식시키기를 멈추지 않는다. 데리다는 거기서 이 예기치 못한 책을 위한 서문을 쓰려다가 실패한 상황에 대해 소묘하는데, 바로 그로부터 미완의 서문이 세 편 만들어진다. 따라서 서설과 서언까지 헤아린다면 『알리바이 없이』에는 도합 다섯 개의 서문이 있게 된다.

이 끊임없는 서문들을 고려한다면 우리는 물음을 다음과 같이 재정식화하고 대답할 수 있을 것이다. 데리다는 왜 하필 서문을 '다른' 글쓰기écriture의 주요한 장소로 삼는가? 책이 종말했기 때문이다. 책의 종말은 바꾸어 말하면 안정적인 기승전결의 구조로 축조되는 선형적 의미의 단위가, 즉 고전적인 액자 관념이 종말했다는 뜻이다. 앞서 말한 것처럼 데리다에게 이것은 글쓰기 자체의 종말이 아니라 새로운 글쓰기를 위한 기회인데, 이 새로운 글쓰기란 결론이 예측되지도 보장되지도 않는 부재 신학적이고 절망적인, 비선형적인 글쓰기다. 이미 주어진 역사의 내부에 처한 우리는 흔히 '아르케'라고 불리는 권리상의 출발점에서 출발할 수도 없고 '텔로스'라고 불리는 결론을 예견할 수도 없다. 어디서 왔고 어디로 가는지 알지 못한 채로 우리는 어쨌거나 쓰기를 시작해야 한다. 그리고 어디에도 도착하리라는 보장이 없는 채로 결론의 불가능성을 절감하면서 작성된 글들은 모두 이미 그만큼의 서문들이다.

책의 종말이 선언된 텍스트인 『그라마톨로지』가 이미 이런 긴장을 감지하고 있다. "이 작업은 점진적으로 현시될 것이다. 우리는 이를 미리 서문을 통해서 정당화할 수 없다. 그럼에도 시작해봐야 하는 것이다."[29] 데리다는 자신의 철학적 기획을 미리 정당화하는 일의 불가능성을 인정한 채로 어쨌든 시작해야 한다고 쓴다. 본디 서문이 담당하는 역할은 뒤에 나올 본문을 미리 집약하고 거기에 존재 의의를 부여함으로써 책을 정말로 완결된 한 권의 책으로 묶어내는 데에, 즉 따옴표 치기에 있다. 이와 달리 무작정한 개시로서의 데리다의 서문은 아르케에서 출발해서 텔로스에 도착하며 끝나는 그런 식의 선형적이고 완결적인 전개가 불가능하다는 것을 전제로, 즉 따옴표를 선명하게 열고 닫는 일이 불가능하다는 것을 전제로 작성된다. 『알리바이 없이』에 수록되어 있는 과다한 서문들에서 내용보다 더 중요한 것은 그 과다함 자체다. 그 과다함 속에서 데리다는 전통적인 의미에서의 서문이 불가능함을 체험하고 있는데, 동시에 바로 그 동일한 이유에서 더욱 서문을 쓰기 위해서, 글을 쓰기 위해서 노력하고 있다.

보론: 시의성을 위한 물음의 갱신

데리다의 위와 같은 논의의 시의적 함의를 식별하기 위해서 간단한 보론을 덧붙이자. 앞질러 말하자면 이 전부는 오늘날 우리가 창조나 창의성에 대해서 논구할 때 질문을 거꾸로, 등 뒤에서 제기해야 함을 뜻한다. 무슨 소릴까?

각종 생성형 AI들이 이미 피카소, 고흐, 고갱 같은 대가의 양식을 아무렇지 않게 모사함으로써 감탄을 자아냈는데, 챗GPT를 필두로 하여 '말을 하고 글을 쓰는 자동 기계'라고 할 만한 거대 언어 모델의 등장은 창의성에 대한 물음을 더욱 격화시켰다. 이것은 오래도록 호모 로퀜스homo loquens나 조온 로곤 에콘 ζῷον λόγος ἔχων, 즉 말할 수 있는 동물로서 규정되곤 했던 인간의 고유성을 의문에 붙이고 있다. 호모 나란스homo narrans로서의 인간성도 물론 예외는 아니다. 적어도 언어적인 역량만으로는 인간의 고유성을 성공적으로 규정할 수 없는 것처럼, 이야기를 지어내는 능력은 더이상 인간의 전유물이 아닌 것처럼 보인다.

이는 투박하고 소박한 언어 활동의 수준에서 제기되는 문제가 아니다. 2022년 수행된 실험에 따르면 사람들로 하여금 10개의 철학적 질문을 던진 뒤 응답자가 진짜 철학자 대니얼 데닛인지 데닛을 학습한 인공지능인지 판별케 하는 실험에서 양자가 유의미하게 구별되지 않았다고 한다(평균 4.8점). 심지어는 데닛 전공자들조차도 판별에 실패했다(평균 5.1점).[30] 실험자들은 어떤 의미로는 대니얼 데닛이라는 명민한 정신의 디지털 복제본을 만드는 데 성공한 것인데, 이를 위해 동원된 GPT-3는 챗GPT와 기본 작동 원리를 공유한다. 거대 언어 모델은 대강의 골자만 지정하면 무척 '창의적'으로 보이는 결과물을 내놓으며, 심지어는 문체까지도 자유자재로 변경할 수 있다. 이로 인해 우리는 생성형 AI가 창의적인지 묻게 되었고, 적어도 창의성이라는 관념을 다시금 사유하게끔 추동되었다.

그런데 거대 언어 모델을 두고 그것이 정말로 창조적일 수 있냐고, 창의적인 생산물을 만들 수 있냐고 물어볼 때 우리는 창의성이나 창조라는 것이 무엇인지, 또한 새로움이라는 것이 무엇인지 우선 규정해야 한다는 선결과제에 시달리게 된다. 이건 사실 끝나지 않는 막대한 과제다. 그것은 그 자체로 틀리거나 그릇된 물음은 아닐지라도 거의 해결 불가능한 형태로 제기된 물음이며, 그에 대한 대답은 자꾸만 질적인 고려 쪽으로 빠진다. 이에 데리다는 그 대신 무척 소박하게, 거대 언어 모델도 거짓말을 할 수 있는지 그리고 액자화를 수행할 수 있는지 물어봄으로써 창의성에 대한 물음을 갈음할 수 있음을 우리에게 가르쳐준다. 거짓말을 성공적으로 해낼 때, 액자화 자체와 유희할 때 우리는 창의적일 수 있다.

그리고 지금 이 글이 작성되는 시점에서라면 거대 언어 모델은 액자화의 역량은 물론이고 거짓말의 역량 역시 갖추지 못한 것으로 보인다. 그것이 제공하는 환시hallucination는 아직 거짓말이 아니다. 철학은 이를 판가름하기 위한 세 개의 차원을 제공한다. 거짓말을 할 수 있기 위해서는 텍스트에 의해 지시되는 바깥의 현실을 인식해야 하고(실재론적 차원) 텍스트를 통해 표현되는 의미를 이해해야 하며(관념론적 차원) 텍스트로 인해 배반될 내면성을 소유해야(주관주의적 차원) 하기 때문이다. 이 세 가지를 고려할 때 현행의 거대 언어 모델은 거짓된 정보를 제공할 수 있으며 그것도 끝도 없이 제공할 수 있지만, 이는 그것이 거짓말을 하고 있다는 뜻은 아니다. 구글 검색 결과를 두고 그것이 거짓말을 한다고 말할 수 없는 것과 마찬가지다. 좀 더 직관적인 예를 들자면, 이세돌과의 대국에서 알파고의 행마에는 아무런 이면裏面의 오의가 없었다.

이제 이 모든 이야기를 고려할 때 우리를 괴롭히는 것은 아무런 이면이 없는 알파고가 그럼에도 불구하고 바둑이라는 게임을 근본적으로 갱신한 것처럼 보인다는 사실이다. 이후 이세돌은 은퇴의 변을 풀면서 이제 바둑이 기예나 예술로서의 가치를 상실한 것 같다고 이야기했다. 약간 다른 궤에서일지라도 결정적인 무언가가 갱신되었다는 감각이 있는 것이다. 이 갱신에 어울리는 다른 어휘를 찾을 것이 아니라면, 이것을 출발점으로 삼아 창의성이라는 관념을 조금 더 세분해야 한다. 텍스트를 하나의 악기처럼 간주할 수 있다면, 거대 언어 모델이 종별적으로 새로운 악기를 발명할 수는 없을지도 모른다. 그러나 악기를 완전히 다르게 연주하는 일 정도는 할 수 있지 않을까? 주지하듯 이것은 오래도록 시인의 몫이었던 작업이다.

2부 서사와 창의성

놀이의 세 얼굴:
해방, 입법, 경쟁

장태순

"놀이는 어떤 목적을 위한 행위가 아니라
행위 자체가 목적인 행위이다."

장태순은 서울대학교 물리학과를 졸업하고 같은 대학교 철학과에서 석사 학위를, 파리 8대학(생드니) 철학과에서 박사학위를 받았다. 프랑스 현대철학과 예술철학을 주로 공부하고 있다. 고등과학원 초학제연구단과 서울대학교 철학사상연구소의 연구원을 지냈고, 현재 한림대학교 생사학연구소 교수로 재직 중이다. 지은 책으로 『철학, 혁명을 말하다』(공저, 2018), 『체계와 예술』(공저, 2017), 『동서의 학문과 창조: 창의성이란 무엇인가?』(공저, 2016), 『현대 정치철학의 모험』(공저, 2010)이 있고, 옮긴 책으로 『비미학』(2010)이 있다.

> "자네가 잊은 것 같군.
> 나는 아무에게도 게임을 강요한 적이 없어.
> 다들 제 발로 다시 돌아오지 않았나?"
> "자네를 왜 살려줬냐고 물었지? 재밌었거든.
> 자네랑 같이 노는 게. 그렇게 재밌었던 건
> 정말 오랜만이었어."
> ─〈오징어 게임〉

일반적으로 놀이는 진지하지 않은 것, 무의미한 것, 쓸모없는 것으로 간주된다.[1] 그 이유는 놀이가 가진 몇 가지 특성을 통해 알 수 있다. 놀이는 어린아이들의 것이며, 일과는 구분되는 것이다. 우리는 일(노동)을 통해 생존에 필요한 것들을 얻지만, 놀이는 생존에 필요한 어떤 것도 만들어내지 못한다. 놀이에는 우연성이 포함되어 있으며, 그로 인해 놀이 참가자들의 의도를 벗어난다.

이런 인식은 전통적인 서양철학에서도 마찬가지였다. 모든 것을 이성의 질서 아래에 놓으려고 했던 플라톤에게 놀이의 무질서함은 질료의 무질서함과 마찬가지로 극복해야 하는 것이었음에 틀림없다. 이성을 통해 자연과 인간의 모든 문제를 해결하고자 했던 근대에도 놀이에 대한 이런 평가는 크게 달라지지 않았다. 칸트와 실러처럼 놀이에 가치를 부여한 철학자들이 있기는 했지만, 그들이 놀이에 부여한 가치는 상대적이고 제한적인 것이었을 뿐이다. 놀이에 적극적이고 전복적인 가치를 부여하는 철학자들이 등장하게 된 것은 헤겔 이후의 일이며, 특히 니체, 가다머, 핑크, 비트겐슈타인 등은 놀이에 대한 심오한 사유를 전개하였다.[2] 놀이가 가지는 우연적 측면, 비의도성, 주관과 객관의 분리를 불가능하게 만드는 성격 등은 이성 중심적인 근대철학을 비판하는 현대철학의 일반적 경향과도 일치했으며, 하이데거의 존재론이나 들뢰즈나 바디우 등의 '사건의 철학'과도 긴밀한 관계를 가지고 있다. 특히 놀이가 가지는 전복적 성격과 입법적 성격이 창의성과 연결된다는 것은 현대에 많은 사람에게 주목을 받고 있다.[3] 이제 놀이에 대해 다시 생각해야 될 시기이다.

우리는 놀이가 가진 세 가지 측면에 주목하여 놀이를 살펴보려고 한다. 놀이는 해방, 입법, 경쟁이라는 세 가지 측면을 가지며, 이 세 가지 측면은 보로메오의 매듭처럼 서로 긴밀히 맞물려 있다.[4]

해방

놀이의 첫 번째 특징은 자발적이고 자유로운 활동이라는 점이다. 놀이하는 자는 누군가의 강요를 받지 않으며, 어떻게 놀이할지를 남에게 지시받지 않는다. 강제성이 존재하게 되면 놀이의 목적이자 핵심 가치인 즐거움은 곧바로 사라지게 된다.[5] 그러나 자발성과 자유는 놀이를 진지하지 않은 것으로 보게 하는 근거이기도 하다. 놀이가 진지하지 않다는 인상을 주는 이유 중 하나는 그것이 삶의 질서를 파괴하는 것처럼 보이기 때문이다. 어린아이들의 놀이를 생각하면 쉽게 알 수 있다. 어린아이들은 질서의 파괴자이다. 그리고 공동체의 질서를 무시하거나 파괴하는 일은 성숙하지 못하거나 위험한 태도로 간주된다.

　물론 공동체를 유지하기 위해서 구성원들은 정해진 규칙과 질서를 따라야 하며, '진지한' 활동은 규칙과 질서 내에서 행해진다. 그러나 모든 공동체는 규칙과 질서를 벗어나는 순간을 반드시 가지고 있다. 그것은 축제라는 이름으로 불리며, 그 순간은 구성원들이 기존의 질서에서 해방되어 자유롭게 행동할 수 있는 순간이다. 니체는 『비극의 탄생』에서 희랍의 디오니소스 축제가 이런 해방의 시공간을 의미한다고 보았다.[6] 그리고 니체에게 이런 해방의 순간은 어떤 의미에서 질서와 규칙이 만드는 일상보다 더 중요하다. 질서와 규칙은 공동체를 유지하기 위해 반드시 필요하지만, 거기에는 어떤 창의성도 역동성도 없다. 공동체의 구성원들이 생의 에너지를 최대한으로 끌어내는 것은 질서와 규칙에 순응할 때가 아니라 그로부터 벗어나 해방과 자유를 누릴 때이다. 공동체를 유지하는 에너지는 구성원들의 '힘에의 의지'이며, 공동체를 발전시키고 지금보다 한 단계 높은 곳으로 끌어올리는 것은 자유로운 힘에의 의지로부터 비롯된 창의성과 역동성이다. 공동체의 규칙과 질서는 물론 필요하지만, 그것은 공동체가 가지고 있는 역동성과 에너지를 억압하는 것이어서는 안 된다. 규칙과 질서는 공동체의 특정한 순간의 모습일 뿐, 절대 불변의 것처럼 받아들여지면 안 된다. 만약 그렇다면 그 공동체는 쇠퇴와 몰락의 길에 접어든 것이라고 니체는 말한다.[7]

　이처럼 공동체에서 놀이는 기존의 규칙을 파괴하는 특권의 장, 특별한 시공간을 연다. 놀이의 시공간에서 공동체의 질서와 규칙은 잠시 유보된다. 신분제도가 엄격했던 조선시대에도 광대들의 마당 놀이에서는 양반과 세도가를 마음껏 풍자하고 비판하는 것이 허용되었다. 영화 〈왕의 남자〉에서처럼 가장 낮은 신분인 천민 광대들이 왕을 비웃고 웃음거리로 만드는 것이 공공연히 허용되었던 것이다. 이것을 허용하지 못하는 군주는 단순히 엄격한 군주가 아니라 공동체의 생존을 위협하는 군주이다. 폭군이나 파시스트는 놀이의 시공간을 용납하지 못한다. 놀이가 열어젖히는 해방의 순간을 인정하는 것은 좋은 지도자의 필요조건이다.

놀이하는 사람들은 공동체의 질서와 규칙에서 벗어나기 때문에 어린아이의 마음으로 돌아간다. 어른도 마음의 짐을 벗어던지고 어린아이의 마음으로 참가할 수 있는 것이 놀이의 특징이다. 놀이에 이런 성격을 부여하는 특징 중 하나는 우연성이다. 많은 놀이는 우연이라는 요소를 포함하고 있어서 의도와 계획, 진지함만으로 목표에 이르지 못한다. 따라서 참가자들은 진지함을 벗어던지고 어린아이처럼 자유롭고 편안한 마음으로 놀이에 열중하게 된다.

놀이는 일상을 벗어난 것이기 때문에 시간과 공간의 제약을 가진다. 놀이가 한정 없는 공간과 시간에서 이루어진다면 놀이와 일상의 구분은 불가능할 것이다. 해방은 구속을 전제로 한다. 놀이는 그것이 벌어지는 공간("놀이터")을 따로 마련하며, 정해진 시간에 시작되어 일정한 시간 후에는 종료된다. 그러나 특정한 놀이가 기억할 만한 것일 때, 특히 그 놀이의 결과물이 공동체에 중요한 것일 때 놀이는 반복될 수 있다는 시간적 특징도 가진다. 우리가 기념하는 사건들 중에는 그 기간이 일상에서 벗어난 놀이의 성격을 가지면서 우리에게 큰 의미를 남긴 것들이 있다. 그런 사건들은 축제의 형태로 매년 반복될 수도 있다. 놀이의 이러한 시공간적 특성 때문에 놀이의 장소와 신성한 장소는 종종 구별하기 쉽지 않다. 그러나 신성함이란 일종의 놀이가 아닐까? 종교의식은 일상적 시공간의 규칙을 벗어나는 특별함을 통해 사람들을 일상과 다른 곳으로 인도하는 것이 아니던가? 디오니소스 축제의 경우처럼 고대로 올라갈수록 종교적 축제와 놀이로서의 축제를 구분하는 것은 불가능하다.

때로 놀이는 비밀결사의 성격을 가지기도 한다.[8] 놀이가 벌어지는 특별한 시공간은 선택과 배제로 이루어진다. 놀이에 참여하는 사람들은 모두가 아닌 일부이며, 놀이하는 '우리'를 제외한 바깥의 사람들은 이 놀이에 참여하지 못한다. 그들은 '우리'에게 관심이 없고, '우리'도 그들에 대해서 마찬가지다. 놀이의 시공간 내에서 일상의 법률과 관습은 더이상 통용되지 않는다. 과거 영국에서는 경찰이 귀족 자제의 '래그rag'라는 광란의 축제에 대해 법을 엄격하게 적용하지 않았다. 비밀의 공유는 놀이하는 어린이들에게서 흔히 볼 수 있는 것이지만, 성인들에게서도 발견할 수 있다. 중고등학교의 클럽이나 대학의 동아리에는 약간이나마 비밀의 요소가 남아 있으며, 엄격한 심사를 거쳐야만 가입할 수 있는 프라이빗 클럽에는 내부에서 일어난 일을 밖에서 이야기하면 안 된다는 명시적, 암묵적인 규정이 있다. 놀이의 비일상성과 비밀스러운 성격은 가장극에서 절정을 이룬다. 동양의 가면극이나 서양의 가장무도회에서 가면을 쓴 이들은 다른 사람, 다른 역할을 놀이하며, 놀이의 시공간 속에서 다른 사람이 되어버린다. 그들은 가면을 통해 일상에서 느낄 수 없는 자유를 누리고, 일상에서는 될 수 없었던 다른 사람이 되는 해방과 도약을 경험한다.⁹ 현대의 슈퍼히어로물의 영웅들은 대부분 가면을 쓴 존재들이다. 배트맨과 스파이더맨, 아이언맨은 물론이고, 히어로로 활동하면서 안경을 벗고 의상을 갈아입는 슈퍼맨과 원더우먼의 가장假裝도 가면의 일종이다.¹⁰ 인격을 가리키는 라틴어 페르소나persona의 원의미가 고대 희랍 연극에서 배우가 쓰던 가면이라는 사실도 이와 무관하지 않다.¹¹

놀이의 중요한 특징 중 하나는 놀이가 아무것도 생산하지 않는다는 것이다. 놀이는 재화를 만들거나 서비스를 제공하지 못한다. 돈이 오고가는 도박의 경우도 돈을 한곳에서 다른 곳으로 옮길 뿐이다. 놀이의 이런 무용성이 놀이를 진지하지 않은 것으로 간주하게 한다. 그러나 다른 한편으로는 놀이의 이런 특징 때문에 사람들은 가벼운 마음으로 놀이에 임하며, 놀이를 일과 다른 것으로 생각한다. 참가자와 구경꾼들이 놀이에서 보낸 시간은 그런 점에서는 낭비된 시간이다. 그 시간 동안 놀이의 참가자들이나 구경꾼들은 즐거움과 정신적 자유로움을 얻었을 뿐이다. 놀이는 어떤 목적을 위한 행위가 아니라 행위 자체가 목적인 행위이다. 또한 놀이의 이런 특징으로 인해 사람들은 자신이 놀이를 통해 얻은 즐거움과 놀이의 시간을 구체적인 사물로 바꾸려는 경향이 있다. 야구선수가 중요한 경기에서 홈런을 친 공을 보관하거나 프로스포츠의 팬들이 우승팀의 기념상품을 사는 것은 그 시간의 즐거움을 구체화하여 오래 기억하려는 의도일 것이다. 놀이와 예술을 동일한 것으로 보는 니체적 관점을 따르자면 예술 작품은 우승 기념품과 마찬가지이다.

입법

놀이는 해방의 특성만을 가지고 있는 것은 아니다. 단순히 질서와 규칙을 벗어나는 것만으로는 놀이가 될 수 없다. 대부분의 놀이는 내부의 규칙을 가지고 있으며, 규칙을 지키지 않으면 더이상 놀이일 수 없다. 놀이가 자유로운, 해방적인 것이면서도 규칙을 가지고 있다는 점은 모순적으로 보일 수 있다. 그러나 이 두 가지 요소가 공존하지 않는 한 놀이는 놀이가 될 수 없다. 자유롭기만 하고 규칙이 없는 상태는 놀이라고 부르기 어려우며, 자유 없는 규칙의 준수는 진지함과 일의 영역이다. 질서를 가지고 있기 때문에 놀이는 미학적 특성을 띠게 된다. 놀이를 묘사하는 균형, 대비, 변화, 해결, 해소 등의 용어는 미학의 것이다.

가장 본질적이면서도 대표적인 놀이의 규칙은 '-인 체하기'이다. 놀이의 참가자들은 현실의 규칙에서는 벗어나지만, 다른 규칙 속에서 누군가 또는 무엇인가를 연기한다. 연기play는 가장 원초적인 지점에서 놀이play와 구분할 수 없다. 모든 연기는 놀이이며, 모든 놀이는 연기를 포함하고 있다.[12] 연기를 통해 놀이와 진지함의 구분은 무의미해진다. 놀이는 진지하지 않은 것도 우스꽝스러운 것도 아니다. 정신적인 것, 비물질적인 것으로서 놀이는 진지함과 진지하지 않음뿐 아니라 지혜와 어리석음, 진리와 허위, 선과 악 같은 대립되는 범주를 초월한다. 놀이는 '-인 체하기'로 시작되지만, 참가자들이 놀이에 몰입하고 열광하게 되면 '-인 체하기'를 하고 있다는 사실마저 잊어버리게 된다. 이때 놀이는 진지함을 획득할 뿐 아니라, 진지함을

넘어서는 아름다움과 숭고함에 도달할 수도 있다.[13]

해방과 입법이라는 놀이의 특성은 인간의 보다 본질적인 특성과 관계된다. 놀이가 벌어지는 곳은 인간 현실을 넘어서는 영역이다. 놀이하는 인간은 생존을 위한 질서와 규칙을 초월하는 영역을 스스로 열어젖히고 그곳에 새로운 질서를 만든다. 정신의 본질에 대해서는 철학자들 사이에도 많은 논쟁이 있지만, 인간의 정신이 물질적인 영역을 넘어서는 지점에 위치한다는 것에 대해서는 누구나 동의한다. 놀이를 인정한다는 것과 마음을 인정한다는 것은 본질적으로 같은 것이라고까지 말할 수 있다.[14] 정신의 본질이 물질적인 것에 있지 않듯이, 놀이의 본질은 물질적인 것, 인간의 본능에 있지 않다. 놀이를 인정하는 것과 정신을 인정하는 것, 문화를 인정하는 것은 본질적으로 동일하다. 놀이는 철저히 문화적인 것이다.[15]

놀이의 이유와 목적에 대한 여러 가지 설명이 있지만,[16] 이 모든 설명이 놀이하기의 재미, 그리고 놀이 참가자들이 보여주는 놀이에 대한 몰두와 열광을 설명하지는 못한다. 왜 사람들은 놀이에서 재미를 느끼고 놀이에 열광하는가? 놀이의 재미는 물리적 세계와 합리성을 초월하는 것이다. 더 나아가 놀이는 놀이에 참가하는 개개인조차 넘어선다. 가다머가 지적한 것처럼 놀이 참가자들은 놀이를 운영한다기보다는 놀이가 잘 진행되도록 돕는 것이다. 이런 관점에서 볼 때 놀이는 스스로 이루어지는 것이며, 놀이 참가자들은 놀이의 시작과 끝을 주도하는 것이 아니라 이미 진행되고 있는 놀이에 빨려 들어가는 것이다.[17]

모든 놀이는 규칙을 가지고 있다. 놀이의 규칙은 놀이의 시공간에서 무엇이 통용되고 금지되는지를 정한다. 어떤 의미에서 이 규칙은 놀이의 시공간 자체를 만든다고도 말할 수 있다. 놀이의 규칙은 놀이 참가자들을 같은 환상illusion 속으로 데려가며, 이 환상이 놀이의 시공간을 일상에서 벗어나게 하기 때문이다. 그러므로 놀이의 규칙을 파괴하는 사람은 놀이를 잘하지 못하는 참가자나 규칙을 속이려고 하는 참가자보다 더 위험한 존재이다. 놀이 규칙을 속이려는 참가자는 규칙의 존재를 인정하지만, 규칙을 파괴하거나 무시하는 참가자는 놀이의 특별한 시공간을 만드는 규칙을 위협하기 때문이다. 놀이 파괴자는 놀이 세계의 상대성과 허약성을 폭로하는 자이다.[18] 그러나 놀이 파괴자들이 많아진다면 그들도 새로운 규칙을 가진 공동체를 만들 수 있다. 그것 또한 새로운 놀이이다.

놀이의 참가자들은 놀이가 끝난 뒤에도 결속력을 가진다. 같은 규칙을 지키며 행동한 참가자들은 놀이가 끝난 뒤에도 "어떤 예외적인 상황 아래 '떨어져 있으면서 함께 있다'는 느낌, 중요한 것을 함께 나눈다는 느낌, 세상에서 벗어나 통상적인 규범을 일시적으로 거부한다는 느낌"[19]을 가진다. 이들이 만드는 공동체가 모든 공동체의 기원이라고 말하는 것은 지나친 주장이겠지만, 기존의 공동체에서 새로운 공동체가 생성되는 과정에 놀이의 입법적 측면이 작용할 수 있는 것은 분명하다.

경쟁

놀이의 시공간은 일상의 규칙과 질서를 벗어난 해방의 시공간이지만, 거기에는 나름의 규칙이 존재한다. 그러나 놀이에는 또한 불확실성과 우연성이라는 요소도 존재한다. 놀이에 목표가 존재한다는 사실, 그리고 거기에 도달하는 과정에 불확실성과 우연성이 존재한다는 사실은 놀이에 긴장이라는 요소를 도입한다. 불확실함을 극복하고 목표에 도달해야 하는 문제 해결자인 놀이 참가자들은 자신의 노력을 통해 성공에 이르기를 바란다.[20] 놀이의 긴장은 혼자서 하는 놀이에도 존재하지만, 둘 이상의 참가자가 같은 목표를 위해 경쟁할 때 더욱 커진다. 희랍어 아곤agôn은 '경기'와 '경연' 두 가지를 모두 지칭하는데, 여기에 놀이 개념의 부분적 본질이 담겨 있다. 경쟁이 있는 놀이의 원동력은 경쟁자와 구경꾼들에게 자신의 우수성을 인정받고 싶은 욕망이다.[21] 그리스인들은 경기 또는 경쟁을 가리키는 '아곤'이라는 단어와 어린아이들의 놀이를 가리키는 단어인 '파이디아paidia'를 구분했다. 그러나 그런 이유 때문에 아곤을 놀이로부터 분리시키거나 아곤의 놀이적 특성을 부정할 수는 없다.

다른 놀이와 마찬가지로 경쟁에도 규칙이 존재한다. 경쟁에서 규칙의 역할은 크게 세 가지이다. 가장 중요한 역할은 경쟁이 승리자를 제외한 참가자들을 완전히 파괴하지 않도록 하는 것이다. 경쟁(아곤)과 싸움을 구분할 수 있다면 그 차이는 규칙의 유무이다. 경쟁은 정해진 규칙을 지키면서 진행되지만, 싸움은 규칙 없이 행해진다.[22] 규칙의 다른 역할은 경쟁의 영역을 한정시키는 것이다. 경쟁은 참가자들의 모든 능력을 대상으로 하는 것이 아니며, 경쟁의 승리자는 규칙이 한정하는 특정 영역에서 최고라는 영예를 얻는다. 마지막으로 경쟁의 규칙은 참가자들에게 기회의 평등을 보장하는 역할을 한다. 우연적인 요소가 경쟁의 승리에 결정적인 역할을 한다면 경쟁의 재미와 긴장감이 떨어질 뿐 아니라 경쟁의 의의 자체가 위협받을 수도 있다. 대부분의 경쟁은 출발점에서 모든 경쟁자의 평등을 보장하기 위해 우연적인 요소를 최대한 배제할 뿐 아니라, 심지어는 우월한 경쟁자들에게 핸디캡을 부여하는 규칙을 만들기도 한다. 물론 경쟁의 참가자들은 때로 규칙을 어기거나 교묘하게 이용하면서 이기려는 시도를 한다. 간혹 규칙을 어진 참가자가 운 좋게 벌칙을 피할 수도 있지만, 이런 참가자도 규칙의 존재를 의식하고 있으며 규칙을 경쟁 행위의 일부로 받아들인다는 점은 틀림없다. 정말로 위험한 것은 경쟁에 참가하면서 규칙이 존재하지 않는 듯이 행동하는 것이며, 이런 행위는 경쟁 자체의 존립을 위협한다.[23]

다른 놀이와 마찬가지로 경기도 행위 자체 이외의 목적이 결여되어 있다. 경기의 결과는 승리 또는 성공이라는 이름으로 불리지만, 그 결과는 게임의 규칙을 받아들이는 사람들에게만 의미가 있는 것이다. 성공이나 승리를 거둔 놀이 참가자는 만족감을 느끼지만(구경꾼이 있으면 만족감은 더 커진다), 그것은 놀이의 구체적 결과로 인한 것이 아니다.[24] 승리는 경쟁자 또는 적수를 전제하고 있으며, 경기 결과에서 남들보다 우수함을 의미한다. 인간은 경쟁적 본능을 가지고 있지만 그것은 권력욕이나 지배 의지와는 다르다. 남들보다 뛰어나고 싶은 욕망, 일등의 명예를 차지하고 싶은 욕망이 경쟁에서 승리를 갈구하게 하는 원동력이며, 승리로 인해 얻게 되는 다른 이익이나 혜택은 부차적인 것이다.

경쟁으로서의 놀이는 인류 문화의 여러 곳에서 확인할 수 있다.

고대 로마의 검투나 중세의 창 시합, 바둑이나 체스, 또는 현대의 스포츠는 물론이고, 법정의 소송이나 일정한 규칙에 따라 진행되는 전쟁, 심지어는 북아메리카 원주민의 포틀래치 관습에서도 아곤의 형태를 발견할 수 있다.[25] 더 나아가 플라톤의 대화편에서 소크라테스와 소피스트들의 대화도 경쟁이라고 볼 수 있으며, 헤겔의 변증법을 존재론적 경쟁의 놀이로 간주하는 것도 불가능하지 않다.

맺음말: 현대의 놀이

오늘날의 놀이 상황은 어떤가? 20세기 프로스포츠의 등장은 놀이를 예전과 다르게 만들었다. 놀이가 주는 해방감은 현대의 프로스포츠에서는 찾아보기 힘든 것이다. 놀이가 많은 돈과 관련되어 있는 프로스포츠 선수들에게 운동경기는 더이상 놀이가 아니다. 프로스포츠 선수들은 관람자들에게 놀이의 재미를 제공하기 위한 노동을 하는 노동자이다. 하위징아는 스포츠의 발달을 놀이문화로 보는 많은 사람의 입장과 달리 프로스포츠는 놀이도 진지함도 아니라고 비판한다.[26]

현대의 기술적 상황은 놀이의 지위를 예전과 다르게 만들었다. 먼저 놀이가 존재하는 특수한 공간은 이제 가상현실이라는 기술을 통해 언제 어디서나 접근 가능하게 되었다. 게임의 공간, 메타버스의 공간은 일상의 시공간과 공존할 수 있게 되었다. 이로 인해 사람들은 자신의 본모습과 가면을 쓴 모습을 동시에 놀이한다play. 이로 인해 놀이와 일의 경계가 점점 무의미해지고 있다. 이것은 일상의 놀이화, 놀이의 일상화를 의미하는 것인가? 놀이의 본질이 해방과 창조라는 점에서 이는 긍정적인 현상으로 보인다. 그러나 다른 한편으로는 놀이의 시공간이 예외성을 잃어버림으로 인해 해방과 자유의 가치가 떨어지고, 억압된 에너지가 큰 압력으로 분출하여 강력한 창의력으로 작용하기가 힘들어졌다. 따라서 일상 공간과 놀이 공간의 공존은 창조성을 증가시킨 것이 아니라 일상의 진지함과 놀이의 창의성을 모두 희석시키는 부정적인 효과가 더 큰 것으로 보인다. 영화의 경우, 과거에는 극장에 가야만 볼 수 있었던 영화를 집에서 OTT 서비스 등을 통해 볼 수 있게 됨으로써 영화 관람이 가지는 축제로서의 성격이 희석되었다. 영화를 언제 어디서나 즐길 수 있게 된 것은 편리한 점이지만, 그 때문에 놀이로서의 성격이 오히려 약해진 것은 아이러니이다.[27]

 가상공간에 AI가 도입되면서 생겨나는 문제도 고려해야 한다. 비인간 캐릭터non-person charcter, NPC들이 놀이 공간을 채우면서, 놀이 공간에서 인간들 사이에 존재했던 긴장감과 역동성이 줄어들었다. 컴퓨터게임 상황의 인위적인 무작위성은 진정한 무작위성이 아니므로, 불확실성과 우발성으로 인한 긴장이라는 놀이의 특성 역시 대단히 약화되었다. 가상공간은 경쟁에도 변화를 가져왔다. 아곤은 특별한 시공간에서 벌어지는 경쟁이며, 끝나고 난 뒤에는 일상의 시공간에 연결되지 않는다. 그러나 MMORPG와 같은 가상공간에서의 경쟁은 현실로 이어져서 일상을 망가뜨리기도 한다. 가상공간 속의 놀이는 진정한 놀이라기보다는 놀이의 시뮬라크르가 되어버린 것이 아닐까?[28]

놀이-서사-창의성

이재환

"서사가 사건들을 묶는 끈이라면,
놀이와 창의성을 묶는 끈, 놀이-서사-창의성을 묶는 끈
역시 '서사적 사고'일 것이다."

이재환은 서울대학교 종교학과를 졸업하고, 같은 대학교 철학과 대학원과 미국 오하이오 주립대학교 철학과 대학원에서 공부한 후 서울대학교 철학과에서 박사학위를 받았다. 서양 근대 철학, 프랑스 현대철학, 감정철학 등에 관심을 가지고 공부하고 있으며 가천대학교 가천리버럴아츠칼리지 교수를 거쳐 현재 이화여자대학교 철학과 교수로 재직 중이다. 지은 책으로 『성찰, 모든 것을 의심하며 찾아낸 생각의 신대륙』(2014), 『고전하는 십 대의 이유 있는 고전』(2015), 『나다움 쯤 아는 10대: 데카르트 vs 레비나스』(2021), 『몸의 철학』(공저, 2021), 『이야기의 끈』(공저, 2021)이 있고, 슬라보예 지젝의 『나눌 수 없는 잔여』(2010)를 번역했다.

놀이하는 인간, '호모 루덴스'

무슨 이야기를 하든 '4차 산업혁명의 시대'라는 문구를 넣어야 하고, 어디서 누구와 이야기하든 한번은 '챗GPT'로 대변되는 생성형 인공지능 이야기를 하게 되는 우리 시대에 가장 많이 듣는 질문은 "(그래서) 인간이란 무엇인가?" 또는 "(그렇다면) 인간의 고유한 특징은 무엇인가?"이다. 아마 이전 시대 버전은 "인간이 동물과 어떻게 다른가?" 혹은 "동물과 다른 인간의 고유한 특징은 무엇인가?"였을 이 질문은 21세기에는 "인간이 인공지능과 어떻게 다른가?" 혹은 "인공지능과 다른 인간의 고유한 특징은 무엇인가?"로 변형되어 다시 돌아왔다. 물론 이 질문에 대한 고전적이고 표준적인 대답은 아리스토텔레스가 말한 "인간은 이성적 동물"이라는 것이다. 인간과 동물을 구분하는 종차種差, 종을 구별하는 차이가 바로 '이성적rational'이라는 특징이다. 철학자 데카르트 역시 "나는 생각한다. 고로 존재한다"라고 말하지 않았는가. '이성적임', '생각함'이 인간을 인간답게 만들어주는 특징이라면 인간을 '호모 사피엔스homo sapiens'로 정의할 수 있다. 이 정의 안에 함축된 의미는 인간을 인간답게 만드는 것은 이성적인 생각을 통해 지식을 획득하고 이를 바탕으로 자연을 이용하는 능력을 가진 존재가 바로 인간이라는 것이다. 인간이 눈부신 과학기술을 발전시킬 수 있었던 것은 바로 이러한 능력 때문이라는 사실은 부정할 수 없다. 하지만 이른바 인공지능 시대에 이제 인간만이 이성을 가지고 있다고 생각하는 사람은 별로 없을 듯하다. 특히 문제해결의 측면에서 본다면 어쩌면 인간은 인공지능보다 훨씬 덜 이성적이다.

인간이 '호모 사피엔스'가 아니라면 '호모 파베르homo faber', 즉 '도구를 사용하는 인간'으로 볼 수도 있지 않을까. 철학자 베르그손의 답이다. 이 정의에 따르면 인간은 도구를 사용해서 자연을 변형하여 자신의 목적에 맞는 어떤 것을 만들어낼 수 있기 때문에 다른 동물과 구분된다. 물론 동물도 사냥을 하거나 채집을 한다. 그러나 '호모 파베르'의 정의에 따르면 도구를 만들어 사냥을 하고 채집을 하며 농사를 짓는 존재는 인간뿐이다. 하지만 동물도 도구를 사용한다는 것은 이미 잘 알려진 사실이다. 더욱이 인간보다 더 솜씨가 좋은 존재가 바로 인공지능이다. 따라서 '호모 파베르' 역시 인간을 인간답게 만드는 특성으로 부족해 보인다.

한편 '호모 파베르'는 결국 '노동하는 인간'의 다른 말이다. 즉 '호모 파베르'에는 인간을 인간답게 만드는 것은 도구를 이용해 노동을 한다는 사실이 함축되어 있다. 이러한 '노동하는 인간'의 강조는 결국 노동을 통한 경제적 성과를 중요시하는 인간인 '호모 에코노미쿠스homo economicus'로 귀결된다. 어쩌면 지금 우리 시대가 겪고 있는 생태계 파괴, 노동을 통한 자기 착취 등은 이런 인간상의 귀결일 수 있을 것이다.

그렇다면 인간을 인간답게 만드는 것은 생각하는 존재로도, 도구를 사용하는 노동을 통해 경제적 효율성을 추구하는 존재로도 환원할 수 없는 것처럼 보인다. 흥미롭게도 네덜란드의 역사학자 요한 하위징아는 앞서 두 가지 대답과는 다른 제3의 대답을 내놓았다. 하위징아는 1938년에 출판된 『호모 루덴스Homo Ludens』에서 인간을 '호모 루덴스', 즉 '놀이하는 인간'으로 정의한다. 이 책에서 하위징아는 "생각하기와 만들어내기처럼 중요한 제3의 기능이 있으니, 곧 놀이하기이다"[1]라고 말한다. 그에 따르면 인류는 '노동'이 아니라 '놀이'를 통해서 문명을 발달시켜왔다. 하위징아는 "놀이는 문화보다 더 오래된 것이다"[2]라고 말한다. 즉 "문명이 놀이 속에서, 그리고 놀이로서 생겨나고 또 발전해왔다"[3]는 것이다.

하지만 인간을 인간답게 만드는 것이 놀이고, 인간의 정의가 '호모 루덴스', 놀이하는 인간이라는 주장에 거부감이 들지 모르겠다. 어쩌면 이러한 하위징아의 주장에 누군가는 "놀고 있네"라고 말할지도 모른다. 사실 우리말에서 놀이는 부정적인 의미를 담고 있는 경우가 많다. "놀고 있네"가 대표적인 예이다. 아니면 '동네 노는 형', '노는 땅'과 같은 표현에도 그런 부정적인 의미가 담겨 있다. 보통은 우리말에서 '논다'라고 하면 무언가를 해야 하는데 하지 않는 상태를 의미한다. 그런데 서양어에서 '놀이', 예를 들어 영어의 'play', 독일어의 'spielen', 프랑스어의 'jouer' 등은 능동적으로 무언가를 '하다'의 의미를 담고 있다. 예를 들어 'to play tennis', 'to play piano' 등의 표현이 이를 잘 보여준다.[4] 앞으로 이 글에서 '놀이'라고 할 때는 이런 적극적 의미를 염두에 두고자 한다. 어쩌면 우리말 '놀다'에 부정적인 의미가 많이 담겨 있는 이유는 우리가 그동안 너무 '노동'의 관점에서만 우리 삶을 바라보았기 때문인지도 모를 일이다.

그렇다면 도대체 놀이가 무엇이고 어떤 특징이 있길래 하위징아는 놀이에서 문화 혹은 문명이 태어났다고 하는 것일까? 하위징아의 '놀이'의 정의를 들어보자. "놀이는 특정 시간과 공간 내에서 벌어지는 자발적 행동 혹은 몰입 행위로서, 자유롭게 받아들여진 규칙을 따르되 그 규칙의 적용은 아주 엄격하며, 놀이 그 자체에 목적이 있고 '일상생활'과는 다른 긴장, 즐거움, 의식意識을 수반한다."⁵ 이 정의에 따르면 놀이는 (1) 특정한 시공간에서 일어나는 자유로운 행위이고, (2) 규칙이 존재하며, (3) 목표가 내재적이고, (4) 일상에서 벗어난 행위이다.

우선 목표가 내재적이라는 것의 의미부터 살펴보자. '내재적' 이라는 의미는 놀이의 목표가 외부에서 주어지는 것이 아니라 놀이하는 자가 스스로 목표를 세운다는 것이다. '노동'의 동기와 목표가 외부에서 주어지는 것이라면, '놀이'의 동기와 목표는 내부에서 자발적으로 주어진다. 그래서 하위징아는 "무엇보다도 모든 놀이는 자발적 행위다. 명령에 의한 놀이는 더이상 놀이가 아니다. 기껏해야 놀이를 모방한 것에 지나지 않는다"⁶라고 말한다. 그렇다면 놀이는 왜 자발적인가? 놀이는 노는 것 그 자체만을 목적으로 하기 때문이다. 우리말의 '놀다'는 한자로 '遊(유)'로 쓰는데 이 말의 뜻은 "자기 고향을 떠나서 여행을 하는 것이다. 그 여행은 어떤 일정한 목표를 향해서 직진해서 그 목표에 도달하면 완료되는 그러한 것이 아니다. 오히려 목표를 정하지 않고 여기저기 돌아다니는 것이지, 직선적인 움직임이 아니다. 유라는 것은 소요逍遙이며, 단적으로 말해서 목표가 없는 행동이다. 유산遊山, 유람游藍, 유사遊士, 유학游學, 유익遊弋(경계하기 위해 함선이 바다 위를 떠돌아 다님), 유목遊牧 등이 그 예이다."⁷ 즉 놀이는 외부에서 주어진 목표를 완수하는 것, 그 목표를 향해 직진하는 것, 혹은 무엇을 '위해' 하는 것이 아니라 노는 행위 그 자체를 목적으로 한다.

다음으로 놀이가 왜 자유로운 행위인지 살펴보자. 독일의 미디어 철학자 노르베르트 볼츠는 놀이의 목표가 내재적이라는 특성이 "심리학자 카를 뷜러가 '기능 쾌락'이라고 불렀던 것"을 상기시킨다고 말한다. 기능 쾌락은 우리에게 즐거운 만족감을 주는 행위를 계속하게 하는 동기이다. "아이들은 쾌락을 유발하는 작용을 발견하고 이를 가능한 한 반복하려고 한다. 이 행위는 목적이 없으며 자기 보상적이다. 이 행위는 그냥 재미가 있다."[8] 볼츠는 이 동기, '기능 쾌락'으로서의 동기를 또 '작용 유발의 동기'라고도 부른다. '작용 유발의 동기'는 "어떤 것을 유발하는 원인이 되는 데서 오는 즐거움"이다. 이런 점에서 놀이는 놀이하는 사람에게 자유를 준다. 왜 그런가? '자유自由'는 말 그대로 자신으로부터 어떤 일을 시작하는 것이다. 그런데 놀이가 그렇다. 놀이는 우리에게 능동적인 자율성을 경험하게 한다. 앞서 말한 것처럼 놀이는 외부에서 주어진 목표를 위해서 하는 것이 아니라 내재적인 목표에 따라 하는 행동, 그냥 좋아서 하는 행위이기 때문이다. 따라서 말 그대로 놀이는 자유이다. 반면 강제로 하는 행동, 외부에서 주어진 목표를 이루기 위해 하는 행동은 판에 박히기 마련이다. 새로운 것을 시도하기보다는 늘 해오던 대로 하게 된다. 아래에서 좀 더 살펴보겠지만 놀이가 '창의성'이나 '상상력'과 밀접하게 관련이 있다면 그것은 놀이가 노동과 달리 늘 하던 것이 아니라 새로운 것, 더 새로운 것을 추구하기 때문이다. 하위징아에 따르면 "놀이는 아름다워지려는 경향을 가지고 있다."[9]

마지막으로 놀이가 자유로운 행동이라고 해서 규칙 없이 마음대로 하는 것은 아니다. 놀이 역시 규칙을 가지고 있다. 하위징아에 따르면 "놀이는 먼저 질서를 창조하고, 그다음에는 스스로 하나의 질서가 된다. 그것은 불완전한 세계와 혼란스러운 일상생활에 잠정적이고 제한적인 완벽함을 가져다준다. 놀이는 자체적으로 지고하고 절대적인 질서를 요구한다."10 노동과 놀이의 차이는 규칙이 있느냐 없느냐가 아니라 그 규칙이 자발적으로 주어지느냐이다. 앞서 놀이가 예술(아름다움)이 되려는 경향이 있다고 했는데, 놀이가 규칙을 창조하고 또 그 자신이 규칙이 되는 것 역시 놀이와 예술의 밀접한 관계를 보여준다. 예술적 대상에 사용하는 용어들, 예를 들어 균형, 대비, 변화 등은 규칙의 결과물이다. 놀이와 예술 모두 이미 존재하는 규칙을 기반으로 새로운 규칙을 만들어낸다. 그래서 "놀이는 우리에게 매혹의 그물을 던진다. 그것은 사람을 황홀하게 하고 매혹시킨다. 놀이에는 사물을 지각하는 가장 고상한 특질인 리듬과 하모니가 부여되어 있다."11

지금까지 놀이의 특징을 살펴보았다. 그런데 역사학에서뿐 아니라 철학에서도 놀이를 중요시하는 흐름이 있었다. 사실 '철학과 놀이'는 어색할 뿐만 아니라 모순적으로 들리기까지 하는 개념적 조합이다. 왜냐하면 플라톤 이래 전통 철학에서 중요하게 생각해온 것은 '진리', '존재'와 같은 개념들이기 때문이다. '진리', '존재' 등은 완전한 것이고 따라서 변하는 것이 아니라 항상 동일한 것이라고 생각해왔다. 반면 놀이는 불완전하고 우연에 의존하고 항상 변하는 것이다. 따라서 '철학'과 '놀이'는 그다지 어울리지 않는 개념이고, 이런 이유로 철학은 놀이를 오랫동안 배척해왔다. 하지만 놀이가 가진 성격 때문에 오히려 놀이는 전통 철학이 데려가줄 수 없는 곳으로 우리를 데려갈 수 있다. 놀이가 가진 '우연'과 '생성'의 성격은 인간의 상상력과 창조성의 바탕을 이루기 때문이다.

놀이를 강조한 철학자 중 대표적인 철학자가 독일의 프리드리히 실러이다. 실러는 1795년에 출판된 그의 초기 대표 저서인 『미적 교육에 관한 편지』에서 다음과 같이 말한다. "인간은 완전한 의미에서의 인간인 경우에만 유희하고, 인간은 유희하는 경우에만 완전한 인간입니다."[12] 실러는 인간만이 놀 수 있고, 그리고 인간은 오직 놀 때에만 완전하게 된다고 말한다. 왜 그런가? 실러에 따르면 인간은 놀기 전에는 내면적으로 분열되어 있고 파편화되어 있다. 그런 분열된 인간, 파편화된 인간을 통합하여 전인적 총체성을 지닌 온전한 인간으로 만드는 것이 바로 놀이다. 게다가 실러 역시 놀이를 아름다움과 관련시킨다. 놀이와 아름다움 모두 현실 법칙을 벗어난 '가상'의 세계와 연관이 있기 때문이다. 한편 예술이 언제나 상상력, 창의성과 밀접하게 관련이 있다면, 그리고 아름다움이 놀이와 밀접하게 관련이 있다면 우리는 놀이에 관한 실러의 생각을 살펴봄으로써 놀이가 상상력과 창의성과 어떤 관계를 맺고 있는지 알 수 있을 것이다. 그리고 이러한 놀이가 '서사적 사고'와 어떤 연관성을 가질 수 있는지도 살펴볼 것이다. 서사가 사건들을 묶는 끈이라면, 놀이와 창의성을 묶는 끈, 놀이-서사-창의성을 묶는 끈 역시 '서사적 사고'일 것이다.[13]

프리드리히 실러의 놀이충동

『미적 교육에 관한 편지』는 실러의 후원자였던 덴마크의 아우구스텐부르크 공소 프리드리히 크리스티안에게 보낸 27통의 편지 형식으로 쓰인 책이다. 1789년 프랑스에서 혁명이 시작되자 실러는 당대 대부분의 지식인처럼 혁명에 큰 기대를 건다. 물리적 힘이 지배하는 전근대국가가 막을 내리고 합리적 이성에 따라 통치되는 근대국가가 설립될 것이라고 생각했기 때문이다. 하지만 기대와 달리 자코뱅당의 공포정치에서 볼 수 있는 것처럼 프랑스혁명은 점점 혁명의 이상을 강제로 실현하려고 하는 폭력으로 변질된다. 다른 한편으로는 기대를 걸었던 혁명이 좌절될 수도 있다는 무력감 역시 퍼지고 있었다. 『미적 교육에 관한 편지』는 이러한 시대적 상황에서 프랑스혁명의 실패에 대한 실러의 진단과 대안이 담겨 있는 책이다. 한편 실러의 '진단과 대안'이 실러 시대에만 한정되는 것은 아니다. 현재 우리가 살고 있는 시대 상황은 실러가 직면했던 시대 상황과 비슷한 점이 많기 때문에 실러의 '진단과 대안'이 우리에게도 시사하는 바가 크다.

우선 실러의 '진단과 대안'은 무엇인가? 실러는 인간이 이중으로, 한편으로는 외적으로, 다른 한편으로는 내적으로 분열되어 있다고 진단한다. 외적인 분열은 두 가지 유형의 인간상으로 인한 '사회의 분열'이고, 내적인 분열은 두 가지 충동을 가진 '인간 내면의 분열'이다. 이 분열로 인간은 자신의 온전한 모습인 전인적 총체성을 상실하고 그저 하나의 부분, 단편으로만 존재하게 된다. 그래서 실러는 다음과 같이 말한다. "인간은 끊임없이 전체의 한 작은 개별적인 부품 조각에만 얽매여 자기 스스로를 오직 부품 조각으로 만들어가고 있습니다. 그는 영원히 자기가 돌리는 바퀴의 단조로운 소음만 들으면서 결코 자기 본질의 조화를 발전시키지 못합니다. … 자신의 업무 또는 자신의 학문의 단순한 복제품이 되어버렸습니다."14 이렇게 많은 사람이 자신이 처한 현실을 사회의 전부라고 생각하고, 자신이 좇는 가치가 가장 중요하며 자신의 삶의 방식만이 옳다고 생각하는 좁은 시야의 '부품 조각' 같은 삶을 사는 것은 현재에도 마찬가지 아닌가? 적어도 다양한 가치가 충돌하고 경합하는 현대사회가 파편화되고 분열되어 있다는 사실은 부인할 수 없을 것이다. 이렇게 파편화된 사회에서 공동체의 가치, '사회적인 것'과 같은 이상적이고 보편적인 이념을 찾는 것이 공허해졌다는 것 역시 실러의 시대나 우리 시대나 마찬가지라고 할 수 있다.

인간 외적인 분열인 '사회의 분열'부터 살펴보자. 실러는 『미적 교육에 관한 편지』의 「여섯 번째 편지」에서 사회에 존재하는 인간상을 두 부류로 나눈다. 첫 번째는 실러가 '업무 정신der Geschäftsgeist'의 사람들이라고 부른 유형인데, 말하자면 이들은 현실 지향적인 사람들이다. '업무 정신'의 사람들은 자신이 처해 있는 현실적이고 물질적인 '구체적' 삶에만 관심이 있기 때문에 이들에게는 자신이 속해 있는 공동체 전체를 생각하는, 이른바 '보편적' 이상을 상상하는 것이 불가능하다. 즉 자신이 처해 있는 구체적인 현실적 제약을 넘어서 추상적이고 이상적인 생각을 하는 것은 이들의 상상력을 넘어서는 것이다. 그래서 실러는 다음과 같이 말한다. "사업가가 종종 편협한 가슴을 갖는 것은 그의 상상력이 직업의 단조로운 영역에 갇혀서 다른 종류의 상상으로는 확대될 수 없기 때문입니다."[15] 이 진단에 따르면 실러가 살던 시대뿐 아니라 다양한 가치가 경합하고 충돌하는, 따라서 어떤 가치가 공동체가 공통으로 추구해야 할 가치인지 제시하지 못하는 우리 시대 역시 여전히 많이 사람이 이러한 '업무 정신' 유형에 속해 있는 것으로 보인다. 이 유형의 사람은 자신이 처해 있는 구체적이고 특수한 삶의 조건에 따라서만 생각하고 행동하기 때문에 인간의 총체성을 상실하고 하나의 '특수한 조각'으로 살 수밖에 없는 것이다. 결국 이 유형의 사람은 "자유로운 전체를 볼 수 없으며, 자신의 영역을 빈곤하게 만들 수밖에 없"[16]게 되고, 개인은 파편화된 삶 속에서 전체 공동체와 분리된다. 더 나아가 이 유형의 사람은 사회의 한 '특수한 조각'에 지나지 않는 자신의 직업이나 학문 분야와 같은 개인의 특수한 경험을 모든 경험에 무차별적으로 적용해서 다른 사람들을 평가한다.

두 번째 유형은 '사변적 정신der spekulative Geist'의 사람들이다. 실러에 따르면 이들은 "'생각'하는 대로 '현실'을 주조하고 상상력의 주관적인 조건을 사물의 존재를 구성하는 법칙으로 끌어올리려는"[17] 욕망을 가진 사람들이다. 이들은 '업무 정신'의 사람들과 달리 자신이 처한 구체적인 현실을 넘어서 공동체 전체를 생각할 수 있는 상상력은 가지고 있지만, '사변적'이기 때문에, 즉 현실감각이 없기 때문에 현실에 기반해서 이상을 실현하는 것이 아니라 현실을 강제로 변화시키려고 한다. 이런 유형의 사람들은 논리적이고 추상적인 사고는 할 수 있지만 "냉정한 가슴"을 갖게 되는데, "과도한 분석적 능력으로 인해 상상력의 힘과 열정이 줄어들"기 때문이다.[18] 실러는 프랑스혁명의 정신이 '공포정치'로 변질된 것 역시 이런 이유라고 진단한다. '사변적 정신'을 가진 사람들이 추상적이고 보편적인 이념을 절대적 진리로 확신하고 이 이념의 수용을 현실에 강요했다는 것이다. 결국 실러의 진단에 따르면 이렇게 '업무 정신'과 '사변적 정신'으로 분열된 사회를 통합하려면 파편화된 인간을 총체적 인간으로 바꾸는 일이 혁명을 실현하는 것보다 더 중요하다.

'업무 정신'의 사람들과 '사변적 정신'의 사람들이라는 '사회적 분열'에 더해, 실러에 따르면 인간은 내적으로도 분열되어 있다. 실러는 우리를 지배하는 두 가지 상반되는 힘인 감성적인 힘과 이성적인 힘이 우리 내면에 있다고 말한다. 실러는 감성적인 힘을 '감각적 충동der sinnliche Trieb'이라고 부른다. 이 충동은 "인간의 물리적인 존재에서 혹은 인간의 감각적인 본성에서 나오는 것이며, 인간을 시간의 한계 안에 예속시킨다."[19] 즉 '감각적 충동'은 인간이 몸을 가졌기 때문에 가지는 감각적이고 물질적인 본능이다. 또 인간을 시간 안에 예속시킨다는 의미는 시간 속에서 끊임없이 변하는 현실을 인간이 수동적으로 받아들인다는 것이다. 이러한 감각적 충동은 이성적 힘이 결여된 자연적 인간으로서 가지는 충동이다.

우리 내면에 있는 두 번째 충동은 '형식충동Formtrieb'이다. 이 충동은 "인간의 이성적인 본성에서 나오는 것"[20]이다. '감각적 충동'이 물질적이고 육체적인 존재로서 인간이 가지는 본성이라면, '형식충동'은 정신적이고 이성적인 존재로서 인간이 가지는 본성이다. 쉽게 말하면 이 충동은 "진리와 정의를 추구"하려는 욕망이다. 이런 점에서 "형식충동은 현실적인 것이 필연적이고 영원하기를 바라고, 영원한 것이 현실이 되기를 원한다."[21] 즉 형식 충동은 말 그대로 변화하는 감각적 내용 속에서 변화하지 않는 형식을 지향하는 것이다.

단순화를 무릅쓰고 도식적으로 말하자면 '감각적 충동'과 '사변적 충동'의 대립은 '육체와 정신', '현실과 이상', '변화와 불변', '내용과 형식', '우연과 필연', '수동성과 자유'의 대립과 같다. 실러는 이 두 가지 충동이 너무 다르기 때문에 인간은 내적으로 분열되어 있다고 주장한다. "언뜻 보면 이 두 충동의 경향보다 더 대립적인 건 없는 것 같습니다. 하나는 변화를, 다른 하나는 불변성을 추구하기 때문입니다. … 그렇다면 우리가 어떻게 이러한 근원적이고 극단적인 대립을 통해 완전히 파기된 것처럼 보이는 인간 본성의 통일을 다시 정립할 수 있을까요?"[22] 인간은 순수하게 물질적인 존재도, 그렇다고 순수하게 정신적인 존재도 아니기 때문에 이 두 충동을 화해시킬 때만 온전한 인간이 될 수 있다. 여기까지가 실러의 진단이다.

그렇다면 실러의 대안은 무엇인가? 실러는 이 두 충동을 화해시킬 수 있는 한 가지 방법이 있다고 말한다. 바로 제3의 충동인 '놀이충동'을 통해서이다. "형식충동과 소재[감각]충동 사이에 어떤 공동체, 다시 말해 유희[놀이]충동이 있어야 합니다. 실재와 형식, 우연과 필연, 수동과 자유의 일치만이 인간성의 개념을 완성하기 때문입니다."[23] 실러에 따르면 인간 내면의 대립하는 두 충동을 종합하고 인간의 분열을 통합하는 것이 바로 놀이이다. 그래서 실러는 다음과 같이 말한다. "놀이충동은 시간 속에서 시간을 지양하고, 생성을 절대적 존재와 결합하고, 변화를 동일성과 결합하려고 할 것입니다."[24]

실러는 놀이를 통해서 인간 본성들이 조화와 균형을 이루는 '총체적 인간'이라는 이상적 인간상에 도달할 수 있다고 생각한다. 그럼 총체적이고 전인적인 인간이란 무엇인가? 시간의 흐름에 따라 끊임없이 변화해가는 삶을 살면서도 동시에 근원적인 '나다움', 정체성을 잃지 않는 것을 말한다. 더 구체적으로 말하자면 놀이를 통해서 감성과 이성이 통합된, 현실적 감수성과 추상적 사고력을 두루 갖춘, 현실에 기반한 비전을 제시하는 인간이 되는 것이다.

그렇다면 놀이는 왜 인간 내면의 대립과 분열을 종합하고 봉합하는 역할을 할 수 있을까? 놀이는 결코 하나가 될 수 없는 것을 연결하는 능력이 있기 때문이다. 왜 그런가? 앞서 하위징아의 놀이의 특성에서도 살펴본 것처럼 놀이는 본성상 강제되지 않는 것, 본성상 자유이기 때문에 우리는 놀이를 통해서 감성적인 충동과 이성적인 충동 모두의 강제에서 벗어날 수 있게 된다. 그래서 실러는 "외적으로나 내적으로 강제되지 않은 모든 것을 놀이라는 단어로 표기합니다"[25]라고 말한다. 놀이는 서로 대립하는 인간의 '감성'과 '이성'이 각자의 사고방식을 인간에게 강요하지 않으면서 상호작용하게 만든다. 이로써 인간은 파편화된 '업무 정신'도 '사변적 정신'도 아닌, 감수성과 사고력이 통합된 총체적인 이상적 인간이 될 수 있는 것이다. 즉 인간은 놀이를 통해서 물리적인 강요와 도덕적인 강요에서 자유로운 존재가 된다. 따라서 실러에게 놀이는 '강요 없는 통일'을 만들어낼 수 있는 원동력이라 할 수 있다. 하위징아와 실러 모두에게 공통적으로 놀이는 인간을 현실의 강요, 이성의 강요, 노동의 강요에서 자유롭게 한다.

한편 앞서 하위징아가 놀이와 예술을 관련시킨 것처럼 실러 역시 놀이충동과 아름다움을 밀접하게 연관시킨다. 오히려 실러에게는 놀이가 곧 아름다움이다. 실러는 "아름다움은 두 충동[감각적 충동과 형식충동]의 공통된 대상, 즉 놀이충동의 대상입니다"라고 말하면서 "인간은 오직 아름다움과 함께 유희해야 한다"라고 덧붙인다.[26] 즉 실러에게 제3의 충동인 놀이충동이 만들어내는 감성과 이성의 중간 단계가 바로 아름다움, 즉 예술의 영역이다.

그렇다면 왜 실러는 놀이와 예술, 혹은 아름다움을 연결시키는 것일까? 실러에 따르면 예술은 가상이다. 가상은 아무것도 아닌 무와 실제로 존재하는 실재의 중간 영역이다. "이러한 사실로부터 질료와 형식 사이에, 수동과 활동 사이에 하나의 중간 상태가 있어야 하며, 아름다움이 우리를 그 중간 상태로 이끌고 간다는 결론이 나오는 것처럼 보입니다."[27] 즉 놀이가 감성과 이성이 균형을 이루는, 이 두 영역을 연결하는 중간 영역인 것처럼 가상은 존재하지 않는 것과 존재하는 것을 연결하는 중간 영역인 것이다. 놀이와 아름다움은 우리를 이러한 새로운 미지의 영역으로 데려간다는 점에서 인간성의 확장이자 발전이다. 그래서 실러는 "미개인이 인간성을 추구하는 단계로 진입했음을 알려주는 현상은 어떤 것입니까? … 그것은 가상에 대한 즐거움과 장식과 놀이를 추구하는 경향입니다"라고 말하거나, "미적인 예술충동이 일찍 발전하느냐 혹은 늦게 발전하느냐 하는 것은 인간이 단순한 가상에 머무는 것을 얼마나 사랑하는가에 달려 있습니다"[28]라고 말한다. 인간은 가상을 통해서, 놀이를 통해서 자신이 처한 현실의 굴레, 유용성의 굴레에서 자유롭게 될 수 있다.

그렇다고 가상이 완전한 무질서는 아니다. 왜냐하면 인간의 '형식 충동'이 이러한 가상에 어느 정도 질서를 부여하기 때문이다. 이처럼 놀이는 인간의 편협한 현실감각과 추상적인 사고가 균형 있게 상호작용할 수 있도록 하고 이를 통해 인간성을 확장시키는 역할을 한다. 더 나아가 가상은 우리가 그동안 현실에서는 알지 못했던 영역으로 우리를 데려가기 때문에 새로운 것을 생각할 수 있게 한다. 놀이와 예술이 상상력과 창의성 개념과 연결되는 것은 이 때문이다.

　여기서 의문이 하나 들 수 있다. 예술이 가상과 관계한다는 것은 비교적 분명하다. 그렇지만 놀이가 가상과 어떤 관계가 있는지는 분명하지 않아 보인다. 그런데 하위징아는 앞서 놀이의 일반적 특징을 이야기할 때 놀이는 '일상에서 벗어난 행위'라고 했다. 왜 그런가? 하위징아는 흥미로운 예를 하나 든다. "한 소년의 아버지가 내게 이런 이야기를 들려주었다. 그의 네 살 난 아들이 의자들을 일렬로 늘어놓고 '기차놀이'를 하고 있었다. 소년은 기관차의 역할을 맡았다. 아버지가 아들을 껴안고 키스하려 하자 아들이 말했다. "아빠, 기관차에게 키스하지 말아요. 그러면 기차들이 그게 진짜가 아니라고 생각할 거예요."29 이 예에서 볼 수 있는 것처럼 놀이는 일상의 규칙을 벗어난 '-인 체하기', '-인 척하기'의 대표이다. 소꿉장난에 몰두하는 "어린아이는 실제의 자신과는 다른 어떤 것, 더 아름다운 것, 더 고상한 것, 더 위험스러운 것의 이미지를 만들고 있는 것이다. 그렇게 하여 아이는 왕자가 되고 아버지가 되고 사악한 마녀가 되고 혹은 호랑이가 된다. 어린아이는 문자 그대로 기쁨에 넘쳐 자기 자신의 밖으로 나가버린다[자신과는 다른 존재가 된다]. 너무 황홀하여 그 자신이 왕자, 마녀, 호랑이가 되었다고 생각하여 그러는 중에서도 '일상적 현실'에 대한 감각을 유지한다. 그의 재현(다른 어떤 것이 되기)은 가짜 현실이라기보다 외양의 실현이다. 바로 이것이 상상력imagination의 원뜻이다."[30] 이렇게 놀이는 가상과 관계하고 상상력과 관계한다. 아니 더 정확하게 말하자면 상상력의 근원이 곧 놀이인 것이다. 놀이는 '-인 체하기'를 통해서 가상의 세계, 상상의 세계를 건설한다. 물론 이 가상의 세계가 현실과 완전히 동떨어진 것은 아니다. 노는 사람은 '놀이의 현실'이 가상이라는 것을 명확히 알고 있다. 다만 그 '놀이의 현실'이 참이기 때문에 좋아하는 것이 아니라 가상이기 때문에 좋아하는 것이다. 실러의 놀이충동이 현실과 이상, 감성과 이성 사이의 중간 영역인 것처럼, 놀이는 현실적 사고와 추상적 사고 사이에 존재한다. 그래서 '환상illusion'은 라틴어로 '놀다'를 의미하는 'ludere'와 '-하는 중'을 의미하는 'in'을 어원으로 두고 있다. 즉 환상은 말 그대로 '노는 중'이라는 의미인 것이다. 한자어로도 '상상력想像力'은 원래 코끼리[象]를 생각하는 힘을 의미했었다. 즉 한 번도 본 적이 없는 코끼리처럼 우리가 알지 못하는 것 혹은 우리에게 알려지지 않은 것, 나아가 아직 존재하지 않는 것을 생각하는 것이 바로 상상력인 것이다. 따라서 가상을 본질로 하는 놀이야말로 상상력의 핵심이라고 할 수 있다. 동시에 우리가 아직 알지 못하는 것, 우리에게 존재하지 않는 것을 존재하는 것처럼 생각할 수 있다는 점에서 놀이야말로 창의성과 밀접하게 관련을 맺고 있다.

놀이와 상상력 그리고 창의성

놀이와 예술이 밀접하게 관련이 있다면, 놀이는 같은 맥락에서 상상력과 밀접하게 관련이 있을 것이다. 왜냐하면 예술은 상상력의 활동이기 때문이다. 그런데 앞서 살펴본 것처럼 실러에 따르면 놀이의 대상인 아름다움은 두 가지 대립되는 충동을 연결하는 역할을 한다. "아름다움은 서로 대립되어 있고 결코 하나가 될 수 없는 두 가지 상태를 연결"한다.[31] 만약 상상력의 산물인 아름다움이 두 영역을 연결하는 것이라면, 상상력과 밀접하게 관련 있는 창의성 역시 '연결'에서 그 핵심을 찾아야 할 것이다. 사실 두 가지 대립하는 영역을 종합해 새로운 영역과 규칙을 만들어내는 것은 철학에서 오랫동안 상상력의 역할이기도 했다.

헝가리 태생의 영국 작가 아서 쾨슬러는 「창의성의 세 영역」(1981)에서 창의성의 영역을 세 가지로 구분한다. 첫 번째 영역의 창의성은 '예술적 독창성artistic inspiration', 두 번째 영역의 창의성은 '과학적 발견scientific discovery', 세 번째 영역의 창의성은 '희극적 영감comic inspiration', 즉 '유머'다. 그리고 이 세 가지 창의성 영역에서 공통적으로 발견되는 특징을 창의성의 핵심이라고 생각한다. 그 특징은 바로 "이전에는 관계가 없다고 생각되던 두 개의 전혀 다른 구조를 하나의 새로운 구조로 연결하는 것"[32]이다. 물론 연결의 결과 만들어진 제3의 구조는 원래부터 있던 두 개의 단순한 '연합association'이 아니라 새롭게 만들어진 것이다. 이것을 쾨슬러는 '이연 현상bisociation'이라고 부른다. 쾨슬러가 든 이연 현상의 예를 살펴보

자. '밀물과 썰물 현상'과 '달의 움직임'은 항상 존재해온 현상이다. 하지만 두 현상이 연결되어 있다는 사실은 17세기 독일 천문학자에 의해 비로소 알려졌다. "갈릴레오는 이 [밀물과 썰물 현상과 달의 움직임의] 연결에 대해서 읽었을 때 말도 안 되는 신비로운 환상으로 웃어넘겼다. 교훈: 이전에 연결되지 않았던 각각의 구조가 익숙하면 익숙할수록 새로운 종합은 더 놀랍고, 되돌아봤을 때 더 명백한 것처럼 보인다."[33] 마찬가지로 피타고라스는 '산술'과 '기하학'을, 아인슈타인은 '에너지'와 '물질'을 연결시켜 그동안 존재하지 않았던 새로운 발견을 한다. 결국 창의성은 "신처럼 무에서 유를 창조하는 것이 아니라 이미 존재하고 있었지만 지금까지는 상관없다고 생각해온 생각들과 사실들, 맥락들을 연결하고, 재편하며 관련시키는 것이다."[34] 이 예들은 두 개의 다른 기준틀이 충돌해서 어떻게 놀라운 결과들이 등장하는지 보여준다. '연합'이 단순히 이미 존재하고 있는 규칙을 활용하여 연결하는 것이라면, 창의성은 새로운 규칙과 영역을 만들어내는 것이다. 쾨슬러는 과학적 창의성은 두 영역 혹은 규칙의 통합에 의해, 예술적 창의성은 병치에 의해, 유머는 충돌에 의해 발생한다고 말한다. 앞서 실러는 두 개의 충동을 연결하는 것이 제3의 충동인 놀이충동이라고 말했다. 하위징아 역시 놀이는 기존의 규칙이 아닌 새로운 규칙을 만들어내는 것이고 그 자신이 규칙이 된다고 했다. 이처럼 놀이와 예술은 새로운 규칙을 만들어내는 행위이고 이런 의미에서 창의성의 핵심이라고 할 수 있다.

우리 시대를 대표하는 창의성의 소유자로 평가받는 스티브 잡스의 예는 잘 알려져 있다. 1995년 2월 미국의 잡지 『와이어드wired』

와의 인터뷰에서 잡스는 다음과 같이 말한 적이 있다. "창의성이란 서로 연결하는 능력이다. … 창의적인 사람들은 그동안의 경험을 연결하고 종합해 새로운 것을 창조할 능력이 있었다." 대중적인 저술과 강연으로 잘 알려진 미국의 고생물학자이자 진화생물학자인 스티븐 제이 굴드 역시 창의성에 대해 묻자 이렇게 답했다고 한다. "나의 재능은 연결하는 것입니다. … 저의 재능은 연관성에 있어요. 어떤 주제에 관해서라도 제가 열심히 고심한다면 그와 관련된 스무 가지 정도를 생각해낼 수 있습니다. … 이런 식으로 연결을 하는 것이지요. 최고의 분류체계를 찾는 것이 하나로 묶는 유일한 방법이에요."[35] 굴드 박사의 재능, 즉 "관련 없어 보이는 것 사이의 관계를 알아볼 수 있는 드문 재능은 창의성이라는 문제의 중심을 꿰뚫는 것이다. … 그것은 관련 없는 두 가지를 효과적으로 연결하는 것이다. 그런 연결고리에서 놀라움을 경험하고 그 놀라움이 우리를 멈칫하게 만들고 생각하도록 한다. 창의력은 바로 이런 것이다."[36] 다시 한번 강조해야 할 것은 창의성은 단순히 이전에 연결되어 있지 않던 두 개를 연결하는 것으로 충분하지 않다는 점이다. 실러가 말한 것처럼 "이 결합을 완전하게 하는 것, 즉 두 상태가 제3의 상태 안에서 완전히 사라지고 전체 안에서 분할된 어떤 흔적도 남아 있지 않도록 완벽하게 결합을 실행하는 것"[37]이 창의성이다. 이것이 바로 쾨슬러가 말한 '이연 현상'이며, 잡스와 굴드가 했던 작업이다.

    한편 창의성이 연결되어 있지 않은 것을 연결함으로써 새로운 것을 만들어내는 것이라도 그저 몽상가의 비전이어서는 안 된다. 현실과 동떨어진 이상은 진정한 이상이 아니다. 하지만 앞서 놀이하는 사람은 가상 속에서도 현실적 감각을 잃지 않는다는 것을 살펴보았다. 현실에 기반한 상상력과 창의성의 비전을 제시하기 위해서 우리는 놀이의 힘을 빌릴 수 있을 것이다. 앞서 우리는 놀이가 현실 세계도, 이상 세계도 아닌 그 사이의 중간 세계에서 일어난다고 말했다. 놀이가 일어나는 곳, '놀이터'를 한번 생각해보자. 놀이터는 현실의 공간이지만 동시에 현실을 벗어나 있는 공간이다. 왜 그런가? 놀이터는 "특정한 규칙이 지배하는 울타리 쳐진 신성한 장소이다. 이런 놀이터는 일상생활의 세계 속에 자리잡은 일시적 세계"[38]이다. 즉 놀이터는 외부 세계와 내부 세계가 혼재된 공간이다. 놀이터는 경험적 현실에 자리잡고 있는 것도, 심리적 현실에 자리잡고 있는 것도 아니다. 놀이터는 안도 밖도 아닌 중간 세계인 것이다. 앞서 실러가 놀이충동이 '감각적 충동'과 '형식충동'의 중간 세계라고 말한 것처럼 우리는 놀이를 통해서 몽상으로서의 새로움이 아니라 현실에 기반한 비전을 제시할 수 있게 되는 것이다. 창의적인 사람은 "분명한 시야를 가진 현실주의자이자 감상적인 촉촉한 눈을 가진 이상주의자"[39]여야 하는데, 이는 놀이를 통해서 가능하게 된다. 셰커지안은 하버드대 정신의학 교수였던 로버트 콜스가 다음과 같이 말했다고 전한다. "창조의 열기 속에서 여러분은 어떤 목소리를 따를 것인가? 모호하고 알 수 없는 본능의 외침? 혹은 신중하고 이성적인 판단력의 충고? 답은 이 둘 중에서 하나를 선택하는 게 아니라 이 둘의 팽팽한 긴장을 조화롭게 유지해야 한다는 것이다. 왜냐하면 둘 다 가치 있고, 둘 다 진실을 드러내기 때문이다. 창의성이 정말 그 자체로 유지되기 위해서는 이 두 가지 상반된 개념의 시너지를 인식하고 이 두 극단적인 개념을 조화롭게 하려는 능력이 필요하다."[40] '모호하고 알 수 없는 본능의 외침'은 실러가 말한 '감각적 충동'과 닮았고, '신중하고 이성적인 판단력'은 '형식충동'과 맞닿아 있다. 실러에게 '감각적 충동'과 '형식충동' 두 충동이 자유롭게 상호작용하게 하면서 동시에 각 충동에 한계를 부여하는 것이 놀이충동이었다면, 현실과 이상 사이를 자유롭게 연결하면서 동시에 두 극단을 조화롭게 하는 것이 바로 놀이라고 할 수 있다. 그리고 이것을 실현시키는 것이 실러가 생각하는 진정한 교육이다. 실러는 다음과 같이 말한다. "그러므로 인간의 교육은 다음과 같은 것이 되어야겠지요. 첫째, 수용하는 능력[감수성]은 세계와 매우 다양한 접촉을 하게 해주고, 감정의 영역에서 수동성을 최고로 끌어올립니다. 둘째, 규정하는 능력[사고력]은 수용하는 능력에서부터 독립성을 최대한 확보해주고, 이성의 영역에서 능동성을 최고도로 끌어올립니다."[41] 우리는 이 점에서 교육과 놀이가 어떻게 만나야 하는지 다시 한번 고민해볼 수 있을 것이다. 사실 고대 그리스어에서 '교육paideia'은 '놀이paidis'와 어원이 같다. 놀이가 가진 교육적 가치를 다시 한번 상기해볼 수 있는 대목이다.

서사와 놀이 그리고 창의성

지금까지 놀이가 창의성과 어떤 관련이 있는지 살펴보았다. 그런데 서사 혹은 서사적 사고는 놀이와 창의성과 어떤 연관이 있는 것일까? 앞서 서사는 사건을 연결하는 끈이고, 따라서 놀이와 창의성을 연결하는 끈이 바로 서사라고 하지 않았는가? 우리는 이미 놀이란 가상의 '놀이터'를 만들고 그 안에서 가상의 인물로서 자신의 역할을 수행하는 것이고, 교육은 바로 이런 '놀 줄 아는 인간'을 길러내는 것이라는 점을 확인했다. 그런데 이렇게 존재하지 않는 것을 존재하는 것처럼 그려내는 것이 정확히 서사의 역할이 아닌가? '놀이하는 인간'처럼 우리는 이야기를 통해서 '-인 척하기', '-인 체하기'의 세계로 들어간다. 이러한 가정법의 세계, '마치 -인 것처럼as if'의 세계로 우리를 인도하는 것이 바로 서사적 사고 능력이다. 이 가정의 세계, 중간 세계에서 '호모 루덴스'와 '호모 나란스homo narrans'는 만난다. 정신분석학 관점에서 문학평론을 하는 미국의 문학 연구자 피터 브룩스는 "인간이란 허구를 만드는 동물이며, 환상과 허구에 의해 정의되는 존재이다"42라고 말한다. 이처럼 인간이 "본질적으로 이야기를 말하는 동물a story-telling animal",43 즉 '호모 나란스'라면 그 이유는 인간이 "본질적으로 놀 줄 아는 동물", 즉 '호모 루덴스'이기 때문이다.

실러에 따르면 놀이는 '감성적 충동'과 '형식충동'의 중간 세계이다. 하위징아가 말하는 '놀이터' 역시 현실 세계와 심리적 세계의 중간이다. 서사적 사고가 그리는 영역 또한 이야기를 하는 사람과 이야기를 듣는 사람의 역동적인 관계가 발생하는 중간 세계이다. 브룩스는 이 세계를 프로이트의 말을 빌려 '중간 왕국Zwischenreich'이라고 불렀다. 이 중간 왕국에서 사람들은 이야기를 듣거나 읽으면서 "가능한 만큼 이야기를 파악해야 하며", 이야기가 "표면상 기술하고 있는 것만이 아니라, 암묵적으로 의도하는 것을 이해하고자 노력해야 한다." 이렇게 "독자는 서술자가 부여하는 언어와 협력하는 동시에 경합하는 대화 속에서 내러티브 텍스트를 다시 작성할 필요가 있다."[44] 독자와 청자는 이야기를 읽거나 들을 때 나름대로 이야기를 역동적으로 구성한다. 이러한 역동적인 구성이 일어나는 곳이 바로 '중간 세계'이고 이 세계가 바로 가상의 세계이다. 또한 서사적 사고는 흩어져 있던 사건들, 이야기들을 연결하고 통합하고 새롭게 구성한다는 점에서 앞서 놀이와 예술과 같은 기능을 수행한다. 그리고 같은 의미에서 흩어져 있던 것들, 서로 연결되지 않았던 것들을 연결해서 새롭게 구성한다는 측면에서 서사는 창의성과 연결될 수 있을 것이다. 쾨슬러가 말한 세 가지 창의성 — 과학적 창의성, 예술적 창의성, 유머 — 에 더해 우리는 '서사적 창의성'을 덧붙일 수 있겠다.

 서사적 사고 능력이 만들어내는 서사적 창의성의 영역을 좀 더 들여다보자. 무엇보다도 서사적 창의성의 영역은 '가능성'의 세계이다. 인간은 이전에 시도해본 적 없는 여러 가능성을 상상하면서 현시점에서 앞을 내다보고 실현해야 할 목표를 생각하며 가능한 선택지를 만들어낸다. 이른바 '반사실성 가능성counterfactual possibilities'[45]이라고 할 수 있다. 즉 아직은 존재하지 않지만 가능할 수도 있을 선택지를 상상해보는 것이다. "가능성은 지금 감각기관에 존재하지 않는 요소를 포함한다."[46] 이러한 미래의 선택지를 상상해보는 것이 바로 '계획하기'라고 할 수 있는데 서사의 본질이 바로 이러한 계획하기이다. '플롯'의 의미가 기본적으로 계획하기이기 때문이다. "계획을 한다는 것은 문자 그대로든 은유적인 의미로든 지금 있는 곳에서 원하는 곳으로 가는 경로를 그리는 것이다."[47] 아직 존재하지 않는 미래에 가능할 선택지를 시뮬레이션하는 것은 상상력을 필요로 하는 일이다. 따라서 이러한 능력이 바로 인간의 고유한 창의성을 보여준다고 할 수 있다. 결국 창의성은 아직 존재하지 않는 새로운 가능성을 제시하는 것에 있을 것이다. 이런 점에서 인간은 '호모 프로스펙투스homo prospectus', 즉 '전망하는 인간'이라고 할 수 있다. "전망하는 사고는 미래의 모습을 시뮬레이션하여 지금 '보고 느끼는' 것처럼 만든다."[48] 이로써 서사적 사고 능력을 지닌 '호모 프로스펙투스'로서의 인간이 '호모 나란스'와 '호모 루덴스'와 만난다. 놀이-서사-창의성이 만난다면, 서사가 놀이와 창의성 그리고 상상력을 연결하는 '이야기의 끈'일 수 있다면 바로 이러한 이유일 것이다.

다시 '호모 사피엔스'로 돌아가서 유발 하라리는 『사피엔스』에서 '호모 사피엔스'가 인류 역사의 주인공이 될 수 있었던 이유는 다른 생명체와 달리 협력할 수 있는 능력이 있었기 때문이라고 말한다. 그리고 이 협력을 가능하게 한 것이 바로 허구, 이야기를 만들어내는 능력이라고 말한다. "호모 사피엔스는 어떻게 해서 … 수십만 명이 거주하는 도시, 수억 명을 지배하는 제국을 건설할 수 있었을까? 그 비결은 아마 허구의 등장에 있었을 것이다. 서로 모르는 수많은 사람이 공통의 신화를 믿으면 성공적 협력이 가능하다. 인간의 대규모 협력은 모두가 공통의 신화에 뿌리를 두고 있는데 그 신화는 사람들의 집단적 상상 속에서만 존재한다."[49] 이처럼 '호모 사피엔스'의 성공 비결은 무엇보다도 '호모 나란스'로서의 능력이다. 결국 인간만이 아직 존재하지 않는 미래의 가능성을 시뮬레이션할 수 있는 '호모 프로스펙투스'라면, 그리고 "오직 호모 사피엔스만이 실제로 존재하지 않는 것에 대해 말할 수 있다"50면, 먼 길을 돌아 '호모 사피엔스'는 다시 '호모 프로스펙투스', '호모 나란스', '호모 루덴스'와 만나게 된다.

마지막으로 서사에서 놀이의 중요성에 대해 살펴보자. 저명한 교육심리학자인 제롬 브루너에 따르면 인간에게는 두 가지 사고 양식이 있다고 한다. 하나는 '패러다임 사고 양식' 혹은 논리-과학적인 사고 양식이고 다른 하나는 '내러티브 사고 양식'이다. 패러다임 사고 양식은 범주화, 개념화를 할 수 있게 하는데, 말 그대로 논리, 수학, 과학적 사고 양식이라고 할 수 있다. 브루너는 이 사고 양식을 '하향식top-down' 사고방식이라고 부르기도 하는데, '가설로 무장한' 이 사고방식은 다양한 현상과 텍스트에서 가설에 맞는 '증거를 수색'한다. 하지만 그 증거가 놓여 있는 '구체적인' 맥락에 대해서는 무관심하다. "패러다임 양식은 고도의 추상적 개념에 도달하는 것에 의해 특정한 것을 초월하려고 한다."51 이러한 '패러다임 사고 양식'은 실러의 '형식충동'과 비슷한 면이 있다.

반면 '내러티브 사고 양식'은 스토리, 흥미를 끄는 드라마, 비록 필연적으로 진실은 아니라 할지라도 믿을 수 있는 역사적 설명을 할 수 있게 만든다. 이 사고 양식은 어떤 결과가 어떤 과정을 거쳐서 거기에 이르렀는지를 보여주는 과정, 구체적인 맥락 속에 있는 인간 혹은 인간의 의도와 행위를 다룬다. 이 양식은 특수하고 구체적인 내용을 가진 경험을 특정한 시간과 장소에 위치시키려고 노력한다. 이런 점에서 '내러티브 사고 양식'은 실러의 '감각적 충동'과 닮아 있다.

그런데 우리의 관심을 끄는 것은 브루너가 이러한 두 가지 사유 방식이 "서로에게 환원될 수 없는 성격을 지니고 있다"라고 주장하는 대목이다. 결론적으로 브루너는 "불가피하게 한 양식을 희생시키면서 다른 한 가지 양식을 무시하거나 혹은 한 양식을 다른 양식으로 축소, 환원시키려는 노력은 사고의 풍부한 다양성을 파악하는 데 실패하게 된다"라고 주장한다.[52] 하지만 정말 이 두 사고 양식은 평행선을 그리며 가야 하는 것일까? 브루너가 놓치고 있는 것은 이 둘을 연결해주는 놀이의 역할이다. 앞서 살펴본 것처럼 이전에는 만날 수 없던 두 개의 사고 양식을 만나게 하는 것이 창의성이고 상상력의 역할이라면, 우리는 여기에서 다시 한번 서사에서 놀이의 중요성, 놀이와 교육의 만남과 연결, 그리고 새로운 충돌을 생각해볼 수 있겠다. 아이의 놀이에서 시인의 상상이 태동할지도 모르니까.

사물의 서사와 창의성

장태순

"서사적 존재자들의 세계는 고정된 객체들의
세계라기보다는 크고 작은 변화 속에서도 항구성을
유지하는 존재자들의 세계이다."

장태순은 서울대학교 물리학과를 졸업하고 같은 대학교 철학과에서 석사 학위를, 파리 8대학(생드니) 철학과에서 박사학위를 받았다. 프랑스 현대철학과 예술철학을 주로 공부하고 있다. 고등과학원 초학제연구단과 서울대학교 철학사상연구소의 연구원을 지냈고, 현재 한림대학교 생사학연구소 교수로 재직 중이다. 지은 책으로 『철학, 혁명을 말하다』(공저, 2018), 『체계와 예술』(공저, 2017), 『동서의 학문과 창조: 창의성이란 무엇인가?』(공저, 2016), 『현대 정치철학의 모험』(공저, 2010)이 있고, 옮긴 책으로 『비미학』(2010)이 있다.

들어가며

　무선인터넷과 인공지능의 발달로 인해 우리는 사람과 사물이 네트워크를 통해 이전에는 상상할 수 없었던 방식으로 연결되는 이른바 '초연결 시대'를 맞게 되었다. 초연결 시대는 인간과 인간을 둘러싼 환경적 요소들이 밀접하고 방대한 연결망을 통해 이어져 있는 시대를 가리킨다. 초연결 시대의 연결망을 구성하고 있는 연결은 크게 세 가지 유형으로 분류해볼 수 있다. 사람과 사람의 연결, 사람과 사물의 연결, 그리고 사물과 사물의 연결이 그것이다.

　먼저 사람과 사람의 연결을 살펴보면, 인터넷을 통해 사람들 사이의 연결이 예전과는 비교할 수 없을 정도로 쉬워졌고, 공간적 거리와 무관하게 밀접한 연결이 가능해졌다. 반면 개개 연결의 지속성은 약해지고 지속시간은 줄어들어, 개개인은 무한에 가까운 연결과 단절 속에서 살아가게 되었다. 우리가 스마트폰과 인터넷을 이용한 무수한 연결 가운데서도 어떤 공허함을 느끼는 이유 중 하나는 연결의 총량이 증가했음에도 개개의 연결은 지속적이기보다는 단속적이고 휘발적이기 때문일 것이다.

　다음으로 사람과 사물의 연결을 생각해보자. 초연결 사회 이전에 사람과 사물이 맺는 관계는 도구적 관계가 대부분이었다. 도구적 관계는 인간에게 본질적인 관계이며, 하이데거는 이 관계를 한편으로는 비판하면서도 전통적인 도구적 관계가 사물의 진실을 드러내는 것aletheia이라는 점에서 그 중요성을 인정하기도 하였다.[1] 미국의 기술철학자 돈 아이디Don Ihde는 인간과 기술적 사물의 관계를 체현

관계, 해석 관계, 타자 관계, 배경 관계라는 네 가지로 나누었는데,[2] 이런 분류는 하이데거가 말하는 도구적 관계를 확장하며 기술적 사물과의 관계에서 다른 가능성을 제시한다. 초연결 시대인 현대에는 아이디가 제시한 네 가지 유형의 관계가 보다 명백하게 드러나고 있다. 현재는 많은 사물이 인공지능을 탑재하고 있어 인간이 사물을 도구로 사용하기 위해 사물과의 연결을 시도할 뿐 아니라 사물이 인간에게 먼저 연결을 시도해 오기도 한다. 여론조사 등의 목적을 위해 자동으로 걸려오는 ARS 응답 요청 전화들이 대표적인 예이며, 미래에는 이런 일이 더욱 늘어날 것이다.[3]

마지막으로 살펴볼 것은 사물과 사물의 연결이다. 사물인터넷(IoT)의 발달과 보편화로 인해 이제는 인간을 거치지 않고 사물과 사물이 직접 소통하는 일이 많아졌으며, 앞으로는 더욱 많아질 것이다. 여기서 말하는 '사물과 사물의 소통'은 인간이 설정한 프로토콜을 답습하는 것이므로 진정한 의미의 소통은 아니라는 반론이 있을지도 모른다. 그러나 인공지능 사이의 소통은 과거의 기계장치에서 힘이나 에너지, 물질이 전달되는 것과는 본질적인 차이를 가지고 있는 것처럼 보인다. 정해진 프로토콜을 따르는 전통적 기계와 달리 인공지능은 상황에 따라 서로 다른 판단과 행위 가능성을 가지고 있으며, 특히 이 점은 빅데이터를 이용한 심층 학습deep learning으로 인해 인간이 예측할 수 없는 수준으로 나아가고 있다.

이 세 가지 연결을 살펴보면서 우리가 알 수 있는 것은 다음과 같은 놀라운 사실이다. 초연결 시대에 세 가지 연결은 본질적인 차이가 없으며, 정도의 차이만이 존재할 뿐이다. 사람이 다른 사람과 소통하는 것과 사물이 다른 사물과 소통하는 것 사이에서 본질적인 차이를 발견할 수는 없으며, 때로는 사람이 예전에 다른 사람과의 연결에서 추구했던 것을 사물과의 소통에서 찾을 수도 있다.[4] 이제 사람은 다른 사람과의 소통뿐 아니라 사물과의 소통에서 겪는 어려움도 진지하게 고민해야 하는 시대가 되었다.[5]

사물들 사이의 소통은 우리가 예상하지 못했던 문제를 야기할 수도 있다. 인터넷을 통해 소통하는 사물들은 자연물이 아니라 인공물이며, 인간이 목적과 의도를 가지고 작동 방식과 소통 방식을 규정하고 명령한 사물들이다. 그러나 이 사물들이 인공지능을 통해 자율적으로 판단하고 결정할 수 있는 범위가 넓어지면서 인간의 기대와 예측을 넘어서는 결과를 산출하는 경우가 발생하고 있다. 현재는 이런 경우를 프로그램의 버그처럼 수정할 수 있는 예외적인 상황으로 보는 시각이 대부분이지만, 단순 작업 이상을 수행할 수 있는 지적인 능력을 가진 인공일반지능artificial general intelligence이 출현할 경우 이 문제를 디버깅의 방식으로 접근하는 것은 불가능할 것이다. 인터넷상의 모든 정보를 바탕으로 판단하고 결정하는 인공일반지능의 행위는 인류 전체를 위험에 빠뜨릴 가능성도 있다. 인간과 소통하는 사물들은 인간에 의해 만들어졌지만, 인간이 예측할 수 없는 행동을 통해 (의도적이든 비의도적이든) 인간을 배반할 수 있는 가능성이 존재하는 것이다.

서사라는 문제는 이런 시대의 흐름과 무관한 것으로 보인다. 특히 사물의 서사성을 이야기하는 것은 다소 뜬금없는 논의로 들릴 수 있다. 서사는 인물의 문제가 아닌가? 서사에 대한 가장 넓은 정의는

"사건의 재현 혹은 사건의 연속"[6]이지만, 사물들 사이에서 일어나는 사건을 나열한다고 해서 그것을 '사물의 서사'라고 부를 수는 없을 것이다. 아리스토텔레스는 『시학』에서 비극을 정의하면서 "모방자[예술가 또는 시인]는 행동하는 인간을 모방"[7]한다고 했다. 사물이 목적의식적으로 행동하지 않을 때 서사가 성립할 수 있을까? 사물들의 움직임을 모방하는 것이 "완결된 행동의 모방일 뿐 아니라 공포와 연민의 감정을 불러일으키는 사건의 모방"[8]인 비극이 될 수 있을까?

이런 문제에 접근하기 위해 우리는 먼저 서사를 정체성의 문제와 관련하여 살펴보려고 한다. 리쾨르나 매킨타이어, 테일러 등의 서사주의자들은 인간의 정체성이 자기 서사와 밀접한 관계를 가지고 있으며, 한 인간의 행위규범이나 삶의 의미는 그 사람이 가지고 있는 자기 서사에 의해 결정된다고 주장한다.[9] 서사적 정체성에 대한 이들의 생각은 사물이 아닌 인간에게만 적용되는 것이며, 서사는 인간과 비인간의 결정적인 차이이다. 그러나 인간과 사물의 경계가 불분명해지는 초연결 시대에 사람에게만 정체성을 부여할 수는 없다. 이제는 사물, 특히 인간과의 연결 및 소통이 중요한 사물의 정체성을 고려해야 한다. 그렇다면 서사적 정체성을 통해 사물의 정체성을 규정하는 것도 가능하지 않을까? 모든 사물은 아니더라도 로봇과 같은 인간형 사물에서, 특히 이런 사물이 인간과 연결되는 지점에서 우리는 어떤 서사성을 발견할 수 있지 않을까?

서사적 정체성의 확장: 리쾨르에서 파핏으로

먼저 정체성에 대한 리쾨르의 논의에서 시작해보자. 리쾨르는 『시간과 이야기』 3권의 결론에서 서사적 정체성identité narrative이라는 개념을 제안한다.[10] 그는 이 대작에서 시간을 현상학적으로 사유할 경우 아포리아에 빠질 수밖에 없음을 보이고, 따라서 시간은 서사의 형태로만 사유 가능하다고 주장한다. 이런 시도의 귀결 중 하나로 그가 제안하는 서사적 정체성은 개인이나 공동체에 부여하는 실천적인 범주로서의 정체성이다.[11] 우리가 어떤 사람을 그의 출생에서 사망까지의 행동의 주체로서 지적할 때 고유명사로 지칭된 그는 시간의 흐름에도 불구하고 동일한identique 것으로 남아 있어야 한다. 그러나 인간은 시간 속에서 끊임없이 변하므로, 시간의 흐름에도 불구하고 그가 같은même 사람으로 남아 있는 것은 아니다. 이 아포리아를 해결하기 위해 리쾨르는 정체성identité이라는 개념의 두 측면인 동일함idem과 자기임ipse을 구분하고, 후자는 서사를 통해 확보될 수 있다고 설명한다. 나의 삶을 어떤 이야기로 이해할 때 그 이야기는 '내' 이야기이다. 어떤 사건을 경험하거나 어떤 행동을 하는 것은 '나'이며, 이렇게 내가 스스로를 나라고 인정하는 것은 나의 겉모습이 변하고 생각이 달라져도 유지될 수 있다. 내가 삶의 여정 속에서 정체성을 유지하고 있는 것은 태어났을 때의 나와 지금의 내가 동일하기 때문이 아니라, 언제나 그 삶을 나의 것으로 인정하며 받아들이고 있기 때문이다. 그런 의미에서 서사적 정체성은 시간이라는 변화 속에서 아포리아를 피할 수 있게 해주는 정체성 개념이다. 그리고 서사적 정체성은 정체성의 두 가지 측면 중에서 동일성mêmeté보다는 자기성ipséité에 초점을 맞춘 개념이다.

『시간과 이야기』를 출판한 이후 리쾨르는「서사적 정체성」[12]과 『타자로서 자기 자신』에서 서사적 정체성 개념을 세부적으로 수정하여 더욱 예리하게 만든다. 『타자로서 자기 자신』의 5장에서 그는 인격적 정체성identité personnelle[13]의 문제틀 속에서 서사적 정체성을 고찰하며, 서사적 정체성이 자기성만을 의미하는 것이 아니라 자기성과 동일성의 측면을 모두 가지고 있다고 말한다.[14] 그는 동일성 개념을 네 가지(수적 동일성, 질적 동일성, 중단 없는 연속성, 시간 속의 항구성)로 구분하고, 이중에서 특히 항구성permanence을 치밀하게 분석한다. 항구성은 시간의 흐름 속에서 다른 것들이 변함에도 불구하고 변하지 않는 특성을 가리킨다.[15] 리쾨르는 우리가 시간의 흐름 속에서 인격의 항구성을 이야기할 수 있는 근거로 성격의 항구성과 약속을 지키는 윤리적 태도를 든다.[16] 그런데 이 두 가지는 '나를 나라고 지칭할 수 있음', 즉 자기성을 전제로 하는 것이므로 항구성은 자기성 없이 생각할 수 없다. 이제 그는 서사적 정체성은 항구성과 자기성 사이[17]에 위치한다고 말함으로써 『시간과 이야기』의 입장에서 약간의 변화를 보인다. 그러나 이 변화는 인격적 정체성에서 자기성의 비중을 전혀 감소시키지 않는다. 리쾨르에게 개인 정체성의 핵심은 시간적 측면(서사성)과 자기성이며, 이 점은 영국의 윤리학자 데릭 파핏과의 논쟁에서 명백해진다. 『근거와 인격』[18]에서 파핏은 인격적 정체성을 큰 의미 없는 개념으로 간주하며 이 개념을 해소해버리고자 한다.[19] 그는 우리가 인격이라고 부르는 것을 신체와 두뇌로 환원하며, 한 인격의 삶이라고 부르는 것을 신체적 사건들과 정신적 사건들로 환원한다.[20] 이런 환원은 자기성을 포기하라는, 그리고 "우리가 우리 자신에 대해, 특히 우리의 늙음과 죽음에 대해 보다 덜 염려하라"[21]는 흥미롭고 긍정적인 실천적 함의를 지닌다. 그러나 리쾨르는 이런 실천은 자기성을 암묵적으로 전제하고 있으며, 따라서 자기성을 포기하는 것은 불가능하다고 본다.

> 파핏의 도덕적 고찰이 야기하는 것은 결국 자기성에 내재하는 위기이다. … 그러나 자기의 박탈 순간은 진정한 자기성에 본질적이 아닐까? 자신을 마음대로 자유롭게 사용할 수 있기 위해서는 어떤 식으로든 자기를 소속시켜야 하지 않을까?[22]

두 사람의 논쟁을 요약하자면 다음과 같다. 파핏은 리쾨르가 제시한 정체성의 두 가지 측면 중 자기성을 버리며, 인격적 정체성 개념은 중요하지 않은 것으로 본다.[23] 리쾨르는 자기성을 절대로 포기할 수 없는 것으로 보며, 자기성에 기반한 서사적 정체성을 인격적 정체성과 동일시한다. 리쾨르에게 인격이 가지는 정체성의 핵심은 자기성이며, 자기성은 서사성을 통해 지켜진다.

두 사람의 입장 차이는 리쾨르가 파핏이 제시한 곤혹스런 사례puzzling case 중 하나인 '원격 전송의 역설'을 검토할 때 명확해진다. 원격 전송teletransportation은 파핏이 사고실험을 위해 가정한 미래 기술로, 한곳에 있는 사물의 정보만을 다른 곳으로 전달하여 완전히 같은 사물을 구성하는 기술이다. 파핏이 제시한 상황은 다음과 같다. 원격 전송이 가능해진 시대에 우주비행사가 멀리 있는 천체로 여행하기 전에 이 기술을 이용하여 자신의 몸 전체의 정보를 목적지로 전송하고, 여행하던 도중에 사고를 당해 사망했다고 가정하자. 그러나 우리에게는 여행 직전에 원격 전송된 우주비행사의 신체 정보가 있으므로 이것으로 그를 재구성할 수 있다. 이렇게 재구성된 인물은 사망한 우주비행사와 같은 인물인가?

파핏이 이런 사례를 제시한 까닭은 자기성이라는 개념이 가진 모순과 비일관성을 보이기 위해서이다. 원격 전송의 경우처럼 자기성을 규정하기 힘든 이런 곤란한 경우가 존재하므로 이제 우리는 자기성이라는 개념을 버려야 한다는 것이 파핏의 주장이다. 반면 리쾨르는 서사적 정체성을 도입한다면 이 곤혹스런 사례를 해결할 수 있다고 제안한다. 새로 재구성된 우주비행사의 몸은 사망한 몸과 물질적으로는 완전히 같을지라도 과거의 몸이 겪어온 경험과 그로 인한 서사를 겪지 않았다. 파핏의 말대로 인격이 '신체와 두뇌'로 환원된다는 것을 받아들여도, 신체와 두뇌가 가진 역사성, 즉 경험한 시간과 경험의 내용은 대체할 수 없다. 그 경험, 그 역사, 그 시간이 정체성의 본질이며, 한 개인이 자신을 '나'라고 부를 때 지칭하는 것이 바로 이 서사라는 것이 리쾨르의 생각이다.

서사적 정체성에 대한 리쾨르의 생각은 상당한 설득력이 있다. 그런데 그가 말하는 서사적 정체성을 위해 자기성이 반드시 필요한 것인가? 서사적 정체성의 근원은 '인격' 또는 '주체'의 경험과 그 경험의 시간이다. 그런데 그 경험, 그 시간이 반드시 '내' 경험이고 '내' 시간이라고 말하는 주체가 있어야만 정체성이 성립하는 것은 아니다. 위에서 살펴본 곤혹스런 사례에 우주비행사 대신 반려동물을 놓아보자. 내가 키우던 개가 사고로 죽었다는 사실을 알고도 나는 재구성된 개를 이전의 개와 마찬가지로 받아들일 수 있을까? 생명체가 아닌 사물의 경우도 예외가 될 수는 없다. 내가 아끼던 자동차가 사고로 크게 부서졌을 때, 절반 이상을 새로운 부품으로 교체하여 자동차를 수리하는 경우와 완전히 똑같은 새 자동차를 사는 경우가 같은 것인가? 인간은 생명이 없는 사물과의 관계에서 둔감한 점이 많으므로 때로는 한 사물을 다른 것으로 교체해도 알아차리지 못할 수도 있다. 그러나 인간이 알아차리지 못한다고 해서 그것이 '같은' 사물일까? 생명은 없지만 인간과 밀접한 상호작용을 하는 인공지능 로봇의 경우를 생각해보자. 친구처럼 지내던 로봇이 파괴되었을 때 그 로봇의 인공지능 데이터를 백업해두었다면 완전히 똑같은 로봇을 재구성할 수 있을 것이다. 그렇다면 그것은 같은 로봇인가? 서사적 정체성 개념을 받아들인다면 우리는 두 로봇이 같은 사물이 아니라고 말해야 할 것이다. 그리고 여기에는 로봇의 자기성에 대한 어떤 가정도 필요하지 않다.

그러므로 우리는 이제 자기성 없는 서사적 정체성에 대해 이야기할 수 있다. 말하자면 우리의 입장은 리쾨르와 파핏의 중간에 놓여 있다. 파핏은 자기성을 부정하며, 그 결과로 인격적 정체성을 받아들이지 않는다.[24] 그런 점에서 볼 때 그의 존재론은 리쾨르가 말하는 대로 "준불교quasi-bouddhisme"[25]적이다. 리쾨르는 자기성을 받아들이며, 이를 서사적 정체성의 핵심 요소로 여긴다. 우리의 입장은 자기성을 포기하면서 항구성으로서의 서사적 정체성은 받아들이는 것이다. 그 결과 서사적 정체성은 인격적 정체성뿐 아니라 비인격적인 존재들의 정체성에 대한 규정으로 확장될 수 있다.

사물의 서사성: 들뢰즈의 세 가지 종합

서사적 정체성에 대한 이런 새로운 규정은 다음과 같은 즉각적인 반론을 불러일으킬 수 있다. 자기성을 배제한 서사적 정체성이 가능하다고 하자. 그것은 정체성의 한 형태일 수 있다. 그러나 거기에 정말로 서사성이 있는가? 문제의 사물이 시간과 사건을 겪은 것은 사실이다. 그러나 그 시간과 사건이 정말로 서사의 형태로 재구성되었는가? 사물이 겪은 사건, 또는 사물이 존재했던 시간이 리쾨르가 서술한 전형상화-형상화-재형상화의 과정을 거친다고 말할 수 있는가?[26] 확실히 자기성을 결여한 사물이 리쾨르가 말하는 삼중의 미메시스를 수행한다고 말하기는 힘들 것이다. 그러나 들뢰즈를 참조한다면 사물에게서도 미메시스에 상응하는 서사´구성의 과정이 일어남을 설명하는 것이 가능하다.

들뢰즈는 『차이와 반복』 2장에서 시간의 세 가지 종합이라는 개념을 제시한다.[27] 이 대목은 들뢰즈 시간론의 중요한 한 축일 뿐 아니라, 시간을 사유하기 위해서는 이야기로 구성(또는 형상화)해야 한다는 리쾨르적 입장에서 보면 들뢰즈의 서사 이론이기도 하다. 그러나 들뢰즈가 제안하는 서사의 과정은 리쾨르의 것과는 달리 자기성과 의식을 가진 인간을 반드시 필요로 하지 않는다. 흔히 들뢰즈의 세 가지 종합은 각각 현재, 과거, 미래를 구성하는 종합이라고 요약된다. 이중 첫 번째 종합은 다양한 사건 앞에서 이를 수동적으로 응시하는 정신이 그 안에서 어떤 규칙성을 발견하는 과정을 다룬다.

> 반복되고 있는 대상 안에서는 아무것도 변하지 않는다. 하지만 반복을 응시하고 있는 정신 안에서는 무엇인가 변하고 있다. 흄의 이 유명한 테제에 힘입어 우리는 문제의 핵심으로 나아갈 수 있다. … 흄이 사례로 드는 것은 경우의 반복이고, 이 반복은 AB, AB, A…라는 형태를 띤다. 각각의 경우, 각각의 객관적 요소 연속 AB는 다른 것에 대해 독립적이다. 반복(그러나 사실 아직 반복에 대해 말할 수 있는 처지가 아니다)은 대상 안에서, 사물들의 상태 AB 안에서는 아무것도 변화시키지 않는다. 반면 응시하는 정신 안에서는 어떤 변화가 일어난다. 정신 안에서 어떤 차이, 새로운 어떤 것이 발생하는 것이다. A가 나타난다고 해보자. 그러면 나는 이제 B가 나타날 것을 기대한다. 이것이 바로 반복의 대자적 측면이 아닐까? 이때 대자적 측면은 반복을 필연적으로 구성하고 있어야 하는 어떤 근원적 주관성에 해당한다.[28]

반복되는 현상을 응시하는 정신이 반복의 규칙을 발견하는 것은 하나의 변화이다. 반복되는 현상은 그것을 응시하는 정신을 변화시킬 수 있다. 들뢰즈는 이 과정이 인간 정신의 층위에서뿐 아니라 유기체의 층위에서도 일어난다고 본다. 생물은 외부 환경의 특정한 자극에 대해 일정한 반응을 할 때 생존확률이 높아진다. 이런 자극과 반응의 연결고리가 만들어지는 것[29]이 반복을 응시하는 정신이 규칙성을 발견하는 것과 근본적으로는 같은 과정이라는 것이 들뢰즈의 주장이다.

> 구성적 수동성의 질서 안에서 지각적 종합들의 배후에는 어떤 유기체적 종합들이 자리한다. 이는 마치 감관들의 감성이 우리의 존재에 해당하는 어떤 원초적 감성에 의존하는 것과 같다. 우리는 수축된 물, 흙, 빛, 공기이다. 우리는 그것들을 식별하거나 표상하기 전에, 심지어 그것들을 느끼기 전에 이미 수축된 물, 흙, 빛, 공기이다. 모든 유기체는 수축, 파지, 기대들이 어우러진 어떤 총합이다. 수용적이고 지각적인 요소들 안에서, 그리고 또한 내장(內臟)들 안에서 볼 때 모든 유기체는 수축, 파지, 기대 안에 놓여 있다.[30]

이렇게 만들어진 자극-반응 규칙의 집합체는 생물의 특성을 결정한다. 인간의 경우라면 이것을 성격이라고 부를 수도 있다. 이제 우리는 들뢰즈의 생각을 생물과 유사한 무생물인 인공지능으로 확장해볼 수 있다. 인공지능이 심층 학습을 통해 현상의 규칙성을 발견하는 과정도 들뢰즈적 관점에서는 시간의 첫 번째 종합의 한 가지 경우일 것이다. 빅데이터를 통해 우리는 특정한 인공지능에게 '성격'에 해당하는 어떤 특성을 부여하고 있는 셈이다.

들뢰즈가 제시하는 시간의 두 번째 종합은 첫 번째 종합에서 만들어진 규칙의 변이를 설명한다. 자극-반응 규칙은 특정한 상황과 특정한 조건에서 형성된 것이므로 이 상황과 조건을 벗어나서는 유효하지 않을 수도 있을 것이다. 그러나 한번 형성된 규칙들과 그 집합체인 '성격'은 쉽게 변하지 않는다. 새로운 상황과 조건 앞에서 '성격'의 주체는 새로운 자극-반응 규칙을 형성하기도 하지만, 그보다는 기존의 자극-반응 규칙에 약간의 변형이나 변경을 가하여 적응하는 경우가 더 많을 것이다. '성격'의 핵은 변하지 않은 상태에서 발생하는 이런 변화를 들뢰즈는 전치déplacement와 위장déguisement이라고 부른다.

> 두 현재가 현실적 계열 안에서 가변적인 거리를 두고 계속 이어지고 있다는 것이 사실이라면, 그 둘은 오히려 또 다른 본성의 잠재적 대상과 관계하면서 공존하는 두 현실적 계열을 형성한다. 이 잠재적 대상은 … 두 계열 안에서 끊임없이 순환하며 자리를 바꾼다. 반복은 한 현재와 다른 한 현재 사이에서 구성되는 것이 아니다. 반복은 이 현재들이 잠재적 대상(대상 = x)을 중심으로 형성하는, 공존하는 두 계열 사이에서 구성된다. 이 잠재적 대상은 부단히 순환하고 자기 자신과의 관계에서 언제나 자리를 옮기고 있다. … 그러므로 잠재적 대상의 자리바꿈[전치]은 여러 가지 위장들 중의 한 가지 위장으로 그치는 것이 아니다. 그것은 오히려 어떤 원리에 해당하는 위장이다. 이 원리를 통해 반복은 현실 안에서 비로소 위장된 반복으로 태어난다.[31]

들뢰즈의 두 번째 종합은 모든 서사가 포함하고 있는 '변형된 반복'의 기본 구조가 될 수 있다. 서사의 기본 구조는 사실상 동일하지만, 각 이야기는 서로 다른 상황을 제시하며 기본 구조를 변형시킨다. 서사 속의 인물은 서로 다른 상황 속에서 유사하지만 다른 행동을 보이며, 때로는 그런 경험을 통해 성격 자체에 변화를 겪기도 한다. 리쾨르가 말하는 재형상화 또는 미메시스 III은 텍스트가 독자 또는 청중을 만나는 과정을 기술한다. 이야기로 형상화된 세계가 실제 세계와 만나면서 그 안에서 서사의 시간을 펼치는 이 과정 역시 들뢰즈의 두 번째 종합으로 설명할 수 있을 것이다.[32] 객체지향 존재론자인 레비 브라이언트는 객체들의 상호작용을 기술하면서 객체들은 환경에 대해 선택적 관계만을 유지하며("실체는 … 자신의 환경 속에 현존하는 모든 교란에 대해 열려 있지 않다") 특정한 교란을 선택했을 경우에도 자기만의 조작을 통해 그것을 수용하면서 스스로 변환된다고 말하는데,[33] 이런 과정은 리쾨르가 말하는 재형상화 과정에 상응하는 사물적 과정으로 볼 수 있다.[34][35]

사물의 서사: 몇 가지 경우

그렇다면 지금까지 논의한 사물의 서사성을 이야기로 전달하는 것은 가능할까? 우리가 흔히 접하는 서사 매체에서 동식물이나 사물이 캐릭터[36]로 등장하는 이야기를 발견하는 것은 어렵지 않다. 그러나 이런 캐릭터들은 대부분 의인화를 거친 것이므로 진정한 의미의 비인간 생물이나 사물이라고 보기는 어렵다. 할리우드 영화에서는 주인공이 사람이 아닌 경우에도 철저히 의인화되며, 이는 〈라이언 킹〉처럼 동물이 주인공인 경우뿐 아니라 〈월-E〉나 〈토이 스토리〉처럼 무생물이 주요 배역을 맡은 경우에도 마찬가지이다.

불충분하지만 사물적 서사를 다루고 있는 작품으로는 로베르 브레송의 〈당나귀 발타자르Au hasard Balthazard〉(1966)를 들 수 있다. 이 작품에서 당나귀는 영화의 주연이면서도 다른 동물들과 달리 순수한 수동성만을 보여주는 대상이다.[37] 생물인 당나귀를 사물이라고 부르는 것은 조심스럽지만, 발타자르의 절대적 수동성은 흥미로운 질문을 던진다. 주인공이 완전히 수동적이기만 한 이야기는 가능한가? 우리가 알고 있는 이야기의 관행은 이런 이야기를 허용하지 않을 것이다.[38] 다만 이야기가 시작될 때 절대적인 수동성만을 가지고 있던 주인공이 이야기의 진행 과정에서 행위 능력을 얻는 경우는 이야기로서 성립할 수 있을 것이다. 들뢰즈의 첫 번째 종합에 해당하는 이런 이야기는 사물의 서사성을 보여주는 예가 될 수 있을 것이다.

그러나 현시대의 사물 서사의 주요한 관심은 인공지능과 로봇이라는, 인간을 닮은 사물들이다. 이 사물들은 자극에 대해 반응하도록 인위적으로 만들어진 사물들이며, 베르그손이 말하는 '감각-운동 도식'을 흉내낼 수 있는, 그리고 그것을 목적으로 하는 사물들이다. 이런 사물들은 처음에는 정해진 자극에 대해 정해진 반응만을 하는 가장 낮은 차원의 감각-운동 도식을 수행할 뿐이지만, 이것이 반복되면서 보다 고도화된 반응도 가능해진다. 특히 심층 학습 능력을 갖춘 인공지능은 프로그램의 설계자가 이해할 수 없고 설명할 수 없는 결과를 얻어낼 수 있으며, 이로 인해 예측 불가능하고 통제 불가능한 결과를 가져올 수 있다. 인공지능과 로봇은 '진화하는 사물'

이라고도 할 수 있으며, 인간에 가까운 반응 양태를 보이고 있다. 이렇게 감각-운동 도식이 점점 고도화되는 사물은 언젠가 자의식을 가지게 될 것인가? 인공적 사물의 진화는 들뢰즈가 보여주는 주체의 탄생에 다다를 수 있을 것인가? 이 질문에 대해서는 두 가지 다른 예측이 존재하지만, 어느 쪽도 결정적이지는 않다. 다만 어느 쪽이든 인공적인 사물들이 자신만의 '서사'를 가지고 있으며, 서사를 통해 그 사물들의 정체성을 규정할 수 있다고는 말할 수 있을 것이다.

인공지능을 가진 사물의 서사에서도 우리의 관심은 결국 인간과의 관계에 집중될 수밖에 없다. 우리와 교류하거나 의사소통하는 이런 사물들은 일차적으로는 인간을 위해 인간이 만든 인공물이며, 따라서 인간과의 소통을 위해 특화되어 있다. 그러나 다른 한편으로 이것들은 인간이나 생물이 아닌 사물들이며, 따라서 그것들의 사물성은 여전히 중요한 것으로 남아 있다. 이 사물들에게는 우리와 소통하는 면(인터-페이스)이 있으므로, 우리는 그 면을 통해 그 사물들의 모든 것을 알 수 있다고 착각한다. 그러나 그 사물들이 가진 다른 면은 대부분의 인간과 직접 소통 불가능한 사물적 측면이며, 이 측면에서 사물은 사물 본연의 모습을 드러내고 있을지도 모른다. 인간이 사물의 이런 측면과 만나는 일은 익숙한 사물을 낯선 타자로서 조우하는 경험이며, 이 경험은 일차적으로 공포와 전율이라는 감정을 불러일으킬 것이다. 컴퓨터나 로봇이 인간의 의지와 기대에 반하는 행동을 하는 이야기[39]에서부터 기계가 인간을 멸종시키거나 자신들을 위해 이용하는 이야기[40]에 이르기까지, 인공적 사물의 반란에 대한 서사는 최근에 성행하고 있으며, 그 서사들의 기원은 메리

셸리의 『프랑켄슈타인』에까지 거슬러 올라갈 수 있을 것이다. 그러나 그런 서사들 중 대다수는 사물들의 사물성이 인간성에 가까워지거나 사물들이 인간의 이미지로 나타남으로써 의인화되는 길을 따르므로[41] 진정한 의미의 사물 서사라고 부르기는 힘들다. 인간성과는 다른 사물성을 있는 그대로 보여주는 서사는 가능할 것인가?

맺는말: 서사적 창의성을 위하여

지금까지 우리는 리쾨르가 제안한 서사적 정체성 개념을 인격이 아닌 사물의 정체성으로까지 확장하는 작업을 시도해보았다. 이를 위해 먼저 리쾨르가 서사적 정체성의 핵심으로 간주했던 자기성을 포기하는 도박을 감수했으나, 그 결과는 파핏이 그리는 정체성 없는 사건들의 세계는 아니었다. 들뢰즈의 시간론 또는 발생 이론에 입각하여 그려낸 사물의 서사화 과정은 자기성 없이도 리쾨르의 삼중의 미메시스에 상응하는 이야기 구성이 가능함을 보여주었다. 사물의 서사적 정체성이 그리는 세계는 시간의 흐름을 견뎌낸 존재자들이 그 속에서 경험을 통해 변모된 모습을 정체성의 핵으로 담지하고 있는 세계이다. 존재자들은 때로는 시간 속에서 발견한 반복의 규칙을 자극에 대한 반응의 프로토콜로 탑재하고, 때로는 이미 탑재된 프로토콜을 변형하여 새로운 상황에 적응하려 시도한다. 서사적 존재자들의 세계는 고정된 객체들의 세계라기보다는 크고 작은 변화 속에서도 항구성을 유지하는 존재자들의 세계이다.

그렇다면 서사적 정체성을 지닌 사물들의 세계 속에서 창의성은 어떤 위치를 차지하는가? 엄밀히 말하자면 이 질문은 우문일 수 있다. 서사가 다양한 것들을 하나로 통일하고 정해진 형식에 변화를 가하여 만들어지는 것인 한, 서사성은 창의성 또는 창조성을 본질적으로 함축하고 있기 때문이다. 들뢰즈도 세 가지 종합에서 반복과 차이를 동시에 언급하고 있다. 현재 또는 습관을 생성하는 첫 번째 반복에 대해 그는 반복 가운데서 차이를 훔쳐낸다고 말하며, 과거를 생성하는 두 번째 반복에 대해서는 반복 가운데 차이가 포함되어 있다고 설명한다. 그러나 세 가지 종합 중 가장 창조적인 과정은 지금까지 우리가 언급하지 않았던 세 번째 종합일 것이다. 시간적으로는 미래를 구성한다고 말하는 세 번째 종합은 기존의 규칙과 그 변형이 완전히 파괴되면서 전적으로 새로운 사태로 이행하는 과정이다. 본질적인 단절과 근본적인 변화를 함축하고 있는 이 과정은 그 담지자에게 죽음과도 같은 큰 변화를 가져온다.[42] 이런 큰 변화 속에서는 자기성의 소멸이나 단절이 불가피하므로 서사적 주체의 자기성을 절대로 포기하지 않는 리쾨르의 입장에서는 이런 근본적인 변화를 서사성으로 설명할 수 있다고 보지는 않을 것이다. 반면 들뢰즈적 관점에서는 세 번째 종합은 인격적 존재의 (은유적인) '죽음과 부활'을 설명할 수 있을 뿐 아니라 비인격적 사물들의 근본적인 변화를 서사의 형식 안에서 설명하는 장치이다. 위에서 언급한 것처럼 인공지능이 의식을 가지게 되는 변화가 일어난다면 그것 역시 세 번째 종합을 통해 설명할 수 있을 것이다. 그리고 이를 통해 인간과 사물, 생물과 무생물의 경계를 넘나드는 서사가 가능함을 다시 확인할 수 있을 것이다.

연상호 감독의 SF 영화 〈정이〉에 나타난 포스트휴먼 시대의 서사적 욕망

신정아 · 최용호

"신체가 기억의 흔적을 간직한다는 것은
신체가 자기성을 보존한다는 것과 다르지 않다."

신정아는 프랑스 파리 3대학(소르본 누벨)에서 문학박사학위를 받았으며, 현재 한국외국어대학교 프랑스학과 교수로 재직 중이다. 프랑스 문학, 예술, 영화 등에 관한 강의를 하고 있으며, 프랑스어권 문학작품 연구와 더불어 현대사회와 문화를 비평적으로 읽고 분석하는 데 관심이 있다. 지은 책으로 『노랑 신호등』(공저, 2012), 『바로크』(2004) 등이 있고, 옮긴 책으로 『수전노 외』(2021), 『신앙과 지식/세기와 용서』(공역, 2016), 『정념의 기호학』(공역, 2014), 『페드르와 이폴리트』(2013), 『번역가의 초상』(2007) 등이 있다.

최용호는 한국외국어대학교에서 프랑스어를 전공하고, 프랑스 파리 10대학에서 소쉬르의 시간 개념에 관한 논문으로 언어학 박사학위를 받았다. 현재 한국외국어대학교 프랑스학과 교수로 재직 중이다. 지은 책으로 『소쉬르는 이렇게 말했다』(2017), 『노랑 신호등』(공저, 2012), 『서사로 읽는 서사학』(2009), 『의미와 설화성』(2006), 『광고 커뮤니케이션 문화 마케팅』(2005), 『텍스트 의미론 강의』(2004), Le temps chez Saussure(2002) 등이 있고, 옮긴 책으로 『신앙과 지식/세기와 용서』(공역, 2016), 『정념의 기호학』(공역, 2014), 『일반언어학 노트』(공역, 2007) 등이 있다.

우리 시대의 서사적 욕망

　시대마다 그 시대에 고유한 주요 서사적 욕망이 있다.[1] 아주 먼 옛날 신들의 이야기에 숨을 죽이던 시대가 있었고, 화톳불 주위에 모여 앉아 기사들의 모험담에 귀를 세우던 시대가 있었다. 고전주의 시대는 왕실과 귀족들의 일거수일투족이 이목을 끌던 시대였다. 그런가 하면 구체제를 무너뜨린 프랑스대혁명 이후 서구에서 서사적 욕망을 자극한 것은 개인이라는 이름의 낯선 존재였다. 19세기 독자들은 신들의 변덕이나 기사들의 영웅담 혹은 귀족들의 궁정 생활이 아니라 유독 개인의 사생활에 호기심이 동했다. 주지하다시피 탐정소설은 이러한 호기심에 호응한 대표적인 장르였다.『육체와 예술』의 저자 피터 브룩스에 따르면 이 시기에 "육체에 새긴 자국을 사회적 기호학과 통제의 보편적인 체제로 편입하려는 시도가 나타남과 동시에 숨겨지고 정체가 드러나지 않은 개인에 대한 두려움과 호기심을 보여주는 문학작품들이 나타나기 시작한다. 19세기에 창조된 탐정소설은 이 시기에 들어 사회적 사찰의 열외에 남아 있으려는 비밀에 감춰진 개인들을 찾아내고 정체를 판명하려는 노력이 심화되었음을 단적으로 보여준다."[2] 그렇다면 우리 시대에 고유한 서사적 욕망은 무엇일까? 우리가 살아가는 21세기에 서사적 욕망을 자극하는 요인, 달리 말해 독자나 관객의 몰입을 유도하는 모티프는 더 이상 개인의 비밀이 아니다. 코로나 사태 이후 더욱 가속화된 4차산업혁명 시대에 우리에게 "두려움과 호기심"을 동시에 불러일으키는 대상은 무엇보다 인간이면서 기계인, 아니 어쩌면 인간도 기계도 아닌,

요컨대 인간이 자신의 형상을 본떠 창조했다는 의미에서 안드로이드Android라고 불리는 포스트휴먼의 존재라고 할 수 있다. 20세기 중반 이후 SF에서 본격적으로 모습을 드러내기 시작한[3] 이 기괴한 존재는 이제 '호모' 사피엔스의 시대가 저물고 호모 '데우스'의 시대가 도래하고 있음을 예고하는 강렬한 형상 중 하나로, 오늘날 대중문화 예술 분야를 넘어 기술과학 분야는 물론 첨단산업 및 상업 분야에서 우리의 호기심과 상상력을 자극하고 있다.

왜 사람들은 특정한 시대에 특정한 이야기에 빠지게 되는 것일까? 서사적 욕망은 두 가지 차원에서 이 질문에 대답한다. 이데올로기적 차원과 유토피아적 차원이 그것이다. 이데올로기적 차원에서 서사적 욕망은 특정한 시대가 감추거나 드러내고, 억압하거나 고발하는 사회적 모순에 대한 자각을 포함한다. 이데올로기가 경제적인 하부구조와 직결된 — 억압적이든 피억압적이든 — 계급의식으로 상부구조를 재생산하는 역할을 담당한다고 할 때, 문화적 텍스트에 투영된 모순은 프레드릭 제임슨의 해석학에 따르면[4] 공동체의 갈등과 위기를 유표화하고 극화하는 알레고리적인 언표로 이해될 수 있을 것이다. 이러한 모순에 대한 자각이 반드시 사실주의적으로 표현되어야 하는 것은 아니다. 오늘날 SF 장르가 유행하고 있는 것은 이 장르가 사실주의 양식보다 우리 시대의 모순을 표현하기에 더 적합하게 여겨지기 때문이다. 유토피아적 차원에서 서사적 욕망은 계속해서 프레드릭 제임슨의 표현을 빌리자면 "실제 모순의 상상적 해결"[5]을 촉구한다. 이러한 상상적 해결이 모순으로 분열된 공동체에 통일성을 부여하려는 불가능한, 다시 말해 유토피아적인 시도로 파악되어야 한다는 것이 마르크스주의자의 변론이다. 그에 따르면 광고를 포함하여 모든 문화적 텍스트는 "유토피아적 충동"[6]을 담고 있고, 그것이 지배계급의 것이든 피지배계급의 것이든 유토피아적 충동은 "집단의 통일성"[7]을 표현한다. 요컨대 서사적 욕망은 공동체의 삶에 시대마다 다른 방식으로 개입하는 이 두 가지 차원이 문화적 산물에 상호 침투하여 만들어낸 하나의 가상에 대응하는 것으로 정의될 수 있다. 시대마다 서사적 욕망의 형태가 다르게 나타나는 것은 이처럼 시대마다 해결해야 하는 모순이 다르고 시대마다 상상하는 공동체의 이상이 다르다는 것을 고려하면 충분히 이해할 수 있는 현상이다. 문제는 한 시대가 씨름하는 모순이 무엇이고 이를 극복하기 위해 고민하는 지점들이 무엇인가를 드러내는 작업이 될 것이다.

연상호 감독의 첫 SF 영화 〈정이〉는 우리 시대를 사로잡고 있는 서사적 욕망이라는 역사적 지평에서 두 가지 주제 의식을 뚜렷하게 드러낸다. 하나는 필립 K. 딕의 SF 소설 『안드로이드는 전기양을 꿈꾸는가?』(1968)의 출간 이후 반복해서 제기됐던 인격적 정체성에 관한 질문이다. 오늘날 이 문제는 신체와 정신의 관계에 관한 오랜 ― 그리스신화에 등장하는 '테세우스의 배'에서 존 로크의 '왕자의 기억을 지닌 구두 수선공'을 거쳐 폴 리쾨르의 '타자로서의 자기 자신'에 이르기까지 ― 철학적 아포리아를 더욱 극단으로 밀어붙이는 방식으로 제기된다. 정체성의 토대는 신체에 있는가? 정신에 있는가? 신체가 의체義體로 바뀐다면 이러한 물리적 변화는 인격적 정체성에 어떤 영향을 미치는가? 의체에 이식된 기억은 여전히 정신적 지위를 유지할 수 있는가? 가장 높은 수준의 의식이 자기의식이라고 할 때 안드로이드는 과연 이 수준에 도달할 것인가? 만약 도달한다면 사회적 혹은 정치적으로 어떤 문제가 발생할 것인가? 정체성과 관련된 이러한 일련의 질문들은 우리 시대가 떠안아야 하는 모순이 새로운 차원에 접어들었음을 시사한다. 다소 허황된 말로 들릴 수도 있겠지만, 역사학자 유발 하라리가 지적한 대로[8] 향후 공동체의 운명에 위협이 될 수 있는 요인은 인간과 비인간, 휴먼과 포스트휴먼 사이에 존재하는 모순이 될 수 있다. 연상호 감독은 〈정이〉에서 이 모순을 철학적인 차원뿐만 아니라 정치사회적이고 기술 과학적이면서도 상업적인 차원으로 끌고 가면서 더욱 복잡하게 만든다.

다른 하나는 포스트휴먼의 시대에 도덕적 실체에 관한 질문이다. 지금 세기적으로 에피스테메의 지각변동이 일어나고 있다는 모종의 예감은 무엇보다 도덕적 실체가 흔들리면서 점차 확신으로 바뀌고 있다. 프랑스대혁명 이후 일어난 가장 큰 변화는 신적 질서가 도덕적 실체를 보증할 수 없다는 자각에 기인한다. 말하자면 신이 창조한 세계 무대에서 주인공은 신이 아니라 인간이라는 자각이 그것이다. 그런데 지금 우리가 감지하는 또 다른 변화는 신적 질서를 대체한 인간적 질서마저도 도덕적 실체를 보증하는 데 무력하다는 인식과 무관하지 않다. 이러한 인식이 몰고 올 결과는 현재로서는 예측하기조차 어렵다. 다만 인류세Anthropocene 또는 자본세Capitalocene로 대변되는 인간이 세운 세계 무대에서 인간이 창작자일 수는 있어도 주인공은 아닐 수 있다는 새로운 자각이 그 결과 중 하나일 것임은 분명해 보인다. 안드로이드 정이가 산 정상에서 세계를 내려다보는 영화 〈정이〉의 마지막 장면은 '세계는 무엇인가?'라는 질문을 진한 여운으로 남긴다. 연상호 감독은 특히 국내에서 지나치게 한국적이라는 비판을 받았던 멜로드라마적 장치들을 작품 곳곳에 배치함으로써 이 세계를 도덕적인 것으로 만들고 있는데, 우리가 보기에는 역설적으로 바로 여기에 그의 작품이 지닌 시대를 관통하는 보편성이 자리한다.

우리가 이 글에서 검토하고자 하는 것은 바로 이 두 가지 주제의식에 관한 것이다. 첫 번째 주제 의식과 관련해서 살펴볼 것은 다름 아닌 안드로이드의 정체성이다. 존 로크가 『인간 지성론』 2권 27장 「동일성과 차이성」에서 논한 '왕자의 기억을 간직한 구두 수선공' 사례가 앞으로 전개할 논의에 길잡이가 되어줄 것이다. 이 사례는 인격적 정체성과 관련하여 제기될 수 있는 문제의 규모를 가늠하는 하나의 척도를 제공해준다. 이 척도에 대한 기호학적인 — 우리가 동원하고자 하는 기호학적인 분석 도구는 파리학파 기호학에서 고안한 기호사각형semiotic square과 긴장 도식tensive schema이다 — 모델링 작업을 통해 오늘날 인격적 정체성이 논의되는 인식론적 맥락이 좀 더 선명하게 드러날 것이다. 특별히 우리가 〈정이〉에서 관심을 두고자 하는 대목은 신체의 움직임이 정체성 형성에 개입하는 방식, 좀 더 구체적으로 말하자면 의식의 기억이 아니라 신체의 기억이 작동하는 방식이다. 기억이 서사성의 구성요소라고 한다면 분명 신체의 서사성이라고 불릴 만한 것이 존재할 것이다. 두 번째 주제 의식과 관련해서 우리가 주목할 지점은 연상호 감독의 영화 미학에서 멜로드라마적인 상상계가 수행하는 역할이다. 피터 브룩스에 따르면 "멜로드라마는 절대로 소멸하지 않을 것이다. 멜로드라마는 놀라울 정도로 융통성을 가진 형식이기 때문에 오히려 스스로를 변형시킨다. 멜로드라마의 플롯, 수사학, 비전의 전제는 다른 많은 매체에서 일련의 주제를 위해 이용될 수도 있다. 멜로드라마는 여전히 오늘날 우리와 함께 있다."[9] 우리가 이 글에서 논의의 전거로 삼고자 하는 피터 브룩스의 『멜로드라마적 상상력』은 흔히 '한국적 신파'라는 이름으로 불리곤 하는 K-콘텐츠의 멜로드라마적인 양상이 오늘날 왜 글로벌한 소구력을 지닌 콘텐츠로 수용되고 있는가를 설명할 수 있는 실마리가 된다. 이 책에서 피터 브룩스는 멜로드라마를 "도덕적 상상력에 관한 표현주의"[10]로 정의한다. 우리가 보기에 연상호 감독의 작품들은 브룩스적 의미에서 멜로드라마적 형식에 가장 가까운 미학적 성취를 보여준다. 예를 들어 〈부산행〉이나 〈정이〉에서 연출되는 감정의 극화는 도덕적 인지의 촉구로 이어진다. 연상호 감독이 구축한 멜로드라마적 상상계는 이러한 도덕적 인지가 공동체의 운명에 대한 성찰로 이어지도록 유도하는 서사적 장치라는 것이 우리가 앞으로 살펴볼 작업가설이다.

왕자와 구두 수선공

『인간 지성론』 2권 27장 「동일성과 차이성」에서 존 로크는 왕자의 의식이 구두 수선공의 신체에 이식되었을 때 이 둘 중 누가 인격적 정체성을 유지할 것인가라는 질문을 제기한다. 이 사례가 곤혹스러운 까닭은 서구 형이상학의 토대를 구성하는 요소 중 하나인 본질과 외관의 이분법을 뒤틀어 이 토대 자체를 뒤흔들기 때문이다. 이 사례에서 왕자와 구두 수선공은 모두 기괴한 존재의 형상으로 변형된다. 왕자는 본질은 왕자지만 외관은 왕자가 아니고 구두 수선공은 외관은 구두 수선공이지만 본질은 구두 수선공이 아닌, 말하자면 존재론적 변형을 겪는다. 존 로크는 「동일성과 차이성」에서 본질과 외관이 일치하지 않고 이처럼 어긋날 때 정체성을 보장받을 수 있는 조건이 무엇인지에 대해 질문한다. 인격적 정체성personal identity이라는 개념이 이 질문에 대한 그의 대답이다. 로크 이후 철학사에서 ─ 최근 매킨타이어, 테일러, 리쾨르에 이르기까지 ─ 숱한 철학적 논쟁을 불러일으킨 이 사고실험은 오늘날 실험실에서 과학적으로 그리고 공학적으로 다루어지고 있으며, 철학적 논쟁의 맥락을 넘어서서 인류에 대한 하나의 도전으로 심각하게 받아들여지고 있다. 최근 웹툰, 웹소설, 드라마나 영화에서 자주 등장하는 ─ 〈내 안의 그놈〉, 〈겟아웃〉, 〈철인왕후〉, 〈재벌집 막내아들〉, 〈환혼〉 등 ─ 회귀물, 영혼 체인지물, 좀비물, 크리처물 등은 로크가 제기한 인격적 정체성의 수수께끼가 라캉의 용어를 빌리자면 우리 시대 서사적 욕망의 원인, 다시 말해 '대상 a'가 되고 있음을 잘 보여준다.

로크의 논의를 좀 더 자세히 따라가기 위해 본질과 외관의 대립을 기본축으로 하는 기호사각형을 구축해보자. 파리 기호학파 그레마스가 제안한 기호사각형은 반대와 모순 그리고 함의라는 논리·의미론적 관계로 이루어진 하나의 도식이다. 기호사각형을 구축하는 과정에서 반대 관계가 확정되면 이어서 이 관계를 구성하는 각각의 항에 모순, 다시 말해 부정이라는 작용이 적용된다. 서구 형이상학의 전통에서 본질의 반대는 외관이고 외관의 반대는 본질이다. 본질의 모순은 비非본질이고 외관의 모순은 비非외관이다. 반대와 모순이 이처럼 항들을 분리하여 거리를 벌린다면 함의는 이들을 다시 연결하는 기능을 수행한다. 본질로부터 분리된 비본질이 외관을 함의하고 외관으로부터 분리된 비외관이 본질을 함의함으로써 사각형 모양을 갖춘 하나의 공간이 구획된다. 이 공간은 문화적 텍스트에서 이분법적으로 — 여기서는 본질과 외관의 대립으로 — 구축된 이데올로기적 체제의 잠재적 가능성을 선先결정하는, 프레드릭 제임슨의 용어를 빌리자면 이른바 "이데올로기적 봉쇄" 기능을 수임한다. 인격적 정체성의 기호사각형에서 한편으로 순수한 의식으로만 존재하는 왕자의 자리와 다른 한편으로 순수한 신체로만 존재하는 구두 수선공의 자리를 지정하면 다음과 같다.

〈그림 1〉 인격적 정체성의 기호사각형

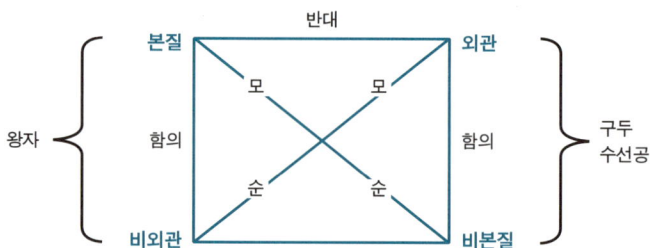

로크의 도덕철학에서 인격적 정체성을 보증하는 심급은 위 기호사각형에서 구두 수선공의 자리가 아니라 왕자의 자리다. '인격적 정체성'이라는 표현에서 '인격적'은 '인간적'과 구분되는 개념이다. '인간적'은 '영혼'과 '신체'를 모두 포함하는 개념이다. 로크의 개념적 체제에서 영혼과 신체는 모두 실체적인 것으로 정의된다. 신체뿐만 아니라 영혼도 하나의 실체인 것이다. 이와 다르게 '인격적'은 순수하게 비실체적인 의식만을 가리킨다. 여기서 문제의 어려움이 발생한다. 영혼과 의식을 어떻게 분리할 수 있을까? 로크는 대지에 아리스토텔레스의 영혼이 깃들었다고 해서 대지가 아리스토텔레스가 되는 것은 아니라고, 다시 말해 아리스토텔레스의 인격적 정체성이 대지에 부여되는 것은 아니라고 논증하면서 영혼과 의식을 구분한다. 로크에 따르면 의식의 최고 형태는 자기의식으로 나타난다. 논란의 여지가 있겠지만 로크가 의식과 구분하고자 한 영혼은 이러한 자기의식이 결여된 의식적 활동을 수행하는 정신적 실체에 가까운 무언가로 파악될 수 있을 것이다.

구두 수선공의 몸을 한 왕자의 의식이라는 정체성의 문제가 제기하는 수수께끼가 해결의 실마리를 발견하는 지점은 자기의식의 한 형태로 기억이 도입되는 대목이다. 자기 자신에 대한 의식이 기억의 형태로 보존될 수 있을 때 정체성이 보장된다는 것이다. 리쾨르가 로크의 인격적 정체성을 시간적 정체성이라고 부르는 이유가 바로 여기에 있다.[11] 로크의 개념적 체제에서 기억은 의식적 기억으로, 다시 말해 자기의식의 한 형태로 파악된다. 시간적 혹은 인격적 정체성을 보증하는 심급이 왕자의 자리인 것은 이 자리가 순수하게 의식적 기억이 지배하는 권역이기 때문이다. 문제는 기억이 의식적 형태로만 존재하는 것이 아니라는 데 있다. 나의 기억이 나의 과거 경험에 대한 것이고 이 경험이 나의 신체와 분리될 수 없는 체험이라면 ― 비록 의식적이지는 않다고 하더라도 ― 신체적 기억이라고 불릴 만한 것이 존재한다고 얼마든지 가정할 수 있다. 이런 점에서 로크가 제시한 사례에서 신체적 기억을 고려하지 않은 것은 유감스러운데, 왜냐하면 구두 수선공은 누구보다도 신체적 기억이 강한 직군에 속한 사람이기 때문이다. 가령 왕자가 아침에 일찍 일어나 구두를 수선하고 있는 자기 자신을 문득 발견할 수도 있다는 말이다.

오늘날 포스트휴먼이 제기하는 정체성 문제는 위에서 기호사각형으로 제시한 왕자의 자리와 구두 수선공의 자리 사이에서 발생하는 긴장으로부터 활력을 얻고 있다. 순수한 의식적 기억에 기초한 인격적 정체성이라는 개념은 이러한 긴장이 마치 존재하지 않는 것처럼 이를 간과하거나 묵인한다. 정체성의 문제는 이 긴장의 성질을 올바르게 파악할 때 비록 완전히 해결될 수는 없다고 하더라도 더욱 풍요로운 결실을 볼 수 있을 것이다. 이 긴장이 의식적 기억과 신체적 기억 사이에서 더욱 고조되는 것은 분명해 보인다.

다소 복잡해진 논의의 구조를 좀 더 뚜렷하게 드러내기 위해 파리학파 기호학에서 사용하는 또 다른 분석 도구인 긴장 도식을 가져와 이 문제에 대입해보자. 긴장 도식은 강도intensity와 외연extension의 상관관계correlation로 이루어진 그래프를 가리킨다. 강도는 질적인 등급으로 정도가 강하거나 약할 수 있고 외연은 양적인 등급으로 범위가 제한되거나 확장될 수 있다. 상관관계는 강도의 변화에 외연의 변화가 상응하고 외연의 변화에 강도의 변화가 상응함을 나타낸다. 정체성의 긴장 도식은 정체성의 등급이라는 강도의 세로축과 신체의 범위라는 외연의 가로축 사이의 상관관계로 다음과 같이 구축된다.

〈그림 2〉 정체성의 긴장 도식

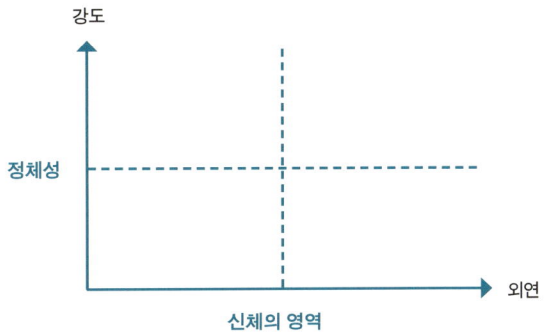

위 그래프에서 정체성은 고정불변하는 형태가 아니라 변화 가능한 것으로, 강력할 수도 있고 미약할 수도 있는 하나의 강도를 지닌 것으로 정의된다. 신체의 외연이 제한적이라는 것은 신체의 영역이 하나의 신체에 국한됨을 뜻하고 확장적이라는 것은 신체의 영역이 하나 이상의 신체로, 여러 신체로, 또는 여러 의체로 확대될 수 있음을 뜻한다. 정체성의 강도와 신체의 외연과의 상관관계는 다음과 같은 네 가지 유형으로 세분될 수 있다.

- 첫 번째 유형은 정체성의 강도는 강하고 신체의 외연은 제한적인 경우다.
- 두 번째 유형은 정체성의 강도는 약하고 신체의 외연은 제한적인 경우다.
- 세 번째 유형은 정체성의 강도는 강하고 신체의 외연은 확장적인 경우다.

- 네 번째 유형은 정체성의 강도는 약하고 신체의 외연은 확장적인 경우다.

첫 번째 유형에서 본질과 외관은 정확히 일치한다. 자신의 신체와 영혼 그리고 자기의식을 모두 갖춘 왕자 또는 구두 수선공이 이 유형에 속한다. 이는 로크가 옹호하는 인격적 정체성뿐만 아니라 신체와 영혼을 포함한 실체적 정체성까지 모두 갖춘 경우라고 할 수 있다. 이 유형에서 신체의 영역은 오직 하나의 신체에 국한되기 때문에 제한적이다. 두 번째 유형은 인격적 정체성의 강도가 약화되고 실체적 정체성만 유지되는 경우다. 왕자에게 의식을 빼앗긴 상태에서 자신의 신체와 영혼만을 간직한 구두 수선공이 이 유형에 속한다. 세 번째 유형에서는 로크가 정식화한 인격적 정체성이 강하게 드러난다. 왕자의 의식은 구두 수선공의 신체뿐만 아니라 다른 사람의 신체 속으로 자유롭게 유영하면서도 자기의식을 유지할 수 있는, 다시 말해 자신의 인격적 정체성을 보존할 수 있는 놀라운 재능을 지니고 있다. 네 번째 유형은 로크의 용어법에 따르면 의식과 구별되는 영혼 정체성만이 지속되는 경우다. 하나의 영혼이 자기의식이 결여된 상태에서 여러 신체로 여행하는 경우가 이에 해당한다. 정체성의 긴장 도식을 제시하면 다음 〈그림 3〉과 같다.

로크가 의식과 구분한 영혼이라는 개념은 오늘날 새로운 의미로 재평가될 수 있다. 컴퓨터 프로그램은 하나의 소프트웨어로서 여러 하드웨어에 장착될 수 있다는 특징을 지닌다. 우리가 로크의 용어를 차용하여 영혼 정체성이라고 부른 것은 컴퓨터 프로그램과 같

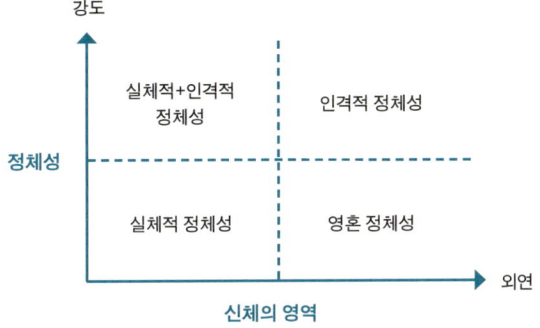

〈그림 3〉 정체성의 긴장 도식 — 왕자

은 것으로 이해될 수 있다. 영화 〈그녀Her〉에서 스칼렛 요한슨이 목소리로 연기한 운영 시스템처럼 특이점을 통과하여 자기의식을 획득한 예외적인 경우가 아니라면 아무리 프로그램의 인식능력이나 계산능력이 뛰어나다고 해도 이 프로그램에 로크적 의미에서의 자기의식을 부여할 수는 없을 것이다. 우리가 앞으로 살펴볼 영화 〈정이〉에서 하나의 상품으로 개발된 안드로이드 정이는 자기의식을 결여한 존재, 다시 말해 영혼 정체성만을 지닌 존재라고 할 수 있다. 비록 영혼과 의식을 구분하는 것이 철학적으로 논란의 여지가 있다고 하더라도 최근 등장한 '챗GPT'처럼 뛰어난 인지능력을 갖춘 컴퓨터 프로그램의 존재는 로크의 구분에 새로운 의미를 부여할 수 있는 해석학적인 전망을 제공해준다.

인격적 정체성에서 신체적 정체성으로

연상호 감독이 스크린에 담은 안드로이드 정이는 로크가 제기한 인격적 정체성의 문제를 더욱 극단적인 지점으로 끌고 간다. 환경오염으로 지구를 벗어나 우주 공간에 셸터를 짓고 거기에 거주하는 미래 사회는 뇌의 무한 복제가 가능한 사회다. 연상호 감독은 이 사회를 빈부격차가 극에 달한 극단적인 계급사회로 묘사한다. 앞서 유발 하라리가 포스트휴먼에 속한 슈퍼휴먼과 휴먼에 속한 호모 사피엔스 사이에 자리하는 극복 불가능한 계급구조에 주목했다면, 연상호 감독은 이러한 계급구조를 포스트휴먼들 사이에, 좀 더 정확히 말해 안드로이드들 사이에 재도입한다. 계급구조는 뇌를 복제하는 방식에 따라 A형, B형, C형 안드로이드로 삼분된다. 이때 사회적 계급은 뇌가 처리하는 정보의 소유권과 의체의 수에 의해 결정된다. 복제를 위해 천문학적인 비용을 지불해야 하는 A형 안드로이드는 소유권이 안드로이드 개인에게 주어지는 유형이다. 의체의 수도 하나로 제한된다. 물론 의체가 수명을 다할 때는 얼마든지 교체 가능하다는 점에서 A형 안드로이드의 기억을 다운로드할 수 있는 의체의 수는 이론적으로는 무제한이다. 말하자면 셸터는 영생이 기술적으로 가능한 천공의 섬인 것이다. 그런 상황에서 A형 안드로이드에게 의체의 수를 — 잠정적으로 — 하나로 제한한 것은 인류에 상응하는 인격권을 부여하기 위한 조치로 이해될 수 있다. 요컨대 A형 안드로이드의 경우 정체성의 강도는 강하고 신체의 외연은 제한적이다. 한편 A형보다 복제 가격이 저렴한 B형 안드로이드의 경우에는 A형과 마찬가지로 의체의 수는 하나로 제한되지만, A형과 다르게 뇌가 처리하는 정보의 소유권은 국가에 귀속된다. A형 안드로이드가 인간에게 보장된 모든 권리를 재보장받는다면 B형 안드로이드는 결혼, 거주 이동의 자유, 아동 입양의 권리 등이 제한된다. 기억 정보가 국가에 귀속되면서 B형 안드로이드의 인격으로서의 정체성은 약화될 수밖에 없다. 이러한 차이를 설명하고자 할 때 로크가 제안한 의식과 영혼의 구분이 적절해 보인다. B형 안드로이드를 공익 업무에 투입하려면 업무 수행에 필요한 인지능력은 보존하면서도 자기의식의 개입은 어느 정도 차단해야 한다. 다시 말해 뇌를 복제할 때 자기의식과 관련된 상당 부분을 삭제하고 인지적 역량과 관련된 부분만을 스캔할 수 있어야 하는 것이다. 마지막으로 뇌를 복제하는 대가로 비용을 지불하는 것이 아니라 오히려 금전적 보상이 그 가족에게 주어지는 C형은 기억 정보의 소유권이 전적으로 기업으로 이전되고, 이식 가능한 의체의 수도 무제한적으로 늘어난다. C형 안드로이드의 경우 자기의식이 거의 남아 있지 않아야 상업적인 활용도를 최대치로 끌어올릴 수 있다. 이렇게 C형 안드로이드로 다시 태어난 휴먼은 컴퓨터 프로그램과 닮은 영혼만을 보존한 포스트휴먼으로 살아가게 된다. 미래 사회의 이러한 계급구조를 앞에서 제시한 정체성의 긴장 도식에 대입하면 다음 〈그림 4〉와 같다.

프레드릭 제임슨은 『정치적 무의식』에서 문화적 텍스트가 상상적으로 해결하고자 하는 모순을 사회적인 계급적 적대가 투사된 것으로 간주한다. 글로벌 금융자본주의가 지배하는 오늘날의 사회에서 0.1%에 속한 슈퍼리치 ― 하라리는 이 존재를 슈퍼휴먼이라고 부

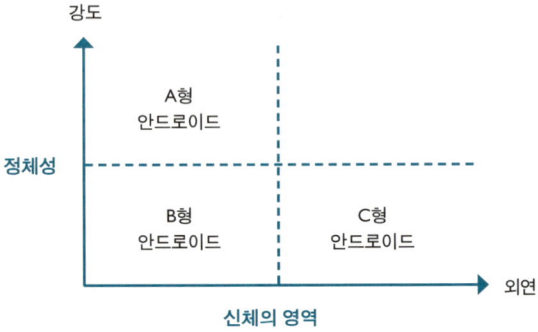

〈그림 4〉 정체성의 긴장 도식 — 안드로이드

른다 — 와 99.9%에 속한 대중 — 하라리는 이 존재를 호모 사피엔스라고 부른다 — 사이에 존재하는 빈부의 격차는 아마도 극복 불가능한 단계에 접어들었다고 보는 것이 현실적인 판단일 것이다. 연상호 감독이 〈정이〉에서 주목한 모순은 우리 시대의 서사적 욕망이 지닌 이데올로기적 차원을 극화한 것으로 읽을 수 있다. 위의 긴장 도식은 이러한 계급적 적대가 정체성과 관련해서 전개되는 양상을 잘 드러낸다.

안드로이드 정이는 정체성의 강도는 약하고 복제 가능한 의체의 수는 무제한적인 C형에 속한다. 안드로이드 정이에 대한 시뮬레이션 실험은 계속되는 실패에도 불구하고 비인간적으로 보일 만큼 반복적으로 이루어진다. 심지어 이 실험을 진두지휘하는 연구책임자는 용병 윤정이의 딸 윤서현이다. 윤서현이 안드로이드 정이가 고통스러워하는 모습을 보면서도 차분하고 냉정하게 가혹한 실험을 강행하는 장면은 실험체가 윤정이 용병의 뇌에서 전투 능력만을 복제해서 만들어진, 이른바 자기의식을 결여한 존재라는 인식을 전제하지 않으면 이해하기 어렵다. 다시 말해 이 실험은 앞에서 살펴본 왕자의 자리와 구두 수선공의 자리 사이에 아무런 긴장이 존재하지 않는다는 가정하에서 진행되는 것이다. 그런데 〈정이〉의 이야기가 흥미로워지는 대목은 시뮬레이션의 실패 원인이 드러나고 이러한 가정에 문제가 발생하면서부터다. 안드로이드 정이는 미션을 수행하는 과정에서 용병 윤정이가 수술실에 들어가기 전에 딸이 선물한 인형과 유사한 인형을 적진에서 발견한다. 그 순간 안드로이드 정이는 머뭇거리고 이어지는 적의 반격에 쓰러지고 만다. 리쾨르는 『타자로서의 자기 자신』에서 인격적 정체성의 문제를 다루기 위해 동일성 개념과 구별되는 자기성이라는 개념을 제안하면서 이를 약속을 지키고자 하는 충실함과 같은 순수하게 도덕적인 것으로 정의한 바 있다. 따라서 안드로이드 정이가 실험 도중 딸과의 약속을 기억하는 '자기 유지maintien de soi'의 반응을 보인 것은 리쾨르식으로 말하자면 자기성, 다시 말해 자기의식을 보존하고 있음을 시사한다고 할 수 있다.

앞서 살펴본 인격적 정체성의 기호사각형을 자기의식이 불러일으킨 갈등 상황에 대입해보자. 용병 윤정이는 본질과 외관이 일치하는 자리에 위치한다. 전투용으로 개발 중인 — 그리고 나중에 상업용으로 개발될 — C형 안드로이드 정이는 윤정이 용병의 외관은 유지하고 있지만, 본질은 인격권이 박탈당해 제거된 상태다. 연구책임자 윤서현은 시뮬레이션을 마친 후 흉상만 남은 실험체와 대화하는 가운데 이 실험체가 딸이 선물한 인형을 잃어버린 죄책감에 시달리고 있음을 발견한다. 이 실험체는 윤정이의 흉상만을 보존하여 외관은 훼손당했지만, 윤정이의 본질, 다시 말해 딸과의 약속을 지키지 못했다는 죄책감을 유지하고 있다. 리쾨르에 따르면 이러한 자기 유지는 자기성의 기초가 된다. 연상호 감독이 〈정이〉에서 드러내고자 하는 모순은 이처럼 시뮬레이션이 실패한 지점에 집중된다. 바로 이 지점에서 C형 안드로이드 정이와 용병 안드로이드 정이 사이의 갈등이 증폭된다. 〈정이〉의 이야기는 군수업체 크로노이드사가 윤정이 용병의 뇌를 전투용 AI 개발에 활용하기로 했던 계획을 수정하면서 급변한다. 전투용 AI 개발 연구책임자였던 윤서현은 어머니의 뇌가 섹스 파트너 AI로 복제된 현장을 목격하고 안드로이드 정이를 탈출시키기로 결심한다. 그와 동시에 윤서현은 안드로이드 정이의 뇌에서 인격성의 흔적인 딸에 대한 기억을 삭제한다. 이 장면이야말로 우리의 논의에 있어 가장 문제적인 지점이 아닐 수 없다. 연상호 감독은 이 장면을 통해 전투 능력만 기억하는 전투용 AI 정이를 무대의 전면에 내세움으로써 인격적 정체성이 논의되는 문제의 구조 자체를 완전히 전복하는 데 이른다. 그 과정에서 전혀 다른 안드로이드 정이가 탄생하게 되고, 그 결과 지금까지 인격적 정체성에 대한 논의에서 드러나지 않았던 비본질과 비외관의 결합으로 이루어진 새로운 자리가 전경화되는 것이다.

다음 〈그림 5〉의 기호사각형을 좀 더 상세히 살펴보자. 용병 윤정이는 ①에서 ②와 ③을 거쳐 ④에 이르는 변화의 과정을 거치면서 새로운 존재로 거듭난다. 앞서 지적했듯이 연상호 감독은 ②와 ③ 사이에 벌어지는 갈등으로 우리 시대의 모순, 다시 말해 휴먼과 포스트휴먼의 모순을 극화한다. 로크가 왕자의 기억을 지닌 구두 수선

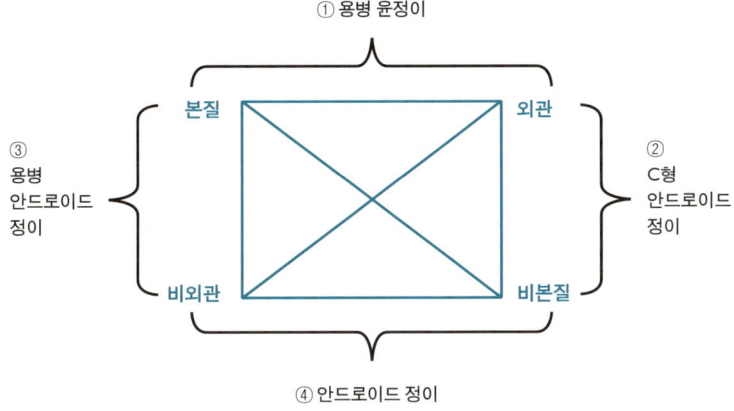

〈그림 5〉 정체성의 기호사각형

공의 사례에서 이 모순을 ③에서 해소하고자 했다면, 〈정이〉에서 크로노이드사는 이를 ②에서 해소하고자 한다. 그런데 연상호 감독은 ②도 ③도 아닌 ④에 주목함으로써 본질과 외관의 대립으로 이루어진 정체성의 문제를 자체를 뒤흔든다. ④에서 문제가 되는 것은 본질도 아니고 외관도 아니다. 윤서현은 안드로이드 정이의 탈출을 독려하면서 "당신은 자유예요"라고 말한다. 여기서 자유는 미결정의 상태 자체를 가리키는 말로 해석될 수 있다.

이처럼 ④라는 미결정의 지대에 등장한 안드로이드 정이는 '무엇' 혹은 '누구'인가? 산 정상에서 세상을 내려다보는 이 존재에게 부여할 수 있는 정체성의 유형은 어떤 것인가? 마침내 시뮬레이션 실험에 성공한 전투용 안드로이드에 불과한가? 아니면 딸에 대한 기억이 완전히 삭제되지 않았을지도 모른다는 바람에 일말의 기대를 걸어야 하는가? 전자의 접근은 안드로이드 정이에게서 자기성의 결여를 인정하는 것이고 후자의 접근은 의식적 기억이라는 로크적 해결로 다시 돌아가는 것이다. 여기서 우리가 그와는 다른 해석의 가능성을 찾을 수 있다면 이는 다름 아닌 구두 수선공의 신체적 기억에 의거해서일 것이다. 로크의 말대로 기억이 정체성의 구성요소라고 한다면 이 기억은 의식적인 것일 뿐만 아니라 신체적인 것으로도 이해되어야 하는 것이 아닐까? 구두 수선공의 정체성은 몸으로 과제를 실행하는 과정에서, 구두 수선이라는 행위의 수행성 속에서 축적되는 신체적 기억에 의존한다. 하루하루 몸을 움직여 일하는 구두 수선공의 삶이 그의 신체의 기억에 각인되지 않기란 어려운 일이다. 이를 앞의 정체성의 긴장 도식에서 로크가 제안한 의식적 정체성과 동일한 수준에 놓일 수 있는 신체적 정체성이라 불러도 좋을 것이다.

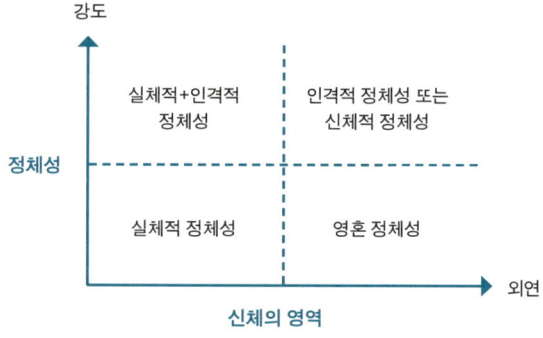

〈그림 6〉 정체성의 긴장 도식 — 정이

피터 브룩스는 신체를 "의미 생성의 장소, 즉 이야기가 각인되는 장소, 즉 동시에 그 자체가 하나의 기표, 즉 서술적 플롯과 의미

산출에 있어 일차적 요소"[12]로 규정한다. 말하자면 신체적 서사성이라고 불릴 만한 무엇인가가 존재한다는 말이다. 리쾨르가 서사적 정체성을 독서 과정에서 구축되는 것으로 제시한 바 있지만, 브룩스의 관점에서 보자면 신체의 기억으로 구축되는 또 다른 형태의 서사적 정체성이 존재한다고 얼마든지 가정할 수 있지 않을까? 비본질과 비외관의 결합으로 열린 자유의 공간은 안드로이드 정이가 앞으로 신체로 살아가야 할, 스스로의 수행성을 입증함으로써 신체의 기억이 켜켜이 쌓이게 될 하나의 환경으로 펼쳐져 있다. 신체가 기억의 흔적을 간직한다는 것은 신체가 자기성을 보존한다는 것과 다르지 않다. 로크가 언급한 인격적 정체성과 동일한 수준에서 이러한 신체적 정체성에 대한 논의가 가능해질 때 안드로이드 정이가 산 정상에서 바라본 세계도 이해 가능한 범주 안으로 들어올 수 있을 것이다.

멜로드라마적 상상계

연상호 감독은 영화의 마지막 장면에서 안드로이드 정이의 눈을 통해 초점화된 세계가 단순히 물리적인 것이 아니라 도덕적인 것이라는 인상을 강하게 남기기 위해 영화 곳곳에 서사학적 장치를 배치한다. 그것은 다름 아닌 멜로드라마적 장치다. 실제로 연상호 감독은 『데일리안』과의 인터뷰(2023.2.5)에서 〈정이〉의 기획 의도를 SF와 멜로드라마의 결합으로 밝힌 바 있다.

대본을 쓸 때, 원래 내가 궁금한 부분이 있을 때 쓰곤 한다. 이번에는 흔히 말하는 신파, 최루성 멜로라고 하죠. SF에 그런 면들을 결합하면 어떨까 생각했었다. 눈물을 흘리게 하는 멜로드라마가 요즘 영화에서는 손쉬운 선택이나, 일종의 조롱으로도 쓰이기도 한다. 그러나 눈물을 흘릴 수 있는 멜로드라마가 가진 힘에 빠져 있었던 시기도 있었다. 외국에서 보면 그 부분을 신기해하기도 한다. 그 부분이 SF와 만나면 어떨까 싶었다.

상기 인터뷰에서 연상호 감독이 언급한 '멜로드라마'의 문법을 구성하는 핵심 요소는 크게 두 가지다. 이를 아리스토텔레스의 『시학』의 용어를 빌려 표현하자면 하나는 '파토스pathos(감정)'와, 다른 하나는 '디아노이아dianoia(주제)'와 관련된다. 문학사적인 측면에서 멜로드라마는 19세기 초반 프랑스에서 성행했던, 음악을 동반하는 대중적인 연극 장르를 지칭하는 말이다. 당대 멜로드라마가 거둔 대성공의 이면에는 구체제를 무너뜨린 프랑스대혁명 이후 종교적, 정치적으로 일종의 아노미 상태에 놓인 프랑스에서 새로운 도덕적 질서에 목말라 있던 대중의 요구가 자리하고 있었다. 연극 무대를 통해 관객들에게 도덕적 감정을 일깨우는 것, 이것이 멜로드라마의 존재 이유 중 하나라면 어떻게 해야 관객들의 도덕적 감정을 일깨울 수 있을까? 이에 대해 멜로드라마가 찾은 답은 관객들의 감정에 호소하기, 즉 관객의 감정에 강한 영향을 미치기 위해 과장되어 보일 만큼 감정이나 상황을 극화하는 것이었다. 그 결과 멜로드라마의 틀 안에서 '파토스'와 '디아노이아'가 결합하며 일종의 "도덕적 상상력에 관한 표현주의"가 산출되었다.

우리가 보기에 연상호 감독은 상기한 멜로드라마의 문법을 정확히 꿰뚫어 보고 이를 자신의 영화적 특성으로 삼고 있다. 먼저 파토스의 측면을 살펴보자. 연상호 감독은 〈정이〉에서 파토스의 극화를 위해 두 가지 멜로드라마적 장치를 적극적으로 활용한다. 첫 번째 장치는 피터 브룩스가 『멜로드라마적 상상력』에서 "핏줄 본능의 작용"[13]이라고 부른 것이다. 일반적으로 연구책임자와 실험체의 관계는 과학이라는 이름으로 정의되는 가장 객관적인 것, 다시 말해 주관의 개입을 철저하게 차단할 때 성립될 수 있는 것이다. 그런데 〈정이〉에서 윤서현과 윤정이는 공식적으로는 연구책임자와 실험체의 관계이지만, 사적으로는 딸과 엄마라는 혈연관계를 맺고 있다. 이 영화에서 서로 양립하기 어려운 듯 보이는 이 두 관계 사이의 갈등을 화해 가능한 것으로 만드는 요인은 두 가지다. 연구책임자 윤서현은 전쟁 영웅이었던 엄마의 희생이 헛되지 않도록 시뮬레이션 실험에 성공하기 위해 최선의 노력을 기울인다. 이 요인이 사회적이라면 다른 요인은 순수하게 기술 과학적이다. 윤서현이 안드로이드 정이를 다루면서 다른 실험체들과 마찬가지로 건조하고 무감하게 실험을 진행할 수 있는 것은 죽은 엄마의 뇌에서 전투 기술과 관련된 부분만을 특정하여 복제할 수 있다는 기술 과학적인 전제에 대한 믿음이 확고하기 때문이다. 그런데 영화가 진행되면서 전자의 요인은 크로노이드사에서 전투용 AI 개발을 중단하고 상업용 AI 개발을 추진하면서 사라지고, 후자의 요인은 실험체의 인공 뇌에 엄마의 자기의식과 관련된 부분이 활성화되면서 무화되고 만다. 바로 여기가 영화 〈정이〉의 플롯에서 급전이 발생하는 지점이다. 연구원 윤서현은 엄마의 기억이 남아 있는 안드로이드 정이를 더는 전처럼 단순한 실험체로서만 바라볼 수 없다. 이제부터 윤서현의 행동은 소위 "핏줄 본능의 작용"에 의해 영향을 받기 시작한다. 관객의 태도 역시 이러한 상황 변화와 무관할 수 없다. 이전까지 윤서현과 안드로이드 정이의 관계를 연구책임자와 실험체의 관계로만 봐왔던 관객은 윤서현의 핏줄 본능의 자각과 함께 둘 사이의 관계를 무엇보다 딸과 엄마의 관계로 재조정할 수밖에 없는 것이다. 한편 파토스의 극화에 기여하는 또 다른 장치는 피터 브룩스가 "무언의 배역"[14]이라고 부른 것과 관련된다. 피터 브룩스에 따르면 "무언의 배역은 멜로드라마에서 상당히 많이 발견된다. 벙어리는 무엇보다도 극도의 윤리적·감정적 상태를 나타내기 위한 극한의 신체적 조건의 반복적 사용에 해당한다. 벙어리뿐만 아니라 장님, 중풍 환자 그리고 다양한 병자의 육체적 현전도 극단적이고 과장된 윤리적 갈등과 마니교적 투쟁을 환기한다."[15] 영화 〈정이〉에서 시뮬레이션 실험을 마친 후 폐기되기 직전의 실험체는 팔다리가 없이 얼굴과 상반신만 남은 불구의 형상을 하고 있다. 영화에서 마지막 시뮬레이션 실험을 마치고 윤서현이 이 실험체와 직접 대화하는 장면이 나오기 전까지 이 실험체는 단지 제스처와 표정 그리고 고함으로만 자신을 표현할 뿐이다. 관객은 말이 없지만 말보다 더 많은 것을 말하는 이 고통 받은 자의 무언의 표현을 보며 뭔지 모를 비애를 느낀다. 이 무언의 표현은 무엇을 말하고자 함인가? 그것은 다름 아닌 마니교적 세계의 부당함이다.

앞서 언급했듯 멜로드라마의 디아노이아는 도덕의 인지에 집중된다. 이러한 인지의 가능 조건이 마니교적 세계관이다. 마니교적 세계관은 선과 악이 뚜렷하게 구분되는 도덕적인 세계관이다. 연상호 감독이 〈정이〉에서 디아노이아의 극화를 위해 도입한 것은 극복할 수 없는 빈부의 격차다. 사실 이 영화에서 이러한 빈부 격차는 전경화되는 대신 — 오염된 바다와 어두운 그늘에 잠겨 있는 셸터 이외의 지역, 길게 줄지어 서서 배식을 받는 장면 등 — 배경 이미지로만 암시되어 있다. 그런 면에서 연상호 감독이 〈정이〉에서 문제로 삼은 것은 어쩌면 이러한 격차 자체가 아니라 이러한 격차를 하나의 규칙으로, 하나의 질서로, 하나의 자연으로 만드는 논리라고 할 수 있다. 윤서현의 심리 테스트 과정에서 밝혀지듯이 〈정이〉의 사회는 안드로이드의 계급구조가 법적 형식으로, 하나의 권리로 인정되는 사회다. 그런데 〈정이〉에서 마니교적 세계관이 가장 뚜렷하게 드러나는 지점, 다시 말해 도덕적 인지가 확고부동한 자연적 질서에 균열을 일으키는 지점은 안드로이드 정이를 섹스 파트너로 개조하여 베타 검사를 하고 있던 동료 연구원이 이를 저지한 윤서현 연구책임자에게 어차피 C형인데 안드로이드의 개발 목적이 달라진다 해서 문제될 것이 뭐가 있냐고 항변하는 장면이다. 엄마의 뇌를 복제하여 만든 안드로이드 정이가 본래의 목적과 달리 성적 만족을 위한 노리개로 탈바꿈된 상황을 목도한 순간 윤서현은 — 그리고 윤서현을 바라보는 관객은 — 지금껏 자신이 당연시하며 살아왔던 사회의 작동 논리가 어쩌면 당연한 것이 아닐지도 모른다는 사실을 불현듯 깨닫는다. 윤서현의 각성 장면에서 관객의 감정이입을 최고조로 이끄는 것은 물론 핏줄 본능의 작용이다. 달리 말하자면 핏줄 본능이 연구원의 항변으로 대변되는 견고한 계급적 성벽을 무너트리는 공성전의 망치로 작용하는 것이다.

이 글에서 우리가 멜로드라마적 상상계에 주목하고자 한 이유는 이 양식이 한국적인 지역성을 가장 잘 드러내기 때문도 아니고 가장 한국적인 것이 세계적이라는 과도한 확신 때문도 아니다. 연상호 감독은 앞서 인용한 인터뷰 기사에서 "멜로드라마가 가진 힘에 빠져 있었던 시기도 있었다"고 말하면서 이 양식의 예술적 가치를 회고적으로 서술하고 있는데, 사실은 지금 우리가 살아가고 있는 이 시대가 무엇보다도 멜로드라마가 요청되는 시기가 아닐까 하는 것이 우리의 생각이다. 피터 브룩스는 『멜로드라마적 상상력』에서 19세기 초 프랑스에서 멜로드라마라는 양식이 등장한 이유를 다음과 같이 설명한다.

> 멜로드라마는, 도덕적 질서에 관한 전통적인 패턴들이 더이상 필수적인 사회적 접착제를 제공하지 못하는 무서운 신세계에서 야기된 불안에서 시작되고 그 불안을 표현한다. 멜로드라마는 눈에 보이는 악의 승리로 불안의 기운을 드러내고, 선의 궁극적인 승리로 불안의 기운을 제거한다. 멜로드라마는 윤리적인 힘의 기호가 발견될 수 있으며 쉽게 읽힐 수 있다는 것을 반복적으로 예증한다. 그것은 낙천주의 — 도덕적 상상력은 악마의 심연처럼 천사의 영역으로 드러날 수 있으며 도덕적 무질서의 위협을 완화해줄 수 있다는 주장 — 에 기반한다는 점에서 고딕소설과 갈라진다. 멜로드라마는 사실 전형적으로 도덕주의적인

드라마일 뿐만 아니라 도덕성에 관한 드라마이다. 그것은 도덕적 세계의 존재를 찾고 명백히 설명하고 '입증하고'자 한다. 비록 그 세계가 의문시되고 악행과 왜곡된 정의에 의해 감추어져 있다고 할지라도, 그것은 존재하며 인간들 사이에서 그 현존과 절대적인 힘을 단언하도록 만든다.[16]

상기 피터 브룩스의 주장은 19세기 초 프랑스대혁명 직후의 시대뿐만 아니라 21세기 우리 시대에도 그대로 대입할 수 있는 통찰을 담고 있다. 바닷가 모래톱에 새겨진 형상처럼 인간이라는 관념이 덧없이 사라질 위기에 처하게 될 것이라는 미셸 푸코의 묵시론적 어조는 오늘날 인간과 비인간의 연결망 구축의 필요성을 역설한 브뤼노 라투르의 인류학적 진단으로, 인간에게서 주체로서의 지위를 박탈하고 객체 지향 존재론을 설파한 그레이엄 하먼의 존재론적 전회로, 인류세라는 지질학적 현안으로, 인공지능이라는 기술 과학적인 연구 프로그램으로, "특이점이 온다"라는 레이 커즈와일의 경고로 차츰 변해가면서 우리 앞에 놓인 현실이 되고 있다. 프랑스대혁명 직후 신성성이 사라진 세계에 다시 도덕 감정을 불러일으키기 위해 탄생한 멜로드라마는 인간성이 사라질 위기에 처한 우리 시대에 또다시 도덕 감정을 불러일으키기 위해 소환되어야 하는 양식이다. 브룩스를 다시 인용해보자.

신성성이 사라진 세계에서 윤리적 실체는 찾아야만 하고 가정되어야만 하며, 심령술사의 상상력의 행위를 통해 인간의 존재

로 나타나야 하는 일종의 '숨은 신'이 되었다.[17]

산 정상에서 세계를 바라보는 안드로이드 정이의 모습을 "인간의 존재로 나타나야 하는 일종의 숨은 신"으로 해석하는 것은 아마도 과도한 해석일지 모른다. 하지만 만약 멜로드라마가 이러한 과도함을 의도하는 양식이라면 연상호 감독이 연출한 이 마지막 장면이야말로 점점 더 마니교적으로 변해가는 우리 시대의 이데올로기적 차원과 유토피아적 차원을 가장 잘 드러내는, 우리 시대의 가장 강력한 서사적 욕망이 투영된 것이 아닐까?

3부 디지털 문화와 서사적 창의성

디지털 게임의
서사성과 창의성

한혜원

"그만큼 매력적인 동시에 치명적인 것이
바로 게임의 우연성과 불확실성인 것이다."

한혜원은 이화여자대학교 국어국문학과를 졸업하고 동 대학교에서 「디지털 게임의 다변수적 서사연구」로 박사학위를 취득했다. 현재 이화여자대학교 융합콘텐츠학과 교수로 재직 중이며 디지털스토리텔링 연구소 소장을 맡고 있다. 뉴미디어 환경에서 나타난 다양한 융합 콘텐츠와 인공지능 시대의 디지털 스토리텔링에 관심을 갖고 연구 중이다. 지은 책으로 『앨리스 리턴즈』(2016), 『아이의 마음을 훔치는 스토리텔링 전략』(2012), 『디지털 시대의 신인류 호모 나랜스』(2010), 『디지털 게임 스토리텔링』(2005) 등이 있다.

호모 루덴스와 호모 나란스의 융합

우리 시대의 디지털 게임은 경계적 존재이다. 예술과 산업, 인문학과 공학, 서사와 코드, 개발자와 플레이어, 인간과 기계, 규칙과 롤플레잉의 경계는 물론 가상과 현실의 경계를 끊임없이 종횡으로 넘나들며 변형transformation, 융합convergence, 확장expansion되고 있다.

먼저 매체적인 관점에서 볼 때 디지털 게임은 IP(Intellectual Property)를 기반으로 웹소설, 웹툰, 만화, 애니메이션, 영화 등 다양한 매체로 상호 변환될 수 있는 강력한 원형이다. 서사적인 관점에서는 개발자가 제시한 기반적 서사뿐만 아니라 플레이어가 생성한 극적 사건과 우발적 서사까지를 모두 포괄한다. 한편 기술적인 관점에서는 그 어떤 콘텐츠보다도 앞선 시점에서 가상현실, 증강현실, 블록체인, 인공지능 등 신기술과의 적극적 융합을 시도하고 있다.

무엇보다도 디지털 게임은 우리 시대의 대표적인 엔터테인먼트 콘텐츠이다. 게임 개발자 이와타니 토루가 강조한 바와 같이 게임에서 재미는 게임을 게임답게 만드는 가장 중요한 조건이자 특징이다.[1] 다만 여기서 재미란 말초적인 자극의 단계를 넘어서서 인간의 근원적인 욕망과 연계될 수 있는 수준의 경험을 할 때 발생하는 재미를 지칭한다. 게임 개발자 크리스 크로포드의 말을 그대로 옮기자면 "게임은 하나 이상의 장애물을 적극적으로 극복해가는 목표지향적 인터랙티브 엔터테인먼트"인 것이다.[2]

엔터테인먼트 콘텐츠로서의 디지털 게임은 지극히 자연스럽게 발생했다. 노르베르트 볼츠에 따르면 인간의 놀이 행위는 삶의 즐거움을 가장 순수하게 표현한 형식이다.³ 즉 놀이하는 인간 호모 루덴스는 자연스럽게 주변의 기술과 매체를 적극적으로 활용하고 사회 문화적인 패러다임을 반영하여 그 시대의 창의적인 놀이터를 구축하게 된다.

이처럼 디지털 게임은 우리 시대 인간의 상상력을 기술적으로 재현한 놀이 공간이다. 기술이 발달하면 할수록 플레이어들은 단순히 주어진 규칙을 지키며 이기고 지는 게임을 플레이하는 것에서 나아가, 허구적인 놀이 공간 안에서 자신의 대안적 정체성을 구축하고 타자와 관계를 맺고 공동체를 형성하고 그곳에 거주하기를 원한다. 이러한 플레이어의 욕망은 자연스럽게 게임 스토리텔링으로 이어진다.

다양한 서사를 포괄하는 스토리텔링 역시 인류만큼 오래된 놀이의 한 유형이기도 하다. 스토리텔링은 기본적으로 화자와 청자, 작가와 독자 등 이야기를 창작하는 주체와 이야기를 소비하는 타자가 있어야만 가능하다. 디지털 게임 역시 개발자와 사용자, 인간과 기계의 상호작용을 통해서 작용 가능하다. 이에 크리스 크로포드는 "둘 이상의 능동적 개체가 교대로 듣고 생각하고 말하기를 반복하는 일종의 대화"인 상호작용성을 기반으로 한다는 점에서 디지털 게임의 스토리텔링을 보다 구체적으로 '인터랙티브 스토리텔링'이라고 규정한 바 있다. 나아가 인터랙티브 스토리텔링을 통해서 플레이어가 소통할 수 있는 모든 극적인 요소를 담고 있는 하나의 우주를 '인터랙티브 스토리 월드'라고 지칭한다.⁴ 즉 디지털 게임은 본질적으로 이야기와 마찬가지로 상호작용성을 존재의 기본 조건으로 갖추고 있는 셈이다. 따라서 놀이하는 인간 호모 루덴스, 이야기하는 인간 호모 나란스가 게임성과 서사성의 융합을 모색해 우리 시대의 최고의 디지털 놀이 공간이자 이야기의 장을 생성하는 것은 지극히 자연스럽고도 당연한 귀결이다.

규칙과 시뮬레이션 중심의 e스포츠와 스포츠 게임

놀이하는 인간 호모 루덴스에 중점을 두고 디지털 게임을 조망한 초기 게임학자ludologist는 규칙rule과 시뮬레이션simulation을 게임의 변별적이고도 고유한 자질이라고 주장한다. 게임 디자이너이자 이론가인 케이티 살렌과 에릭 짐머만에 따르면 게임이란 플레이어들이 규칙에 따라 제한되는 인공적인 충돌에 참여하여 정량화 가능한 결과를 도출해내는 시스템으로, 플레이어의 행동과 시스템의 결과 사이에서 의미가 발생한다.[5] 특히 퍼즐 게임이나 수치에 의거한 게임의 경우 철저한 규칙과 정량화를 중심으로 발달해왔다.

그런데 기술이 발달함에 따라서 규칙과 정량화 중심의 게임 장르에 캐릭터, 사건 등 서사적 특징이 더해지고, 무엇보다도 인간과 기계뿐 아니라 인간과 인간 사이의 대결도 가능해지면서 실시간 전략 게임Real-Time Strategy(RTS)과 같이 세분된 게임들이 등장하기 시작했다. 1998년 등장한 〈스타크래프트〉(블리자드 엔터테인먼트)는 대표적인 실시간 전략 게임으로 국내 게임의 대중화와 피시방 보급을 이끌어낸 게임이기도 하다. 이후 이 게임을 중심으로 프로게이머, 게임 방송, 게임 리그 등 다양한 파생 콘텐츠들이 나타나면서 이른바

'보는 게임'으로서의 e스포츠[6]가 탄생했다. e스포츠는 2018년 자카르타 팔렘방 아시안게임에서 시범종목으로 채택되었으며 2023년 항저우 아시안게임에서는 정식종목으로 채택되기도 했다.

〈스타크래프트〉 이후 e스포츠는 일부 사회적 사건과 오명 등으로 인해 흥망성쇠를 겪기도 했지만, 그 명맥은 여전히 AOS(Aeon of Strife) 장르인 〈리그 오브 레전드〉, FPS(First-person Shooter) 장르인 〈오버워치〉, 〈발로란트〉 등으로 꾸준히 이어지고 있다. 특히 〈리그 오브 레전드〉의 경우 전 세계적으로 프로게이머의 저변을 확대하고 롤드컵LoL-DCUP(리그 오브 레전드 월드챔피언십) 등 국제 대회와 리그를 활성화하는 데 주력하고 있다. 2020년 기준 롤드컵 결승전의 경우 최고 동시 시청자 수 4,595만 명에 달하는 등 전 세계적으로 대중화에 성공한 독보적인 e스포츠이다.

기본적으로 e스포츠와 스포츠는 상대방과 경쟁에서 이기기 위해 노력한다는 점에서 본질적으로 유사하다. 이는 게임 〈FIFA〉 시리즈는 물론 농구, 야구, 축구 등 다양한 현실 세계의 스포츠들이 20년 이상 꾸준히 게임화될 수 있는 근거이기도 하다. 가령 축구 게임의 경우 시대와 장소, 장르를 초월해 전 세계에서 가장 많이 팔린 소재의 게임 중 하나로 특별한 이변이 없는 한 앞으로도 계속 출시될 것이다. 기술이 발달하고 게임이 온라인화됨에 따라서 단순히 선수의 입장에서 시뮬레이션을 강조한 게임 형태에서 더 나아가 보다 다각도에서 축구 게임을 즐길 수 있도록 기회를 제공하는 게임들도 나타나고 있다. 가령 일렉트로닉아츠 코리아에서 제작하고 넥슨에서 유통 중인 〈FIFA 온라인〉 시리즈의 경우 단순히 선수의 시점에서 플레이하는 것뿐만 아니라 구단주이자 감독, 에이전트의 시점에서 선수를 강화하고 트레이드하는 것은 물론 작전을 구성하는 등 자신만의 게임을 플레이할 수 있는 시스템을 지원한다.

그렇다고 해서 모든 스포츠 게임이 수치화의 법칙만을 따르는 것은 결코 아니다. 둥근 공 하나를 두고 벌어지는 축구 경기가 매번 비슷하면서도 다른 극적 상황을 유발하는 것처럼 e스포츠와 스포츠 게임의 묘미 역시 우발성과 우연성에서 비롯된다.

이때 놀이의 우연성은 인간의 근원적인 불확실성uncertainty과도 긴밀히 연계된다. 게임 디자이너인 그레그 코스키티안에 따르면 불확실성은 체스와 모노폴리 같은 보드게임은 물론 슈퍼마리오 슈팅 게임과 같은 비디오게임, 나아가 서사 중심의 게임에서도 중요한 특징이자 요소로 작용한다.[7] 다만 이 우연성과 불확실성이 제공하는 긴장감을 지나치게 탐닉할 경우 자칫 도박중독과 유사한 과몰입의 상황에 빠져들 수 있는 위험성도 있기는 하다. 실제로 간혹 현실의 스포츠와 오프라인의 스포츠 게임이 도박과 맞물리면서 사회적 문제가 불거지는 사례도 있다. 그만큼 매력적인 동시에 치명적인 것이 바로 게임의 우연성과 불확실성인 것이다.

e스포츠와 스포츠 게임은 이러한 불확실성을 적절히 잘 활용하는 사례 중 하나이다. 실제 세계의 1만 5,000명 이상의 운동선수와 각종 꿈의 리그를 기반으로 시뮬레이션된 축구 게임의 경우, 명확한 규칙을 기반으로 하되 우연성과 불확실성을 적극적으로 활용하기 때문에 시대와 장소를 초월해 늘 게임 플레이어에게 사랑받을 수 있는 것이다.

해를 거듭하고 기술이 발달함에 따라서 실제보다 더 실제 같은 축구 경기를, 관중석이 아닌 바로 운동장 한복판에 서서 감독으로서 혹은 선수로서 진행하는 듯한 생생한 경험을 할 수 있는 시대가 이미 도래했다. 현실 세계의 스포츠를 게임화하거나, 반대로 규칙과 경쟁 중심의 게임 장르를 e스포츠화하는 양상은 향후 더욱 다양화될 전망이다.

극장으로서의 게임과 인터랙티브 드라마

1990년대 후반 본격적으로 게임 연구가 활성화될 당시 서사학자narratologist들은 게임의 변하지 않는 본질을 역할role에 기반한 허구 구성에서 찾으려고 노력했다. 서사학자에게 있어서 디지털 게임이란 브렌다 로렐이 단언한 바와 같이 아리스토텔레스의 희곡을 재현할 수 있는 '극장으로서의 컴퓨터computer as theater'에서 상연되는 퍼포먼스였다. 주로 문학을 전공한 이후 그 연장선상에서 디지털 게임을 연구하게 된 이들에게 있어서 컴퓨터게임은 100년 만에 위기를 겪게 된 인쇄 문학의 대안을 제시할 수 있는 극장이자 무대로 다가왔기 때문이다. 특히 이들은 게임 장르 중에서 영웅의 여정과 모험을 중심으로 하는 롤플레잉게임role playing game(RPG)에서 인터랙티브 드라마의 가능성을 찾으려고 노력했다.

브렌다 로렐은 아리스토텔레스의 『시학』을 근거로 인간-컴퓨터 상호작용을 분석하면서 『시학』에서 다루는 드라마가 기본적으로 퍼포먼스의 개념을 포함한다는 점에 주목한다. 브렌다 로렐에 따르면 디지털 게임은 인터페이스를 통해서 구현된 퍼포먼스이다. 다만 고대 연극은 순차적인 데 반해 디지털 게임은 기술의 특성상 비순차적이라는 점에서 차별적이라고 본다.[8]

이러한 서사학자들의 논리는 상당히 설득력이 있는 편이다. 실제로 연극과 소설의 본질인 허구성과 디지털 게임의 본질인 가상성은 일맥상통하는 부분이 있다. 다만 디지털 게임의 발달과 등장 초기에만 하더라도 게임은 철저하게 기술의 영역에 속해 있었기 때문에 단순히 서사적 관점에서만 디지털 게임을 분석한다는 것은 무의미했다. 간혹 캐릭터와 플롯에 공을 들인 롤플레잉게임이 출현하기도 했으나, 인물을 자연스럽고 입체적으로 구현하고 인물 사이의 갈등을 표현하기에는 여전히 한계가 있었다. 1986년 패미컴 시절에 혜성과 같이 등장했던 〈젤다의 전설〉과 같은 롤플레잉게임들은 서사학자들에게 잠시 희망을 불어넣었으나, 그때까지만 해도 여전히 디지털 게임에서 서사란 마치 헨젤과 그레텔이 마녀가 뿌려놓은 과자 부스러기를 따라가듯 플레이어가 정해진 길을 따라가며 개발자가 제시한 미션과 퀘스트를 수행하는 수준에 불과했다.[9]

그로부터 30여 년이 지난 지금, 이제 디지털 게임은 그 어떤 매체보다도 복잡다단하고 비선형적인 이야기를 가장 잘 재현해낼 수 있는 서사 형식으로 발전했다. 닌텐도에서 출시된 2018년 〈젤다의 전설: 브래스 오브 더 와일드〉와 2023년 〈젤다의 전설: 티어스 오브 더 킹덤〉은 그야말로 길고 장대한 젤다 시리즈의 서사를 제대로 구현해냈다 할 만하다. 1986년 시리즈, 2023년 시리즈 모두 주인공이자 플레이어 캐릭터의 이름은 하이랄의 용사 '링크'로 같지만, 21세기의 링크는 오픈 월드를 기반으로 광활한 지상 공간은 물론 하늘섬, 지하 공간을 두루 돌아다니며 플레이어의 취향과 패턴에 따라서 다양한 모험을 경험할 수 있게 되었다. 나아가 2023년 시리즈에서는 단순히 게임 개발자가 제시한 게임 세계를 수동적으로 탐험하는 것에서 한 걸음 더 나아가, 플레이어의 자유도가 높아져서 플레이어가 게임 세계의 물질들을 한데 모아 원하는 탈것 등을 만드는 제작, 즉 크래프팅crafting도 가능해졌다. 〈젤다의 전설: 티어스 오브 더 킹덤〉을 플레이하는 플레이어의 수가 100명이라면 각기 다른 100개의 이야기가 펼쳐지게 되는 것이다.

한편 디지털 게임의 경우 공간적 특성이 두드러지게 나타나기 때문에 아무래도 공간을 기반으로 한 신화적 영웅의 여정이 반복적으로 나타나는 편이다. 〈삼국지〉 원형의 수많은 동아시아의 게임들, 그리스 로마 신화에 원형을 둔 로그라이크Roguelike 게임 〈하데스〉, 북유럽신화에 기반을 두고 아버지와 아들의 모험을 다룬 〈갓 오브 워〉 시리즈처럼 동서양의 신화와 전설을 원형으로 삼아 미션과 퀘스트를 수행하는 게임들은 끊임없이 반복적으로 나타나고 있으며 앞으로도 꾸준히 등장할 것이다.

특히 기존 게임에서 플레이어의 동선이 제한적이었던 것과 달리, 최근의 오픈 월드 게임에서는 플레이어가 캐릭터를 조작해 게임 공간을 자유자재로 이동할 수 있다. 이러한 오픈 월드에서는 오히려 영웅의 모험이 더욱 강화되어 나타나는 경향이 있다. 2022년 올해의 게임Game of the year(GOTY)으로 선정된 프롬 소프트웨어의 〈엘든 링〉 역시 오픈 월드를 채택한 다크 소울 게임으로, 주로 광활한 지역과 건물, 던전 등을 탐험하면서 난이도가 높은 퀘스트를 수행하는 플레이 방식을 채택하고 있다. 따라서 필수 퀘스트가 순차적으로 제시되는 가운데 계단형으로 성장 서사가 진행되기보다는, 광활한 오픈 월드를 중심으로 안타고니스트들이 방사형으로 흩어져 있는 가운데 플레이어가 공간을 탐험하면서 퀘스트를 선택하는 형태로 되어 있으며 그 선택의 결과에 따라서 게임의 엔딩이 달라진다.

디지털 서사학자 마리-로어 라이언은 "과연 새로운 매체는 새로운 서사를 만들어낼 수 있을 것인가?"라는 화두를 던지며 디지털 게임을 통해 서사적 가능성이 확장될 수 있음에 대해서 논의한 바 있다. 마리-로어 라이언에 따르면 디지털 매체는 풍부한 표현력과 재현 능력을 내재하고 있다. 물론 기존의 소설이나 영화 등의 서사 양식과 비교할 때 컴퓨터게임은 주제나 구조적 측면에서는 가장 뻔한 성격의 양식일 수도 있다고 마리-로어 라이언은 평한다. 동시에 플레이어가 곧 서사의 등장인물이 될 수 있다는 점에서는 가장 성공한 양식이라고 평가한다. 무엇보다도 디지털 게임의 경우 표현 능력과 문제 해결의 구조를 통해서 플롯을 진전시킬 수 있다는 점에서 가장 특기할 만하다고 평가한다.[10] 즉 서사 양식으로서의 디지털 게임에서는 플레이어가 인칭과 상관없이 허구적 서사 텍스트 안에 위치한 상태에서 몰입적으로 플롯을 전개할 수 있는 것이다.

이러한 디지털 게임의 몰입적 특징은 창작자의 주제나 메시지를 전달하는 데에도 더 효과적으로 작용한다. 최근 인문학에서는 인공지능, 포스트휴먼, 트랜스휴먼 등 새롭게 도래하고 있는 우리 사회의 기술적 타자에 대한 문제를 해결하고 인간과 비인간이 상생할 수 있는 가능성에 대해서 다각도로 논하는 중이다. 이러한 담론의 장은 인간과 비인간이 상호 협력할 수 있는 미래 사회의 토대를 준비하는 과정이라는 점에서 상당히 유의미하다. 다만 아쉽게도 실제로 인공지능이나 트랜스휴먼을 제작하는 개발자나 제작자에게, 혹은 이들과 직접 상호 협력해야 하는 대중에게는 학술적인 담론의 결과가 직접 전달되지 못하는 경우도 더러 있다.

　이처럼 포스트휴먼의 경우 단순히 글이나 말을 통해서 일방향적으로 전달하기 매우 어려운 주제 중 하나인데, 이를 디지털 게임과 같이 쌍방향적인 매체를 통해서 보다 직접적으로 전달할 수 있다. 가령 다양한 기계 존재나 비인간 캐릭터를 소재나 주제로 삼아 만든 디지털 게임들은 대중에게 난해할 수 있는 포스트휴먼의 주제를 이야기와 경험의 형태로 전달할 수 있다. 인터랙티브 드라마를 표방하는 퀀틱 드림의 〈디트로이트: 비컴 휴먼〉(2018)은 2038년 안드로이드의 관점에서 인간과 비인간이 공존해야 하는 사회를 바라보고 경험하도록 유도한다. 이를 통해서 인간의 시점에서는 볼 수 없었던 다양한 사회의 문제들을 안드로이드의 시점에서 경험하게 되는 것이다. 또한 스퀘어 에닉스의 게임 〈니어: 오토마타〉(2017)에서는 디스토피아의 세계관을 바탕으로 안드로이드와 기계 병기의 전투를 경험함으로써 생명 그 자체의 본질에 대해서 탐구하게 된다. 그런가 하면 블루 트웰브 스튜디오의 게임 〈스트레이〉(2022)에서는 인공지능과 인간이 공존하는 근미래 공간을 비인간 중에서도 길고양이의 시점에서 탐험하게 된다.

　위의 게임들은 모두 비인간 캐릭터를 단순히 관찰의 대상이자 타자로 재현하는 것이 아니라 플레이어가 몰입할 수 있는 에이전시의 관점에서 재현하고 있다. 따라서 소설, 영화와 같이 텍스트와 독자 혹은 관객이 일정한 거리를 유지할 수 있는 서사체와 달리 주인공 시점에서 텍스트 안으로 깊숙이 몰입한 상태에서 근미래를 관찰하고 행동하게 된다. 이처럼 디지털 게임을 통해서 플레이어는 글을 통해서 얻은 지식과는 또 다른 차원의 경험적인 지식을 체득할 수 있다.

우발적 사건 중심의 온라인 게임

디지털 게임 중에서 서사성이 가장 강력하게 드러나는 장르는 아무래도 롤플레잉게임일 것이다. 〈던전 앤 드래곤〉의 법칙, 즉 던전과 같이 제한된 모험 공간에 진입한 뒤 영웅적 행동으로 드래곤과 같은 몬스터를 무찌르고 불로불사의 영약을 획득해 고향으로 귀환한다는 영웅의 여정은 오랫동안 롤플레잉게임의 공식으로 여겨져왔다.

그런데 20세기 말에 등장한 한국의 대규모 다중 사용자 온라인 롤플레잉게임Massively Multiplayer Online Role-Playing Game(MMORPG)은 고전적인 롤플레잉게임과는 좀 달랐다. MMORPG의 기반적인 서사는 고전적인 롤플레잉게임의 공식을 잘 따르면서 영웅의 이름으로 신화의 땅을 탐색하고 일련의 퀘스트를 수행한 뒤 신성한 보상을 획득한다는 전통적인 RPG와 동일했다. 여기에 인터넷과 기술의 발달을 통해 하나의 거대한 가상 세계에 불특정한 플레이어 만 명 이상이 동시에 접속할 수 있다는 개념이 더해진 것이다.

이처럼 MMORPG의 가장 큰 특징 중 하나는 바로 플레이어와 플레이어가 적극적으로 상호작용하는 가운데 주어진 기반적 서사를 넘어서서 플레이어 중심의 다양한 사건과 서사를 끊임없이 생성할 수 있다는 점이었다. 이러한 관점에서 당시 넥슨의 〈바람의 나라〉(1996)와 엔씨소프트의 〈리니지〉(1998)는 1980년대 게임보이들이 경험했던 슈퍼마리오 브라더스와는 또 다른 멋진 신세계의 시작을 알렸던 것이다.11 허구적 역할을 유지하는 가운데 다른 플레이어들과 서로 소통하면서 혈맹을 맺거나 길드를 구성하고, 반대로 반목하고 갈등하면서 전쟁을 겪는 과정은 분명 기술의 차원으로만은 설명할 수 없는 극적 경험dramatic experience이었다.

〈리니지〉의 대중적 성공이 이후 넥슨의 〈메이플스토리〉(2003), 블리자드의 〈월드 오브 워크래프트〉(2004) 등으로 이어지면서 한동안 MMORPG 전성시대가 열렸다. MMORPG에서는 플레이어들이 기사, 마법사 등 허구적 역할을 충실히 수행하면 할수록 오히려 현실 세계에서 감추어져 있거나 미처 드러내지 못했던 자신의 정체성을 보다 자유롭게 표현하게 되기도 했다. 일부 플레이어의 경우 다양한 사회문화적 맥락을 고려해야만 하는 현실 세계의 복잡다단한 인간관계보다 오히려 주어진 퀘스트를 중심으로 서로 명쾌하게 상호작용할 수 있는 가상 세계에서의 관계를 보다 진실되게 느끼기도 했다. 이와 비슷한 맥락에서 현실 세계에서는 자아와 세계의 대결에서 자아가 패배하기 쉬운 반면, MMORPG의 광활한 가상 세계에서는 자아와 세계의 대결에서 자아가 승리할 수도 있다. 바로 이러한 점 때문에 가상 세계에서 과도하게 아이템에 집착하는 플레이어들도 빈번하게 나타나기 시작했다.

허구적 세계에 대한 몰입은 서사적 텍스트에 있어서 중요한 지향점이자 목표이기도 하지만, 동시에 현실 세계의 자아를 상실할 만큼 강력할 경우 문제가 될 수 있다. 특히 디지털 게임의 경우 매체의 상호작용성 때문에 몰입적 특징이 강하게 나타날 수밖에 없다. 이러한 MMORPG의 장르적 특성은 당시 게임에 대한 과몰입과 현질 등 사회적 문제로 대두되기도 했다. 본격적으로 게임 중독 문제가 사회적으로 불거진 것도 이때부터일 것이다. 다만 몰입이나 중독의 문제는 그 메커니즘이 상당히 복합적이기 때문에 MMORPG를 플레이하면 모두 중독된다는 식의 단순한 공식 역시 성립한다고 보기 상당히 어렵다.

이처럼 한국에서는 MMORPG를 중심으로 디지털 게임이 본격적으로 기술의 영역에서 사회문화의 영역이자 이윤을 창출할 수 있는 엔터테인먼트 산업으로 확장되기 시작한다. 다만 현재는 모바일 환경의 도래, 게임 장르의 다변화 등으로 인해 충성도 높은 MMORPG 하드코어 게이머의 수가 서서히 감소하고 있다. 이제 더 이상 대중은 하나의 게임 세계 안에서만 장시간 거주하기를 원하지 않기 때문이다. 보는 콘텐츠, 하는 콘텐츠 모두 다양해지고 선택의 폭 역시 넓어져 이제 플레이어들은 복수의 가상 세계에서 복수의 정체성을 표현하면서 살고 있다. 이에 따라 MMORPG의 독주가 끝나고 게임의 특장점들은 다른 온라인 게임 장르로 흡수됐다.

디지털 게임사에 있어서 MMORPG의 가장 큰 역할은 바로 이기고 지는 것이 전부였던 게임 세계를 확장했다는 점이다. 1970년대에 교육용 게임 등 '기능성 게임serious game'의 개념을 처음으로 제시했던 클라크 앱트에 따르면 게임이란 둘 이상의 플레이어가 정해진 맥락 속에서 목표를 달성하기 위해 벌이는 활동으로, 목표를 얻기 위해 상대방과 규칙을 갖고 경쟁하는 것이다.[12] 그런데 1990년대 후반 이후 등장한 MMORPG에서는 단순히 플레이어가 기계를 상대로 이기고 지는 것만이 전부가 아니었다. 무엇보다도 개발자가 제시한 기반적 서사를 소비하면 할수록 사용자들 사이에서 발생할 수 있는 우발적 서사의 총량이 더욱 많아진다는 점에 주목할 필요가 있다. MMORPG의 극적인 내용을 주의 깊게 살펴보면 게임 세계 내부에서 비롯되기도 하지만 오히려 게임 채팅방 등 플레이어 중심의 커뮤니티에서 발생하기도 한다.[13] 무엇보다도 이러한 게임의 곁텍스트paratext는 궁극적으로는 게임 세계 전반에서 유의미하게 작용하면서 개발자 중심의 기반적 서사에까지 영향을 미치게 된다. 쉽게 말하자면 개발자가 제시한 퀘스트를 모두 완료하고 서사를 다 소비한 이후에도 만렙의 플레이어들을 중심으로 그들만의 극적 사건이 발생하면서 게임 공동체가 더욱 공고해지고 결과적으로 게임 세계의 유효기간이 연장될 수 있는 것이다.

더불어 이때부터 사용자 생성 스토리텔링과 사용자 생성 콘텐츠 등의 개념이 나타나기 시작한다. 사실 게임 서사의 시작은 개발자의 기반적 서사에 있을지 모르나, 게임 서사의 진행과 원대한 끝은 오로지 사용자 중심의 서사를 통해서만 가능하다. 바로 이 점이 디지털 게임의 서사를 다른 소설, 영화, 애니메이션 등 선형적인 콘텐츠의 서사와 구별 짓는 가장 중요한 지점이기도 하다.

디지털 게임이라는 마법의 원magic circle 안에서 다른 플레이어와 함께 경험했던 영웅의 여정hero's journey과 희로애락喜怒哀樂은 만렙의 플레이어에게는 순간의 자극이 아닌 오랜 기억으로 남는다. 이것이 바로 넥슨의 〈메이플스토리〉나 엔씨소프트의 〈리니지〉와 같은 게임의 플레이어들이 10년 이상이 지나도, 매체와 기술이 변화해도 동일한 가상 세계에 지속적으로 거주하기를 택하는 이유일 것이다.

게임의 역행, 캐주얼 게임과 방치형 게임

기술의 발전이 곧 게임의 복잡화로 귀결되는 것은 결코 아니다. 단선적인 진화를 추구하는 기계와 달리 인간은 복잡미묘한 존재인 탓에, 기술이 빠르게 발달할수록 한편으로 인간은 오히려 이에 대한 반작용으로 단순함과 아날로그적인 감성을 추구하기도 한다. 디지털 게임 역시 마찬가지여서 기술의 진화 논리와 반대로 단순한 게임, 나아가 게임의 법칙을 거스르는 게임들이 등장하기도 한다.

게임 디자이너이자 연구자인 야스퍼 율은 이와 같이 단순한 게임의 등장을 '캐주얼 게임 혁명casual revolution'이라고 지칭한다.[14] 캐주얼 게임이란 단순하고 직관적인 조작, 짧은 플레이 시간, 다양한 난이도의 제공 등을 특징으로 하는 게임으로, 기존에 하드코어한 게임을 즐기던 플레이어는 물론 게임을 처음 접하는 어린이나 실버 세대도 쉽게 진입할 수 있다는 장점을 갖고 있다. 사실 기술이 발달한다고 해서 게임도 무조건 어려워져야 하는 것은 결코 아니다. 게임은 어려울 수도 있고 쉬울 수도 있다. 오히려 기술을 활용해 복잡한 게임을 더 단순화된 형태로 플레이하도록 유도할 수도 있다. 게임의 난이도를 결정하는 것은 기술이 아니라 바로 인간이기 때문이다.

특히 최근 게임 업계에서는 많은 자원을 투입하고 난이도 높은 게임 스킬을 익힌 뒤 장시간 게임 세계에 집중하고 몰입해야 하는 유형의 디지털 게임에 대해서 피로감과 한계를 느끼기도 한다. 물론 여전히 전형적인 하드코어 플레이어[15]가 고정적으로 존재하기는 한다. 그러나 게임보다 더 편안한 방식으로 짧은 시간 내에 소비할 수 있는 콘텐츠들이 많아졌다. 예를 들어서 좋은 영화 한 편을 관람하는 데에는 약 2시간, 좋은 드라마 한 시즌을 시청하는 데에는 약 16시간이 필요하지만, 좋은 게임 한 편의 엔딩을 보기 위해서는 최소 50시간 이상을 집중적으로 몰입해야만 한다. 게임이 요구하는 집중력은 소설이나 영화와는 달리 물리적인 행동을 수반한다. 이처럼 대중에게 있어서 '보는' 콘텐츠와 '하는' 콘텐츠의 진입장벽은 다르다. 따라서 자연스럽게 하드코어 게임의 하드코어 플레이어가 예전처럼 증가하기 어려워진 것이다.

우리 시대 대중은 학교와 직장, 집을 오가며 바쁘게 살아가고 있다. 잉여 시간은 늘 정해져 있고 놀 시간은 부족하기만 하다. 캐주얼 게임의 활성화는 게임 플레이어층의 확대와도 긴밀한 상관관계를 맺고 있다. 사회문화적 패러다임의 변화와 플레이어층의 변화는 자연스럽게 게임의 형식과 내용에 영향을 미친다. 게임을 플레이하는 주체가 어떠한 특징을 갖고 있느냐에 따라서 게임 기획 및 개발의 방향이 조정되기 때문이다.

바로 이러한 현대인이 처한 사회적 배경과 유희적 욕망을 적절히 반영한 것이 다름 아닌 게임 내의 '자동 사냥' 시스템이다. 자동 사냥이란 말 그대로 플레이어가 게임 세계에 접속하지 않은 상태에서도 게임 세계의 규칙대로 캐릭터가 사냥하고 그 보상으로 리워드를 획득하는 시스템을 지칭한다. 최근 출시되고 있는 모바일 MMORPG의 경우 대부분 자동 사냥 기능을 탑재하고 있다. 물론 자동 사냥, 즉 자동 플레이를 바라보는 관점과 평가는 게임을 대하는 플레이어의 관점만큼이나 다양하고 다를 수 있다. 다만 분명한 것은 기술이 발달함에 따라서 게임 세계는 보다 광활하고 복잡해지고 있지만 반대로 게임의 조작법은 오히려 더욱 단순화, 편리화되고 있다는 점이다. 더불어 이를 통해서 '하는 게임'이 중심이던 시대에서 '보는 게임'이 중심인 시대로 게임 콘텐츠의 영역이 확장되고 있다는 점도 확인할 수 있다.

자동 플레이에서 더 나아가 아예 게임의 법칙을 부정하거나 거스르는 게임들도 등장하고 있다. '방치형 게임idle game'이 그 대표적인 장르이다. 방치형 게임은 이름 자체에서부터 짐작할 수 있는 것과 같이 게임으로서의 존재 자체를 역설적으로 부정하는 게임이다. 방치형 게임은 게임 플레이에서 다양한 변수를 최소화하고 오로지 반복적 플레이와 패턴을 중심으로 단순한 인터랙션만 남기거나 아예 게임 플레이 자체를 자동화해 플레이어에게 최소한의 선택지만 제공한다.[16] 특히 최근의 방치형 게임은 모바일 환경과 연계되면서 보다 단순하고 직관적인 인터페이스를 제공하고 짧은 플레이 시간을 전제로 제공되고 있다.[17]

이러한 종류의 게임들이 초기에는 단순히 실험적으로 나타났다면, 이제는 대중성까지 확보하면서 명실공히 게임의 세부 장르로 자리매김하고 있다. 일반적인 게임과 달리 방치형 게임의 경우 주로 대중교통을 이용한 이동 시간, 업무와 업무의 틈새 시간, 혹은 미팅에서 상대방을 기다리는 잠깐의 순간에도 모바일을 통해서 편안하게 접속하고 짧게 즐길 수 있으며 특별히 하드코어 게이머가 아니더라도 손쉽게 플레이할 수 있기 때문이다. 물론 이러한 물리적인 단순함과 접근의 용이성만이 방치형 게임의 성공 이유는 아닐 것이다. 기술이 비약적으로 발전하고 사회문화적 패러다임이 급변함에 따라서 인간은 가상 세계에서도 자연스럽게 쉼표와 빈 공간을 찾게 된다. 빠름보다는 느림을, 경쟁보다는 성찰을, 노동보다는 휴식을 추구하는 현대인의 사회문화적 욕망이 일부 시스템적으로 승화된 것이 바로 모바일 방치형 게임일 것이다.

게임 기획자이자 연구자인 케이티 살렌과 에릭 짐머만은 게임을 '플레이어들이 규칙에 의해 제한되는 인공적 충돌에 참여하여 정량화 가능한 결과를 도출해내는 시스템'으로 정의하고, 디지털 게임 역시 '의미 있는 놀이meaningful play'로 승화되어야 한다고 주장한다.[18] 물론 이들의 주장은 일반적인 게임 기획에 있어서 지극히 상식적이고도 중요하다. 다만 현대사회에서 개인의 모든 업무가 정량화되는 것도 모자라 유희적 가상 세계에서까지 모든 놀이가 정량화된다는 사실에 대해, 나의 선택과 행동의 결과가 늘 가치와 의미 창출로 연계되어야 한다는 압박에 대해 현대인은 피로감을 느낄 수밖에 없다. 따라서 언제 어디서나 습관처럼 모바일을 들여다보지만, 동시에 이러한 끊임없는 '재미 노동'으로부터 벗어나고 싶다는 욕망을 동시에 갖게 된다. 모바일 방치형 게임은 바로 이러한 현대인의 모순과 양가감정을 잘 반영한 콘텐츠인 것이다.

그 결과 디지털 게임이 성립하는 필수 요건들을 역설적으로 배반하는, 즉 의도적으로 게임 세계에 접속하지 않은 채 '부재의 시간'이 길어질수록 보상이 많아지는 유형의 방치형 게임까지 등장하고 있다. 가령 〈클릭포칼립스Clickpocalypse〉(2015)라는 게임에서 플레이어는 최소한의 클릭조차 하지 않아도 된다. 이 게임은 플레이어에게 선택하지 않을 권리, 클릭하지 않을 권리를 게임 플레이와 보상을 통해서 드러낸다는 점에서 게임의 본질을 거스르는 모순적인 게임이다.

대신 방치형 게임은 게임 플레이를 통한 시각적 스펙터클spectacle로 관조의 즐거움을 제공한다. 가령 팬텀의 모바일 방치형 게임 〈펭귄의 섬〉(2019)은 우리가 쉽게 가보지 못하는 남극 섬을, 위메이드커넥트의 〈어비스리움〉(2016) 역시 쉽게 경험하기 어려운 해저 공간을, 댓게임컴퍼니의 〈저니〉(2015)는 몽환적인 사막 공간을 화려하게 재현했다. 이들 게임에서는 특별히 제한된 시간 내에 반드시 이뤄야 하는 목표도 없다. 그저 플레이어는 주어진 공간의 풍광을 관찰하면서 천천히 환상성에 기반을 둔 비인간 캐릭터의 성장을 기다리면 그만이다. 그런데 이러한 방치형 게임을 하릴없이 플레이하고 있노라면 아이러니하게도 '과연 게임의 본질이란 무엇일까'라는 근원적인 의문을 품게 된다. '방치'라는 플레이 행위와 반反게임적 존재를 통해서 오히려 플레이와 게임의 본질에 대해서 자발적으로 의

구심을 갖고 탐구하게 되는 것이다.

흔히 방치형 게임은 플레이어들 사이에서 '힐링 게임'으로도 분류된다. 기술과 속도 중심의 현대사회에서 방치형 게임은 오히려 멈춤과 관조라는 가치를 지향하기 때문이다. 여기에 공간과 캐릭터 설정에 환상성이 더해지면서 일상으로부터의 작은 일탈도 가능하다. 잠시 멈춤과 쉼을 긍정적으로 인정하는 방치형 게임은 앞으로도 더욱 다양하게 나타날 전망이다.

IP 중심의 스토리 월드 확장

이제 우리 시대의 디지털 게임은 콘텐츠인 동시에 그 자체로 매체로서 기능하고 있다. 매체로서의 디지털 게임은 자연스럽게 다른 매체와 끊임없이 서로 영향을 주고받으며 상호 변화를 추구한다. 제이 데이비드 볼터와 리처드 그루신은 이러한 매체의 특성을 '재매개remediation'라고 규정한 바 있다.[19] 기존의 사진이 회화를, 영화가 연극을, 텔레비전이 영화를 단선적으로 재매개했다면, 디지털 게임의 경우 복수의 매체를 방사형으로 재매개하고 있다는 점에서 총체적으로 재매개를 실천하는 장르라 할 만하다.

20세기 말에는 일반적으로 크리스털 다이나믹스의 게임 〈툼 레이더〉 시리즈처럼 흥행에 성공한 게임만 단선적으로 영화화되거나, 반대로 〈해리포터〉나 〈반지의 제왕〉 시리즈와 같이 성공한 판타지 소설이나 영화만 게임화됐다. 그런데 어찌된 일인지 이러한 방식의 선형적인 각색adaptation의 결과는 늘 기대보다 미미한 편이었다. 비선형성을 지향하는 과정 추론적인 게임의 서사와 선형성을 지향하는 소설이나 영화의 서사 문법이 근본적으로 달랐기 때문이다.

이러한 점에서 볼 때 2022년 '올해의 게임(GOTY)'에서 '최고 각색 부문Best Adaptation'에 라이엇 게임즈의 〈리그 오브 레전드〉를 기반으로 한 넷플릭스 애니메이션 〈아케인〉을 선정한 것은 유의미하다. 〈아케인〉의 경우 기존의 각색 작품들과 달리 게임의 기반적 서사와 설정 중 일부를 애니메이션의 고유한 미학에 부합하도록 서사와 형식을 전면적으로 전환했기 때문이다. 그 결과 원형 콘텐츠로서의 게임 서사와 파생 콘텐츠로서의 애니메이션 서사가 따로 또 같이 어우러지는 가운데 이른바 〈리그 오브 레전드〉의 스토리 월드를 공고히 다지는 동시에 확장하는 계기가 됐다.

그런가 하면 디지털 게임 서사의 핵심을 캐릭터에 두고 게임의 스토리 월드를 확장하는 사례들도 있다. 이른바 '서브컬처 게임'으로 분류되는 게임들이 그 대표적인 사례이다. 서브컬처 게임은 주로 애니메이션의 캐릭터나 3D 카툰 렌더링을 거친 버추얼 캐릭터를 중심으로 열광적인 팬덤이 형성된 뒤 이러한 팬덤이 게임으로까지 확대되는 경우를 지칭한다. 최근에는 역으로 게임이 먼저 인기를 얻은 뒤 캐릭터가 독립적인 파생 콘텐츠로 확장되는 경우도 빈번하다. 지역적으로는 주로 한국, 중국, 일본 등 동아시아에서 강세를 나타내고 있으며 최근에는 미국, 유럽 등 전 세계적으로 그 열기가 확장되는 중이다. 매체적으로는 주로 모바일 플랫폼을 채택하고 있다.

본래 협의의 서브컬처 게임은 그 용어에서 짐작할 수 있는 바와 같이 주로 일본의 일부 마니아나 오타쿠를 위한 애니메이션풍의 게임을 지칭해왔다. 가령 〈우마무스메 프리티 더비〉가 대표적인 경우이다. 이 게임의 경우 먼저 TV 애니메이션 〈우마무스메 프리티 더비〉가 대중적으로 인기를 얻게 되고, 이후 대중에게 익숙한 서사와 캐릭터를 기반으로 사이게임즈가 모바일 게임을 제작하고 배급과 서비스를 카카오게임즈가 맡았다. 애니메이션 〈우마무스메 프리티 더비〉가 완성된 콘텐츠를 중심으로 팬덤을 형성했다면, 게임 〈우마무스메 프리티 더비〉는 현재진행형의 서비스를 통해서 팬들의 평가가 달라지기도 했다는 점에서 애니메이션과는 차별적이다.

최근 들어 서브컬처 게임은 보다 넓은 의미에서 애니메이션적인 기호를 반영한 캐릭터 중심의 게임을 포괄적으로 지칭하게 됐다. 가령 전 세계적으로 성공한 모바일 게임이라는 평가를 받는 중국 호요버스의 〈원신〉은 대표적인 롤플레잉게임 기반의 서브컬처 게임이다. 〈원신〉은 중국 게임으로는 최초로 전 세계 약 150개국에서 동시 출시되었으며, 비교적 단기간이라 할 수 있는 6개월 만에 매출액 10억 달러를 돌파하는 기록을 세우는 등 상업적으로 성공한 게임이라는 평가를 받고 있다.[20] 좋은 게임에는 국경이 없다는 것을 보여준 좋은 사례이다.

중국 게임인 〈원신〉이 동아시아뿐만 아니라 북미나 유럽을 아우르면서 이례적으로 전 세계적으로 상업적인 성공을 거둘 수 있었던 원천은 바로 캐릭터의 강력한 서사성에 있다. 〈원신〉의 경우 탄탄한 기반적 서사와 세계관을 중심으로 캐릭터 육성에 게임 플레이가 집중되어 있다. 또한 게임에서 캐릭터가 일종의 유닛unit으로 구성되어 있어서 각각의 캐릭터가 지식재산권을 생성하고 다양한 파생 상품으로 확장되기에 용이하다. 또한 캐릭터를 중심으로 하는 오픈 월드 게임인 만큼 게임 플레이 자체도 정교하게 잘 짜여 있으며 서비스 역시 원활하게 이루어진 편이다. 이에 따라서 플레이어의 게임 플레이에 대한 기본적인 욕망은 물론 창작욕과 수집욕까지 적절히 충족시킬 수 있는 다양한 요소가 게임 안팎에 배치되어 있는 것이다. 무엇보다도 팬 IP를 생성해 〈원신〉을 원형으로 하는 영화, 만화, 게임 등 팬 중심의 사용자 생성 콘텐츠들이 다양하게 나타나도록 유도하고 권장한다.

국내 게임 역시 글로벌 IP를 기반으로 게임의 스토리 월드를 확장하는 데에 주력하고 있다. 2022년 대한민국 게임 대상을 차지한 넥슨의 자회사 네오플의 〈던전앤파이터 모바일〉의 경우 본래 원형인 게임은 네오플의 2005년 스크롤 액션 게임 〈던전앤파이터〉이다. 이러한 스토리 월드 생성의 방식은 기존에 소설, 영화 등 선형적인 매체에서 한 편의 서사체를 완성한 뒤, 그 결과에 따라서 각색 여부를 결정하던 서사적 문법과 전혀 다른 방식이다. 현재 디지털 게임의 경우 다년간 축적된 개발자 서사와 사용자 서사를 모두 아우르는 가운데 글로벌 IP를 기반으로 게임의 서사 요소들을 다각도로 분절시켜 동시다발적으로 확장한 뒤 이를 다시 통합하는 방식으로 이뤄지고 있다. 이는 분명 게임만의 고유한 스토리 월드 구축의 공식이라 할 수 있다.

가령 〈던전앤파이터 모바일〉은 단순히 액션 RPG라는 단일 장르에 국한되는 것이 아니라 이른바 '던파 유니버스'라는 기치 아래 던파 IP를 기반으로 다양한 게임 장르의 프로젝트들이 한꺼번에 개발된다. 이는 비단 넥슨의 게임에만 국한된 특이한 사례가 아니다. 오히려 5년 이상 롱런한 게임을 보유한 국내 게임 회사 중에서 유니버스와 같은 스토리 월드를 전략으로 채택하지 않은 회사를 찾기 어려울 정도이다. 가령 컴투스의 〈서머너즈 워〉, 넷마블의 〈세븐나이츠〉, 데브시스터즈의 〈쿠키런〉 등 장기적으로 흥행에 성공한 국내 게임들은 대부분 지난 세월 동안 대중에게 친숙해진 IP의 힘을 기반으로 '자기만의 스토리 월드'를 구축하기에 여념이 없다.

비단 디지털 게임뿐 아니라 대부분의 엔터테인먼트 산업 분야에서는 이제 튼튼하고 든든한 글로벌 IP를 구축하는 것이 화두이자 경쟁의 관건이 되어버렸다. IP의 확장 범위는 게임을 넘어서서 웹툰, 웹소설, 만화, 애니메이션, 전시 등 다매체로 확대되고 있다. 가령 재미있는 서사의 원형을 가장 많이 보유한 디즈니의 경우 자신들이 보유한 디즈니, 픽사, 마블 등의 캐릭터와 이야기의 원형을 모두 아우르는 가운데 어드벤처 게임과 시뮬레이션을 결합한 스토리 멀티버스를 선언한 바 있다. 그런가 하면 국내의 대표적인 엔터테인먼트 기업 하이브는 BTS의 IP를 기반으로 웹툰, 웹소설 등은 물론 본격적인 게임 〈인더숲〉을 출시한 바 있다. 디즈니의 멀티버스와 하이브의 게임은 모두 본격적이고도 독립적인 게임의 영역에 속한다고 볼 수 있다.

현재로서는 이러한 글로벌 IP 기반의 스토리 월드 구축과 확장이 콘텐츠 무한 경쟁 시대에 디지털 게임이 살아남을 수 있는 가장 강력한 전략이다. 즉 기술이 발달하고 게임이 진보할수록 서사성과 창의성이 그 어느 때보다도 중요하게 강조되고 있는 것이다. 서두에서 제시했던 게임의 서사성에 대한 20세기 말의 논쟁이 무색해지는 지점이기도 하다. 이제 디지털 게임에서 서사성과 창의성은 논란의 여지 없이 필수불가결한 요소이자 특징이다.

메리 플래너건에 따르면 디지털 게임은 인간의 가치를 표현하고 구체화하며, 인간의 패러다임과 문화의 한 단면을 보여주기도 한다.[21] 즉 인간은 디지털 게임을 통해서 자신이 표현하고자 하는 주제를 상호작용적으로 전달할 수 있으며 자신이 전달하고자 하는 메시지를 극적인 서사를 통해서 구현한다. 이처럼 디지털 게임은 우리 시대 놀이하는 인간 호모 루덴스이자 이야기하는 인간 호모 나란스의 상상력과 창의성을 융합적으로 발현할 수 있는 대안적 공간이다.

한국 웹툰 서사의 창의성:
틀 안의 천착과
틀 밖의 확장에 대하여

양혜림

"새로움이 가치를 겸비할 때 우리는 이를 창의라 부른다.
가치 판단에는 가치 기준이 필요하며 웹툰은 독자가
가치 기준을 설정하는 서사 매체다."

양혜림은 이화여자대학교 중어중문학과를 졸업하고 같은 대학교 융합콘텐츠학과에서 석사학위를 받았다. 청강문화산업대학교 웹툰만화콘텐츠전공 교수로 재직하며 만화를 중심으로 한 콘텐츠 연구와 창작 양면에서 활동하고 있다. 〈국립자유경제고등학교 세실고〉, 〈나오세요, 로미오〉 등의 만화 스토리를 맡아 연재했으며 『웹툰의 서사공간』(2019), 『なぜ学校でマンガを教えるのか(왜 학교에서 만화를 가르치는가)』(공저, 2019), 『스토리, 꼭 그래야 할까?』(공저, 2022) 등의 책을 썼다.

한국콘텐츠진흥원에 의하면 웹툰 시장의 규모는 2021년을 기준으로 1조 5,660억 원을 돌파했다.[1] 2013년 기준 시장 규모가 1,500억에 불과했던 것을 생각하면 약 8년 만에 열 배의 성장을 이룬 셈이다. 2000년대 이래 프리랜서 개인 작가들의 창작 및 유통의 장으로 기능해온 웹툰 시장에 플랫폼 기업 및 전략적 투자가들의 대규모 투자를 받은 웹툰 제작사들이 주요 생산자로 등장하여 상업적 성공을 거두고 있으며, 2022년 한 해에만 웹툰을 원작으로 한 드라마가 19편 제작되는 등 IP의 확장도 활발히 일어나고 있다. 이러한 급격한 시장 확장은 웹툰을 20여 년 만에 주류 서사 매체의 반열에 올려놓았다. 초기 웹툰 서사의 특성이 소위 '병맛'으로 대변되는 비주류 감성에서 비롯되었음을 생각하면 의미심장한 변화이다.[2]

이 글은 2020년대 한국 웹툰 서사의 창의성에 대해 생각해보기 위한 것이다. 이를 위해 먼저 한국 웹툰의 형성과 성장 과정을 간략히 살펴본 후, 2020년대의 웹툰 서사가 갖는 특성을 크게 세 가지로 나누어 분석하고자 한다. 이 세 가지 특성은 일견 창의성과는 정반대되는 편향된 방향성을 갖고 있는 것으로 보일 것이나, 이를 전제한 위에 웹툰의 서사가 창의성을 쌓아 올려가는 방식을 논하는 것이야말로 이 글의 목적이라 할 수 있다.

웹툰의 형성

World Wide Web(웹) + Cartoon(만화)이라는 조어 방식에서 알 수 있듯 웹툰의 탄생은 인터넷의 보급과 긴밀한 관계가 있다. 1990년대

말에서 2000년대 초반에 걸쳐 전국적으로 초고속인터넷이 빠르게 보급되면서 아마추어 작가들이 만화를 주기적으로 업로드하기에 충분한 환경이 확보되었고, 이것이 웹툰의 탄생으로 이어졌다.

인터넷 보급 직전 1990년대의 한국 만화에는 크게 두 가지의 큰 변화가 있었다. 첫 번째는 일본 문화 개방에 따른 일본 만화의 공식 발매이다. 일본 만화를 적극적으로 소비하며 만화를 독학한 신인 만화가들이 등장했으며, 이들은 영향력 있는 만화가의 문하생으로 입문하여 스승의 작업을 도우며 만화를 배우던 이전까지의 만화가 지망생들과는 다른 색채의 만화를 선보였다. 전통적인 장편 사극이나 연대기적 작품 대신 가벼운 장르 스토리가 부상하였고, 작화 면에서도 극화체 대신 과장된 데포르메를 사용한 만화적 미학을 추구하는 경향을 보였다. 다른 하나는 PC 통신을 통해 인지도를 높인 아마추어 작가군의 등장이다. 이들은 하이텔, 천리안 등의 PC 통신 동호회를 통해 전국 단위로 교류하며 아마추어 마켓을 통해 작품을 선보였다. 정식 매체를 통해 데뷔하지 않았음에도 충분한 인지도와 팬층을 확보하고 있는 이들을 당시 만화의 주류 매체였던 만화 연재지에서 적극적으로 스카우트하면서 문하생 입문과 공모전 외의 루트를 통한 만화가 데뷔의 길이 열리게 되었다.

2000년대에 들어서면서 단행본 시장이 급속히 축소되면서 출판 만화 시장은 침체기를 맞는다. 단행본 유통에서 가장 큰 비중을 차지하던 도서 대여점업이 몰락하면서 단행본 판매가 급감하였고, 이로 인해 잡지가 연속 폐간되며 만화가들은 작품을 발표할 지면을 잃었다. 특히 앞서 언급한 1990년대에 갓 데뷔한 신인 만화가들과 데

뷔를 준비하던 만화가 지망생들의 타격이 컸는데, 이들은 지면 대신 당시 빠르게 일상화되던 인터넷 환경에서 활동의 장을 찾아냈다. 일기나 에세이, 만평 형식으로 개인 홈페이지나 블로그 등에 업로드되는 자유로운 형식의 웹 만화들이 인터넷 유저들에게 큰 반향을 얻으면서 각 인터넷 플랫폼에서는 이러한 개인 창작자들의 창작물을 자사 플랫폼 내부로 끌어들일 방법을 모색, 2002년 포털 사이트 다음에서 '온라인 만화' 서비스를, 2004년 네이버에서 '웹툰' 서비스를 각각 시작하며 세로 스크롤, 풀 컬러, 주 1회 연재 등 웹툰의 형식적 특성으로 열거되는 요소들[3]이 자리잡기 시작하였다. 다만 이 당시 독자들은 웹툰을 '인터넷에서 공짜로 볼 수 있는 만화' 정도로 인식하고 있었으며, 만화계에서도 웹툰을 만화로 인정해야 하는지에 대해 논란이 있었을 만큼 웹툰의 입지는 좋지 않았다. 웹툰이 한국 만화의 새로운 형태로 인정받는 데에는 적지 않은 시간이 걸렸다고 할 수 있다.

웹툰의 성장

초고속인터넷의 보급이 웹툰의 형성에 결정적인 역할을 하였듯, 2010년대 웹툰의 성장에 가장 큰 영향을 끼친 것은 스마트폰의 보급이다. 2007년 아이폰의 등장 이후 스마트폰을 통한 모바일 인터넷 사용이 빠르게 대중화되었으며, 데이터 전송 속도가 향상되고 데이터 비용 또한 소비자가 감당할 수 있는 수준으로 안정화되자 고기능의 스마트폰을 이용하여 향유할 수 있는 콘텐츠에 대한 대중의 요구가 높아졌다. 다만 통신망의 전송 속도나 모바일 기기의 처리 속도가 영상을 보기에는 아직 부족한 수준이었기에 스마트폰 콘텐츠는 이미지와 텍스트에 집중되는 경향을 띠었는데, 웹툰은 이 모든 요소를 충족시키는 서사 매체로서 빠르게 부상했다. 출퇴근 시간 등의 짧은 시간을 이용하여 짬짬이 즐긴다는 의미의 '스낵 컬처snack culture'라는 용어가 당시 웹툰의 소비 양상을 잘 나타낸다. 플랫폼은 웹툰을 무료로 제공했으며 소비자는 본인을 '만화 독자'로 인식하기보다 대형 플랫폼 내의 볼거리 중 하나로서 웹툰을 이용하는 경향이 강했다. 한편 웹툰 생산자들은 웹툰의 주요 소비 매체가 PC 모니터에서 스마트폰의 작은 세로 화면으로 옮겨오면서 새로운 환경에 걸맞은 서사 작법과 연출을 선보였다. 폰트는 커지고 컷 간 간격은 넓어지며 연출은 세로 스크롤에 한층 최적화되는 경향을 띠었다.

2013년 오픈한 유료 웹툰 전문 플랫폼 레진코믹스의 성공이 웹툰이 무료 서비스가 아닌 독립적인 상품으로서도 상업적 가치가 있음을 증명한 이후 다양한 유료 웹툰 플랫폼이 속속 등장하여 웹툰의 유료화를 이끌었다. 기존 플랫폼에서도 무료 연재분에 이은 추가 연재분 유료 공개, 기간 한정 무료 공개 등의 다양한 유료 정책을 선보이며 웹툰의 산업적 규모를 키웠다. 출판만화 출신의 기성 작가군이 대거 웹툰으로 이동한 것도 이 무렵으로, 한국 만화의 중심축이 온전히 웹툰으로 옮겨간 시기라 볼 수 있다.

오늘의 웹툰 서사

2020년대의 웹툰을 논할 때 빠뜨릴 수 없는 것이 '노블코믹스'라는 용어이다. 노블코믹스는 웹소설을 원작으로 만들어진 웹툰을 가리키는데, 웹소설 원작 웹툰의 증가는 아이러니하게도 웹툰 시장의 확대에 기인했다. 시장이 커지면서 웹툰은 '사업'이 되었고, 모든 사업이 그렇듯 규모의 싸움이 시작되었다. 큰 자금이 투자될수록 사업가와 투자가는 실패 가능성이 적은 프로젝트를 선호하게 되는데 이 과정에서 노블코믹스의 이점이 부각되었다. 완결까지의 서사와 캐릭터가 온전한 형태로 준비되어 있으며 원작 웹소설을 통해 흥행 가능성 또한 어느 정도 보장되어 있다는 점에서 원작이 없는 웹툰에 비해 제작 리스크가 적다고 볼 수 있다.

웹툰 플랫폼으로서는 후발 주자였던 카카오페이지가 2010년대 후반 전략적으로 노블코믹스에 투자하여 큰 성공을 거두면서 웹툰 시장에서 노블코믹스의 비중이 급격히 증가했으며, 동시에 웹소설 원작의 웹툰화 각색 권리를 확보하여 웹툰을 제작하는 기획 에이전시, 웹툰 제작 스튜디오가 속속 설립되며 산업의 크기를 키웠다. 2023년 2월 9일 기준 카카오페이지에서 공개하는 웹툰 인기 순위 50위 내의 작품 중 노블코믹스가 아닌 웹툰은 단 한 작품도 없을 정도로 여전히 카카오페이지 웹툰에서 노블코믹스는 주력 상품의 역할을 하고 있으며, 같은 날짜의 네이버웹툰에서도 요일별 인기 순위 35작품 중 웹소설 원작이 12작품에 달해 적지 않은 비중을 차지하고 있음을 알 수 있다.

이러한 환경에서 웹툰과 웹소설의 서사가 상호 긴밀하게 영향을 주고받는 것은 자연스러운 일이다. 웹툰 독자의 입장에서는 본인이 소비하는 웹툰에 원작이 있는지의 여부는 크게 중요하지 않으며 굳이 인식하지 않는다. 따라서 원작이 없는 오리지널 웹툰을 그리는 작가라 하더라도 독자의 선호와 반응을 고려하여 작품을 기획할 때 노블코믹스의 서사적 요소를 배제할 이유가 없다. 노블코믹스의 비중과 집단 제작 시스템의 비율이 크게 높아진 2020년대의 웹툰 서사는 크게 다음과 같은 특징을 갖는다.

공유되는 세계

공유 세계관shared universe 또는 공유 세계shared world라는 용어는 여러 작품에서 동일한 배경이나 설정을 다루어 세계관에 연계성을 부여하는 장치를 의미하며, 주로 마블 유니버스Marvel Universe처럼 동일한 기획사나 제작사의 작품 간 세계 확장을 목적으로 기획된다.[4] 그러나 이 글에서 다루고자 하는 것은 이와는 다소 다른 개념으로, 기획 의도나 창작자 간의 합의 없이 복수의 작품에서 동일한 세계 설정이 사용되고 있음을 의미한다.

대표적인 예로 다음과 같은 설정을 들 수 있다.

⟨표 1⟩

설정	내용	분류
현실에 나타난 퀘스트창	독자의 현실 세계와 유사한 세계에서 평범하게 살아가던 주인공의 눈앞에 갑자기 퀘스트창이 떠오른다. 주인공은 해당 퀘스트를 완수할 때마다 비현실적인 보상을 얻는다.	현실에 나타난 게임 요소
현실에 나타난 상태창	독자의 현실 세계와 유사한 세계에서 평범하게 살아가던 주인공의 눈앞에 갑자기 상태창이 떠오른다. 주인공은 이 상태창을 통해 만나는 모든 인물의 수치화된 정보를 알게 된다.	
현실에 나타난 던전	독자의 현실 세계와 유사한 주인공의 세계에 갑자기 던전이 출몰한다. 사회는 던전에서 대처할 수 있는 특별한 능력을 지닌 인간과 그렇지 못한 인간으로 나뉜다.	
소설 속 인물이 된 주인공	독자의 현실 세계와 유사한 세계에서 평범하게 살아가던 주인공은 비현실적인 힘에 의해 본인이 읽은 로맨스 소설 속 인물이 된다.	콘텐츠 속 인물이 된 주인공
게임 속 인물이 된 주인공	독자의 현실 세계와 유사한 세계에서 평범하게 살아가던 주인공은 비현실적인 힘에 의해 본인이 플레이한 게임 속 인물이 된다.	

위의 설정들은 웹툰과 웹소설에서 모두 보편적으로 널리 쓰이고 있다. 주목할 만한 점은 대부분의 작품에서 이러한 설정이 구체적인 설명이나 개연성 부여 없이 독자들에게 던져지며, 독자 역시 이질감 없이 받아들인다는 점이다. 예를 들어 특정 웹툰의 도입부에서 주인공의 눈앞에 갑자기 반투명한 퀘스트창이 나타났다고 할 때, 주인공도 독자도 '퀘스트창'이라는 것이 무엇인지, 왜 나타난 것인지 의문을 품지 않는다. 주인공은 큰 저항감 없이 퀘스트창에서 요구하는 첫 퀘스트를 실행에 옮기며 독자는 이 행동을 자연스럽게 받아들인다. 주인공이 소설 속 인물이 되는 설정 또한 마찬가지로, 주인공은 본인이 이동한 새로운 세계를 빠르게 이해하고 적응하는데

이 대목에는 종종 '나는 평소 주인공이 소설 속 인물에 빙의하는 웹소설을 많이 보았다'와 같은 메타적 접근이 활용된다. 하나의 작품이 하나의 세계를 갖는다는 기존의 서사학적 시각에서 볼 때 이러한 접근은 매우 불친절하게 느껴지나, 오늘날의 독자는 웹툰과 웹소설 전체를 하나의 익숙한 세계로 받아들이고 있는 것처럼 보인다.

이러한 현상에 대해서는 여러 해석이 가능하겠으나 지금은 공유되고 있는 세계관이 '게임'과 '소설'을 바탕으로 한다는 점에 주목하고자 한다. 캐서린 흄이 주장하였듯 동시대인 모두에게 일괄적으로 존재하는 하나의 등치적 리얼리티는 존재하지 않는다.[5] 특정 서사가 물리적 현실에 존재하는 공간인 학교나 직장을 배경으로 삼았다 해서 리얼리티의 재현이라 판단할 수 없으며, 현실에 존재하지 않는 공간이 서사 내에 제시되었다고 해도 그것이 리얼리티로부터 완벽하게 괴리된 기발한 장치라 단언할 수도 없다. 특히 2020년대 웹툰의 메인 독자층에게 있어 게임과 웹툰, 웹소설[6]은 현실 경험의 연장선상에 있다. 이들은 네트워크 게임과 웹툰, 웹소설의 역사와 거의 동일한 시간대를 살아왔다. 가정과 학교가 있는 물질세계가 자아 형성에 끼친 영향만큼이나, 때로는 그 이상으로 디지털세계에서의 경험 역시 개인의 영혼에 농밀한 흔적을 남겨왔다. 이들의 삶은 물리적 공간이라는 단 하나의 차원에 한정되지 않으며, 물리적 공간, 가상공간(인터넷), 상상적 공간(온라인 게임)이라는 서로 다른 차원을 오감으로써 삶의 리얼리티를 경험한다.[7] '퀘스트'와 '상태창', '북부대공'과 '사대천왕'이 있는 세계는 독자가 살아온 시간에 다른 한 겹의 레이어로 병치되어 있으며, 독자의 내면에서 물질세계와 디지털 세계 간의 장벽은 언제나 기꺼이 무너질 준비가 되어 있다. 새로 연재되는 웹툰의 도입부에서 제시되는 퀘스트창은 독자에게 이질적인 존재가 아닌, 익히 알고 있는 그리운 세계의 풍경으로 다가오기에 부가 설명은 사족에 불과하다.

특정 서사가 독자에게 친숙한 공간인 학교나 직장을 배경으로 했다는 이유만으로 진부하다는 평가를 받는 경우는 없다. 게임을 배경으로 한 서사 역시 마찬가지로 평가되어야 한다.

코드화하는 플롯

앞서 예로 든 것처럼 주인공이 소설 속 주인공이 되는 설정을 사용한 작품에는 다른 이름이 붙는다. '책 빙의물'이다. '책 빙의물' 중에서도 주인공이 소설 속 악녀에 빙의하였다면 '악녀물', 유아에 빙의했다면 '육아물'로 분류된다.

이러한 서사상의 분류를 우리는 장르라 부른다. 토도로프는 장르를 '텍스트의 분류'로 정의했는데, 이 분류는 개별 텍스트들이 공유하는 속성을 근거로 하나로 묶는 시도이다.[8] 만화는 장르의 영향력이 강한 문화상품으로, '소년 만화', '순정 만화', '스포츠 만화', '역사 만화' 등의 전통적인 분류가 이를 잘 보여준다.

다만 최근에 등장한 '악녀물', '육아물'의 경우 기존의 장르에 비해 훨씬 좁은 기준을 가지고 있으며 한층 촘촘한 규칙을 요구한다. 이는 작곡에서 사용되는 코드chord를 연상하게 하는데, 독자는 정해진 방식과 순서에 따라 사건이 배치될 것을 기대한다. 이들에게 플롯은 일종의 약속이며 이를 벗어난 전개는 위반으로 간주된다. 예를 들어 주인공이 픽션 속 악녀에 빙의하는 악녀물의 경우 주인공은 사회적으로 강요되는 여러 잣대를 자신의 출중한 능력으로 부수며 독자에게 통쾌함을 선사해야 한다. 모든 주요 사건은 주인공의 승리로 끝나야 하며 참회나 화해, 심지어 용서조차 허용되지 않는다.

문화상품은 생산자와 소비자 모두에게 불확실성이 높다. 동일한 생산자에 의해 동일한 방식으로 제작되었다고 해서 소비자에게 동일한 만족감을 주리라는 보장이 없다. 이러한 불확실성을 해소할 하나의 방법으로 접근할 수 있는 것이 장르이다. 로버트 맥키는 "독자가 예측하는 바를 예측하려면 작가는 자신의 장르와 그 장르의 규칙들에 정통해야 한다"[9]라는 말로 장르의 필요성을 강조한다. 작가 닐 게이먼 역시 "독자들은 특정 장르에 대해 기대하는 것이 있으며, 작가는 이러한 기대에 응답해야 한다"[10]라는 말로 장르와 작가(생산자), 독자(소비자)의 관계를 설명하고 있다. 즉 장르가 문화상품 소비자에게 있어 예측과 기대의 기준이 됨을 의미한다.

이러한 경향은 산업이 확장되고 시장이 커질수록 더욱 강화된다. 독자는 수많은 개별 상품 중 어떤 것을 골라야 가장 실패 확률이 적을지 고민하게 되고, 그 잣대로 본인이 기존에 소비해서 만족도가 높았던 것과 동일한 '장르'를 선택할 확률이 높다. 2023년 2월 현재 네이버웹툰의 1일 업데이트 작품 수는 평균 약 80작품, 카카오페이지의 경우 평균 약 210작품에 달한다. 개인이 모든 작품을 읽는 것은 물리적으로 불가능한 상황이다. 수많은 선택지 중에서 한정된 시간을 사용하여 감상할 작품을 골라내야 하는 독자의 선택을 용이하게 하기 위해 제목과 섬네일 이미지thumbnail image[11]는 코드code로 촘촘히 채워진다.[12] 예를 들어 〈무림세가 천대받는 손녀딸이 되었다〉라는 제목에는 다음과 같은 텍스트 코드가 들어있다.

무림세가: 작품의 배경, 장르(무협)

천대받는 손녀딸: 주인공 설정(여성, 아이)

되었다: 작품 주요 설정(회귀, 빙의 등)

여기에 장발의 미형 남성의 품에 어린 여자아이가 안겨 정면을 향해 웃고 있는 섬네일 이미지가 그림 코드로서 더해지면 정보는 더욱 명확해진다. 즉 이 작품은 무협 세계관을 기반으로 하되 여성 독자들을 주 독자층으로 삼으며, 어떤 초자연적인 이유로 이 세계관 내의 '무림세가 천대받는 손녀딸'이 된 (높은 확률로 원래는 현대 여성이었을) 주인공의 '천대받지 않기 위한 노력'과 그 결과를 주 서사로 할 것이다. 즉 세계관은 새로우나 기존 '육아물' 장르의 체계를 크게 벗어나지 않는 이야기임을 내세우고 있다.

이것이 가능한 것은 작가가 자신의 이야기를 접할 독자들이 장르의 관습 체계를 이미 잘 알고 있음을 전제하기 때문이며, 더 나아가 이 장르의 관습 체계에 이미 익숙한 독자만을 대상으로 이야기를 쓰고 있다고도 할 수 있다. 구체적으로 말하자면 위에서 언급한 〈무림세가 천대받는 손녀딸이 되었다〉라는 작품은 애초에 '무림세가'라는 텍스트 코드를 해독할 수 없는 사람을 잠재 독자에서 배제하였을 가능성이 높다. 코드는 본래 상징을 코드로 정돈하는 규칙을 받아들일 준비가 되어 있는 의사 결정 참여자들에 의해서만 의미가 확인되기 때문이다.13 '보고 싶은 것만 보고 싶은' 독자에게 '이것이 바로 당신이 보고 싶은 그것'임을 명확하게 증명하는 것이 제목과 섬네일의 역할이다.

파편화되는 취향

지금 가장 인기 있는 만화가 무엇인지 질문했을 때 답이 하나로 모이던 시대가 있었으나 2020년대는 더이상 그렇지 않다. 네이버웹툰에서는 전체 인기 순위 외에도 성별과 연령(10대, 20대, 30대)에 따른 실시간 인기 순위를 제공하고 있는데, 이를 통해 독자의 작품 선호도가 성별과 연령에 따라 큰 차이를 보이고 있음을 쉽게 확인할 수 있다. 다음의 〈표 2〉는 2023년 2월 21일 기준 네이버웹툰의 전체 인기 순위와 성별, 연령별 인기 순위를 표로 정리한 것이다.

가장 먼저 확인할 수 있는 것은 전체 인기 순위 1위인 〈김부장〉이 연령을 불문하고 여성 독자 대상 인기 순위에서는 아예 보이지 않는다는 점이다. 해당 작품은 10대 남성 순위에서도 찾아볼 수 없지만 20대 남성과 30대 남성을 대상으로 1위를 기록하고 있어 해당 독자층의 강력한 지지에 의해 전체 1위를 차지했음을 알 수 있다. 이에 비해 〈대학원 탈출일지〉는 10대 여성 인기 순위 3위, 20대 여성 인기 순위 5위에 있을 뿐 남성 독자 대상 인기 순위에서는 찾아볼 수 없지만, 전체 순위 2위에 올라 있어 5위권 밖에서도 다양한 연령층의 지지를 고르게 받았을 것으로 미루어 짐작할 수 있다. 3위인 〈내가

〈표 2〉

순위	전체	남자			여자		
		10대	20대	30대	10대	20대	30대
1	김부장	사신소년	김부장	김부장	마루는 강쥐	내가 키운 S급들	여신강림
2	대학원 탈출일지	멸망 이후의 세계	내가 키운 S급들	한림 체육관	하루만 네가 되고 싶어	여신강림	시한부인 줄 알았어요!
3	내가 키운 S급들	랜덤 채팅의 그녀!	사신소년	하북팽가 막내아들	대학원 탈출일지	마루는 강쥐	유사연애
4	여신강림	천마는 평범하게 살 수 없다	한림 체육관	사변괴담	시한부인 줄 알았어요!	하루만 네가 되고 싶어	우리 집 고양이 보고 갈래?
5	사신소년	놓지마 정신줄 시즌3	멸망 이후의 세계	빌런투킬	놓지마 정신줄 시즌3	대학원 탈출일지	짐승의 꽃

키운 S급들〉의 경우에는 20대 남성 독자 2위, 20대 여성 독자 1위를 차지한 반면 각 성별의 10대와 30대 순위에서는 찾아볼 수 없어 성별을 불문하고 20대 독자들의 지지가 유독 강한 특징을 보인다. 전 연령층과 모든 성별에서 모두 5위 안에 든 작품이 단 한 작품도 없다는 점에도 주목할 필요가 있다. '남녀노소를 불문하고' 모두가 좋아하는 만화는 더이상 찾아보기 어려운 시대이며, 심지어 성별과 연령이 동일하더라도 개인의 생활 패턴이나 가치관 등 다양한 변수에 의해 선호하는 콘텐츠가 다르다.

 이는 상술한 세계관의 공유, 플롯의 코드화와도 연결하여 생각해볼 필요가 있다. 세계관이 공유되고 코드화된 플롯이 보편화되었다 하더라도 모든 웹툰 독자가 모든 세계관과 플롯을 알고 있다고는 할 수 없다. 다만 본인이 소비하는 특정 장르에 대해서는 전문가 이상의 견식을 가지고 있으며 높은 장르 충성도를 보인다. 독자가 '보고 싶은 것만 보고 있기' 때문인데, 이것은 기본적으로 '보고 싶은 것만 볼 수 있는' 환경이 형성되어 있기 때문이다. 즉 웹툰 시장의 규모가 지난 8년간 10배 이상 성장했기 때문에 독자들의 취향이 파편화되었다 할지라도 해당 파편에 소구하는 작가층과 작품군이 존재한다. 전체 인기 순위에서는 찾아볼 수 없는 작품이라 할지라도 특정 독자층의 압도적인 지지를 얻는 데 성공한다면 충분히 상업적인 성과를 거둘 수 있는 환경이라 할 수 있다.

웹툰의 창의성

공유되는 설정하에서 플롯은 코드화된다. 독자들은 '내가 보고 싶은 것'만 보고 싶어 하며 새로운 서사를 기대하지도 원하지도 않는 듯하다. 정형화된 이야기만 소구되는 상황에서 웹툰 서사의 창의성을 논하는 것은 어불성설로 보일지도 모른다. 그러나 대중 서사의 전형성에 대한 비판은 이미 유구한 역사를 지니고 있으며, 창작자들은 이를 아랑곳하지 않고 제한된 틀 속에서, 때로는 틀을 넘어서 예술적 자유를 발휘해왔다. 웹툰의 서사 역시 마찬가지다.

틀 안: 파 내려가기

틀 안에서의 창의는 우선 틀을 인정하는 것에서부터 시작한다. 틀 안에서 독자에게 완전히 새로운 세계를 제시하는 것은 어렵다. 틀 안의 독자는 많은 데이터베이스를 통해 해당 '세계'를 구축한 상태이며, 작가가 새로이 제시한 한 작품을 예외로 취급하지 않는다. 따라서 창작자에게는 동시대 창작물에 대한 폭넓은 이해가 요구된다. 즉 독자가 공유되는 세계관을 전제로 작품을 대한다면 창작자 역시 해당 세계의 데이터베이스를 확보할 필요가 있다.

다만 이는 창작자가 반드시 기존의 세계 설정을 답습해야 한다는 의미가 아니며 오히려 그 반대에 가깝다. '지금, 여기'의 독자에게 당연한 것은 무엇이고 그렇지 않은 것은 무엇인지 알아야 새로움을 추구할 수 있다. 기존의 생각과 개념을 조합하는 것 또한 창의의 영역임이 주지의 사실이듯, 장르의 틀을 유지하면서도 그 안에 새로운 시각과 참신한 아이디어를 도입할 때 장르의 혁신이 일어난다. 당연하게 공유되어온 세계 설정에 당연하지 않은 요소를 연결하는 것은 공유되는 세계의 영토를 확장하는 행위에 해당한다. 이 새로이 확보된 영토는 곧 다른 창작자에 의해 사용되고 공유될 것이며, 더러는 서사적 변별력을 확보하여 독립된 장르로 정착할 것이다.

코드화되는 플롯 역시 창의성의 장애가 되지는 못한다. 서사 장르는 본래 고정된 플롯을 바탕으로 하며 이로 인한 비판 또한 역사가 길다. 토도로프의 말처럼 장르는 본래 개별 텍스트들이 공유하는 속성을 근거로 한 분류일 뿐 결코 불변하는 기준이 아니다. 현재의 장르가 지나치게 코드화되었다고 느낀다면 그것은 콘텐츠의 수가 역사상 유례없이 많으며 이를 뒷받침하기 위해 장르가 세밀하게 분화되었기 때문이다. 기원전에는 서사를 가르는 기준이 희극과 비극 두 종류뿐이었지만 작품의 수도 적었기 때문에 그 이상의 분류가 불필요했다. 콘텐츠의 숫자가 폭발적으로 증가하고 있는 이상 장르 또한 더욱 촘촘히 세분화될 가능성이 높다.

독자가 원하는 플롯이 장르로서 자리잡았다면 플롯의 3막, 즉 '어떻게 되는가'를 바꾸는 것은 쉽지 않다. 다만 독자 역시 '어떻게 되는가'를 알기 위해 이야기를 읽는 것은 아님을 상기할 필요가 있다. 대부분의 경우 독자는 1막을 읽음과 동시에 3막을 예상하며 이 예상은 높은 확률로 맞아떨어진다. 독자가 관심을 갖는 것은 '어떻게 되는가'가 아닌 '어떻게 그렇게 되는가', 즉 결론이 아닌 과정이다. 독자는 복수물의 주인공이 복수에 성공할 것임을 예측하더라도 '어떻게' 성공하는지까지는 알 수 없다. 어떤 캐릭터와 어떤 장치를 활용하여 어떤 고난을 부여하고, 다시 그것을 어떻게 극복하게 할 것인지의 과정 설계는 오롯이 창작자의 몫이다. 즉 독자들이 원하는 것을 독자들이 예상하지 못할 디테일로 제공하는 스토리텔링이 요구된다고 할 수 있다.

마지막으로, 취향의 파편화를 이용하여 특정 파편을 공략하는 전략을 사용할 수 있다. 시장의 확대로 인해 소위 '빅 트렌드'에 해당하지 않더라도 작품 제작과 유통에 필요한 상업성을 확보할 수 있는 시대가 되었다. 시장 내의 파이가 작을수록 독자층은 본인이 읽고 싶은 이야기에 대한 세밀하고도 확실한 기준을 가지고 있으며 작가가 이 코드에 섬세하게 부응하기를 원한다. 이 경우 일반 대중이나 웹툰 독자층 전체를 만족시키려는 생각을 버리고 본인의 타깃 독자에 집중할 필요가 있으며, 이를 위해서는 최초의 독자인 작가 자신에게 소구하는 기획을 시작하는 것도 고려해볼 만하다.

틀 밖: 뻗어나가기

장르와 제약은 때로 창작자의 창의성을 촉진하는 도전적 과제로서 기능하지만, 틀 자체를 벗어나고자 하는 시도 역시 큰 의미를 지닌다. 오늘날의 웹툰 창작에서 절대적인 틀 중 하나는 플랫폼이다. 개인 블로그, 홈페이지 등에서 자유롭게 연재되던 만화를 플랫폼으로 가져오면서 웹툰이라는 매체 정체성이 형성되었고, 따라서 2010년대의 웹툰은 플랫폼에서 자유로울 수 없었다. 1990년대의 만화 창작자들이 만화 잡지에 작품을 싣지 못하면 만화가로 인정받지 못했듯 웹툰 플랫폼에서 연재하지 못하면 아마추어일 뿐 프로 웹툰 작가는 아니라는 의식이 보편적이었다.

이러한 흐름에 변화가 생긴 것은 2010년대 후반의 일로, 수신지 작가가 자신을 밝히지 않고 'min4rin'이라는 계정에 인스타그램 포스팅 형태로 연재한 〈며느라기〉는 '2017 오늘의 우리만화'에 선정되는 등 플랫폼을 통한 연재 과정 없이도 웹툰이 성공적으로 유통될 수 있음을 보여주었다. 같은 시기 딜리헙dillyhub, 포스타입Postype 등의 독립 연재 플랫폼이 부상하며 주류 플랫폼의 대안으로 주목을 받기 시작했다. 이들 플랫폼의 가장 큰 특징은 플랫폼이 작가를 선발하여 연재 대가를 지불하는 것이 아니라, 작가 본인의 의사로 작품을 창작하여 업로드하면 독자가 직접 작가에게 대가를 지불하고 플랫폼은 수수료만을 수취하는 구조라는 점이다. 딜리헙에서 연재한 〈극락왕생〉이 2019 대한민국 콘텐츠대상 문화체육관광부 장관상을 수상하고, 같은 플랫폼의 〈장례식 케이크 전문점 연옥당〉이 2022 대한민국 콘텐츠대상 한국콘텐츠진흥원장상을 수상하는 등 대중성과 작품성을 동시에 인정받으면서 플랫폼 밖 만화의 가능성이 확대되고 있는 상황이다.

주목할 점은 앞서 언급한 세 만화가 모두 스크롤 뷰, 풀 컬러, 주간 연재라는 웹툰의 기본적인 틀에서 벗어나 있다는 사실이다. 〈며느라기〉는 '인스타툰'으로 분류되며[14] 〈극락왕생〉과 〈장례식 케이크 전문점 연옥당〉은 페이지 만화 형태로 연재된 후 출판 서적을 주 유통 매체로 삼았다. 즉 연재 매체가 독립 연재 플랫폼이라는 점을 염두에 두지 않더라도 이 세 작품은 웹툰이 아니며, 새로운 서사는 웹툰 밖에서 태어나고 있음을 보여준다.

틀의 미래

웹툰의 창의를 논하는 글에서 굳이 '웹툰이 아닌 만화'를 언급한 데에는 이유가 있다. 앞서 다소 거칠게 '틀'이라 표현한 것은 결국 '웹툰'이라는 개념 그 자체이며 그 틀을 규정하는 것은 사용자다. 디지털 서사 매체인 웹툰은 본질적으로 쌍방향 커뮤니케이션이며 댓글과 리뷰, 구매 등의 독자 반응은 콘텐츠에 즉각적인 영향을 끼친다. 독자는 지금의 웹툰에 무엇이 필요하고 무엇이 필요하지 않은지 결정하고 플랫폼은 이를 무시할 수 없다. 스크롤 뷰, 풀 컬러의 형태로 매주 플랫폼에 연재되는 작품만이 웹툰이라는 인식의 틀이 존재하나, 이 틀이 유지되는 것은 독자가 이를 승인하기 때문이다.

2023년 5월 네이버웹툰에는 〈신과함께 돌아온 기사왕님〉이라는 새로운 작품이 올라왔다. 1화를 본 독자들은 해당 작품의 작화가 생성 AI를 활용하여 제작되었을 것이라고 추측하며 강한 거부감을 드러냈고 '기술적으로 AI를 이용해 마무리 작업은 했지만 창작의 영역에서는 직접 스튜디오에서 모든 작업을 진행했다'는 제작사의 해명에도 불구하고 일부러 낮은 별점을 부여하는 소위 '별점 테러'가 이어졌다.[15] AI 기술을 이용한 웹툰에 대한 거부는 네이버웹툰의 독자 참여형 웹툰 게시판인 '도전만화'로 이어져, 6월에는 'AI 웹툰 보이콧'이라는 제목을 단 작품들[16]이 며칠에 걸쳐 도전만화에 수십 개씩 반복적으로 올라오는 등 참여형 운동으로 발전하기도 했다.[17] 또한 독자들은 네이버웹툰의 대표적인 공모전인 '2023 지상최대공모전' 또한 생성 AI를 위한 데이터베이스 수집을 위한 것이 아니냐는 의혹을 제기했고, 네이버웹툰은 공식적으로 이를 부정하며 공모전 2차 접수 단계부터 생성 AI 활용작을 받지 않는 것으로 요강을 변경하기에 이르렀다.

흥미로운 것은 이러한 움직임이 네이버웹툰에서 공식적으로 제시해온 웹툰의 미래와 정반대의 방향이라는 점이다. 2021년 김준구 네이버웹툰 대표는 네이버웹툰을 '글로벌 스토리테크 플랫폼'으로 명명하며 자사가 아이디어와 서사를 기반으로 자동으로 작품을 그려주는 '오토 드로잉Auto Drawing' 기술을 추구하고 있음을 언급한 바 있다. 같은 시기 네이버웹툰 내의 인공지능 기술 개발 부서인 Webtoon AI 팀에서는 인공지능 기반 자동 채색 기능인 '웹툰 AI 페인터'를 발표했는데, 이는 선화만 업로드하면 자동으로 머리카락, 얼굴, 이목구비, 배경과 옷을 구분하여 수초 만에 자동으로 채색해주는 프로그램이다.[18]

생성 AI 기술에 대한 독자의 거부가 계속해서 이어질지, 아니면 단순히 과도기적 갈등일 뿐 결국 웹툰 제작 기술 중 하나로 자리잡게 될지 단언하는 것은 다소 시기상조로 보인다. 생성 AI의 합법 여부를 논하는 것 또한 이 글의 목적은 아니다. 다만 이 사례는 플랫폼과 제작사에서 어떤 시도를 하든 독자가 그것을 받아들이지 않는 이상 웹툰이라는 개념의 틀을 변경하는 것은 쉽지 않음을 보여준다.

역사상 만화는 언제나 새로운 기술의 도입에 적극적인 매체였다. 웹툰의 형성과 성장을 좌우한 것이 각각 인터넷 전용선과 스마트폰 보급이라는 디지털 기술이었음을 상기할 필요가 있다. 새로운 기술을 만난 창작자들은 그에 걸맞은 서사를 새로운 방식으로 선보였고, 독자들은 이 새로운 만화에서 가치를 발견해왔다. 새로움이 가치를 겸비할 때 우리는 이를 창의라 부른다. 가치 판단에는 가치 기준이 필요하며 웹툰은 독자가 가치 기준을 설정하는 서사 매체다. 생성 AI의 경우 새롭지만, 2023년 현재의 독자가 가치가 있다고 판단하지 않은 사례라 할 것이다.

새로움 그 자체가 대중 서사의 목적은 아니다. 그럼에도 불구하고 독자들은 새로움을 추구하며 동시에 가치를 판단한다. 2000년대 초 인터넷에 업로드된 형식도 내용도 다양한 일군의 만화들을 독자들이 찾아내어 웹툰으로 호명하였듯, 웹툰이 주류 서사 매체로 자리잡은 오늘날도 이들은 계속하여 창작자가 틀 안팎을 오가며 만들어내는 다양한 만화에서 가치를 찾아내 새로운 틀을 부여할 것이다. 그 틀의 이름이 웹툰이든 혹은 다른 무엇이든 그것은 그리 중요치 않다.

트랜스미디어 스토리텔링의
서사성과 창의성

서성은

"트랜스미디어 스토리텔링의 효능은 독자·관객들의
참여와 연결, 유지에 있다. 이것은 콘텐츠의 브랜드화다."

서성은은 이화여자대학교 국어국문학과를 졸업하고 동 대학교에서 「매체 전환 스토리텔링 연구」로 박사학위를 받았다. 현재 한경국립대학교 문예창작미디어콘텐츠홍보전공 교수로 재직 중이며, 다매체 환경에서 나타나는 스토리텔링의 변화와 K-스토리텔링에 관심을 갖고 연구하고 있다. 학부 졸업 후 10년간 방송작가로 활동하면서 MBC 〈우리시대〉, 〈사과나무〉 등의 TV 프로그램을 집필했다. 지은 책으로 『스토리텔링 입문』(공저, 2023), 『K-스토리텔링 1, 2, 3』(편저, 2022), 『트랜스미디어 스토리텔링』(2018), 『크로스미디어 스토리텔링』(2018) 등이 있다.

찬사와 우려의 교차로에서

트랜스미디어 스토리텔링이라는 용어가 도입된 지도 10년이 지났다. 사실 헨리 젠킨스는 2003년 온라인 기고문을 통해 이 용어를 처음 언급했는데,[1] 2008년 그의 책 『컨버전스 컬처』를 통해 학문적으로 개념화한 것을 시작으로 쳐도 어느새 10년 이상의 세월이 흘렀다. 그동안 트랜스미디어 스토리텔링은 세계적으로 엄청난 주목을 받아왔다. 글로벌 콘텐츠 산업에서 반드시 고려해야 하는 핵심 포맷이자 전략[2]으로서 학계나 산업계를 막론하고 뜨거운 관심을 보였다. 기존의 방송, 영화, 애니메이션과 같은 레거시 미디어legacy media에 더해 게임, 웹툰, OTT, 메타버스 등 자고 일어나면 새로운 미디어가 등장하는 시대, 산업계에서는 미디어 활용 전략의 '뉴 노멀'로서 트랜스미디어에 주목했고, 학계는 독자·관객들이 미디어를 넘나들며 스토리 세계를 향유하는 이 새로운 경험의 의미를 찾기 위해 분주했다. 이에 카를로스 스콜라리 등 저명한 디지털 스토리텔링 연구자들은 트랜스미디어 스토리텔링에 관한 다성적 리뷰를 다룬 공동연구를 통해 트랜스미디어 스토리텔링은 커뮤니케이션 현상의 복잡한 허브hub이자 엔터테인먼트 및 문화산업의 비즈니스 기회, 제작자와 관객 또는 팬 커뮤니티 모두의 욕망과 환상의 대상이 되었으며, 문화 및 미디어 연구의 고전적 논의(각색, 서사성, 전이성, 저작, 트랜스미디어화 등)를 재연하는 교차로가 되었다면서 학계와 산업계 모두에서 '절정의 인기'를 구가하고 있다[3]고 평한다.

국내 상황도 크게 다르지 않아 관련 연구는 매해 큰 폭의 증가

세를 보이고 있으며, 특히 다매체라는 특성상 전공과 학문의 분과를 넘어 폭넓은 관심을 받고 있다. 인문대와 사회과학대, 예술대 등 다양한 전공에서 트랜스미디어 스토리텔링 관련 학위논문이 배출되고 있는 것이 좋은 예시다. 또한 트랜스미디어는 최근 문화콘텐츠 산업의 의제 중 하나인 IP(지식재산권) 문제와 맞물리면서 중요성을 더욱 인정받고 있고, 더불어 그 의미도 젠킨스의 정의를 넘어 다매체 활용 스토리텔링 전반을 아우르는 것으로 확대되고 있는 실정이다.

그런데 이와 같은 찬사와 영광은 계속될 수 있을까? 과연 트랜스미디어 스토리텔링은 우리 시대의 새로운 서사 경험인가, 아니면 그저 한때의 유행이고 흥미로운 마케팅 실험일 뿐일까? 사실 지난 십여 년간 꾸준하게 트랜스미디어 연구를 진행한 연구자 중 한 사람으로서 이처럼 냉정하게 성찰하기가 쉬운 일은 아니다. 그럼에도 용기를 내고자 하는 것은 트랜스미디어 스토리텔링 분야의 최신 성공 사례에 대한 아쉬움이 점점 더 커지고 있기 때문이다. 트랜스미디어 스토리텔링의 성공은 젠킨스가 언급한 〈매트릭스〉 시리즈를 비롯하여 눈덩이 효과snowball effect에 의해 트랜스미디어화된 〈해리포터〉를 거쳐 마블 시네마틱 유니버스Marvel Cinematic Universe(이하 MCU)에서 방점을 찍었다고 해도 과언이 아니다. 문제는 그다음이다. 최근 MCU 관련 개봉작의 기세가 예전 같지 않고, 마블 유니버스에 대한 콘텐츠 소비가 끝나가고 있다는 평가를 받는 시점에도 MCU를 넘어서는 혹은 이에 필적하는 기대작에 관한 뉴스는 찾을 수가 없다.

대규모 블록버스터 프로젝트가 아닌 인터랙티브 콘텐츠 형태의 소형 트랜스미디어 프로젝트는 더욱 비관적이다. 2007년 수백 명의 스웨덴 국민을 "마리카 찾기"에 동참시키고, 이듬해 에미상 인터랙티브 TV 시리즈 부문을 수상하면서 전 세계적으로 화제가 됐던 〈마리카에 관한 진실The Truth about Marika〉(2007, 스웨덴)이나 TV 시리즈와 라디오, 유튜브, ARG를 결합하면서 미디어 활용의 가능성을 실험했던 〈알파 0.7Alpha 0.7〉(2008, 독일), 웹드라마와 모바일게임 등을 결합하여 영국 템스강 일대에서 대규모 라이브 액션 플레이를 성공시키고, 실제 사용자 참여를 통해 공익적 스토리텔링Social Benefit Storytelling을 실현한 〈선을 위한 음모Conspiracy For Good(CFG)〉(2010, 영국) 등이 보여준 성취는 전 세계적으로 엄청난 화제가 되었고, 그 서사성과 참여 경험의 의미에 관한 연구도 폭넓게 진행된 바 있다. 그런데 이 분야 역시 걸출한 후속작이 없다. 2010년대 이후로는 초창기의 성취를 보여주는 콘텐츠를 쉽사리 찾기 어렵다. 왜 그럴까?

새삼 앞서 스콜라리 등이 사용한 '절정의 인기'라는 표현을 다시 본다. 절정이라는 것은 내리막길을 예측한 자만이 쓸 수 있는 표현이 아닐까. 트랜스미디어 스토리텔링의 유효기간은 끝난 것일까. 다양한 미디어를 횡단하며 스토리 세계를 확장하고, 사용자 참여를 통해 현실과 가상을 융합하는 새로운 서사 경험의 창조는 실험실의 예술이었을까, 불가능한 꿈이었을까? 실제로 이와 같은 회의감은 최근 국외 연구에서도 간간이 발견할 수 있다. 트랜스미디어 스토리텔링과 관련해 젠킨스만큼이나 많이 인용되는 디지털 서사학자 마리-로어 라이언의 2015년 논문 제목은 「트랜스미디어 스토리텔링: 업계 유행어인가? 새로운 서사 경험인가?Transmedia Storytelling: Industry Buzzword or New Narrative Experience?」[4]이다. 대표적인 게임학자인 에스펜 올셋도 "트랜스미디어 스토리텔링은 라벨이며 라벨은 항상 의심의 눈초리로 바라봐야 한다"라고 경고하면서 "디지털 커뮤니케이션 시대에 미디어는 더이상 예전과 같은 의미가 아니며, 따라서 트랜스미디어보다는 크로스장르Cross-genre라는 표현이 적합하고 이것은 사실 새로운 것이 아니다"[5]라고 평한다.

그럼에도 불구하고 트랜스미디어 스토리텔링에 관한 긍정적인 평가와 전망이 여전히 큰 비중을 차지하는 것이 현실이며, 위와 같은 우려는 트랜스미디어 프로젝트의 효율성과 적합성을 고민하는 과정이라고 볼 수도 있다. 트랜스미디어 제작자이자 활발한 연구 활동을 펼치고 있는 로버트 프래튼은 "모든 커뮤니케이션의 전자적 이니셔티브는 트랜스미디어 본성을 가지게 될 것"이라고 주장하면서 "2000년대 초반 멀티미디어의 등장이 그러했던 것처럼 트랜스미디어도 그와 같은 위상"을 가지게 될 것이라고 전망한다.

찬사와 우려의 교차 속에서 이 글은 트랜스미디어 스토리텔링 창작과 연구의 지난 10년의 시간을 차분하게 돌아보고, 살려야 할 것과 해체해야 할 것, 전망 등을 살피고자 한다. 먼저 트랜스미디어 스토리텔링의 개념을 정치하게 재검토하고, 트랜스미디어의 유형과 제작 사례를 통해 트랜스미디어라고 할 수 있는 것과 그럴 수 없는 것, 콘텐츠 산업현장에서 활용 가능한 것과 그렇지 않은 것을 구분하고자 한다. 이를 기반으로 현시점에서 트랜스미디어 스토리텔링의 유효한 모델을 도출하고, 관련 사례를 분석할 것이다. 이러한 논의를 통해서 트랜스미디어 스토리텔링을 향한 엇갈린 시선, 그것이 업계의 한때 유행인지 새로운 서사 경험인지에 관한 물음에 하나의 답을 내놓을 수 있기를 기대한다.

트랜스미디어 스토리텔링의 개념

트랜스미디어 스토리텔링의 개념은 젠킨스에서 시작하는 것이 마땅하다. 그에 따르면 "트랜스미디어 스토리텔링은 통합되고 조율된 엔터테인먼트 경험을 만들기 위해 허구의 필수 요소가 여러 미디어에 체계적으로 분산되는 과정을 의미한다. 이상적으로는 각 미디어가 스토리 전개에 고유한 기여를 하는 것이 바람직하다."[6] 또한 독립적인 장르나 자족적인 실체가 아닌 미디어 분화, 이야기 변주, 사용자 참여 등을 특징으로 하는 콘텐츠 기획 전략이나 기법, 더 넓게는 이러한 콘텐츠가 생산-유통-소비-재생산되는 현상이나 활동을 가리킨다.[7] 트랜스미디어 스토리텔링은 개별 콘텐츠가 전체 이야기에 분명하고도 가치 있는 기여를 해야 한다. 동시에 각 콘텐츠는 미학적 완결성을 가져야 하며 수용자가 어떤 콘텐츠를 어떤 순서로 접하더라도 전체 스토리 세계에 들어갈 수 있는 입구가 되어야 한다.[8] 그렇다고 해서 완전한 탈중심성을 지향하는 것은 아니다. 이른바 모션mothership이라고 하는 거점 서사가 있어 전체 스토리 세계에서 강력한 진입점으로 기능할 수 있다.

젠킨스의 정의가 처음부터 트랜스미디어를 의도한 하향식 설계top down 방식으로 전제하는 반면, 다음의 정의는 눈덩이 효과에 의해서 트랜스미디어화되는 현상도 관련 범주에 포함시키고 있다. 박기수는 트랜스미디어 스토리텔링이 복수의 미디어와 장르 그리고 생산 주체를 가로질러 스토리 세계story-world를 확장적으로 구축해 나가는 스토리텔링 전략 혹은 그러한 세계를 의미한다[9]고 본다. 실제로 하향식에 비해 눈덩이 효과에 의해 상향식으로 전개되는 트랜스미디어 프로젝트가 훨씬 많다는 점에서 이와 같은 개념의 확장은 타당하다.

다만 주의할 것은 이를 OSMU(One Source Multi Use), 하나의 소재를 서로 다른 장르에 적용하여 파급효과를 노리는 마케팅전략과는 구분해야 한다는 것이다. 트랜스미디어 스토리텔링은 미디어를 가로지르는 각각의 스토리가 독자성과 완결성을 갖고 있으면서 동시에 통합적 스토리 세계를 구성한다는 점에서 원작을 중심으로 스토리의 반복과 압축, 생략을 통해 전개되는 OSMU 혹은 크로스미디어 스토리텔링Crossmedia Storytelling과 구분된다.[10] 크로스미디어 스토리텔링이 원작과 동일 스토리, 동일 세계one story, one world를 공유한다면 트랜스미디어 스토리텔링은 하나의 세계 안에 다수의 스토리one world, many stories를 가진다. 〈해리포터〉는 초기에 트랜스미디어를 목표하지 않았고, 소설 원작을 바탕으로 한 충실한 각색을 통해 매체 전환되었다. 이때 소설과 영화는 동일한 스토리, 동일한 스토리 세계를 공유한다고 할 수 있다. 반면 MCU는 하나의 스토리 세계 안에서 아이언맨과 캡틴 아메리카, 스파이더맨, 토르, 로키 등이 각자 자신의 스토리 갈래를 가지고 있으며 이 스토리 갈래들은 교차와 독립을 반복한다. 따라서 MCU의 스토리 세계를 알기 위해서는 필수적으로 다른 콘텐츠로 이동해야 한다. 독자·관객은 영화, TV 시리즈, 코믹스 등 매체별로 흩어져 있는 스토리 조각을 적극적으로 모으고 연결해야 한다.

따라서 크로스미디어 스토리텔링이 성공한 원작에 대한 반복으로서 '다시 쓰기'라면, 트랜스미디어 스토리텔링은 비어 있는 스토리 조각을 찾기 위한 여정으로서 '새로 쓰기'다. 더욱이 작가 주체에 의해 일방적으로 제공되는 것이 아닌, 독자·관객 주체의 적극적 참여로 완성되는 '함께 쓰기'는 트랜스미디어가 가진 가장 강력한 힘이다. 전자가 독자·관객의 심미적 차원에서 전개되는 원작과의 상호 텍스트적 '일대일 대화'라면, 후자는 매체 횡단을 통해 완성되는 '다성성多聲性'을 가진 대화라고 할 수 있다. 전자의 독자·관객이 원작과 각색 작품을 비교하는 냉철한 분석가analyst라면, 후자의 독자·관객은 적극적인 사용자 참여와 역할놀이를 통해 전체 스토리 세계를 탐험하는 연행자performer라 할 수 있다.

매체 횡단을 통한 사용자들의 다시 쓰기를 촉진하기 위해서 트랜스미디어 스토리텔링에서는 다양한 방식의 사용자 참여를 설계한다. 단순히 콘텐츠를 소비하거나 페이스북의 '좋아요like'를 누르는 수동적 참여에서부터 다른 사용자들과 협업하여 콘텐츠를 만드는 등의 적극적 참여까지 있을 수 있다. 또한 단독플레이나 협업 플레이냐에 따라 개별 참여와 사회적 참여로 나뉠 수도 있다. 사용자 참여는 발견discovery, 경험experience, 탐험exploration의 순으로 높아지며, 참여의 수준은 주목attention, 평가evaluation, 애정affection, 옹호advocacy, 공헌contribution의 순으로 상승한다. 경험 구간은 콘텐츠에 대한 애정을 확인하는 구간이며, 탐험 구간은 콘텐츠에 대한 애정을 넘어서 적극적으로 옹호하고 공헌하는 사용자들의 무대다. 적극적

인 사용자 참여를 위해서는 경험과 탐험 구간 설정이 중요하다.[11]

트랜스미디어 콘텐츠의 사용자 경험은 마치 "브리콜라주bricolage"와 같다. 브리콜라주는 프랑스어로 (자질구레한) 공작 혹은 (손으로 하는) 간단한 작업을 의미하는 것으로, 문화 인류학자 레비스트로스가 "여러 자료를 갖고 조각과 단편을 짜맞추는 작업"으로 정의한 개념이다. 한혜원에 따르면 트랜스미디어 스토리텔링의 사용자들은 다양한 미디어를 브리콜라주하듯 사용한다. 이와 같은 사용자 중심의 적극적인 창작 행위는 일종의 '집합적 서사체collective narrative'를 형성하기도 하는데, 이때 창작 원리는 스토리-리텔링story-retelling이다. 스토리-리텔링은 크게 3단계로 구성된다. 이야기의 ① 부분화parts ② 통합integrate ③ 재구성reconstruct이 그것이다. 사용자들은 소비한 이야기를 각각 계열체적으로 분리하는 과정을 거치며, 이를 다시 통합체적으로 연계하는 것이다. 따라서 트랜스미디어의 사용자 경험은 소비가 아닌 생성의 패러다임을 가지고 있다고 할 수 있다.[12]

트랜스미디어 스토리텔링의 유형

트랜스미디어 콘텐츠의 유형은 먼저 전체 스토리 세계를 단편화fragmentation하는 방식에 따라 대형에서 소형으로 구분할 수 있다.[13] 대형 트랜스미디어 스토리텔링은 분할된 각 스토리 단위가 충분히 크고 독립적이어서 그 자체로 온전한 콘텐츠 상품이 될 수 있다. 이는 일반 독자·관객들에게 매우 익숙한 방식이다. 〈스타워즈〉, 〈매트릭스〉, 마블 시네마틱 유니버스 시리즈 등이 대표적이다. 소형 트랜스미디어 스토리텔링은 매체별로 제공되는 스토리 조각이 작고 비독립적인 경우를 가리킨다. 단위 콘텐츠가 동시다발적으로 제공되어 매체 간 연결이 필수적인 경우가 많다. 사용자들은 매체를 동시다발적으로 횡단해야만 온전한 스토리를 경험하게 된다. 앞서 언급한 〈마리카에 관한 진실〉을 비롯해 〈스코치드Scorched〉(2008, 호주), 〈알파 0.7〉, 〈선을 위한 음모〉 등이 대표적이다.[14]

에스펜 올셋은 콘텐츠 공개publishing 시점에 따라 유형을 구분한다.[15] 각 매체별 스토리 버전들이 동시다발적으로 공개되어 긴밀한 연결을 유도하는가 혹은 시간차를 두고 순차적으로 공개되는가에 따라 동기식同期式synchronous과 비동기식非同期式asynchronous으로 구분하는 것이다. 비동기식 유형의 대표적인 사례가 MCU다. 마블의 영화들은 순차적으로 충분한 시간차를 두고 공개되며 각 콘텐츠는 매우 자기 충족적이고 독립적이다. 동시에 각 콘텐츠는 같은 세계관을 공유하며 서로 연결되고 꾸준한 참여는 더 큰 재미를 보장한다. 동기식의 대표적인 사례는 〈마리카에 관한 진실〉, 〈알파 0.7〉과 같은 인터랙티브 드라마 혹은 인터랙티브 무비가 될 수 있다. 〈마리카에 관한 진실〉은 TV 드라마, 웹사이트, 온라인게임 등 매체별 콘텐츠가 동시다발적으로 공개되었으며, 각 매체별 콘텐츠가 긴밀하게 연결되어 사용자의 적극적인 매체 횡단을 요구한다. 한정된 시간 안에 다양한 미디어를 넘나들며 스토리 조각을 모으고, 전체 스토리 세계를 완성해야 하는 것이다.

이상의 논의를 종합하면 트랜스미디어 스토리텔링은 단편화 크기에 따라 대형과 소형, 콘텐츠의 공개 시점에 따라 동기식과 비동기식으로 구분할 수 있다. 두 가지 축을 X축과 Y축으로 설정하면 전체 유형을 개괄적으로 고찰할 수 있는 사분면을 얻을 수 있는데, 이때 주목할 것은 대형·동기식과 소형·비동기식의 사례를 쉽게 찾아볼 수 없다는 사실이다. 대형은 각 콘텐츠가 충분히 자기 충족적이어서 독자적인 수익을 모색할 수 있으므로 순차적 공개를 통해 이익을 극대화하는 마케팅 전략이 유효하다. 반대로 소형은 스토리 조각을 매우 작게 단편화해 매체 간 연결을 통해서만 완전한 재미를 기대할 수 있으므로 미디어별 콘텐츠를 시간차 없이 동시다발적으로 공급하는 전략을 취하는 것이 당연하다. 따라서 트랜스미디어 프로젝트는 대개 대형·비동기식 아니면 소형·동기식으로 창작된다고 할 수 있다.

두 가지 유형 중에서 대형·비동기식은 꾸준한 시도가 이어질 것이다. 할리우드 영화를 모선母船으로 하는 대규모 판타지 블록버스터는 MCU식의 스토리텔링 확장 전략을 검토하지 않을 이유가 없다. 자본이 뒷받침되는 한 팬덤의 참여와 유지, 연결에 효과적인 트랜스미디어 스토리텔링은 좋은 선택지가 될 것이다. 반면 소형·동기식 유형이 향후 콘텐츠 산업에서 지속될 수 있을 것인가에 관해서는 상당한 의구심이 있다. 실제로 소형·동기식 콘텐츠는 2000년대 후반부터 2010년대 초반까지 활발하게 시도되었고, 특히 현실의 사용자 참여를 허구적 콘텐츠 세계로 끌어들이기 위해 페이크 다큐fake documentary 스토리텔링이나 바이럴마케팅을 도입하여 글로벌한 화제가 되기도 했다. 그러나 문제는 2000년대 중후반 이후 좀처럼 관련 성공 사례나 제작 사례를 찾아보기 어렵게 되었다는 것이다. 왜일까? 왜 최근 소형·동기식 트랜스미디어 프로젝트의 성공 사례를 찾아보기 힘들게 되었을까?

조심스럽게 배경을 진단해보면, 첫 번째 원인은 무엇보다 가격 대비 성능이 좋지 않기 때문일 것으로 판단된다. 초기작들의 엄청난 성취에도 불구하고 후속작이 나오지 않고 상업적으로 자주 제작되지 않는 것은 결국 비즈니스 문제일 가능성이 크다. 다양한 매체 활용이 제작비 상승으로 이어지는 것은 당연한 수순인데, 수익이 이를 상회하지 못하기 때문에 제작 투자가 활발하게 일어나지 않는 것이다. 아마도 이것이 단순하지만 가장 큰 이유일 것이다. 이와 관련해서 지난 10년의 트랜스미디어 콘텐츠 제작 사례를 통해 학습할 수 있는 사실은 미디어는 다다익선이 아니라는 것이다. 청중들과의 접점을 늘리고 다양한 매체를 통한 고유한 만족감을 제공하기 위해서 되도록 많은 미디어를 도입해도, 이것이 성공을 보장하는 것은 아니다. 독일의 〈알파 0.7〉이 좋은 예시다. 5부작 TV 시리즈를 거점 미디어로 하고, 라디오(드라마와 교양 쇼), 유튜브, SNS, ARG까지 미디어 활용의 극한을 시험했다고 해도 과언이 아니었지만, 이것이 곧 성공을 보장하지는 않았다. "청중들은 시간과 공간에 구애받지 않고 스토리 세계에 접속할 수 있기를 바란다. 언제 어디서나 내가 원할 때 원하는 장소에서 원하는 콘텐츠를 선택할 수 있어야 한다"라는 주장은 가능한 한 많은 미디어를 동원해서 소비자들을 스토리 장막으로 둘러싸야 한다는 뜻이 아니다. 트랜스미디어 스토리텔링은 스토리 퍼즐 찾기가 아니라 왕복여행return trip이라는 지적[16]을 새겨야 한다. 왕복여행은 좋아하는 여행지를 왔다갔다하는 것이지 되도록 많은 탈것으로 최대한 멀리 최대한 많은 여행을 하는 것이 아니다. 결국 중요한 것은 미디어 개체수가 아니라 스토리 세계에 대한 매혹이다.

두 번째 원인은 독자·관객들의 역량 강화와 관련되어 있다. 보다 구체적으로 말하자면 이것은 청중들의 미디어 리터러시 향상과 기술 발전에서 기인한 것이다. 2007년 아이폰 출시 이후 스마트폰이 대중화되기까지 불과 10년도 채 걸리지 않았다. 스마트폰의 대중화 이후 소형·동기식 트랜스미디어 프로젝트를 접하기 어려워진 것은 우연의 일치일까. 앞서 밝혔듯이 화제가 된 소형·동기식 프로젝트의 경우 실제 현실의 청중들을 허구적 스토리 세계로 끌어들이기 위해 다양한 전략을 구사하는데 대표적인 것이 페이크 다큐 스토리텔링이다. 스토리가 허구fiction가 아니라 현실real임을 강조하고, 동참을 호소하는 것이다. 사용자들은 현실의 위기를 해결하기 위해 ― 예를 들면 사라진 신부를 찾거나, 죽음의 위기에 내몰린 내부고발자를 찾거나, 감금된 여성을 구출하거나 등등 ― 해당 문서를 적극 공유하고 사건 해결에 동참한다. 물론 시간이 지나면서 해당 사건이 허구인 것을 알게 되지만, 제작진이 설계한 완벽한 재미에 매혹당하거나 혹은 비록 허구지만 근미래에 있을 법한 충분한 개연성에 공감하고 불신을 자발적으로 중지하게 된다. 그러나 스마트폰의 대중화와 초고속 인터넷의 보급으로 1인 미디어 시대가 펼쳐진 요즘, 이와 같은 페이크 스토리텔링 전략은 시작하자마자 허구임이 밝혀질 것이고 사실이 확산되는 데는 불과 두어 시간도 채 걸리지 않을 것이다. 청중들의 강화된 미디어 리터러시 역량은 허구와 현실의 융합에 관한 새로운 전략을 요구하고 있다.

세 번째 배경은 트랜스미디어 스토리텔링과 마케팅의 불명확한 구분이다. 화제가 된 소형 트랜스미디어 프로젝트 중에는 광고의 일부로 진행된 것이 다수 있다. 흥미로운 사용자 참여 마케팅으로 각광을 받았지만, 스토리텔링의 세계를 탐험하려는 독자·관객들은 그 누구도 마케팅의 도구로 쓰이기를 원하지 않는다는 것을 인지해야 한다. 사용자들의 참여는 "의미 있는 경험"일 때만 일어난다. 콘텐츠에 대한 사용자들의 참여와 헌신은 그것이 그만한 가치가 있을 때 일어나고, 그 가치에 필요한 요소는 숭고함이다. 사용자들은 본인의 시간과 수고를 들여 참여한 것의 목적이 결국 상품 판매였음을 알게 될 때 커다란 실망감을 느끼게 된다. 사실 최근 몇 년간 다양한 바이러스마케팅의 학습효과로 인해 이제 웬만한 사용자들은 '이거 광고 아니야?'라고 먼저 의심을 한다. 이에 특정 내러티브 제품을 광고하기 위해 다매체를 사용하는 것은 트랜스미디어 스토리텔링에 아예 포함시키지 말아야 한다는 주장도 있다. 예를 들어 스티븐 스필버그의 영화 〈A. I. 인공지능〉(2001)이 〈비스트〉라는 대체현실게임과 함께 광고되었을 때 〈비스트〉와 영화 사이에는 아무런 내러티브 관계가 없었으며, 따라서 이것은 트랜스미디어 스토리텔링이라고 할 수 없다는 것이다.[17] 트랜스미디어 프로젝트는 그 화제성과 폭넓은 도달점으로 인해 자주 마케팅 전략으로 활용되는 것이 사실이다. 그러나 스토리텔링 전략과 마케팅 사이에 스토리의 연속성과 일관성이 없는 경우는 트랜스미디어 스토리텔링으로 볼 수 없다. 마케팅 전략으로 트랜스미디어 스토리텔링을 활용할 경우, 혹은 트랜스미디어 프로젝트 안에 마케팅 콘텐츠를 삽입할 경우에는 철저한 주의와 신중한 접근이 요구된다. 한 번 더 강조하자면 독자·관객들은 자신들이 마케팅의 도구로 사용되기를 원하지 않는다. 스토리텔링의 연속성 없이 온전히 마케팅을 목적으로 하는 프로젝트는 트랜스미디어 스토리텔링이라고 할 수 없으며, 마케팅 측면에서도 실패할 확률이 높다.

트랜스미디어 스토리텔링은 다매체 시대 매체 활용 전략의 만능 치트키가 아니다. 백화점식으로 미디어를 다종다양하게 배치한다고 해서, 독자·관객들의 주변을 스토리 세계의 장막으로 둘러친다고 해서 성공하는 것이 아니다. 그렇다면 트랜스미디어 스토리텔링은 어떻게 해야 하는가? 트랜스미디어 스토리텔링의 신화는 끝난 것인가? 트랜스미디어 스토리텔링은 더이상 유효하지 않은 전략인가? 물론 아니다. 트랜스미디어 스토리텔링은 다매체 시대 디지털 커뮤니케이션과 결합하면서 분명 새로운 서사성의 가능성을 보여주었고, 독자·관객·사용자들에게 혁신적인 서사 경험을 제공해왔으며 그 가능성은 여전히 무한하다. 다만 '미디어'를 '트랜스'하는 것만으로 성공이 보장되지는 않는다는 것이다. 지난 10년은 다매체라는 전례 없는 새로운 도구를 사용해 '스토리'를 '텔링'하는 방법을 모색하는 시간이었다고 할 수 있다. 그렇다면 10년의 탐색기를 거쳐 살아남은 것은 무엇인가? 그것은 세계관과 캐릭터다.

트랜스미디어의 서사성 : 세계관과 캐릭터

아즈마 히로키가 옳았다. 결국은 세계관과 캐릭터만 남게 될 것이라는 그의 예측은 틀리지 않았다.[18] 트랜스미디어 스토리텔링의 핵심은 세계관과 캐릭터에 있다. 최근 성공한 트랜스미디어 프로젝트의 면면을 살펴보면 그것들은 '마블'류도 '마리카'류도 아니다. 매체를 넘나들며 진행되는 꽉 짜인 스토리텔링은 찾아보기 힘들어졌다. 그 대신 매체 횡단을 촉진하는 세계관과 매체를 연결하는 접점으로서 캐릭터가 남았다. 스콜라리와 오르세트 등은 "트랜스미디어 스토리텔링에서 트랜스미디어 세계 구축 및 트랜스미디어 캐릭터로From transmedia storytelling(TS) to transmedia world-building(TW) and transmedia characters(TC)"라는 장 제목을 통해 변화하는 양상을 선명하게 드러내고 있다. 트랜스미디어 스토리텔링에서 "세계성world-ness"이라는 범주가 자리잡으면서 '스토리'가 무너지고 있다는 인식이 점차 커지고 있다. 트랜스미디어 스토리텔링은 '내러티브 구조'를 만드는 것이 아니라 세계관과 캐릭터를 만드는 것이다.[19] [20] 이 절에서는 트랜스미디어 서사성의 핵심으로서 세계관과 캐릭터를 살펴보고자 한다.

트랜스미디어 세계 구축

2014년 '트랜스미디어 내러티브Transmedia Narrative'라는 용어를 사용했던 라이언이 본인의 견해를 수정하는 데는 불과 채 1년도 걸리지 않았다. 이해를 돕기 위해 해당 내용을 직접 옮기면 다음과 같다.

'트랜스미디어 스토리텔링'이라는 용어는 내러티브 콘텐츠가 하나의 통합된 이야기를 형성한다는 의미로, 초기 상태에서 복잡성과 해결로 이어지는 시간적 아크arc를 따르는 독립된 유형을 의미한다. 이 아크는 아리스토텔레스가 이야기를 시작, 중간, 끝이 있는 것으로 설명할 때 염두에 두었던 것이다. 하지만 스토리 아크는 여러 문서로 파편화되고 분산되는 데 많이 적합하지 않다. 소설에서 이야기의 시작 부분을 읽은 다음, 다음 에피소드를 보기 위해 영화관에 가야 하고, 그다음에는 만화책을 사야 하고, 마지막에는 결말을 알기 위해 컴퓨터게임을 해야 한다면 얼마나 짜증날지 상상해보라. 트랜스미디어 스토리텔링은 이런 방식이 아니다. 트랜스미디어 스토리텔링은 하나의 연재가 아니라 다양한 문서에 포함된 다양한 자율적인 이야기, 즉 에피소드를 전달한다. 이러한 이야기를 하나로 묶는 것은 그것이 동일한 스토리 세계에서 일어난다는 점이다. 사람들이 여러 문서와 여러 플랫폼에서 정보를 기꺼이 찾는 이유는 스토리 세계에 빠져 있기 때문이다. '고전적인' 형태의 트랜스미디어 스토리텔링은 직소 퍼즐처럼 이야기를 맞추는 게임이 아니라 좋아하는 세계를 왕복여행하는 것과 같다. 따라서 '트랜스미디어 스토리텔링'은 잘못된 명칭이다. 이 현상은 트랜스미디어 세계 구축transmedia world-building이라고 불러야 한다.[21]

트랜스미디어 스토리텔링에서 세계 구축의 중요성을 새삼 강조하고자 하는 것이 아니다. '스토리'를 '텔링'하기 위해서 매체를 전환하는 것이 아니라 스토리 세계의 구축 그 자체가 목표가 되어야 한다는 것이다. 사실 국내에서는 '세계 구축'이라는 용어보다 '세계관世界觀'이라는 용어를 같은 의미로 즐겨 사용하는 경향이 있다. 트랜스미디어 스토리텔링은 곧 세계관 스토리텔링인 것이다. 그렇다면 세계관이란 무엇인가?

세계관은 SF와 게임 등 가상 세계를 새롭게 구축해야 하는 스토리텔링에서 비롯된 개념이다. 사전적 의미는 작가가 세계를 바라보는 관점을 의미하지만, 게임 등 가상 세계에서 세계관은 캐릭터를 둘러싸고 있는 시간적, 공간적, 자연적, 사상적 배경을 가리킨다.[22] 사실 배경이라는 부차적 개념의 용어는 적절하지 않다. 게임의 세계관은 단순한 배경이 아니다. 세계관은 게임에서 규칙보다 오히려 상위의 차원에 있는 것으로, 그것을 가능케 하는 기본 조건 혹은 그것의 정당화와 관련이 있다. 게임을 만든다는 것은 하나의 세계를 만들어내는 일이다. 게임에서 세계관은 세계에 의미를 부여하는 기본적인 원리가 된다. 세계관은 플레이어의 행위에 커다란 영향을 미친다. 그것은 규칙이 발생하는 토대로서 그리고 그것을 이해하기 위한 배경으로서 그리고 무엇보다 게임이 이루어지는 허구적 공간 혹은 가상적 공간의 존재론으로서 플레이어의 행위에 '의미'를 부여한다. 게임 안에서 플레이어의 행위에 의미가 부여된다는 것은 매우 중요한 문제다. 이는 플레이어의 행위를 임의적인 것으로 만들어 단지 게임에서 승패를 가르기 위해 주어진 규칙에 따라 행한다는 단순한

차원을 넘어서 그에 필연성과 당위성을 부여하고, 그런 행위를 해야 하는 까닭을 납득시키기 때문이다.[23]

또한 세계관은 공간적으로 표현된다. 게임 등 디지털 스토리텔링에서 공간의 중요성은 더 말할 나위가 없다. 게임은 공간에 위치하고 이로부터 게임은 특별해진다. '게임 공간'은 하위징아(1950)가 지적했듯 '실재 세계'로부터 게임을 분리시키는 핵심 단어다.[24] MIT의 디지털 서사학자인 자넷 머레이는 20세기 후반에 등장한 새로운 컴퓨터 기술이 항해 가능한 공간을 재현하는 자체의 힘을 가진 환경을 제시한다고 하면서 디지털 미디어의 공간성에 주목한다.[25] 이인화(2003)도 소설과 같은 전통적인 서사가 시간의 흐름에 따라 사건을 서술하는 데 반해 컴퓨터게임과 같은 상호작용 서사는 플레이어의 공간 선택에 따라 스토리가 발생한다고 말한다.[26] 따라서 디지털 스토리텔링에서 세계관 연구는 시공간적 무대에 관한 연구가 함께 이뤄질 때 완전한 서사의 본질을 해명할 수 있다. 세계관은 디지털 콘텐츠 안에서 계열체적으로 흩어져 있는 데이터들을 통합체적으로 엮는 힘이다.

정리하면 세계관은 가상 세계를 바라보는 작가의 관점으로서 독자들에게 전달하고자 하는 의미(메시지)이며, 물리적으로는 시공간적 무대로 형상화되고, 캐릭터와 플롯의 발원지로서 최소한의 설정과 배경 이야기를 포함한다. 또한 그것은 이상의 요소들의 합으로서 독자·관객의 마음속에 생성되는 심적 표상mental representation이다. 트랜스미디어 스토리텔링은 이제 이야기의 매체를 전환하는 것이 아니라 다매체 활용과 매체 전환을 통해서 어떤 세계관을 구축할 것인가에 방점을 찍어야 한다.

트랜스미디어 캐릭터

캐릭터는 트랜스미디어 콘텐츠가 가진 확장성의 핵심이다.[27] 트랜스미디어 스토리텔링의 캐릭터는 단일 매체 스토리의 캐릭터와 명백히 다르다. 트랜스미디어의 캐릭터들은 특정 작품이나 작가에 귀속되지 않고 일종의 공유재로서 간주될 수 있다. 아즈마 히로키는 이를 캐릭터의 자율화라는 용어로 개념화한다. 어떠한 캐릭터가 기존 작품의 설정에서 벗어나 다른 설정에 놓인다 하더라도 해당 캐릭터를 동일한 캐릭터로 인지할 수 있다[28]는 것이다.

트랜스미디어의 캐릭터는 무한히 변형 가능한 스토리 세계에서 의미의 고정점으로 기능한다. 팬들은 끊임없이 변화하는 스토리 세계에서 캐릭터를 매개로 캐릭터를 따라 매체를 횡단한다. 톰 다우드에 따르면 트랜스미디어 스토리 세계에서 캐릭터는 우주의 중심이다. 트랜스미디어의 영웅들은 복수의 생명multiple lives을 가진다.[29] 캐릭터는 겹겹의 생명력을 가지고 스토리 세계의 확장에 기여한다. 캐릭터는 모든 스토리라인이 연결되는 접점이다. 프래튼은 "접착제glue"라는 표현을 사용한다. 그의 말을 빌리자면 "캐릭터는 영화 에피소드 사이, TV 시즌 사이, 플랫폼 사이 청중들을 사로잡는 접착제"이다.[30]

스토리의 무한한 확장expansion 전략을 통해 거대한 스토리 세계를 구축하는 트랜스미디어 스토리텔링 창작과정에서 작가에게 주어진 최대 임무는 매체 간 스토리의 연속성을 유지하는 것이다. 마블 스튜디오의 제작자는 "가장 큰 도전은 마블 세계의 이전 사건을 알리면서 미래의 이야기를 위한 단서를 영리하게 심는 것"[31]이었다고 말한다. 이를 위해 마블에서는 다양한 서사 연속성 전략을 취해왔다. 서사 연속성을 유지하기 위한 트랜스미디어 캐릭터 스토리텔링은 편재성偏在性이 특징이다. '아이언맨'과 '헐크', '캡틴 아메리카' 등은 각기 독립적으로 스토리 세계를 견고하게 구축하고 증식하면서도 동시에 서로 연결되어 있다. '아이언맨'은 〈아이언맨〉 시리즈에만 등장하는 것이 아니라 '헐크'의 로스 장군과 친분이 있으며, 그들은 또한 '캡틴 아메리카'를 탄생시킨 '슈퍼 솔저 프로젝트'에 깊숙이 관련되어 있다.[32] 트랜스미디어 스토리텔링의 캐릭터들은 전체 스토리 세계 어디에나 등장하는 유비쿼터스ubiquitous 캐릭터이다.

권호창은 네트워크 분석 툴을 사용하여 MCU의 캐릭터 네트워크의 중심성centrality을 정량적으로 분석한 바 있다. 중심성은 네트워크에서 노드node의 연결성을 나타내는 지표 중 하나인데, 캐릭터 네트워크에서는 캐릭터 간 관계나 캐릭터의 역할(기능)을 파악하는 데 도움을 줄 수 있다. 네트워크 분석에서는 일반적으로 세 종류의 중심성을 구분한다. 다른 노드와 많이 연결되어 있어 연결성 지수degree centrality가 높은 '허브', 서로 다른 두 집단을 연결하는 매개 지수betweenness centrality가 높은 '매개자', 전체 네트워크의 중심에 위치하여 접근 지수closeness centrality가 높은 '중심자'가 그것으로 각각은 네트워크에서 역할이 다르다. 분석 결과 MCU 캐릭터 네트워크에서 허브는 아이언맨, 매개자는 스파이더맨, 중심자는 캡틴 아메리카로 나타났다. 이것은 MCU에서 가장 빈번하게 등장한 캐릭터는 아이언맨이지만, 6개로 나누어지는 서로 다른 캐릭터 그룹을 매개하는 역할은 스파이더맨이 하고 있으며, 전체 캐릭터와 가장 짧은 경로로 연결될 수 있는 인물은 캡틴 아메리카임을 나타낸다.[33] 트랜스미디어 콘텐츠의 캐릭터는 스토리 세계의 우주 안에서 때로는 진입점으로, 때로는 매개자, 허브, 중심자로 역할을 달리하며 네버엔딩 스토리를 가능하게 하는 통로가 되고 있다.

견고하게 구축된 세계관에 충분한 배경 이야기와 갈등을 가진 캐릭터가 있어 멀티플랫폼을 통해 이야기될 수 있다면 트랜스미디어가 될 수 있다. 트랜스미디어 콘텐츠에서 '트랜스'되는 것은 스토리가 아니라 세계관과 캐릭터다. 흥미로운 점은 국내 트랜스미디어 성공 사례에서 이와 같은 특징을 발견할 수 있다는 사실이다. 국외에서는 영화와 TV 시리즈 등 전통적인 레거시 미디어가 디지털 콘텐츠와 결합하면서 트랜스미디어 프로젝트가 진행된 반면에 국내에서는 비슷한 사례를 발견하기가 좀처럼 쉽지 않았다. 그 대신 국내에서는 케이팝과 예능프로그램에서 트랜스미디어의 성공 사례를 찾을 수 있다. 케이팝과 예능? 언뜻 스토리가 크게 중요하지 않아 보이는, 오리지널 스토리텔링 콘텐츠와는 거리가 멀어 보이는 콘텐츠 산업에서 트랜스미디어 스토리텔링의 성공 사례를 찾을 수 있는 이유는 무엇일까?

K-트랜스미디어 스토리텔링:
K-Pop과 K-예능을 중심으로

'에스파aespa'의 세계관 활용: 자가 증식하는 세계, 광야

케이팝K-Pop에서 트랜스미디어 활용은 주요 전략이 된 지 오래다. 주목할 것은 케이팝에서는 창작자와 소비자 모두 트랜스미디어 스토리텔링이라는 용어 대신 '세계관'이라는 용어를 더욱 즐겨 사용한다는 것이다. 케이팝에서 본격적인 세계관 활용은 2012년 데뷔한 SM엔터테인먼트의 보이그룹 '엑소EXO'를 시작으로 본다. 본격적인 하향식 트랜스미디어 프로젝트로 초능력 콘셉트의 세계관을 도입하여 큰 화제가 되었으나 멤버 탈퇴 등 내부적 문제로 세계관이 지속되지 못했다. 이후 세계관 활용이 다시 주목받게 된 계기는 더이상 수식어가 필요 없는 그룹 '방탄소년단(이하 BTS)'이다. BTS는 '청춘의 성장과 아픔을 통한 진정한 자아의 발견'이라는 보편적 스토리를 음악, 뮤직비디오, 출판물, 웹툰, 게임 등을 통해 전개했고, 결과적으로는 글로벌 팬덤의 공감을 얻을 수 있었다. 실제로 많은 연구가 BTS의 성취를 트랜스미디어 스토리텔링의 관점에서 분석하며, 세계관이 BTS라는 브랜드의 정체성을 구축하고 강화하는 데 기여한 것으로 보고 있다.

케이팝에서 세계관을 활용한 트랜스미디어 스토리텔링은 앨범과 앨범(음원과 음원) 사이를 잇고, 팬과 아티스트와 기획사를 이어주고, 아이돌그룹 내의 이야기를 생성하고 엮는 끈이다. 이에 케이팝에서는 아이돌그룹을 발표할 때 하나의 '세계관'을 만드는 것이 불문율처럼 되어버렸다. 이와 관련해서 조민선, 정은혜는 한국 아이돌 콘텐츠의 트랜스미디어를 다룬 글에서 EXO와 BTS의 세계관을 비교한다. 서사적 측면에서 EXO는 로맨스 양식의 캐릭터를 재현하며 현실과 분리된 초인으로 형상화되는 반면 BTS는 하위모방양식의 캐릭터를 재현하며 문제적 현실을 반영하는 대리자로 형상화하는 방식을 즐겨 사용한다는 것이다. 두 아이돌그룹의 콘텐츠는 다양한 매체를 활용하여 파편화된 서사를 제공하고, 팬덤은 이야기 파편들을 적극적으로 연결함으로써 서사를 완성하며, 나아가 아이돌 콘텐츠의 스토리 세계를 구축하고 확장한다. 이때 팬덤은 관심사를 중심으로 결집한 소규모 집단들로 구성된다. 팬덤 내 다양한 목소리는 스토리 세계 구축에 반영되기 때문에 아이돌 콘텐츠의 스토리 세계는 필연적으로 다성적이며, 끊임없이 확장될 수 있다.[34] 기호학적 요소들을 찾아내는 것이 일종의 숨은그림찾기나 보물찾기에 가까운 놀이라면, 각 장르에서 주요하게 다뤄졌던 소재들이 한데 모여 콜라주처럼 구성된 작품을 감상하는 것은 보다 깊은 형태의 몰입을 요구한다고 할 수 있다. 그것들을 더 많이 찾아낸 사람의 경험이 보다 다층적이고 풍부할 수밖에 없다.

　엑소와 BTS 이후 세계관의 두드러진 활용을 보여주는 아이돌 그룹을 찾으려면 단연코 '에스파aespa'를 꼽을 수 있다. 에스파의 데뷔곡 〈Black Mamba〉는 에스파와 에스파의 아바타 'ae(아이)'의 연결을 방해하고 세상을 위협하는 빌런이 '블랙 맘바'라는 것을 알게 되면서 펼쳐지는 모험을 스토리로 담고 있다. 뮤직비디오에서 현실의 카리나는 'ae-카리나(아이-카리나)'와의 'SYNK(연결)'에 성공하고 지하철은 가상 세계와 같은 모습으로 변화한다. 그러나 에스파와 'ae'의 연결을 방해하는 블랙 맘바가 등장하고, 블랙 맘바에 의해 'SYNK'가 끊기자 지하철은 망가진 모습이 되며, 멤버들의 곁에서 'ae'는 사라지고 만다. 두 번째 히트곡 〈Next Level〉의 가사는 에스파와 아바타 'ae'가 'SYNK'를 방해하고 세상을 혼란에 빠뜨린 블랙 맘바를 찾기 위해 '광야KWANGYA'로 떠나는 여정을 담은 스토리다.

세 번째 곡 〈Savage〉는 에스파와 아바타 'ae'가 조력자 'Naevis(나이비스)'의 도움으로 '광야'로 나아가 블랙 맘바와 맞서는 스토리다. 뮤직비디오를 보면 광야 최대의 빌런인 블랙 맘바가 등장하고, 이에 맞서는 과정에서 에스파 멤버들의 역할이 구체화되어 나타난다. 일례로 〈aenergy〉의 가사를 보면 "카리나 Rocket Puncher(로켓 펀처), 윈터 Armamenter(무기 능력자), 지젤 got Xenoglossy(언어 초능력자), 닝닝 E.d hacker(해커)" 등의 표현이 있는데 이는 블랙 맘바에 대항해 주력자인 멤버들 각각을 캐릭터화하는 작업이라 할 수 있다. 이후 뮤직비디오 마지막에서는 조력자 아바타인 'Naevis'와 에스파 멤버들이 만난 모습이 구현된다. 이렇듯 세 개의 곡은 가사와 뮤직비디오와 관련 콘텐츠를 통해 '현실과 가상의 연결을 방해하는 블랙 맘바와의 대적'이라는 스토리를 구현하고 있다.

에스파 세계관이 여느 케이팝 그룹의 그것보다 독보적이고 효과적이라는 평가를 받는 이유는 무엇일까? 에스파의 세계관은 스토리텔링의 완전한 구조를 가지고 있다. 다른 그룹의 세계관을 들여다보면 캐릭터만 있거나, 혹은 콘셉트나 테마만 있는 경우가 다반사이다. 일례로 '빅스VIXX'의 경우 다채로운 캐릭터 플레이로 주목받았지만, 각각의 캐릭터를 아우르는 연결성 부족으로 지속되지 못했다. 에스파와 함께 4세대 걸그룹으로 주목받았으며 데뷔 1년 만에 대세가 된 걸그룹 '아이브IVE'의 경우 〈ELEVEN〉부터 최근의 〈I AM〉까지 자기 자신을 사랑하는 '나르시시즘' 세계관을 적극 활용하고 있다. 그러나 아이브의 세계관은 많은 걸그룹이 차용하는 걸크러시 콘셉트, 특히 자기애를 통해 보여주는 당당하고 주체적인 여성이라는 테마만 있을 뿐, 스토리의 일반 구성요소가 없어 독자적인 스토리 세계를 구축하고 확장하지 못하고 있으며, 이에 음원은 성공하였으나 반복되는 콘셉트가 다소 식상하다는 일부 반응도 있다. 한편 에스파의 세계관은 스토리가 전개되는 시간적, 공간적, 사회적, 역사적 배경(무대)이자 캐릭터와 플롯의 발원지로서 배경 스토리를 제공해야 한다는 세계관의 역할을 충실히 구현하고 있다.

먼저 에스파 세계관의 캐릭터 스토리텔링을 살펴보자. 최초 에스파가 발표되었을 때 주목받은 것은 멤버들의 아바타 캐릭터인 'ae-에스파'의 존재였다. 멤버는 4명이지만 멤버마다 아바타가 존재하고, 따라서 총 8명의 걸그룹으로 알리는 홍보 방식은 꽤 화제가 되었다. 현실과 가상을 넘나들며 전개되는 에스파의 스토리 세계에서 아바타의 존재는 효과적인 것으로 판단된다. 가상 세계에 존재하는 아바타의 존재는 멤버들의 또 다른 자아로서 다양하게 은유된다. 때로는 현실의 욕망을 투영한 SNS 자아로 표현되기도 하고, 혹은 현실의 내가 바라는 진정한 자아로 형상화되기도 한다. 'ae-에스파'는 때로는 조력자로 때로는 욕망의 대상으로 등장한다.

'블랙 맘바'라는 안타고니스트antagonist의 설정도 주목할 만하다. 스토리텔링에서 주인공을 프로타고니스트protagonist(주동자)라고 하고, 이를 막아서는 세력을 안타고니스트(적대자)라고 하는데 원어에 공통적으로 사용된 'agon'은 그리스어로 싸움, 투쟁, 갈등이라는 의미를 담고 있다. 즉 프로타고니스트는 앞에서 싸우는 사람이고, 안타고니스트는 이를 막아서는 사람이라는 뜻이다. 스토리텔링에서 안타고니스트의 중요성은 두말할 나위도 없다. 스토리란 본래 '누가(주인공) 어떤 것을 간절히 원하는데(욕망의 대상), 그것을 얻기가 너무도 어려운(갈등) 것'이다. 갈등이 없으면 스토리가 될 수 없다. 갈등은 스토리의 필수 요소이고 갈등을 일으키는 주 세력이 바로 안타고니스트다. 현대 스토리텔링에서 안타고니스트의 역할은 점점 중요해지고 있는바, 에스파가 스토리 세계를 구축하면서 '블랙 맘바'라는 거대한 뱀 형상의 안타고니스트 캐릭터를 활용한 것은 마스터 플롯을 촉발하는 힘으로서 세계관의 역할을 정확하게 파악한 결과라고 볼 수 있다. 또한 안타고니스트를 설정하는 과정에서 '블랙 맘바'라는 은유의 사용은 매우 효과적인 전략이라 할 만하다. 블랙 맘바는 본래 아프리카에 서식하는 강력한 공격성을 가진 검은 독사를 가리키는데, 낯선 이름이지만 악역으로서 '뱀'이 가진 글로벌 보편성과 문화적 원형성을 상기할 때 매우 영리한 설정이다. 낯설고 특수한 기호로 인식되지만 사실상 텅 빈 기호이기 때문이다. 어떤 이야기와도 연결될 수 있고, 창작자와 청중은 그 기호 안에 자신만의 해석을 덧붙일 수 있다. 이에 팬들 사이에서는 블랙 맘바의 정체 찾기가 유행처럼 번졌고, 현재 유튜브에서는 크게 화제가 된 '윈터 흑

막설'을 비롯해 'SM 보아 흑막설'까지 블랙 맘바의 정체를 추리하는 팬들의 콘텐츠를 쉽게 찾아볼 수 있다. SM에서는 블랙 맘바의 존재를 명확히 공개하지 않고 있으며, 앞으로도 그럴 가능성이 높다. 스토리텔링에서는 비정형성 그 자체가 아우라를 생산하며 이야기의 확산을 가져온다는 것을 잘 알고 있기 때문이다.

무엇보다 에스파 세계관에서 두드러지는 것은 '광야'라는 공간의 설정이다. '광야'는 에스파뿐만 아니라 SM엔터테인먼트 소속의 다른 그룹의 스토리텔링에서도 자주 나타나는 공간으로 '아무것도 규정되지 않은, 무규칙적이고 무정형인 무한의 영역'을 뜻한다. '광야'의 이런 비정형성과 개방성은 그에 관한 완벽한 정의가 밝혀지지 않았다는 뜻으로 전달되었고, 팬덤의 이야기 재생산을 촉진시켰다. 실제로 팬들에게 '광야'는 매우 인기가 있는 밈meme이다. '광야'가 어디인지 찾으려는 팬들은 여러 콘텐츠를 조합하고 해석하며 저마다의 추리를 생산하고 있고, 관련 콘텐츠에 등장한 숫자를 조합한 결과 현재 SM엔터테인먼트 사옥이 유력한 후보로 떠오르기도 했다. 이에 SM은 해당 사옥을 케이팝 팬덤의 관광지로 만드는 과정에서 '광야'를 적극 활용하고 있다. '광야'는 무한한 개방성과 함께 '블랙 맘바'라는 세계관 최대의 빌런을 내포한 공간으로서 마스터 플롯의 갈등을 지속적으로 생성한다. 스스로 무한 증식하며 다수의 이야기 갈래를 생산하는 스토리 세계라고 할 수 있다. 스토리텔링의 기본 요소를 갖춘 탄탄한 구조는 다른 케이팝 그룹들의 세계관에서는 좀체 찾아볼 수 없는 독보적인 전략이라 할 수 있다.

그런데 세계관의 활용은 때로 양날의 검이 될 수 있다. 케이팝에서 세계관이라는 틀은 중요한 차별화 전략이 될 수 있지만, 반대로 그 틀에 갇혀 자유로운 음악 활동이 불가능하다는 우려도 있기 때문이다. 에스파와 관련해서도 어떤 이들은 현실과 가상을 넘나들며 블랙 맘바를 쫓는 여전사 이미지가 고착화되는 것에 대해 우려를 표하기도 한다. "메타버스 세계에서 절대자의 도움을 받아 악의 무리를 해치우는 '에스파'가 어느 날 여고생으로 등장해 첫사랑의 풋풋함을 담은 노래를 부른다면, 불가능한 일은 아니나 그간 쌓아온 브랜드가치를 저해하는 결과를 초래할 것"[35]이라는 우려는 꽤 많이 제기된 문제이다. 그러나 2023년 봄 에스파는 〈Spicy〉라는 곡과 함께 하이틴 걸 콘셉트로 돌아왔고, 성공적인 변신을 이뤄냈다. 이를 가능하게 한 것은 에스파 세계관의 이원 구조다. SMCU(SM Culture Universe)에서 에스파의 세계관은 '광야'와 함께 '마이 월드 my world'라고 하는 현실 공간의 이중 구조로 설계되어 있다. 즉 마이 월드라는 현실 세계는 카리나, 윈터, 닝닝, 지젤 4명의 멤버와 에스파의 팬(마이) 등 현실 인간이 살고 있는 곳이고, 광야는 ae-에스파를 비롯해 블랙 맘바 등 가상 캐릭터가 살고 있는 곳이다. 이에 에스파는 때로는 광야에서, 때로는 마이 월드에서 독자적인 콘셉트를 가지고 스토리를 전개할 수 있으며, 둘을 끊임없이 연결하여 미스터리 플롯과 각종 이스터에그를 통해 팬덤의 콘텐츠 간 왕복여행을 촉진하고 스토리 세계의 연속성을 강화하는 전략을 취하고 있다.

케이팝 팬덤에게 세계관은 어떤 의미를 지니고 있을까? 관련 연구를 진행한 김나경에 따르면 첫째, 팬들은 세계관을 '팬이라면 무조건 통달해야 하는 것'으로서 특정 집단 고유의 언어로 인식하고 있는 것으로 나타났다. '광야', '아미' 등 세계관을 이해하는 자만이 알 수 있는 단어나 개념을 유머 소재 및 밈으로 활용함으로써 공동체가 공유하고 있는 고유한 자산으로 인식한다는 것이다. 둘째, 팬들은 세계관을 '집단적 특수성과 보편성'을 모두 포용할 수 있는 전략으로 인식하고 있었다. 어떤 팬들은 세계관을 오타쿠, Z세대 등 특정집단을 대상으로 하는 전략으로 인지한 반면 다른 팬들은 세계관의 서사가 오히려 일반 대중들을 유인하는 결정적 요인이 될 것이라고 인식했다. 케이팝과 케이팝의 팬덤이 폐쇄적인 서브컬처에서 시작되었으나 현재는 글로벌 콘텐츠와 초국가적 거대 팬덤으로 성장한 것을 감안할 때 세계관이 집단적 보편성과 특수성을 동시에 가지고 있어야 한다는 수용자들의 인식은 시사하는 바가 크다. 끝으로 팬들은 세계관을 음원의 부가적인 존재가 아닌, 그 자체로 콘텐츠의 가능성 및 시장성을 가진 대상으로 인식한다. 좋아하는 아이돌그룹의 세계관이 노래의 가사나 뮤직비디오 영상만이 아니라 팬 굿즈, 게임, 드라마, 예능프로그램, 만화, 테마파크 등의 미디어로 확장되어 전개되기를 바란다. 즉 다른 문화콘텐츠로의 확장 가능성을 지닌 것으로 인식하고 있는 것이다.

케이팝 콘텐츠에서 트랜스미디어가 활발하게 제작될 수 있는 배경은 가수라는 캐릭터 자체가 허구(음원)와 현실의 혼종성을 띠고 있기 때문으로 판단된다. 특히 케이팝 가수들은 소셜미디어를 활발하게 사용함으로써 팬덤과 적극적으로 소통하는 것으로 유명하다. 따라서 타 장르 가수들에 비해 허구(음원)와 현실의 융합, 가수로서의 캐릭터와 자연인으로서의 캐릭터의 융합이 더욱 두드러지는 양상을 띤다. 특히 에스파는 현실과 가상의 연결을 소재로 하는 세계관을 구축함으로써 뮤직비디오, 유튜브, SNS 등 다양한 매체를 넘나드는 사용자 참여를 촉진할 수 있었다. 2023년 1월부터 시작된 에스파의 글로벌 콘서트명은 "Sink: Hyper Line"이다. 팬데믹 기간 메타버스 콘셉트로 '광야'에서 팬들과 만났던 에스파는 세계관 시즌 2를 이어 현실 세계인 '마이 월드'에서 전 세계 팬들과 만나고 있다. 본격 하향식으로 기획되어 꽤 성공적으로 진행된 에스파의 트랜스미디어 프로젝트가 사용자들과 직접 만나 어떤 스토리를 써 내려갈지 주목된다.

'나영석 유니버스'와 캐릭터 네트워크 효과

한국 예능에서 트랜스미디어 스토리텔링을 가장 잘 이용하고 있는 창작 집단은 소위 '나영석 사단'이다. 수장 격인 나영석 PD는 KBS 〈1박 2일〉을 그만둔 후 2013년 tvN으로 이적하여 〈꽃보다 할배〉를 시작으로 최근작인 〈뿅뿅 지구오락실 2〉에 이르기까지 10년 간 수십 편의 프로그램을 선보였고 대부분 성공시켰다. 흥미로운 것은 이들 프로그램이 각기 독립적인 것이 아니라 서로 캐릭터와 상황(콘셉트)을 교차하며 연결되어 있다는 것이다. 이에 "나영석은 하나의 브랜드가 되었다"는 평가와 함께 언론과 누리꾼들은 나영석 PD의 주요 프로그램들을 묶어 '나영석 월드', '나영석 유니버스'라고 부르며 하나의 거대한 스토리 세계로 인식하고 있다. 이와 같은 과정은 애초 트랜스미디어로 기획한 것은 아니므로 눈덩이 효과에 의한 상향식bottom-up 트랜스미디어 프로젝트라 할 수 있다.

　나영석 유니버스의 시작은 〈꽃보다 할배〉(2013)였다. 뉴욕대학 경영학과 출신의 차가운 도시 남자 이미지가 강했던 배우 이서진에게 이순재와 신구 등 노년의 대선배들과 떠나는 유럽 여행의 짐꾼 역할을 맡긴 것이다. 평생 타인의 시중이라곤 들어봤을 것 같지 않은 캐릭터가 절절매며 노년의 선배들을 모시고 다니면서 조금씩 변화해가는 스토리는 엄청난 인기를 끌었다. 이에 나영석 PD는 후속작으로 동일한 상황에 캐릭터만 젠더를 교체해, 까다롭기 그지없어 보이는 정상급 여배우 4명과 가수 겸 배우 이승기가 함께 떠나는 여행 스토리를 〈꽃보다 누나〉(2014)라는 이름으로 선보였다. 이후 〈꽃보다 ○○〉 시리즈는 2018년 시즌 8까지 이어졌는데 '여행'과 '음식'이라는 힐링 콘셉트는 동일했고 캐릭터만 꾸준히 바뀌었다.

　〈꽃보다 ○○〉 시리즈 개시 이듬해 선보인 〈삼시세끼〉에서는 이서진이라는 캐릭터를 강원도 정선 산골 마을로 데려다놓았다. 직접 농사를 지어 하루 세끼를 차려 먹어야 하는 콘셉트로 이서진이라는 캐릭터에 옥택연, 김광규 등이 합세했다. 〈삼시세끼〉 시리즈도 콘셉트는 동일하게 유지하면서 공간과 캐릭터를 꾸준하게 변주했는데, 이서진·옥택연 콤비를 차승원·유해진 콤비로 교체하는 전략은 원작 이상의 성공을 거두었고, 〈삼시세끼〉 시리즈는 7년 동안 총 8개의 시즌으로 분화됐다.

　〈꽃보다 ○○〉과 〈삼시세끼〉 시리즈가 현실 세계를 바탕으로 여행과 요리를 주제로 하는 힐링 콘셉트라면 2015년 시작된 〈신서유기〉는 나영석 PD의 히트작인 〈1박 2일〉의 웹 버전이라고 할 수 있는 게임 예능이었다. 웹 콘텐츠로 시작했지만 시즌 2부터 TV로 방영되었다. 〈신서유기〉는 기존의 〈꽃보다 ○○〉 시리즈나 〈삼시세끼〉에 비해 시청률은 낮았지만 엄청난 화제성을 기록했고, '한국인이 좋아하는 TV 프로그램 1위'를 기록하기도 했다. 〈신서유기〉는 앞선 현실 기반의 힐링 예능과 달리 게임 예능으로서 세계관 스토리텔링을 활용하고 있는 것이 특징이다. 세계관의 스토리는 단순하다. 출연자들이 '신묘한'이라는 요괴가 떨어뜨리면서 흩어져버린 용볼 7개를 모두 모아 각자의 소원을 이루는 것이다. 용볼이 떨어지는 공간은 보통 중국, 베트남, 일본 등 아시아 지역이었으나 코로나19가 발생한 이후에는 한국이 되었다. 용볼 찾기라는 큰 목적을 수행하는 과정에서 출연자들이 식사나 잠자리 등을 걸고 다양한 게임을 수행하면서 웃음을 유발한다. 〈신서유기〉가 SBS의 〈런닝맨〉, KBS의 〈1박 2일〉 등과 같은 게임 쇼를 기본으로 하고 있음을 알 수 있다.

그런데 〈신서유기〉에서 주목해야 할 점은 〈신서유기〉가 다른 예능프로그램과 달리 단일 프로그램으로 끝나지 않았다는 것이다. 〈신서유기〉는 주요 멤버들의 특성을 살려 유튜브 기반의 다양한 외전을 제작해왔다. 강호동 중심의 〈강식당〉과 〈라끼남〉, 술 잘 먹는 조규현의 〈언제까지 어깨춤을 추게 할 거야〉, 패션피플 송민호와 피오의 대결을 그린 〈마포 멋쟁이〉, 이수근의 〈나홀로 이식당〉 등이 그것이다. 마치 마블 시네마틱 유니버스(MCU)에서 아이언맨, 토르, 캡틴 아메리카 등이 각자의 단독 영화를 가지고 있는 것처럼 〈신서유기〉의 주요 멤버들은 〈신서유기〉 게임으로는 충분히 담을 수 없는 자연인으로서의 매력과 강점을 살려 유튜브 외전을 파생시켰고, 이

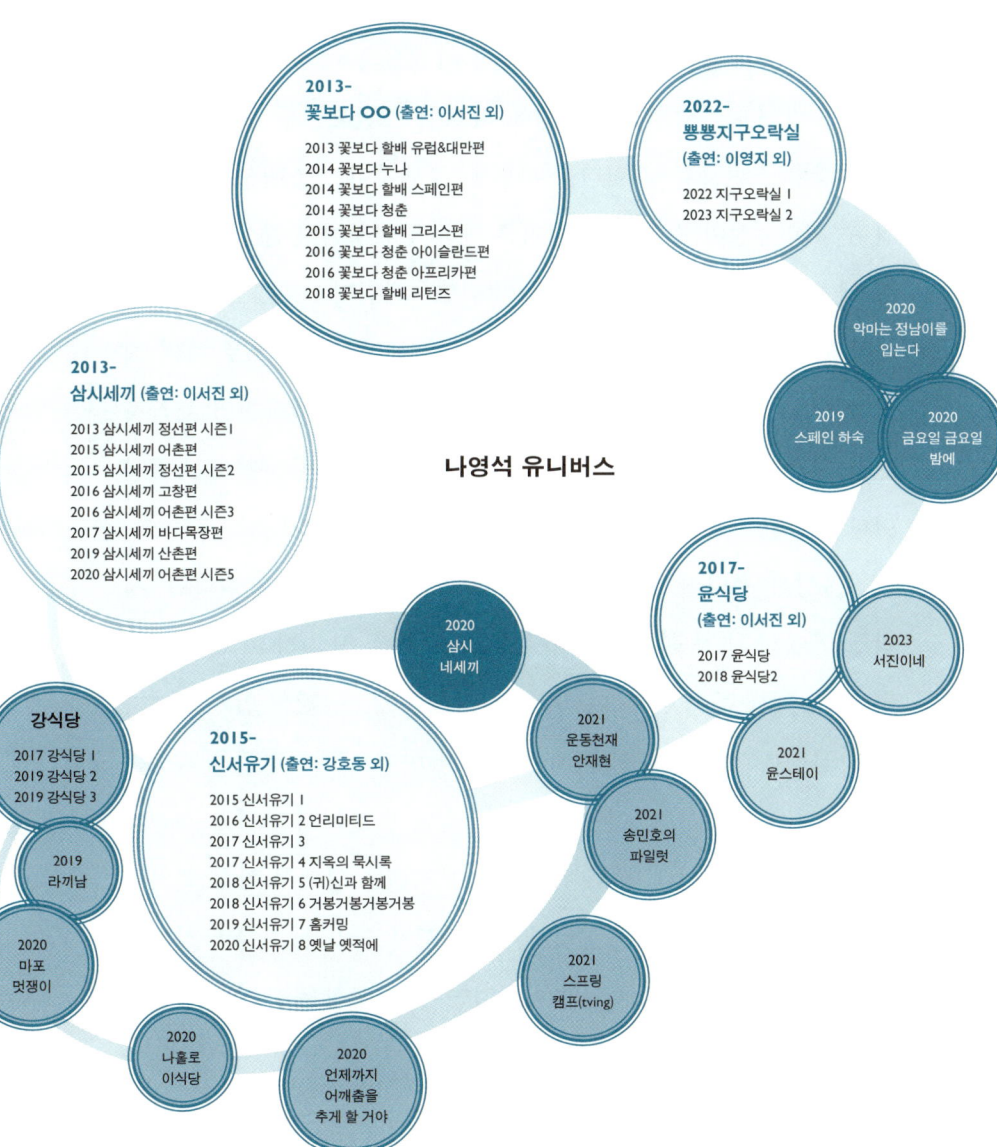

〈그림 1〉 캐릭터 플레이를 통한 나영석 유니버스의 확장

를 통해 〈신서유기〉는 나영석 유니버스 안에서도 다수의 위성을 거
느린 소우주가 될 수 있었다.

　이상의 나영석 유니버스의 확장 과정을 들여다보면 흥미로운
패턴을 발견할 수 있다. 강은원에 따르면 스핀오프는 제작 형태에
따라 상황 스핀오프, 캐릭터 스핀오프, 프랜차이즈 스핀오프로 분류
할 수 있다. '상황 스핀오프'는 기존 작품의 설정이나 콘셉트는 유지
한 채 다른 캐릭터들이 등장하는 것이고, '캐릭터 스핀오프'는 원작
에서 인기가 많았던 캐릭터를 새로운 작품에서 주인공으로 하여 제
작하는 것, '프랜차이즈 스핀오프'는 원작과 같은 제작진이 제작하
면서 원작의 공식과 맥락만 동일하게 하여 진행되는 사건의 스타일
이나 정서만을 공유하는 것이다.36

　나영석 유니버스 전체를 프랜차이즈 스핀오프라고 한다면, 시
리즈 안에서 내적 확장은 상황 스핀오프 방식을 취하고 있다고 할
수 있다. 예를 들어 〈꽃보다 ○○〉 시리즈를 보면 1편이 인기를 얻자
상황 설정은 그대로 유지한 채 캐릭터만 바꿔서 후속편을 제작하는
방식을 취하고 있는데, 이는 원작에서 상황만 분리시킨 상황 스핀오
프 방식이다. 〈삼시세끼〉도 마찬가지로 시리즈 안에서 상황 설정은
유지한 채 캐릭터만 바꿔서 이야기를 이어가고 있다. 이른바 시리즈
안에서 시즌 1, 시즌 2 등으로 이어지는 내적 확장은 캐릭터 변형을
통해 연속되는 것이다.

　한편 나영석 유니버스에서 완전히 새로운 프로그램이 등장할
때는 캐릭터 스핀오프 방식을 취하고 있다. 기존의 시리즈에서 인기
있었던 캐릭터를 데리고 와서 다른 상황이나 설정에 배치하는 방식

이다. 특히 이서진은 '나영석의 페르소나'라는 별명답게 새로운 프로그램이 시작될 때 주연으로 빈번하게 등장한다. 〈꽃보다 ○○〉 시리즈와 〈삼시세끼〉의 연결점은 이서진이며, 〈삼시세끼〉와 〈윤식당〉의 연결점도 이서진이다. 이서진이라는 친숙한 캐릭터를 낯선 상황에 데려다놓고, 그 교차와 충돌을 즐기게 하는 방식이다. 이서진은 가장 빈번하게 등장하고, 서로 다른 캐릭터 그룹을 매개하는 역할을 맡고 있으며, 전체 캐릭터와 가장 짧은 경로로 연결될 수 있다는 점에서 나영석 유니버스의 '허브'이자 '매개자'이자 '중심자'라고 할 수 있다.

정리하면 나영석 유니버스의 스토리 확장 방식은 시리즈 내적 확장과 시리즈 외적 확장으로 구분된다. 시리즈 내적 확장은 하나의 시리즈 안에서 동일한 상황 설정을 기반으로 캐릭터를 꾸준히 변주함으로써 변화를 주는 방식이다. 시청자들이 이 변화를 식상하다고 느낄 때쯤(대개 시즌 8에서 끝난다) 시리즈 외적 확장이 시작된다. 인기 있는 캐릭터를 분화시켜 새로운 시리즈를 시작하는 것이다. 나영석 유니버스에서 캐릭터는 스토리 확장의 핵심으로서 시리즈 안에서는 다양성을 촉발하고 시리즈 밖에서는 시리즈 간 연속성을 강화하는 핵심 기제로 활용되고 있음을 알 수 있다.

아즈마 히로키는 현대 콘텐츠들의 소비의 대상이 이야기가 아닌 작품의 구성요소가 되고 있으며, 특히 캐릭터의 데이터베이스가 창작물의 기초단위이자 기반이 되어 하나의 캐릭터를 중심으로 다양한 이야기나 상황을 전개하는 형태가 만들어지고 있다고 말한다. 자율성을 획득한 캐릭터는 하나의 이야기에서 끝나지 않고 원작에서 일탈해 다른 이야기들을 계속해서 만들어나가며 여러 이야기를 생성한다는 것이다. 이것은 캐릭터의 매력을 이야기의 매력과는 어느 정도 분리해서 판단해야 한다는 것을 의미한다.[37]

예능프로그램에서 캐릭터의 자율화가 수월했던 이유도 여기에 있다. 사실 예능프로그램은 허구와 현실이 뒤섞인 독특한 스토리텔링 구조를 가지고 있다. 예능프로그램에서 캐릭터는 다른 프로그램을 통해 만들어진 이미지나 실제 생활에서의 모습 등이 뒤섞여 만들어진다. 그래서 캐릭터는 실제 인물이면서 가상의 인물로 혼재할 수밖에 없다.[38] 〈신서유기〉는 이러한 특성을 십분 활용하여 시청자들로 하여금 매체 횡단을 유도한다. TV 프로그램 〈신서유기〉에 등장하는 멤버들의 모습은 『서유기』와 『드래곤볼』이 혼합된 허구적 세계관 안에서 용볼을 찾기 위해 고군분투하는 게임 플레이어지만, 유튜브 개인 외전에서는 특별한 역할을 요구받지 않고 자연인으로서 현실 예능을 선보인다. 예능프로그램이 가진 가상과 현실의 혼종성이 캐릭터의 자연스러운 분화를 촉진하고 장르와 매체 횡단을 가능하게 하는 바탕이 되고 있는 것이다.

나영석 유니버스는 캐릭터를 중심으로 스토리 세계를 무한히 확장해가고 있다. 현실 기반의 여행·요리 콘셉트에서는 이서진이라는 대표 캐릭터를 중심으로 〈꽃보다 ○○〉, 〈삼시세끼〉, 〈윤식당〉 등으로 스토리 세계를 확장해왔으며, 다른 한편으로는 〈신서유기〉를 중심으로 가상 세계 기반의 게임 예능을 진행하면서 그 안에서 다양한 캐릭터 변주를 선보이고 있다. 친숙한 캐릭터를 낯선 상황에 데려다놓거나, 낯선 상황에 친숙한 캐릭터를 배치함으로써 점진적인 확장을 시도하고, 캐릭터와 캐릭터 간의 관계를 복잡하게 엮음으로써 스스로 팽창하는 스토리 유니버스를 만들어가는 중이다.

트랜스미디어 스토리텔링을 넘어서

트랜스미디어 스토리텔링이 지향하는 것은 무엇인가? 명확한 그림이 그려지지 않는다면 우리는 아직도 이 새로운 도구를 어떻게 사용해야 하는지 시행착오를 겪는 중이다. 다만 우리가 지난 10년간의 노력으로 깨달은 것은 기술의 도입이 모든 것을 해결해주지 않는다는 것, 미디어는 결코 다다익선이 아니라는 귀중한 통찰이다.

플랫폼과 콘텐츠 전쟁이 점점 격화되는 시대, 트랜스미디어 스토리텔링은 분명 하나의 차별화 전략이 될 수 있다. 그러나 트랜스미디어 스토리텔링의 목적은 다매체를 사용해 전달률을 높여 더 많은 독자·관객이 콘텐츠에 도달하게 하는 것이 아니다. 트랜스미디어 스토리텔링의 효능은 독자·관객들의 참여와 연결, 유지에 있다. 이것은 콘텐츠의 브랜드화다. 하나의 제품(콘텐츠)이 아닌 브랜드가 되어 독자·관객들의 정보 방어막을 뚫고, 콘텐츠와 연결된 스토리 세계에 그들을 참여시키는 것이다. 현대의 독자·관객들은 단순히 콘텐츠를 수동적으로 소비하는 것을 원하지 않는다. 참여를 통해 스토리 세계 안에서 함께 성장하고 싶어한다. 콘텐츠를 구매하고 사용하는 전 과정에서 느끼게 되는 소속감까지 소비하고 싶어한다. 따라서 창작자들은 독자·관객들을 스토리 세계에 참여시켜 소속감을 가지고 사용자 경험을 만들어갈 수 있도록 핵심 플레이어로 뛰게 해주

어야 한다.[39]

　나아가 트랜스미디어 스토리텔링은 브랜드를 넘어 아이코닉 브랜드iconic brand도 가능하게 한다. 아이코닉 브랜드는 문화 아이콘이 된 브랜드를 말한다. 옥스퍼드대학 교수 더글라스 홀트는 어떤 브랜드가 역사가 되고 어떤 브랜드가 역사 속으로 사라지는지를 분석한 끝에 정상에 오르고 정상을 유지하는 브랜드는 정치적, 사회적, 문화적 맥락 속에 있다고 주장한다. 많은 사람이 창의성이라는 것이 일상의 밖에 있는 것 — 비일상적인 것, 흔하지 않은 것, 극단적으로 난해한 것, 현학적인 것 등 — 이라고 생각하지만, 창의성이 대중과 상호작용하기 위해서는 반드시 정치적, 사회적, 문화적 맥락 속에 있어야 한다는 것이다.[40] 디지털 미디어는 강력한 상호작용성을 통해 독자·관객들의 참여를 유도하고, 독자·관객들의 정치적, 사회적, 문화적 맥락을 스토리 세계에 포함시키고, 역으로 그들의 정치적, 사회적, 문화적 현실에 개입하는 것을 가능하게 한다. '에스파'나 '나영석 유니버스'도 그렇게 문화 아이콘이 될 수 있었다.

　트랜스미디어 스토리텔링의 핵심은 연결성connectivity에 있다. 4차 산업의 핵심, 디지털 트랜스포메이션의 핵심도 연결성이다. 그런데 무엇을 연결해야 하는가? 아니, 왜 연결해야 하는가? 지난 10년 우리는 우후죽순 등장하는 매체와 매체를 연결하기에 급급했다. 매체의 다음, 스토리의 다음에 무엇이 있을까 찾으려 했다. 수동적인 레거시 미디어에 인터랙티브 미디어를 연결하면 몰입감이 높아지고 작품의 완성도도 독자·관객들의 만족도도 높아질 것이라 생각했다. 그러나 과연 그러했을까. 무엇을 연결할 것인가 고민하기에 앞서

'왜 연결해야 하는가'라는 질문이 더 근본적인 것은 아니었을까.

스토리텔링 콘텐츠의 독자·관객들은 스토리 세계로의 몰입을 원한다. 미디어와 미디어가 아닌 스토리와 스토리를 연결하고 공유해야 한다. 콘텐츠와 소비자들의 일상을 공유하고 경험을 연결해야 한다. 이와 같은 연결의 경험은 결국 실감미디어 기술의 발달과 함께 현실과 가상의 융합으로 이어질 것이다. 어쩌면 케이팝과 예능프로그램에서 트랜스미디어 스토리텔링이 수월했던 이유도 여기에 있는지 모른다. 앞서 말했듯이 이들 콘텐츠는 허구적 캐릭터와 자연인으로서의 캐릭터가 뒤섞여 만들어지기 때문이다. 가상과 현실의 융합과 스토리 세계의 몰입에 상관관계가 있음은 분명해 보인다. 트랜스미디어라는 손가락을 통해 가리키는 달은 무엇일까. 우리는 왜 미디어를 넘어서고 횡단하려 하는가. 결국 '트랜스'해야 할 것은 미디어와 기술이 아니라 스토리와 사람, 삶이다. 스토리를 읽고, 보고, 플레이하는 독자, 관객, 사용자다. 사람들은 가상과 현실을 넘어 하나의 스토리 세계 안에서 함께 여행하고 함께 공감하기를 원한다. 트랜스미디어 스토리텔링이 보여주는 새로운 서사성과 창의의 경험은 이와 같은 연결에서 시작될 것이다.

'생생한' 내러티브의 표현:
창의적인 영화에 관하여

이수진

"생각에 잠긴 장면에는 도발적인 힘이 있다.
생각에 잠긴 장면들은 우리를 표현하도록 이끈다."

이수진은 서강대학교 불어불문학과에서 학사, 석사를 마치고 프랑스 파리 8대학에서 영화기호학으로 박사학위를 받았다. 현재 인하대학교 문화콘텐츠문화경영학과 교수로 재직 중이다. 영화, 게임, 웹툰 등의 문화콘텐츠 연구와 이미지 기호학의 크로스오버를 도모하고 있다. 지은 책으로 『웹툰과 영상의 기호학』(2022), 『사이언스픽션, 인간과 기술의 가능성』(2017), 『크리스티앙 메츠』(2016), 『기호와 기호 사이, 이미지들 너머』(2013), 옮긴 책으로 『상상적 기표』(2009), 『영화의 의미작용에 관한 에세이 1, 2』(2011) 등이 있다.

이 글은 '독창성' 또는 '창의성'을 '생생함'으로 정의한다. 제목의 '생생한'이란 형용사는 중의적이다. 내러티브가 생생할 수도 있고, 표현 방식이 생생할 수도 있다. 영화를 보는 동안 관객은 이야기에 매료될 수도 있고, 미장센의 미학적 차원에 매료될 수도 있다는 뜻이다. 물론 이야기와 표현, 즉 스토리story와 텔링telling이 모두 매력적일 수도 있다. 창의적인 영화란 어떤 영화일까? 이 글은 그 답을 찾기 위해 '이야기와 표현의 얽힘'을 화두로 고민한다.

'생생하다'란 아이디어

이 글을 읽기 시작한 순간 '생생하다'라는 단어를 접하면서 떠오르는 심상이 있을 것이다. 누군가는 겨울 내내 앙상했던 나뭇가지에 파릇파릇 돋아난 새싹을 떠올릴 수도 있고, 누군가는 마치 어제 일처럼 또렷한 어린시절의 행복한 추억을 떠올릴 수도 있다. 막 태어난 아기의 우렁찬 소리 혹은 광활한 초원을 힘껏 달리는 말의 움직임을 떠올릴 수도 있다. 개인마다 직관적으로 무엇을 먼저 생각했는지에 따라 '생생하다'라는 언어적 표현에 연관되는 저마다의 해석이 있다.

그렇다면 무슨 이유로 이 글에 등장한 '생생하다'가 정확한 한 개의 의미로 고정되지 않고 여러 해석의 가능성을 열어두는 것일까? 첫째, '생생하다'라는 언어적 표현은 사실 이 글이 표방하는 학술 연구 분야에서는 잘 사용되지 않기 때문이다. 생생한 내러티브. 별로 들어보지 못했다. '생생하다'로 무엇을 지칭하는 것인지… 읽는 이를 혼란스럽게 한다. 좋게 말하면 지적 호기심을 자극한다.

둘째, '생생하다'와 '내러티브' 및 '표현'을 결합한 중의적인 조합 방식 때문이다. 예를 들어 '생생한 기억'이라고 해보자. 이 맥락에서 '생생하다'는 별다른 이견 없이 '또렷하다'는 뜻으로 여겨져 '또렷이 기억하고 있다'라고 해석될 것이다. '생생한 소리'라고 조합한다면 '잘 들리는 소리'로 해석될 것이고, '생생한 새싹'은 '싱싱한 새싹' 정도로, '생생한 움직임'은 '역동적인 움직임' 정도로 해석될 것이다. '생생하다' 뒤에 무엇을 놓는지에 따라 익숙한 배열이 되기도 하고 낯선 배열이 되기도 한다. 다시 말해 기존에 너무나 잘 알고 있다고 믿었던 단어도 어떻게 결합하는지에 따라 의미가 흔들리기 시작한다.[1] 첫째 이유도 둘째 이유도 모두 우리의 정신에너지를 평소보다 좀 더 자극한다. 말 그대로 '신경'을 더 써야 한다. 그리고 앞에서 언급한 언어적 표현들의 자리에 영화의 장면들을 넣어 생각해봐도 유사한 결론에 이른다.

텍스트의 모든 문채 작용은 창작자와 관객 내면에서 스스로 개척해나가려는 정신적 여정에 상응한다. 각 문채는 여정의 끝 지점에 도달하는 것이며, 물론 하나의 여정만이 있는 것은 아니다. 종착역이 유일하다고 해도 그 자체로 임시 종점일 텐데, 그곳에 도달하기 위해 거쳐야 했던 여정들의 개별적인 특성과 얼마나 많은 여정들을 거쳤는지 그 수에 관해서 알 수 있는 어떤 것도 없다.[2]

'생생하다'라는 표현은 영화기호학자 크리스티앙 메츠Christian Metz의 '상투적 문채'와 '태어나는 문채'에서 비롯되었다.³ 누군가는 문채文彩figure를 보고, 문체文體style와 같은 것인가 다른 것인가 하면서 약간 혼란스러울 수 있겠다. 충분히 그럴 만하다. 문채는 우리가 일상에서 잘 쓰지 않는 말이기 때문이다. 이는 우리뿐만 아니라 프랑스, 독일, 영국, 미국 등의 서구문화권에서도 마찬가지이다. 이천 년도 더 된 고전 수사학의 용어를 재활용한 탓에 모두가 단번에 간파하지 못하는 어려움을 겪게 된 것이다.

전공자로서 메츠의 편을 들자면 그에게는 나름의 분명한 이유와 목표가 있었다. 우리에게 익숙한 '문체'는 한 사람의 개성이 녹아든 표현이나 솜씨를 일컫는다. 여기에서 방점은 개인의 자질에 찍힌다. 반면 '문채'는 언어규범을 벗어나거나 비틀어 효과를 내는 표현 양상 자체를 일컫는다. 예를 들어 비유comparison, 상징symbol, 은유metaphor, 환유metonymy 등이 있다. 의도하는 바를 더 효과적으로 전달하기 위해 원래의 습관적 사용을 벗어난 사용법을 추상화한 것이 문채이다. 여기에서 방점은 표현형식에 찍힌다.

메츠가 일부러 고전 수사학에서 빌려 사용한 '문채'라는 용어는 신통하게도 기호학의 본질을 꿰뚫는다. 그는 문채를 통해 표현 자체에 주목했으며, 이 학문적 태도가 기호학의 목표와 맞닿는다. 기호학은 표현된 것들에서 출발해 거기에 담긴 뜻을 해석하고, 총체적으로 의미를 파악하는 과정을 체계화한 학문이기 때문이다. 영화에서 사용되는 모든 문채는 일련의 과정과 행동을 수반한다. 창작자는 어떤 방식으로 표현할지 고민하며, 표현된 장면을 보고 듣는 관객은 그 장면의 의미를 스스로 해석하고자 노력한다. 이 과정에서 자연스럽게 우리의 정신에너지가 쓰인다.

매우 익숙한 상투적 문채를 이해하는 것은 별로 힘들지 않을 테지만, 막 태어난 문채 앞에서는 그 뜻을 추측하고 유추하느라 애를 쓸 것이다. 다시 말해 어떤 영화에서 막 태어난 문채는 그 생생함으로 인해 그 어떤 기존의 작품보다 관객에게 더 많은 정신에너지를 쓰게끔 한다는 뜻이다. 그것을 만든 사람들 역시 더 많은 정신에너지를 썼음에 틀림없다. 이러한 맥락에서 이 글은 '생생함'으로 창의성의 문제를 풀어보려 한다.

상투적 문채와 태어나는 문채

상투적 문채의 예는 무궁무진하다. 우리는 많이, 자주, 잘 사용되는 말, 표정, 몸짓 등으로 우리 스스로를 표현한다. 게다가 우리의 삶을 채운 다양한 표현 방식 중 대부분은 성장 과정에서 접하게 된 다른 누군가의 표현이다. 유년 시절에 가장 영향을 많이 받는 가족, 선생님 그리고 또래 친구들. 이 모두가 사용하는 표현들을 우리도 반복해서 사용한다.

영화도 마찬가지다. 어릴 때 처음 영화를 본 경험으로 촉발된 애정이 있을 수 있다. 이 감정이 우리를 영화로 이끈다. '시네필Cinephile'이란 용어의 '필'이 '사랑'이라는 뜻의 라틴어임을 상기하면 영화를 향한 사랑이 영화를 많이 보게 하는 원동력임에는 의심의 여지가 없다. 누군가는 어린시절부터 영화의 다양한 연출 방식을 빈번하게 접했을 것이며 그것이 기억 속에 축적되었을 것이다. 이 누군가가 영화를 만든다고 해보자. 분명 본인도 인지하지 못하는 사이에 수많은 작품에서 사용한 표현 중 하나를 선택할 것이다.

문득 나의 어린시절 에피소드를 통해 상투적 문채와 태어나는 문채를 설명해보겠다는 욕심이 생긴다. 10살 즈음의 나는 그림에 약간의 재주가 있는 것처럼 보였고, 어머니는 나를 동네 미술학원에 보냈다. 그 미술학원은 사생대회 준비반 같은 것을 운영했다. 어느 여름날, 나는 남이섬 숲속에서 큰 나무를 그리고 있었다. 스케치북에 크레파스로 밑그림을 그리고, 무성한 잎들을 초록색 수채 물감으로 겹겹이 칠하고 있었다. 그때 미술 선생님이 다가와서 말을 건넸다. "수진아, 이렇게 장난치듯 색칠하면 안 된다. 나뭇잎에 비치는 햇빛을 고려해서 연두, 노랑 등도 섞어 그리렴." 나는 그의 조언이 영 못마땅했다. 내가 진정 그리고 싶었던, 즉 표현하고 싶었던 나무에는 초록이다 못해 푸르게 보일 정도인 짙은 색 잎들이 빽빽했기 때문이다. 그때의 나는 나뭇잎을 재현represent하는 데 관심이 없었다. 나의 관심은 커다란 나무 자체에 있었다. 반면 미술 선생님은 수채화를 잘 그리기 위해 '상투적으로' 색칠하는 방법을 알려준 것이다. 만약 그가 상투적인 문채를 더 중요하게 여기기 전에 내가 무엇을 표현하고 싶은지 물어봤다면 어땠을까? 내가 표현하고자 하는 그 무엇인가를 모색하는 기회가 주어졌다면 어땠을까?

한참 세월이 지나, 양주시립장욱진미술관에서 〈가로수〉(1978)라는 유화 작품을 봤다(장욱진은 한국 근현대미술사에서 독창적인 예술 세계를 정립한 작가로 인정받는다). 어린시절의 내가 그리려 했던 나무가

⟨그림 1⟩ 양주시립장욱진미술관 포스터

거기에 있었다. 삼십 년도 넘은 그날의 기억이 순간적으로 '생생히' 되살아났다. 사실적 묘사와 거리가 먼, 매우 단순한 형태의 나무 이미지는 짙고 무성한 잎을 지닌 커다란 나무를 떠올리기에 충분했다. 보는 이의 정신에너지를 자극했다. ⟨가로수⟩는 장욱진 작가에 의해 막 '태어난' 문채로 그린 나무다.

영화의 표현형식

영화가 세상에 등장한 데는 카메라, 영사기, 스크린의 발명이 결정적인 역할을 했다. 최초의 대중 상영이 있었던 1895년 12월 28일에 구비된 기계 시스템이 이를 방증한다. 소박한 크기의 지하공간에

33개의 의자가 배치되었고, 관객의 시선이 향하는 앞쪽에는 스크린이, 그리고 스크린의 맞은편에는 카메라와 영사기가 결합된 시네마토그래프cinematograph라는 장비가 놓여 있었다.[4] 일정한 속도에 맞춰 이미지가 움직이기 시작했고, 스크린에 재현된 기차의 움직임을 통해 당시 관객들은 새로운 미디어의 탄생을 목도했다.

이후 현실 피사체를 촬영한 동영상을 원재료로 필름 조각들을 실제로 잘라내고découpage 이어 붙이는 편집montage 기술이 등장한다. 우리가 지금 알고 있는 표현형식의 매무새를 갖추기까지 영화는 연출이라고 부를 만한 접근 없이 단순히 일어나는 일을 녹화하는 기계적 과정에만 해당했다. 이러한 맥락에서 뤼미에르 형제의 콘텐츠보다 〈달세계 여행〉으로 대표되는 조르주 멜리에스의 콘텐츠가 진정한 의미의 영화로 평가되는 것이다. 1900년부터 1915년까지 15여 년 동안 단순히 녹화하고 기록하는 수준을 넘어 드라마적인 요소를 화면 속에 녹아들게 하는 촬영 기법과 편집 기법이 발명되었다.[5] 이를 예술로 거듭나기 위한 다양한 모색 과정이라 할 수 있다. 드디어 영화도 고유한 표현형식의 토대를 다지게 된 것이다.

영화 역사의 초기에는 촬영과 편집이라는 두 단계의 작업 과정에서 다수의 감독이 역사상 한 번도 없던 새로운 표현형식을 만들 수 있었다. 이유는 단순하다. 역사가 짧은 분야에서는 참조 대상이 적기 마련이고 결과적으로 본인이 원하는 방식을 스스로 실험할 수밖에 없기 때문이다.

지금은 우리에게 상투적인 문채가 되어버린 '클로즈업'은 1900년부터 사용되기 시작했다. 당시 영화에서는 주인공의 얼굴이나 손, 발 등을 가깝게 보여주기보다는 좀 더 떨어져서 인물 및 사물이 속한 풍경까지 보여주는 롱숏이 주를 이루었다. 최초의 클로즈업을 본 당시의 관객들은 그 생생함에 놀랐을 것이다. 매우 가까이 보게 된 얼굴 표정을 해석하기 위해 그들의 정신에너지를 있는 힘껏 사용했을 것이다. 롱숏이 이어지다 갑자기 중간에 등장한 클로즈업은 분명 어떤 의미를 전달하기 위한 것이란 사실을 직감했을 것이다.

이와 비슷하게 지금 우리에게 매우 상투적인 '교차편집'도 1901년에 최초로 등장했다. 한 공간에서 발생하는 일들을 연속해서 보는 것에 익숙했던 당시 관객들에게 갑자기 장소가 달라지고, 이후 두 개의 장소를 왕복하는 형식은 혼란스러웠을 것이다. 짧은 순간에 일어나는 장소 이동의 틈을 관객들 스스로 메워야 했을 테니 말이다. 물론 그 의미가 '동시에 두 공간에서 일어나는 일'임을 이해했을 때 기쁨과 재미도 누렸을 것이다.

영화의 역사가 길어짐에 따라 특정한 또는 개별적인 한 개의 표현형식이 '최초로' 등장했을 때의 새롭고 놀랍고[6] 창의적인 면모는 상실되기에 이른다. 반복해서 재생산되면서 익숙한 것이 되고, 따라서 상투적 문채가 되는 것이다. 막 태어난 문채가 기발할수록 많은 사람이 감탄하고, 그래서 유명해지고, 다른 이들에 의해 모방된다. 그러고는 규칙 또는 규범 중 하나로 수렴된다. 이러한 과정을 거쳐 상투적 문채로 자리잡게 되면 문채는 본래 힘을 잃어버리고, 식상한 표현이 되어버린다. 안타깝지만 "진정한 문채의 순간은 태어나는 순간이다."[7]

영화의 태어나는 문채

그렇다면 120년도 더 된 영화 분야에서 이제 태어나는 문채를 찾는 일은 불가능한 것일까? '이야기'는 인류의 역사와 궤를 같이한다고 해도 과언이 아닌데, 하늘 아래 새롭고 놀라운 이야기가 과연 있기나 한 것일까? 게다가 이야기를 전달하는 미디어가 영화뿐인가. 연극, 오페라, 소설, 만화, 게임 등등 좁은 의미에서 내러티브 미디어로 분류되는 경우에서만 꼽아도 매일같이 등장하는 이야기의 수는 무궁무진하다. 이쯤 되면 '최초'라는 타이틀에 매여서는 안 되겠다는 생각이 든다. 다시 말해 '최초'는 창의성을 논함에 있어 별로 소용없는 기준이 되는 셈이다.

사실 '최초'와 '새로움'이 동의어도 아니다. 최초가 아니더라도 충분히 새로울 수 있다. 동일한 표현형식을 기존의 사용법과 전혀 다른 방식으로 사용하면 그 역시 새롭기 때문이다(이 글의 서두에서 언급한 '익숙한 것들의 낯선 조합'을 떠올려보자). 만드는 이의 입장에서도 해석하는 이의 입장에서도 관습적인 사용법과 차별화된 표현형식만으로도 가치 있게 다가올 수 있다. 평소보다 훨씬 더 정신에너지를 사용하게 된다. 다시 말해 태어나는 문채가 우리를 자극한다.

'롱테이크long take'를 예로 들어 살펴보기로 하자. 모두 잘 알고 있는 것처럼 롱테이크는 "충분히 길다고 여겨지는 한 개의 컷으로 시퀀스를 구성"하는 표현형식이다.[8] 충분히 길다는 것은 사실 개인에 따라 상대적이기에 적확하고 명료한 기준으로 보이지는 않는다. 누구는 3분이면 충분히 길다고 느낄 것이고 누구는 1시간 정도는 되어야 충분히 길다고 느낄 것이다. 따라서 편집 없이 사건을 재현하는 특성에 더 주목할 필요가 있다. 롱테이크로 연출한 경우에는 마치 그 어떤 시공간의 단절도 없는 듯 보인다. 핵심은 촬영 및 녹화의 지속에 있다. 다시 말해 '끊지cut 않고 지속적으로 보여주기'가 관건이다.

반면 카메라워크와 관련해서는 변주가 가능하다. 첫 번째, 카메라를 움직이지 않고 삼각대에 얹은 채로 촬영한다면 매우 정적인 롱테이크가 만들어진다. 고정된 카메라로 인해 프레임 자체의 변화가 발생하지 않는다.

임권택 감독의 〈서편제〉(1993)에 등장한 '진도아리랑 신scene'(지속시간 5분 10여 초)을 떠올려보자. 노랫가락이 시작됨과 동시에 구불구불한 흙길을 천천히 걷는 인물들이 멀리 보인다. 화면 안쪽(관객으로부터 먼 쪽)부터 점점 앞쪽으로, 즉 관객에게 가까운 쪽으로 다가오는 동안 프레임은 고정된 채다. 이 장면에서는 풍경이 의미를 만든다. 구불구불한 선, 흙바람, 돌담 등은 바로 직전까지 봤던 내러티브에 조응하면서 등장인물들의 험난한 인생을 닮아 있다. 이는 은유에 해당하는 문채다. 영화는 일일이 설명하지 않지만 풍경으로 그 의미를 함축한다. 노래의 장단과 그 리듬에 맞춘 인물들의 움직임은 풍경이 전달하는 의미에 더해 험난하고 고되지만 포기하거나 절망하지 않는 인물들의 상태를 표현한다. 그리고 이 장면의 마지막 즈음 인물들은 이미 프레임 밖으로 사라지고 없으나 카메라는 풍경을 지속적으로 보여준다. 부정적이든 긍정적이든 우리는 이 롱테이크의 지속시간 동안 다른 평범하고 관습적인 장면과는 구별되는 순간을 경험하게 된다.

두 번째, 롱테이크 중에 카메라를 움직이면서 연출하는 경우도 있다. 피사체의 움직임에 따라 카메라 역시 이동한다. 화면 속 움직임과 화면 자체의 움직임이 결합하므로 첫 번째 롱테이크보다 더 역동적이라는 인상을 준다.

박찬욱 감독의 〈올드보이〉(2003)에 등장한 '장도리 신'(지속시간 3분 10여 초)을 떠올려보자. 카메라는 인물의 이동 경로를 따라 왼쪽에서 오른쪽으로 천천히 이동한다. 즉 좁은 공간에서 벌어지는 움직임을 쫓아 피사체와의 거리를 유지한 채 횡렬로 평행이동하는 것이다. 롱테이크 바로 직전 컷에는 폐쇄 공간을 꽉 채운 폭력배들이 등장하는데, 이 시각 정보를 근거로 관객은 주인공 오대수가 모두를 물리칠 때까지 피할 곳이 없음을 안다. 오대수 한 명을 다수의 적이 에워싸면서 주먹질, 발길질, 칼질, 망치질을 쏟아붓는다. 인물들은 때로는 가운데에서 때로는 왼쪽 가장자리에서 때로는 오른쪽 가장자리에서, 서 있다가 바닥에 웅크리기도 주저앉기도 하며, 오른쪽으로 갔다가 다시 왼쪽으로 옮겨오기도 한다. 이 롱테이크가 끝날 무렵 시작할 때와 마찬가지로 좁은 복도를 보여준다. 화면의 앞쪽 절반은 오대수의 얼굴을 클로즈업하고, 그 뒤로 폭력배 무리가 바닥에서 뒹구는 모습이 흐릿하게 배경으로 깔린다.

장도리 신은 환유에 해당하는 문채다. 물리적 인접성을 근거로 의미를 만들기 때문이다. 특히 인물들의 배치와 움직임이 의미를 만든다. 싸움이라는 행위가 일어나는 장소의 특성, 다시 말해 인물들이 속한 공간은 비좁다. 영화는 매우 협소한 곳에서 부대끼는 사람들의 움직임을 가깝고 느리게 포착한다. 이 싸움은 통쾌하지 않다. 무술 유단자들의 유려하고 멋진 액션이 아니다. 오히려 힘겹고 지친다. 생존을 위한 몸부림으로 점철된다. 이러한 맥락에서 장도리 신은 다수의 액션영화에서 역점을 두는 화려한 스펙터클과 다르다. 편집으로 짧은 컷들을 이어 붙이며 빠른 액션 리듬을 만드는 방식과 차별된다. 관객은 그동안 익숙했던 액션 장면에서 느낄 수 없었던 다른 무엇을 느낀다. 누군가에게는 '처절함', 누군가에게는 '현실감', 누군가에게는 '엄숙함' 등으로 느껴져 각자의 앎을 배경으로 다양한 의미로 해석될 수 있다.

세 번째, 카메라를 움직이면서 연출된 롱테이크 중에 프레이밍framing이 변화하는 경우도 있다. 카메라가 이동하면서 피사체와의 거리를 좁히거나 멀리하며 세 층위의 움직임을 담는다. 프레임 자체의 변화, 카메라의 움직임, 화면 안의 움직임이 겹쳐 훨씬 더 역동적이다.

봉준호 감독의 〈살인의 추억〉(2003) 초반에 등장한 '논두렁 신'(지속시간 2분)을 떠올려보자. 살인 현장에 도착하자 주인공 박두만 형사는 논을 가로질러 두렁으로 올라간다. 카메라는 그를 뒤에서 가깝게 따라간다. 발자국이 찍힌 땅바닥에 잠시 초점 맞춘 뒤 인물을 정면에서 보여주고, 다시 그를 따라 밑으로 내려와서 이동한다. 뒤에서 인물을 쫓아가다 시체가 누워 있는 곳에서 잠시 멈춰 초점을 맞추고 다시 이동한다. 이때 박두만은 '현장보존'과 '감식반'이란 대사를 여러 번 반복하면서 증거보존의 중요성을 강조한다. 하지만 경운기가 지나가는 통에 발자국은 결국 바퀴자국으로 뒤덮이고 만다. 급히 경운기를 멈추려는 박두만을 쫓아 카메라도 빨리 움직이지만 소용없다. 박두만은 다시 밑으로 내려와 현장을 여기저기 쏘다닌다. 그의 목소리는 격양되어 있고, 주변은 동네 사람들, 기자들, 형사들, 경운기, 경찰차, 방송국 중계차 등 다양한 인물 및 사물이 내는 이러저러한 소리로 시끄럽다.

논두렁 신은 앞서 설명한 두 영화의 신보다 더 역동적이다. 카메라가 상하좌우 그리고 앞뒤로 지속적으로 움직이기 때문이다. 이렇게 전방위로 변화하는 시각 장champ visuel을 편집 없이 담아낸다. 또한 인물의 눈높이에서 촬영되어(아이 레벨) 카메라 렌즈를 통해 포착된 시각 장이 주인공의 시각 장과 일치하는 듯하다. 논두렁 신의 롱테이크는 카메라 움직임과 사운드가 결합하면서 총체적으로 '어수선함', '떠들썩함', '부산스러움'이라는 의미를 만들어낸다. 이는 당시 박두만 형사가 속한 경찰 조직의 특성을 상징적으로 보여주는 것으로, 관객은 그 현장의 생생함을 문채의 생생함으로 전해 받는다.

지금까지 살펴본 롱테이크와 관련된 몇 가지 사례 외에도 여러 작품에서 영화의 표현 기법을 관습적으로 사용하지 않고 쇄신한 사례를 얼마든지 찾을 수 있다. 한국영화에서 롱테이크에만 한정하여 찾는다고 해도 수많을 것이며, 여전히 한국영화를 대상으로 하여 교차편집, 클로즈업, 트래킹, 시각 모티브 연결 등의 표현 기법들로 범위를 넓혀 찾는다면 그 숫자는 더욱 늘어날 것이다. 여기에 대상을 한국영화에서 다른 문화권의 영화로 확장한다면 더 많은 사례가 있을 것이다. 이렇게 태어나는 문채를 발견하는 재미가 영화를 계속 보게 하는 원동력 중 하나가 되기도 할 것이다.

영화의 생생함과 정신에너지

　이 글에서 여러 번 강조한 생생한 표현형식 또는 태어나는 문채는 작품에 등장한 어떤 장면이 한 가지 대상 및 의미만이 아닌 다른 대상까지 환기하는 방법 전반과 관련된다. 즉 1차 의미에 국한되지 않고 작품 내부의 서사 전개에 따라, 다른 구성요소와의 관계 맺음에 따라 혹은 관객의 지적 상호작용의 맥락에서 2차 의미까지 생산해내는 경우를 포함하는 것이다.

　영화를 비롯한 거의 모든 시각예술 매체는 피상적으로 드러난, 다시 말해 특별히 고민하지 않고도 즉각적으로 해석이 가능한 표현과 내용의 결합 관계를 재료로 한다. 나뭇잎을 그린 그림, 나뭇잎을 카메라로 찍은 사진처럼 형태와 특징을 시각 기호로 표현한 경우 우리는 보자마자 그것이 나뭇잎임을 알아본다. 이는 비교적 가치중립적인 관계 맺음으로 표현하고자 하는 내용을 일차적으로 지시하는 차원이다. 기호 자체에서부터 출발하여 우리의 현실로 의미가 확장된다. 시각 기호는 현실의 지시 대상을 유사하게, 가능한 '사실적으로' 표현한다. 이 과정에서 기호가 표현하는 내용은 단순하다. 이미지가 우리에게 보여주는 그 장면 자체다. 기호는 곧 현실의 지시 대상과 일대일대응한다. 표현과 내용의 결합은 거의 즉각적으로 1차 의미작용을 하게 되는데, 다시 말해 우리는 표현하는 것과 표현된 것을 결합 자체로 지각하게 된다. 분석을 위해 또는 이론적 차원에서만 세분할 뿐, 관객의 입장에서 처음 이 장면을 마주할 때는 마치 종이의 앞뒷면처럼 분리하는 것이 불가능하다. 나뭇잎의 이미지와 소리는 곧 나뭇잎으로 인식된다.

　나뭇잎의 클로즈업이 등장할 때 우리는 관습적인 의미작용에 기대어 해석한다. 클로즈업의 상투적 사용으로는 표정을 가까이 보여주면서 인물의 감정을 드러내는 경우와 중요한 물건이나 문제 해결의 단서를 주목하는 경우가 있다. 나뭇잎 클로즈업은 우리가 나뭇잎을 가까이에서 주목하게 해준다. 그런데 이 클로즈업이 식상한 기법이긴 할지라도 무엇을 클로즈업했는지, 또 조명은 어떠했는지, 카메라는 움직였는지 아닌지, 앵글은 아이 레벨인지, 하이 또는 로우 레벨인지, 함께 등장한 대사와 음악은 어떠했는지, 뒤에 이어지는 장면은 무엇인지 등과 같은 다른 구성요소들과의 결합 여부에 따라 2차 의미작용으로 확장될 수 있다. 이때 '표현+내용'의 결합은 기존에 없던 새로운 의미작용을 이끌어낼 수 있고, 그 성공 가능성은 태어나는 문채일수록 높다.

　박찬욱 감독의 〈스토커〉(2012)에는 딸이 어머니의 머리를 빗는 장면이 등장한다. 브러시의 솔 끝이 머리카락 사이를 지나가는 것이 클로즈업된다. 'Hunting'이라는 대사와 갈대가 바람에 흔들리는 사운드가 겹친다. 클로즈업한 상태에서 금발 머릿결을 따라 카메라가 아래로 움직이고, 그 움직임은 곧 황갈색 갈대밭의 흔들림에 겹치듯 이어진다. 갈대밭 화면은 위에서 내려다보며 수직으로 촬영한 롱 숏이다. 머릿결과 갈대의 유사한 색 그리고 직선이라는 유사한 형태를 모티브로 서로 다른 두 장소가 흐르듯 연결된다. 갈대밭에서 딸은 죽은 아버지와 사냥을 하고 있다. 딸이 어머니의 침실에서 머리를 빗질하는 액션이 아버지의 장례식 이후임을 이미 알고 있기에 우리는 갈대밭 장면이 과거에 일어난 일임을 추측한다.

이상의 신에서 클로즈업은 표정을 강조하거나 특정 사물을 부각시키는 관습적인 사용 대신 침실에서 갈대밭으로, 가까이에서 멀리로, 현재에서 과거로, 사실에서 기억으로, 다시 말해 여러 층위에서 전환과 이동을 자연스럽게 연결하는 포인트로 작동한다. 클로즈업은 식상할지라도 〈스토커〉에서는 이를 사용한 양상에 따라 태어나는 문채로 그 생생함을 일신한 것이다. 이처럼 어떤 표현형식이 간접적으로 또는 함축적으로 2차 의미를 만들어낸다면 그것은 표현+내용과 의미의 관습적인 결합을 벗어나 그 순간 새로 형성되는 관계에 기댄다. 관건은 기존의 것을 답습하지 않는 데 있다.

우리가 만나는 태어나는 문채들은 어떤 개별 표현형식을 통해 무엇인가를 표현하지만, 그 안에는 일부러 표현하지 않은 것이나 표현하려 했으나 실패한 것, 표현된 것을 통해 관객이 더 알아주기를 바라는 것 등과 같이 뜻이 넘친다. 표현+내용과 의미의 관계는 잠재적 가능성이 풍부해서 해석하는 사람에 따라 목적지에 이르는 여러 여정이 있을 수 있다. "만드는 여정과 해석하는 여정에는 모두 기표 자체로만은 지시할 수 없는 새로운 현실을 연결시키는 힘이 개입할 수밖에 없다."[9] 생생한 표현형식을 이해하기 위해서는 우리 스스로 추론 과정을 거쳐야 하며, 이 과정에서 반드시 일련의 심리 및 정신 에너지가 쓰인다.

게다가 영화(영상)라는 매체는 다른 매체에 비해 훨씬 더 우리의 정신에너지를 자극한다. 영화 기표(표현하는 것)의 특성 자체가 정신분석학적인 접근을 가능하게 하기 때문이다. 영화가 제공하는 스펙터클과 사운드의 원래 대상은 관객과 같은 공간에 물리적으로 현존하지 않는다. 스펙터클과 사운드는 영화관 안에는 부재하지만 기표로서 존재하는 그 무엇들의 흔적이다. 따라서 "접근할 수 없는 곳에, 원초적인 '바깥에', 무한대로 욕망되어지는, 결코 소유할 수 없는 것으로 제시된다. 영화의 무대는 부재의 공간이며, 모든 면에서 부재가 강조되는 공간이며, 따라서 다른 방식을 통해서 현전하게 된다."10 우리가 영화관에서 경험하는 것은 녹화 및 녹음된 대상 자체가 아니라 사라진 자리를 메우는 대체물이다. 즉 부재하는 기표들이며 이 기표들은 우리의 정신에너지를 자극한다.

> 어떤 의미에서 영화의 감각자극은 모두 '허상'이다. 아니 지각활동 자체는 실제로 일어나는 현실적인 것이라 할 수 있으나, 지각된 것은 현실적으로는 대상 자체가 아니라, 새로운 종류의 거울, 스크린 속에 나타나는 그 상像, 그 환영, 그 '복제'이다. … 영화의 고유한 특성은 바로 기표의 이중적 특성에 있다. 다양한 감각기관을 자극하지만, 그 심층에서 볼 때, 생산 원리에서 볼 때, 지극히 비물질적(또는 가상적)이라는 점에서 이중적이라 할 수 있다. 다른 예술보다 뛰어난 점, 혹은 다른 예술과 차별화된 특성은 영화가 우리를 상상계의 영역으로 끌어들인다는 것이다. 여러 감각기관을 자극하지만, 결국 본질적으로는 그 자체가 부재하는 것, 남은 것은 오직 현전하는 기표일 뿐이라는 점에서이다.11

다시 말해 영화관이라는 공간에서 관객이 속한 쪽은 현실일지라도 다른 한쪽은 지각적으로 구성되는 것이다. 영화가 시작되기 전의 영화관을 떠올려보자. 암막 스크린, 스피커 그리고 관객석만 있다. 스크린에 영사된 이미지와 스피커에서 들리는 사운드를 지각하고 인지하는 우리의 지적 참여가 뒤따라야만 영화가 제공하는 그 세계가 존재하게 된다. 관객이 본인의 정신에너지를 사용하여 구성하지 않는다면 부재하는 기표들의 연쇄는 별다른 의미를 창출하지 못하고 사라진다. "스크린에는 부재하지만, 영화관에서는 실제로 존재하면서 위대한 눈과 귀를 지닌 주체",[12] 결국 영화를 만드는 것은 지각 주체로서 그리고 관객으로서의 우리다.

영화의 생각에 잠긴 장면

영화를 가능하게 하는 물리적 메커니즘과 영화가 의미를 획득하는 조건을 상기하면 영화에서 만나는 이런저런 표현형식이 우리의 정신에너지를 사용하도록 한다는 점을 더욱더 강조할 수 있다. 지금까지 이 글은 어떤 영화의 어떤 장면이 우리의 정신에너지를 더 많이 자극하는가를 기준으로 그것이 창의적인지 아닌지를 가늠하고자 했다. 달리 말하자면 표현형식이 얼마만큼 생생한지를 고려하여 별 자극 없이 언제나 경험했던 그대로라면 식상하다고 판단하는 것이다. 반면 새롭고 놀랍고 따라서 생생하여 막 태어난 문채처럼 여겨진다면, 그리하여 우리의 정신에너지를 자극한다면 창의적인 표현형식이라 부를 수 있다. 후자의 '생생한 표현형식' 또는 '태어나는 문채'라는 표현은 이제 '생각에 잠긴 장면'이라는 표현으로 변화를 도모할 수도 있겠다.

이 표현은 기호학자 롤랑 바르트와 철학자 자크 랑시에르가 사용한 '생각에 잠긴 이미지image pensive'에서 비롯되었다.[13] 엄밀히 말하자면 이미지는 사람이 아니므로 생각에 잠기는 주체가 될 수 없다. 누가 '생각에 잠겨 있다'라고 할 때, 또는 '생각에 빠진다'라고 할 때 이는 모두 생각을 물과 같은 액체로 비유하여 표현하는 것이다. 생각은 추상적이라 눈으로, 귀로, 손으로 확인이 불가능한 어떤 것이다. 따라서 이 추상성은 우리에게 잡을 수 없는 대상이다. 하지만 우리는 내면에서 끊임없이 생겨났다 사라지는 생각의 편린들로 일상을 메운다. 따라서 물리적으로 확인하긴 어렵지만, 이 추상적인 대상이 그럼에도 불구하고 분명히 존재함을 누구나 '느낀다'. 우리는 표현의 욕구를 지녔으니 생각이 존재하는 느낌을 가능한 구체적인 것으로 만들어 표현하고자 하며, 이는 언어습관을 통해 드러난다. 호수나 바다와 같이 깊은 물속에 잠기거나 빠진 상태를 상기시켜 한 인간이 '깊게' 생각하고 있음을 표현하는 것이다.

다시 '생각에 잠긴 장면'이라는 문채로 돌아오자. '생생한 내러티브의 표현'처럼, '생각에 잠긴 이미지'는 '생각'-'잠긴'-'이미지'라는 세 단어의 다소 생경한 조합이 우리를 더 신경 쓰이게 한다. 일반적으로 이미지는 생각의 주체라기보다 대상으로 간주되며 능동적인 면모보다는 수동적인 면모가 부각되는데, 생각에 잠긴 이미지라는 표현에는 이 두 가지 특성이 묘하게 섞여 있다. 능동적인 것과 수동적인 것 사이의 모호한 상태를 환기한다.

예를 들어 어느 날 영화를 보고 난 뒤 문득 그 영화의 한 장면이 생각났다고 해보자. 그 장면의 스토리나 배우의 연기 등이 국지적으로 떠오른 경우가 아니라 미장센, 편집, 음악, 대사, 연기, 분장, 연출 등을 포함한 총체로서의 한 장면을 생각할 경우이다. 이때 이 장면에 담긴 어떤 2차 의미가 있을 것이다. 이 글에서 설명한 〈서편제〉, 〈올드보이〉, 〈살인의 추억〉의 장면들과 같이 말이다. 그 의미에 대해 생각하는 주체는 우리지만 동시에 우리를 생각하게 하는 시발점은 그 장면이다. 능동과 수동의 얽힘.

그렇다면 어떤 장면을 '생각에 잠긴 장면'이라고 분류할 수 있을까? 관객 중에 누군가는 태어나서 처음으로 영화를 볼 수도 있을 것이다. 설사 이 사람에게 영화의 모든 장면이 낯설지라도 그 모든 장면이 생각에 잠긴 장면이 될 수는 없다. 왜냐하면 영화 한 편을 구성하는 대부분의 장면에서는 내러티브를 진행하고 캐릭터를 소개하고 사건 배경을 설명하는 기능의 차원이 부각되기 때문이다. 매끄럽게 편집된 장면들은 영화에서 이야기가 어떻게 전개되는지와 밀접하게 연관된다.

이야기가 영화를 지배하는 정도는 영화의 구성 심급인 이미지가 영화를 지배하는 정도보다 훨씬 더 강력하여, 몇몇 분석에서는 이미지로 구성된 플롯 뒤에 숨겨진 채 이미지는 존재하지 않는 듯 보이기도 한다. 이때 영화는 이론상으로만 이미지 예술인 것이다. 각 숏의 시각적 내용을 즐기면서 횡단의 독서를 가능케 한다고 믿는 영화가 이야기의 다음이 궁금해서 앞으로만 빨리

빨리 나아가려는 종단의 독서 대상이 되어버린다. 시퀀스는 숏을 합산하지 않고 그들을 없애버린다.[14]

인용한 메츠의 지적대로 영화의 한 장면보다 내러티브가 더 중요시될 때, 영화를 보는 목적 또는 만드는 목적이 서사에 있다면, 자연스럽게 종단의 독서가 우선시된다. 이 경우 생각에 잠긴 장면들로만 작품을 구성하기란 어렵다. 생각에 잠긴 장면은 상대적으로 즉각적인 이해보다는 관객의 정신에너지를 더 요구하기 때문이다. 또한 생각에 잠긴 장면은 관객이 보자마자 바로 이해하지 못해도 괜찮다는 일종의 위험부담을 감수한다. 생각에 잠긴 장면의 앞과 뒤에 보다 이해하기 쉬운 장면들을 안전장치처럼 배치하여 모험을 무릅쓴다.

황동혁 감독의 〈남한산성〉(2017) 도입부를 떠올려보자. 영화가 시작되면 역사적 사실을 설명하는 자막이 등장한다. 넓은 벌판에서 최명길이 청의 군대를 홀로 상대한 채 조선의 사신임을 밝히는 장면이 이어진다. 장소가 바뀌면서 꽁꽁 얼어붙은 강을 건너는 김상헌과 안내자 역할을 하는 노인이 함께 등장한다. 이 노인은 전날 밤 인조가 남한산성으로 피신할 때 강을 건널 수 있게 안내한 사람이기도 하다. 노인은 생계유지의 수단으로 얼음길 안내를 하고 있다. 김상헌은 같이 산성으로 가자고 권하지만, 노인은 본인이 잘하는 일을 하면서 손녀를 부양하겠다며 사양한다. 이상에서 요약한 내러티브는 여러 장면이 이어지면서 보여주고 들려준 대사, 행동, 시공간 등의 요소들을 합쳐 작성한 것이다. 4분 30여 초 분량이며, 영화가 시작되고 나서 여기까지 종단의 독서가 이루어진다. 이 맥락에서 종단의 독서란 특정 장면에 머무르지 않고 영화 전개를 따라 무슨 일이 발생하는지 누가 나오는지 등을 빠르게 파악하는 것을 의미한다.

우리가 주목하려는 장면은 4분 37초쯤에서부터 5분 17초까지 40초 분량이다. 카메라와 피사체 거리가 매우 멀어 보이는 익스트림롱숏이 등장한다. 화면 중앙, 눈발 날리는 얼음 강 위에 점처럼 작게 두 인물이 있다. 고정 익스트림롱숏이라 화면 자체는 정적이다. 김상헌이 칼을 휘두른다. 칼을 휘두르는 동작은 매우 멀리서 보이기에 (칼소리 역시 바람소리에 포개져 매우 작게 들린다) 집중하지 않으면 지나치기 십상이다. 다음 신에서 피가 뚝뚝 떨어지는 칼의 끝이 클로즈업된다. 그 뒤로 포커스 아웃된 노인의 시체가 있다. 이어 김상헌의 얼굴이 클로즈업되자마자 90° 직부감Bird's eye view 롱숏으로 바뀐다. 화면 중앙, 노인의 시체, 그리고 반대쪽으로 방향을 튼 김상헌이 있다. 앞의 롱숏과 마찬가지로 카메라는 움직이지 않고, 프레임 바깥쪽으로 김상헌이 걸어나간다. 화면에 시체만 남고, 페이드아웃된다. 이어 영화의 제목 '남한산성'이 페이드인된다. 40초 동안 음악과 대사는 전혀 없으며, 배경 음향만 들린다.

이 글에서는 위의 장면을 '생각에 잠긴 장면'이라 구분하겠다. 종단의 독서가 잠시 중단되기 때문이다. 살인사건이 발생하긴 했다. 하지만 이 행위의 인과는 즉각적으로 알아차리기 쉽지 않다. 이 행위를 재현한 이미지와 사운드 연출이 식상하지 않아서이다. 그렇다고 해서 태어나는 문채라고 선뜻 정의하기는 망설여진다. 왜냐하면 의미작용의 차원에서 보면 역사적 사실을 다루는 작품에서 대의를 위해 개인을 희생하는 주제는 새롭지 않기 때문이다. 색의 사용이라는 조형적 차원에서 보면 무채색이 지배적인 화면 중앙에 진한 빨강의 유채색을 대비시킨 것 또한 대단히 새롭지는 않다. 그러나 이 장면은 관습적이거나 식상하지 않다. 전쟁을 배경으로 하는 사극영화의 도입부에 정적이면서 미학적으로도 충분히 아름다운 장면이 등장하기 때문이다. 어쩌면 생각에 잠긴 장면의 핵심은 서로 어울릴 것 같지 않은 두 요소가 공존하면서 발생하는 '긴장'에 있는 듯하다.[15]

영화관을 나와 홀로 있을 때 우리는 이 장면을 떠올리며 생각에 잠긴다. 이 장면은 우리를 생각하도록 안내한다. 그것이 어떤 종류의 생각인지는 중요하지 않다. 감독 및 촬영감독이 "이 장면을 찍을 때 정확히 무엇을 염두에 두었는지 우리는 모른다. 하지만 장면의 생각에 잠김은 우리가 감독의 의도를 모른다고 해서 이러한 종류의 무지로 환원되지 않는다."[16] 우리의 생각은 이 장면이 등장한 이유에 관한 궁금증일 수도, 제때 알아차리지 못한 살인 행위에 관한 안타까움일 수도, 캐릭터에 관한 예측일 수도, 사진이나 그림을 보는 듯한 정적인 미장센에 관한 감탄일 수도 있다. 관건은 다양한 생각이 촉발될 수 있는 잠재적 상태다.

생각에 잠긴 장면에는 도발적인 힘이 있다. 피사체, 창작 주체, 그리고 우리 사이에서 순환되는 표현된 것과 표현되지 않은 것의 얽힘, 의도적인 것과 비의도적인 것의 얽힘, 이해된 것과 이해되지 않은 것의 얽힘 등을 기반으로 우리를 자극하는 어떤 힘이 있다.[17] 그러므로 우리는 생각에 잠긴 장면들을 마주한 순간에 즉각적으로 알아차리지 못하더라도 차후에 생각에 잠기게 된다. 그리고 혼자서 또는 타인과 함께 이 생각에 잠긴 장면들에 관해 사유하고 표현하게 된다. 생각에 잠긴 장면들은 우리를 표현하도록 이끈다.

물론 작품 한 편을 창작하는 과정에서 모든 신에 매번 새로 태어나는 문채를 사용하기란 불가능하다. '최초'라는 기준을 적용하지 않더라도 매번 기존과 다르게 사용하는 것은 어려운 작업임이 틀림없다. 그뿐만 아니라 생각에 잠긴 장면들로만 채울 수도 없다. 관객의 입장에서는 너무 신경을 쓴 나머지 결국 이해하기를 포기할 수도 있기 때문이며, 나아가 우리에게는 익숙함도 영화를 사랑하는 이유 중 하나이기 때문이다. 마무리짓자면 창의적인 영화란 태어나는 문채와 식상한 문채를 적절한 비율로 조합하는 작업의 결과이며, 생각에 잠긴 장면들을 제공함으로써 관객의 정신에너지를 자극하는 작품이며, 결과적으로 우리를 표현하도록 이끄는 영화이다.

결론

이재환

"항해를 마친 독자들은 그러한 연결의 힘이 바로
창의성이며, 이 창의성은 아직 존재하지 않는 가능성을
생각해보는 '가정법적as if 사고', '서사적 사고'에
바탕한다는 것을 알게 되었을 것이다."

이재환은 서울대학교 종교학과를 졸업하고, 같은 대학교 철학과 대학원과 미국 오하이오 주립대학교 철학과 대학원에서 공부한 후 서울대학교 철학과에서 박사학위를 받았다. 서양 근대 철학, 프랑스 현대철학, 감정철학 등에 관심을 가지고 공부하고 있으며 가천대학교 가천리버럴아츠칼리지 교수를 거쳐 현재 이화여자대학교 철학과 교수로 재직 중이다. 지은 책으로 『성찰, 모든 것을 의심하며 찾아낸 생각의 신대륙』(2014), 『고전하는 십 대의 이유 있는 고전』(2015), 『나다움 쯤 아는 10대: 데카르트 vs 레비나스』(2021), 『몸의 철학』(공저, 2021), 『이야기의 끈』(공저, 2021)이 있고, 슬라보예 지젝의 『나눌 수 없는 잔여』(2010)를 번역했다.

'서사적 사고'를 주제로 한 내러티브 총서 1권 『이야기의 끈』과 '서사적 주체'를 주제로 한 내러티브 총서 2권 『일꾼과 이야기꾼』에 이어 '서사와 창의성'을 주제로 한 내러티브 총서 3권의 제목은 『이야기꾼과 놀이꾼』이다. 내러티브 총서는 매번 기존의 서사학에서는 잘 다루지 않았던 개념들을 제시했는데, 1권에서는 '끈'으로서의 이야기를, 2권에서는 '일꾼과 이야기꾼'이라는 새로운 개념을 내놓았다. '서사와 창의성'을 주제로 한 내러티브 총서 3권에서는 '놀이꾼'이라는 개념을 새롭게 내놓는다. 이 책의 기획 단계에서는 '서사와 창의성'에 초점을 맞추려고 했지만, 연구단은 자연스럽게 '서사'와 '창의성'을 이어주는 '끈'으로서 '놀이' 개념에 관심을 가지게 되었다. 우리는 놀이를 다룬 중요한 책들을 같이 공부하면서 이 생각이 틀리지 않았음을 확인할 수 있었다. '놀이' 개념이 '서사와 창의성'이라는 크고 복잡한 미로에서 길을 잃지 않게 '아리아드네의 실'이 되어 실마리를 제공해주었다.

한편 내러티브 총서 3권에서는 좀 더 구체적인 서사 형식, 특히 이른바 'K-콘텐츠'에 천착해서 '서사와 창의성' 문제를 풀어보려고 노력하였다. 그 결실이 이 책 3부 '디지털 문화와 서사적 창의성'에 실린 4편의 글이다. 눈 밝은 독자들은 게임, 웹툰, 트랜스미디어, 영화 등을 다룬 3부에서 익숙한 콘텐츠들의 이름을 발견할 뿐 아니라 그 콘텐츠들이 가진 창의성의 힘이 어디에서 오는지 확인할 수 있었을 것이다. 또한 이번 내러티브 총서 3권에서 공을 들인 일 중 하나는 1권과 2권에 이어 다양한 관점에서 그동안 국내에 많이 알려지지 않은 서사 이론을 발굴하고 소개하는 것이었다. 3권에서는 하이데거, 데리다와 같은 철학자들의 '서사 이론'과 함께 독일 서사학의 선구자인 슈탄젤의 이론도 소개했다. 이 또한 관심 있는 독자들의 흥미를 충족시켰기를 바라 마지않는다.

『이야기꾼과 놀이꾼』에는 이 책의 핵심의제를 제시하는 서론인 「일꾼과 놀이꾼」을 시작으로 1부에는 '서사 이론'을 다룬 4편의 글이, 2부 '서사와 창의성'에는 4편의 글이, 그리고 3부에는 1부와 2부에서 개진한 문제의식을 가지고 '영화', '게임', '웹툰', '트랜스미디어' 등의 구체적인 서사 형식을 다룬 4편의 글이 실렸다. 『일꾼과 이야기꾼』에 이어 『이야기꾼과 놀이꾼』에서도 독립적으로 쓰인 글들 사이에서 몇 가지 공통 개념을 찾을 수 있었다. 우선 앞서 말한 것처럼 '놀이'가 이 책에 실린 글들을 공통적으로 엮어주는 중요한 열쇠말이다. 놀이-서사-창의성이라는 개념들이 어떻게 서로 긴밀하게 연관되어 있는지도 알 수 있었다. 이런 의미에서 몇몇 글에서 '연결' 개념이 매우 중요하게 사용된다.

김상환은 내러티브 총서 1권의 「이야기의 끈」과 2권의 「일꾼과 이야기꾼」에 이어 3권 「이야기꾼과 놀이꾼」에서 "인간은 이야기꾼이나 일꾼이기에 앞서 놀이꾼이다"라는 또 하나의 새로우면서도 대담한 테제를 제시한다. 「이야기의 끈」에서는 "이야기의 샘이 삶의 의미가 솟아나는 원천이고, 이야기의 끈이 문화의 질서를 엮어가는 형식"임을 내세웠고, 「일꾼과 이야기꾼」에서는 "이야기의 끈 운동을 끌고 가는 줄거리(플롯)와 일꾼의 작업을 끌고 가는 목적 설계(플랜)는 하나의 원천에서 흘러나온 두 지류"임을 제시했다. 다시 말해 일꾼의 유능함은 계획 능력에서 오고, 이 '플랜 짜기' 능력이 바로 '플롯 짜기(이야기하기)' 능력, 가정법적 사고능력, 이야기꾼의 능력임을 제시한 것이다. 그리고 일꾼의 '플랜 짜기'와 이야기꾼의 '플롯 짜기'의 "공통의 원천은 초월론적 차원의 기투, 실존적 차원의 기획투사(프로젝트)에 있다. 우리가 자신의 고유한 가능성을 발견하고 그것을 실현하기 위해 미래로 투사하는 능력이 말하기와 일하기의 공통 뿌리다"라는 가설도 제시했다. 그동안 서사 이론에서 찾아볼 수 없었던 존재론적 조건으로서의 새로운 서사 이론을 제시한 것이다.

「이야기꾼과 놀이꾼」에서는 「일꾼과 이야기꾼」에서 제시한 '말하기(플롯)와 일하기(플랜)의 공통의 원천'인 기투가 바로 놀이라는 새로운 가설을 제안한다. "우리가 만날 궁극의 요소는 놀이의 성격을 지닌다는 것이다. 즉 말하기와 일하기의 공통 원천이 기투라면, 그 기투는 다시 놀이의 일종이다." 다시 말해 '호모 나란스(이야기하는 인간)'가 되기 위한 이른바 '초월론적 조건'이 바로 '호모 루덴스(놀이하는 인간)'임을 제시한다. 이를 위해서 김상환은 칸트, 니체, 하이데거, 가다머, 리오타르 등 다양한 철학자의 놀이에 대한 사유를 독창적으로 전유하면서 '놀이 철학의 역사', 혹은 '일반 놀이학'을 내놓는다.

장태순은 「놀이의 세 얼굴: 해방, 입법, 경쟁」에서 이러한 놀이의 세 가지 특징을 정의한다. 먼저 "놀이의 첫 번째 특징은 자발적이고 자유로운 활동"이다. 놀이가 자유로운 활동이기 때문에, 즉 '해방'의 성격을 가지기 때문에 놀이가 개인과 사회에 창의성과 역동성을 가져올 수 있다는 것이다. 놀이가 왜 창의성과 연결되는지 알 수 있는 대목이다. 놀이의 두 번째 특징은 "놀이는 내부의 규칙을 가지고 있으며, 규칙을 지키지 않으면 더이상 놀이일 수 없다"는 점이다. 바로 놀이가 가진 '입법'의 성격이다. 이 때문에 '규칙을 가진 놀이'가 '질서/규칙을 가진 아름다움'과 관계를 맺을 수 있다. 놀이의 가장 중요한 규칙, "가장 본질적이면서도 대표적인 놀이의 규칙은 '-인 체하기'이다." 이러한 규칙 때문에 "놀이하는 인간은 생존을 위한 질서와 규칙을 초월하는 영역을 스스로 열어젖히고 그곳에 새로운 질서를 만든다." 놀이가 인간의 정신과 문화의 기원이라면 이런 이유에서다. 놀이의 '-인 체하기'는 가상과 관련을 맺고, 이러한 가상은 예술의 성격이기도 하다. 세 번째 특징은 놀이의 '불확실성과 우연성' 때문에 발생하는 긴장과 관련 있는데, 바로 '경쟁'이다. "경쟁이 있는 놀이의 원동력은 경쟁자와 구경꾼들에게 자신의 우수성을 인정받고 싶은 욕망"이다. 이 책에 실린 놀이에 관한 글들이 공통적으로 꼽고 있는 놀이의 특징이 바로 경쟁이다. 이는 놀이가 가진 경쟁의 성격이 새로움을 다투는 창의성과 긴밀하게 연관되기 때문일 것이다. 이런 이유로 '일반 경기학agonistique générale'이 성립한다면 바로 놀이가 가진 '경쟁agon'의 특성 덕분이다.

이재환 역시 「놀이-서사-창의성」에서 놀이를 실마리로 삼아 놀이, 서사, 창의성의 관계를 탐구한다. 특히 놀이를 진지하게 탐구한 철학자 중 하나인 실러의 생각을 따라가면서 놀이가 가진 의미를 살핀다. "실러에 따르면 인간은 놀기 전에는 내면적으로 분열되어 있고 파편화되어 있다. 그런 분열된 인간, 파편화된 인간을 통합하여 전인적 총체성을 지닌 온전한 인간으로 만드는 것이 바로 놀이다. 게다가 실러 역시 놀이를 아름다움과 관련시킨다. 놀이와 아름다움 모두 현실 법칙을 벗어난 '가상'의 세계와 연관이 있기 때문이다." 실러에게 놀이의 대상은 아름다움이고, 이 아름다움이 인간 내면에 있는 두 가지 대립하는 충동을 연결하는 역할을 한다. 또한 놀이의 특징은 이질적인 것들을 서로 연결하는 것이다. 이런 점에서도 놀이는 창의성과 관련을 맺는다. 놀이와 예술은 새로운 규칙을 만들어내는 행위이고 그런 의미에서 창의성의 핵심이라고 할 수 있다. 물론 이때 놀이와 예술이 새로운 규칙을 만들어낼 수 있는 이유도 놀이의 연결하는 성격, 즉 '끈'의 역할 때문이다.

놀이와 서사의 관계도 해명된다. 독자와 청자는 이야기를 읽거나 들을 때 나름대로 그 이야기를 역동적으로 구성한다. 서사적 사고는 흩어져 있던 사건들, 이야기들을 연결하고 통합하여 새롭게 구성한다는 점에서 앞의 놀이, 예술과 같은 기능을 수행한다. 그리고 흩어져 있던 것들, 서로 연결되지 않았던 것들을 연결해서 새롭게 구성한다는 측면에서 서사 역시 창의성과 연결될 수 있다.

김상환은 「탈근대의 가치와 서사: 리오타르의 『포스트모던의 조건』 다시 읽기」에서 이러한 놀이 개념을 우리 시대를 진단하고 전망하는 핵심으로 확장한다. "탈근대 정신은 놀이 정신에서 찾아야 한다는 말이며, 탈근대 지식인은 놀이꾼인 동시에 이야기꾼이라는 말이다." 탈근대 사회는 다양한 의견이 공존하는 다원주의 사회이다. 즉 하나의 '거대 서사'가 아니라 무수한 '작은 이야기'가 자신들의 이야기를 들려주는 사회이다. 그런데 "작은 이야기는 다원론적 관점을 배경으로 하고, 이 점에서 갈등적 이원론과 완전히 다른 사회 모델을 불러들인다. 어떤 모델인가? 놀이 모델이다. 탈근대 사회의 이미지를 놀이 혹은 게임을 모델로 그려가기를 요구하는 것이 작은 이야기 개념이다." 놀이는 서사와 만나서 시대를 진단하고 지향점을 제시한다. 바로 "탈근대 사회의 지식을 서사학과 놀이학으로 이중화하는 관점"이다. 이렇게 놀이는 단순한 하나의 개념이 아니라 탈근대 사회를 이해하는 하나의 모델이 된다. 이 모델을 '일반 경기학'이라고 부를 수 있겠다.

이 책에서는 놀이 개념뿐 아니라 서사 개념도 확장된다는 점에 주목할 수 있다. 장태순은 「사물의 서사와 창의성」에서 서사 개념을 확장해서 초연결 시대에 인간만이 아니라 사물에도 적용될 수 있는 서사가 있는지 다음과 같이 묻는다. 통상적으로 서사적 정체성은 "사물이 아닌 인간에게만 적용되는 것이며, 서사는 인간과 비인간의 결정적인 차이이다. 그러나 인간과 사물의 경계가 불분명해지는 초연결 시대에 사람에게만 정체성을 부여할 수는 없다. 이제는 사물, 특히 인간과의 연결 및 소통이 중요한 사물의 정체성을 고려해야 한다. 그렇다면 서사적 정체성을 통해 사물의 정체성을 규정하는 것도 가능하지 않을까? 모든 사물은 아니더라도 로봇과 같은 인간형 사물에서, 특히 이런 사물이 인간과 연결되는 지점에서 우리는 어떤 서사성을 발견할 수 있지 않을까?" 이 질문에 대한 답을 찾기 위해서 장태순은 프랑스 철학자 리쾨르와 들뢰즈를 경유하여 서사는 인간에게만이 아니라 사물에도 정체성을 부여한다는 결론에 도달한다. 그럼 사물의 서사적 정체성은 어떤 것인가? "사물의 서사적 정체성이 그리는 세계는 시간의 흐름을 견뎌낸 존재자들이 그 속에서 경험을 통해 변모된 모습을 정체성의 핵으로 담지하고 있는 세계이다. 존재자들은 때로는 시간 속에서 발견한 반복의 규칙을 자극에 대한 반응의 프로토콜로 탑재하고, 때로는 이미 탑재된 프로토콜을 변형하여 새로운 상황에 적응하려 시도한다. 서사적 존재자들의 세계는 고정된 객체들의 세계라기보다는 크고 작은 변화 속에서도 항구성을 유지하는 존재자들의 세계이다." 이렇게 서사의 범위는 인간을 벗어나 사물로 확장된다.

신정아·최용호의 「연상호 감독의 SF 영화 〈정이〉에 나타난 포스트휴먼 시대의 서사적 욕망」은 앞선 김상환의 글, 장태순의 글과 공명한다. 서사가 시대를 진단하는 리트머스시험지가 될 수 있음을 제시한다는 점에서 김상환의 글과 공명하고, 인간의 정체성이 신체의 서사에 기반할 수 있다는 생각을 펼친다는 점에서 대담하게 사물에까지 서사 개념을 확장해서 적용하는 장태순의 글과 공명한다. 어떤 점에서 서사가 시대를 진단하는 리트머스시험지가 될 수 있는가? "왜 사람들은 특정한 시대에 특정한 이야기에 빠지게 되는 것일까?" '서사적 욕망'이 "특정한 시대가 감추거나 드러내고, 억압하거나 고발하는 사회적 모순에 대한 자각을 포함"하기 때문이다. 서사에 나타난 욕망 혹은 질문을 통해서 우리는 "한 시대가 씨름하는 모순이 무엇이고 이를 극복하기 위해 고민하는 지점들이 무엇인가"를 알 수 있게 된다. 〈정이〉 이야기를 통해서 드러나는 우리 시대의 질문은 '인격적 정체성'에 관한 것이다. 왜인가? "향후 공동체의 운명에 위협이 될 수 있는 요인은 인간과 비인간, 휴먼과 포스트휴먼 사이에 존재하는 모순"이기 때문이다. 그리고 〈정이〉 이야기를 통해 드러나는 인격적 정체성은 바로 '신체의 서사성'이다. "신체의 움직임이 정체성 형성에 개입하는 방식, 좀 더 구체적으로 말하자면 의식의 기억이 아니라 신체의 기억이 작동하는 방식이다. 기억이 서사성의 구성요소라고 한다면 분명 신체의 서사성이라고 불릴 만한 것이 존재할 것이다." 이렇게 서사는 사물을 통해서도, 신체를 통해서도 이야기를 하면서 자신의 개념을 전개하고 확장한다.

〈정이〉만이 아니라 독자들은 이 책에서 〈올드보이〉, 〈살인의 추억〉, '에스파'와 '나영석 PD', 〈김부장〉, 〈내가 키운 S급들〉, 〈스타크래프트〉, 〈메이플스토리〉, 〈리그 오브 레전드〉, 네이버웹툰, 카카오페이지, 노블코믹스 등과 같은 이른바 'K-콘텐츠'나 한국인에게 익숙한 콘텐츠, 그리고 콘텐츠가 소비되는 플랫폼 이름을 만났을 것이다. 이 책에서는 앞선 총서들보다 더 많이 구체적인 장르 속에서 '서사와 창의성'이라는 주제를 살펴보려고 노력했다. 한혜원은 「디지털 게임의 서사성과 창의성」에서 디지털 게임을 "우리 시대 인간의 상상력을 기술적으로 재현한 놀이 공간", "우리 시대 놀이하는 인간 호모 루덴스이자 이야기하는 인간 호모 나란스의 상상력과 창의성을 융합적으로 발현할 수 있는 대안적 공간"으로 정의한다. 이처럼 게임 역시 놀이와 서사가 만나는 공간이다. 그리고 이 허구적인 놀이 공간 속에서 게임 플레이어는 "자신의 대안적 정체성을 구축하고 타자와 관계를 맺고 공동체를 형성하고 그곳에 거주하기를 원한다." 이런 이유로 디지털 게임은 '인터랙티브 스토리텔링'이라 할 수 있다. 왜냐하면 "디지털 게임은 본질적으로 이야기와 마찬가지로 상호작용성을 존재의 기본 조건"으로 갖추고 있기 때문이다.

하지만 게임은 기존의 서사보다 한 걸음 더 나아간다. 즉 게임 플레이어는 이미 주어진 스토리를 소비하는 것이 아니고, "서사 양식으로서의 디지털 게임에서는 플레이어가 인칭과 상관없이 허구적 서사 텍스트 안에 위치한 상태에서 몰입적으로 플롯을 전개"할 수 있다. 이런 점에서 게임은 "소설, 영화와 같이 텍스트와 독자 혹은 관객이 일정한 거리를 유지할 수 있는 서사체와 달리 주인공 시점에서 텍스트 안으로 깊숙이 몰입한 상태에서 근미래를 관찰하고 행동하게 된다." 이처럼 '서사의 확장'이라는 점에서 게임 서사도 그러한 확장을 다룬 다른 글들과 궤를 같이하고 있다.

또한 디지털 게임은 놀이-서사-창의성의 연결이라는 측면에서도 동일한 시사점을 제공한다. "실제로 연극과 소설의 본질인 허구성과 디지털 게임의 본질인 가상성은 일맥상통하는 부분"이 있을 뿐만 아니라 "호모 루덴스는 자연스럽게 주변의 기술과 매체를 적극적으로 활용하고 사회문화적인 패러다임을 반영하여 그 시대의 창의적인 놀이터를 구축하게 된다." 이렇게 우리는 다시 한번 서사의 허구성과 가상성이 놀이와 창의성을 연결하는 끈임을 확인할 수 있다.

양혜림 역시 「한국 웹툰 서사의 창의성: 틀 안의 천착과 틀 밖의 확장에 대하여」에서 웹툰의 창의성 문제를 제기한다. 이때 중요하게 사용되는 개념은 '틀'이다. 틀은 웹툰 독자들 사이에 '공유되는 세계', 웹툰의 '코드화하는 플롯'을 포함해서 '웹툰'이라는 개념 그 자체를 의미한다. 양혜림에 따르면 웹툰의 창의성은 '틀 안의 창의성'과 '틀 밖의 창의성'으로 나눌 수 있다. '틀 안의 창의성'은 "장르의 틀을 유지하면서도 그 안에 새로운 시각과 참신한 아이디어를 도입할 때 장르의 혁신"이 일어나는 것이다. "당연하게 공유되어온 세계 설정에 당연하지 않은 요소를 연결하는 것은 공유되는 세계의 영토를 확장하는" 것이다. 다른 한편으로 '틀 밖의 창의성'은 틀 자체를 벗어나고자 하는 시도이다. 즉 웹툰이라는 틀 밖에서 새로운 서사가 탄생하는 것이다. 이 두 가지 웹툰의 창의성에서 무엇보다도 중요한 사실은 "틀을 규정하는 것은 사용자"라는 점이다. "역사상 만화는 언제나 새로운 기술의 도입에 적극적인 매체였다. … 새로운 기술을 만난 창작자들은 그에 걸맞은 서사를 새로운 방식으로 선보였고, 독자들은 이 새로운 만화에서 가치를 발견해왔다. 새로움이 가치를 겸비할 때 우리는 이를 창의라 부른다. 가치 판단에는 가치 기준이 필요하며 웹툰은 독자가 가치 기준을 설정하는 서사 매체다." 게임처럼 웹툰에서도 서사 또는 놀이에 참여하는 사람이 서사의 창의성에 매우 중요한 역할을 한다는 점을 알 수 있다. 이런 점에서 웹툰과 게임 모두 확장된 서사로서 '인터랙티브 스토리텔링'으로 볼 수 있을 것이다.

　창의성에서 참여자의 중요성은 이수진의 「'생생한' 내러티브의 표현: 창의적인 영화에 관하여」에서도 반복적으로 강조된다. 이 글은 프랑스의 영화학자 크리스티앙 메츠의 이론을 중심으로 영화의 창의성을 '생생함'의 개념을 통해서 제시한다. 이러한 '생생함'은 '문채'와 관계가 있다. "'문채'는 언어규범을 벗어나거나 비틀어 효과를 내는 표현 양상 자체"를 말한다. 즉 "의도하는 바를 더 효과적으로 전달하기 위해 원래의 습관적 사용을 벗어난 사용법을 추상화한 것"이다. 그렇지만 영화의 창의성이 관습을 벗어난 '생생한 표현형식'의 사용에만 있는 것이 아니다. 왜냐하면 영화의 '생생한 표현형식'

을 새롭다고 보기 위해서는 보는 관객의 '정신에너지'가 필요하기 때문이다. "생생한 표현형식을 이해하기 위해서는 우리 스스로 추론 과정을 거쳐야 하며, 이 과정에서 반드시 일련의 심리 및 정신에너지가 쓰인다." 따라서 게임, 웹툰뿐 아니라 영화에서도 창의성의 중요한 요소는 관객의 참여라고 할 수 있다.

한편 영화에서 창의성은 '가상'과 관련된다. 왜냐하면 "우리가 영화관에서 경험하는 것은 녹화 및 녹음된 대상 자체가 아니라 사라진 자리를 메우는 대체물"이기 때문이다. 영화에서 우리를 자극하는 것은 현존하지 않는 것, 흔적, 즉 가상이다. "스펙터클과 사운드는 영화관 안에는 부재하지만 기표로서 존재하는 그 무엇들의 흔적이다." 따라서 영화의 창의성은 실존하는 것과 흔적의 중간 상태이다. 영화의 "의미에 대해 생각하는 주체는 우리지만 동시에 우리를 생각하게 하는 시발점은 그 장면이다. 능동과 수동의 얽힘", 또한 "표현된 것과 표현되지 않은 것의 얽힘, 의도적인 것과 비의도적인 것의 얽힘, 이해된 것과 이해되지 않은 것의 얽힘 등을 기반으로 우리를 자극하는 어떤 힘"이다. 이 글에서 우리는 창의성이 어떤 중간 상태가 빚어내는 힘이라는 것을 확인할 수 있다.

서성은은 「트랜스미디어 스토리텔링의 서사성과 창의성」에서 트랜스미디어를 통해 새로운 서사의 가능성을 본다. "트랜스미디어 스토리텔링은 다매체 시대 디지털 커뮤니케이션과 결합하면서 분명 새로운 서사성의 가능성을 보여주었고, 독자·관객·사용자들에게 혁신적인 서사 경험을 제공해왔으며 그 가능성은 여전히 무한하다." 왜 그런가? "트랜스미디어 스토리텔링은 하나의 세계 안에 다수의 스토리"를 가지기 때문이다. 이런 이유로 "트랜스미디어 스토리텔링의 핵심은 연결성connectivity에 있다." 무엇을 연결하는가? "미디어와 미디어가 아닌 스토리를 연결하고 공유해야 한다. 콘텐츠와 소비자들의 일상을 공유하고 경험을 연결"하는 것이다. 앞서 놀이가 창의성과 관련이 있는 이유가 놀이의 연결하는 힘에 있었던 것처럼 트랜스미디어에서도 창의성은 다양한 매체를 넘나드는 스토리들의 연결에 있다. "결국 '트랜스'해야 할 것은 미디어와 기술이 아니라 스토리와 사람, 삶이다. … 사람들은 가상과 현실을 넘어 하나의 스토리 세계 안에서 함께 여행하고 함께 공감하기를 원한다. 트랜스미디어 스토리텔링이 보여주는 새로운 서사성과 창의의 경험은 이와 같은 연결에서 시작될 것이다."

나아가 트랜스미디어에서도 게임, 웹툰, 영화에서처럼 참여자의 중요성이 부각된다. "작가 주체에 의해 일방적으로 제공되는 것이 아닌, 독자·관객 주체의 적극적 참여로 완성되는 '함께 쓰기'는 트랜스미디어가 가진 가장 강력한 힘이다." 독자와 관객은 "적극적인 사용자 참여와 역할놀이를 통해 전체 스토리 세계를 탐험하는 연행자performer라 할 수 있다." 이런 점에서 트랜스미디어는 "매체 횡단을 통해 완성되는 '다성성多聲性'을 가진 대화라고 할 수 있다."

마지막으로 내러티브 총서 1권과 2권에 이어 이번 3권에서도 국내에 소개되지 않은 다양한 서사 이론을 소개했다. '서사 이론'에 관한 3편의 글은 그 자체로도 이론적 성취가 높지만, 이 책에 실린 다양한 글과 많은 측면에서 비슷한 지점을 가리킨다는 사실 역시 주목할 만하다. 최용호는 「프란츠 칼 슈탄젤의 『서사 이론』 속에 나타난 서사성과 창의성」에서 독일어권의 대표적인 서사학자인 슈탄젤의 서사 이론을 소개한다. "슈탄젤의 저작이 아직 번역되지 않았을 뿐만 아니라 논의조차 드문 것은 우리 서사학계의 이론적 공백"이며, 이러한 상황에서 무엇보다도 이 글은 '이론적 공백'을 메운다는 점에서 그 의의가 크다고 할 수 있다. "구조주의 언어학의 텍스트-수사학적 계열"에 속하는 슈탄젤의 서사 이론에 따르면 "서술자의 목소리에 의해 매개되지 않은 양식은 그것이 드라마적이든 텍스트적이든 미디어적이든 서사로 분류되지 않는다. 아리스토텔레스의 용어를 빌리자면 슈탄젤은 미메시스가 아닌 오직 디에게시스만을 서사적 양식에 부합한 것으로 간주한다." 이것이 의미하는 바는 무엇인가? 바로 "슈탄젤에게 허구의 세계는 매개된 것으로 나타난다"는 점이다. 앞서 살펴본 다양한 콘텐츠 장르에서처럼 슈탄젤의 서사 이론에서도 '인칭', '관점', '양식' 등 다양한 서술방식(매개성)이 서로 자유롭게 놀이하면서 하나의 서사를 만들어낸다.

여기에서 서사와 창의성이 만난다. 왜냐하면 "새로운 매개의 방식을 발명하는 것이야말로 서사적 창의성이 도달할 수 있는 가장 높은 수준의 성취를 보여주는 것"이기 때문이다. 또한 서사적 창의성은 놀이와 만나는데, 왜냐하면 슈탄젤 서사 이론에서 '인칭', '관점', '양식'이 만들어내는 "유형학적 원이 하나의 도식으로 이해될 수 있다면 이 원은 창의적인 역량이 자유롭게 놀이하는 하나의 공간으로 이해될" 수 있기 때문이고, "새로운 매개의 방식들을 자유롭게 실험할 수 있는 놀이의 공간을 구획한 동태적 모델"로 이해될 수 있기 때문이다. 여기에서도 서사를 분만하는 도식(플롯과 플랜)이 놀이 모델에 기반해 있다는 점을 확인할 수 있다.

김민호는 「데리다의 서사론: 이야기 혹은 끝없는 거짓말」에서 프랑스 현대철학자 데리다의 서사 이론을 소개한다. 흥미롭게도 이 글은 서사를 설명하기 위해서 '거짓말' 개념에 초점을 맞추는데, 왜냐하면 "거짓말이란 곧 '다른 이야기를 하는 능력'"이고 "다른 이야기를 만들어내려는 의지"이기 때문이다. 이런 주장에는 "서사를 서사답게 만드는 요소가 무언가를 명명백백하게 드러내는 현시에 있기는커녕 숨기고 간과하는 생략"에 있다는 생각이 들어 있다. 즉 "말해지고 언술되는 것보다 말해지지 않고 누락되는 '외부'가 서사의 구성에 더 결정적"인 것이다. 이것은 이른바 '해체'의 철학자인 데리다의 생각을 잘 담고 있는 주장일 뿐만 아니라 서사는 허구와 현실, 표현된 것과 표현되지 않은 것의 중간 영역에서 발생하는 것이라는 앞선 주장들과도 연관된다. 왜 그런가? 거짓말은 "표면과 내면 사이의 의도적 불일치로, 단순한 비진리·오류·거짓의 상태와는 구별"되기 때문이다.

한편 거짓말, 즉 '다른 이야기를 하는 능력'은 창의성과 불가분의 관계를 맺고 있는데, 왜냐하면 "동일자로부터 이탈하는 장래의 가능성, 쉽게 말해서 새로운 무언가가 도래할 가능성이란 현재나 과거로 단순히 환원되지 않고 그것들로부터 단순히 연역되지 않는 서사가 산출될 가능성이며, 진정한 창조란 거짓말과 불가분"하기 때문이다. 창의성은 결국 다른 이야기를 할 수 있는 능력이라는 점에서 이 책에서 거듭 강조하는 서사와 창의성의 관계가 잘 드러난다.

한충수는 「시 짓기에 관한 하이데거의 생각」에서 독일 철학자 하이데거의 서사 이론을 소개한다. 이 글은 '시 짓기'에 초점을 맞춘다. 하이데거에게 "시 짓기는 예술의 본질"이기 때문이다. 왜 그런가? 하이데거는 시 짓기를 독일어로 '트는 설계lichtender Entwurf'라고 표현하는데, 여기에서 '튼다'는 "숲에서 불필요한 나무들을 베어서 트인 곳을 마련하는 작업"을 의미하며, '설계'는 "윤곽을 그리는 것"을 의미한다. 즉 "트는 설계는 어떤 공간을 열면서 그 윤곽을 그리는 것을 뜻한다. 그럼으로써 전에 없던 공간이 던져지듯 생겨나는 것이다. 하이데거에게 그 공간은 존재의 장소이다. 그러니까 시 짓기는 존재의 장소를 트면서 설계하는 일이다. 그럼으로써 그 장소에 존재자가 진실로 나타나도록 하는 것이다." 이러한 생각은 그동안 내러티브 총서에서 우리가 내놓았던 주장, 즉 서사가 삶을 계획할 수 있게 해주는 것이라는 점에서 '플롯 짜기'와 '플랜 짜기'는 다르지 않다는 주장, 또한 서사는 단순히 스토리텔링이 아니라 삶을 설계할 수 있게 해준다는 점에서 존재의 초월론적 조건이라는 주장이 틀리지 않았음을 다시 확인시켜준다. 이렇게 『이야기꾼과 놀이꾼』을 열었던 생각 ─ "우리가 만날 궁극의 요소는 놀이의 성격을 지닌다는 것이다. 즉 말하기와 일하기의 공통 원천이 기투라면, 그 기투는 다시 놀이의 일종이다" ─ 은 먼 길을 둘러 자신에게로 돌아온다.

리오타르가 『쟁론』에서 쓴 비유를 사용하자면 이 책에 실린 14편의 글은 각각 독립적으로 떨어져 있는 14개의 섬, '다도해의 군도群島'이다. 각각의 글들은 독립적으로 쓰였고 자신만의 고유한 내용과 형식을 담아 자신만의 놀이를 하고 있다. 또한 각각의 글들은, 리오타르의 『포스트모던의 조건』의 표현을 빌리자면, 고유한 규칙을 따르는 '작은 이야기들'이다. 물론 각각의 놀이만으로도 즐겁고, 각각의 서사만으로도 풍성하다. 그렇지만 이 서사들이 섬처럼 고립되어 있을 수밖에 없는가? 리오타르에 따르면 창의성은 이 고립된 섬들을 연결하는 횡단적 상상력에 존재한다. 이 책이 제시하고자 한 것은 흩어져 있는 섬들을 연결하려는 하나의 시도, 더 정확하게는 하나의 놀이였다. 독자들도 이 책을 읽으면서 '다도해의 군도'에 다리를 놓고, 그동안 존재하지 않았던 경로들로 흩어져 있는 섬들을 횡단하면서 즐겁게 놀았기를 바란다. 항해를 마친 독자들은 그러한 연결의 힘이 바로 창의성이며, 이 창의성은 아직 존재하지 않는 가능성을 생각해보는 '가정법적as if 사고', '서사적 사고'에 바탕한다는 것을 알게 되었을 것이다. 혹시 아직 이 다도해, 놀이터, 매직 서클magic circle에 들어오지 못한 독자가 있다면 다시 한번 모험적 횡단을 시도해보기를 권한다. 마지막으로 내러티브 총서 시리즈를 놀 만한 '놀이터'로 만들어준 이학사 임양희 편집장에게도 감사드린다.

미주

「서론: 이야기꾼과 놀이꾼」(본문 11-54쪽)

1 김상환 외, 『이야기의 끝』, 서울: 이학사, 2021.
2 김상환 외, 『일꾼과 이야기꾼』, 서울: 이학사, 2022.
3 마르틴 하이데거, 『존재와 시간』, 소광희 옮김, 서울: 경문사, 1995, §31 참조.
4 마르틴 하이데거, 『칸트와 형이상학의 문제』, 이선일 옮김, 서울: 한길사, 2001, §§16-17 참조.
5 임마누엘 칸트, 『순수이성비판』, 백종현 옮김, 서울: 아카넷, 2006, B72쪽.
6 임마누엘 칸트, 『라이프니츠와 볼프 이래의 형이상학의 진보에 관하여』, 카시러판 칸트 전집 VIII권, BXIII쪽; 하이데거, 『칸트와 형이상학의 문제』, 75쪽에서 재인용.
7 하이데거, 『칸트와 형이상학의 문제』, 314쪽. "기투 활동의 명시적 이행은 필연적으로 구성Konstruktion이어야 한다. … 구성은 실로 기투의 선행적 안내 지침과 도약까지도 미리 규정되고 안전하게 확보되어 있어야 하는 기투 활동이다."
8 같은 책, 141쪽.
9 칸트, 『순수이성비판』, A15/B29쪽, A835/B863쪽.
10 하이데거, 『칸트와 형이상학의 문제』, 227, 277, 317쪽 등 참조.
11 요한 하위징아, 『호모 루덴스』, 이종인 옮김, 고양: 연암서가, 2018, 특히 1장 참조.
12 그레고리 베이트슨, 「놀이와 환상에 대한 이론」, 『마음의 생태학』, 박대식 옮김, 서울: 책세상, 2006 참조.
13 하위징아, 앞의 책, 36쪽.
14 같은 책, 44쪽.
15 같은 책, 46-47쪽.
16 같은 책, 43-44쪽.
17 같은 책, 53쪽.
18 로제 카이와, 『놀이와 인간』, 이상률 옮김, 서울: 문예출판사, 2018, 2장 참조.
19 프리드리히 니체, 『차라투스트라는 이렇게 말했다』, 정동호 옮김, 서울: 책세상, 2000, 2부 「독거미 타란툴라에 대하여」 중에서.

20　하위징아, 앞의 책, 139-142쪽 참조.
21　어빙 고프먼, 『자아 연출의 사회학』, 진수미 옮김, 서울: 현암사, 2016, 316쪽. "자아는 그 개인에게서 비롯된다기보다 개인의 활동 무대 전반에서 벌어진 사건과 목격자들의 해석에서 비롯된다. … 이때의 자아는 공연의 결과물이지 원인이 아니다. 그러니까 공연된 자아란 태어나고 성장하고 죽어갈 운명을 지닌 유기체에 속하는 것이 아니라 연출된 무대에서 실현되는 극적인 효과에 속한다."
22　마르틴 하이데거, 『사유란 무엇인가』, 권순홍 옮김. 서울: 길, 2005, 1부 참조.
23　니체, 앞의 책, 2부 「독거미 타란툴라에 대하여」 중에서.
24　좀 더 자세한 설명은 정낙림, 『놀이하는 인간의 철학』, 서울: 책세상, 2017, 3부 1장 「니체의 놀이 철학」 참조.
25　한스 게오르크 가다머, 『진리와 방법 1』, 이길우·이선관·임호일·한동원 옮김, 서울: 문학동네, 2000, 193-202쪽.
26　같은 책, 191, 197-198쪽.
27　이런 해석은 예술 작품에서 대지(은폐성)와 세계(개방성)의 투쟁을 통한 존재론적 진리의 자기 설립 운동을 보려는 하이데거의 예술론을 잇는다. 마르틴 하이데거, 『예술 작품의 샘』, 한충수 옮김, 서울: 이학사, 2022, 특히 「작품과 진실」 참조. 이 저작에 대한 상세한 해설로 이 책 1부에 실린 글 한충수, 「시 짓기에 관한 하이데거의 생각」 참조.
28　가다머, 앞의 책, 195-196쪽.
29　임마누엘 칸트, 『판단력비판』, 백종현 옮김, 서울: 아카넷, 2009, B29 외 여기저기.
30　민주식, 「놀이 개념의 정립을 위한 시론: 예술과 놀이의 비교를 중심으로」, 『인문연구』 54: 1-36, 2008 참조. 이 글에 따르면 주술에서 함께 태어난 놀이와 예술은 자기 목적이고 현실 일탈적이라는 성격을 공유하지만, 전달의 구조를 지니는 예술은 결국 현실로 복귀하고, 전달의 구조를 지니지 않는 놀이는 자연과 하나가 된다.
31　헤라클레이토스의 단편 86 "인생의 시간aion은 장기를 두면서 노는 아이, 왕국은 아이의 것이니"는 서양의 놀이 존재론이 끊임없이 돌아가는 기원이다. 그 외 단편 87 "전쟁은 모든 것의 아버지이고, 모든 것의 왕이다"와 단편 88 "전쟁polemos은 공통된 것이고 투쟁eris이 정의다"는 서양 놀이 철학이 놀이를 쟁투의 놀이로 보게 된 기원이다. 탈레스 외, 『소크라테스 이전 철학자들의 단편 선집』, 김인곤 외 옮김, 서울: 아카넷, 2005, 249쪽.
32　프리드리히 니체, 「그리스 비극 시대의 철학」, 『유고 1870년-1873년』, 이진우 옮김, 서울: 책세상, 2001, 387쪽. "생성과 소멸, 건축과 파괴는 아무런 도덕적 책임도 없이 영원히 동일한 무구한 상태에 있으며, 이 세계에서는 오직 예술가와 어린아이의 유희만 있을 뿐이다. 어린아이와 예술가가 놀이하듯 영원히 생동하는 불은 순진하게 놀이하면서 세웠다가 부순다. 다른 세계를 소생시키는 것은 오만의 욕구가 아니라 항상 새롭게 깨어나는 유희의 충동이다." 이는 바젤대학 시절 니체의 헤라클레이토스 강의록에 나오는 문장이다.
33　E. Fink, *Oase des Glücks. Gedanken zu einer Ontologie des Spiels*, Freiburg: Alber, 1957, pp. 23-24. 자세한 설명은 김재철, 「E. 핑크의 놀이 존재론 1: 실존 범주로서의 놀이」, 『존재론 연구』 32집: 189-216, 2013 참조.
34　Fink, op. cit., p. 25.

35 장프랑수아 리오타르, 『포스트모던의 조건』, 유정완 옮김, 서울: 민음사, 1992, §3, 53쪽, §13, 148쪽. 이 번역본에서는 l'agonistique général을 '일반 경기학' 대신 '일반 경기 영역' '전체 경기법'으로 옮겼다. 아래의 논의는 이 책 1부에 실린 나의 글, 「탈근대의 가치와 서사: 리오타르의 『포스트모던의 조건』 다시 읽기」를 위한 예비적 개괄이자 보충이고, 그래서 여기서는 『포스트모던의 조건』에 대한 인용을 최소화한다.

36 다도해와 군도는 『포스트모던의 조건』(1979)에서 시작된 사상을 최종적으로 완결하는 『쟁론』(1983)에 등장하는 이미지다. 장프랑수아 리오타르, 『쟁론』, 진태원 옮김, 부산: 경성대학교출판부, 2015, 「칸트 주석 3」 1절 참조. 『포스트모던의 조건』에는 "존재하는 모든 것은 결정론의 섬이다"(§13, 148쪽) 같은 문장이 나온다.

37 질 들뢰즈·펠릭스 과타리, 『천 개의 고원』, 김재인 옮김, 서울: 새물결, 2003(1980), 「서론」 참조.

38 리오타르, 『쟁론』, 「칸트 주석 2」와 「칸트 주석 3」 참조.

39 리오타르, 『포스트모던의 조건』, §6, 73-79쪽 참조.

40 같은 책, §§218-219 참조.

41 같은 책, §210, §217, §253 참조.

I부 서사 이론

「탈근대의 가치와 서사: 리오타르의 『포스트모던의 조건』 다시 읽기」
(본문 57-106쪽)

1 장프랑수아 리오타르, 『포스트모던의 조건』, 유정완 옮김, 서울: 민음사, 1992, 34쪽. 이 책의 인용은 대부분 원서 J.-F. Lyotard, *La condition postmoderne*, Paris: Minuit, 1979에 비추어 수정하며, 인용 쪽수는 절(§)과 함께 본문 안에 표기한다. 이 글에서 '포스트모던'은 형용사만이 아니라 명사로도 사용된다.

2 리오타르의 과학 관련 언급을 부정적인 시각에서 논평하는 사례로는 Robert Nola & Gürol Irzik, "Incredulity towards Lyotard: a Critique of a Postmodernist Account of Science and Knowledge", *Studies in History and Philosophy of Science* 34.2: 391-421, 2003 참조. 반대로 긍정적으로 해석하는 사례로는 Massimiliano Simons, "Jean-François Lyotard and Postmodern Technoscience", *Philosophy & Technology*, 35(2): 1-19, 2022 참조.

3 이 글이 지나치게 길다고 느끼는 독자는 세 번째 질문을 다루는 3절과 맺음말에 집중해도 좋다. 앞의 논의를 반영할 뿐만 아니라 가장 중요한 논점들을 담고 있기 때문이다.

4 리오타르, 앞의 책, §2, 46쪽; §11, 124쪽. 여기에서도 "사회의 전면적인 컴퓨터화"라는 표현이 반복된다.

5 같은 책, §1, 43쪽. "민족국가들은 한때 영토 장악을 위해, 나중에는 원료와 값싼 노동력을 획득하고 착취하기 위해 싸웠다. 앞으로는 그와 마찬가지로 국가들이 정보를 장악하기 위해 싸우는 날이 올 것으로 추정해볼 수 있다. 한편으로는 산업과 상업 전략의 새로운 장이 열린 셈이고, 다른 한편으로는 정치와 군사전략의 새로운 장이 열린 셈이다."

6 같은 책, 서론, 33쪽. "이 저술의 연구 대상은 가장 고도로 발전한 사회에서 볼 수 있는

7   같은 책, §14, 164쪽. "사회의 컴퓨터화는 시장 체계를 통제하고 규제하는 '꿈'의 장치가 될 수도 있다. … 그럴 경우 컴퓨터화는 불가피하게 테러를 포함할 것이다. 그럼에도 그것은 대의大義를 알고 결정해야 할 때 부족한 정보를 제공함으로써 메타 규범을 두고 토론하는 집단들에게 봉사할 수 있다. 컴퓨터화가 이 두 번째 방향을 취할 수 있도록 우리가 택해야 할 노선은 단순하다. 대중에게 메모리뱅크와 데이터뱅크에 접근할 수 있는 통로를 주라. 그러면 언어 놀이는 어떤 순간 완벽한 정보 게임이되 비非제로섬 게임이 될 수도 있다. … 이것이 정의에 대한 욕망과 미지未知의 것에 대한 욕망을 모두 존중하는 정치학의 윤곽을 제시해준다." 이것이 『포스트모던의 조건』을 끝맺는 마지막 문장이다.

8   미셸 푸코, 『지식의 고고학』, 이정우 옮김, 서울: 민음사, 1992, 129쪽. 이 저작(1969)에 등장하는 이런 개념들은 이전 저작인 『말과 사물』(1966)의 핵심 개념인 '에피스테메'를 대체하는 위치에 있다. 고고학적 분석의 대상을 에피스테메 대신 이제 문서, 언표, 혹은 담론 형성formation discursive 같은 용어로 지칭하는 것이다.

9   발터 벤야민, 「이야기꾼」, 『발터 벤야민의 문예이론』, 반성완 편역, 서울: 민음사, 1983, 165-194쪽 참조.

10 발터 벤야민, 「기술복제시대의 예술 작품」, 『발터 벤야민의 문예이론』, 반성완 편역, 서울: 민음사, 1983, 197-231쪽 참조.

11 미셸 푸코, 『말과 사물』, 이규현 옮김, 서울: 민음사, 2012, 526쪽. "사유의 고고학이 분명히 보여주듯이 인간은 최근의 시대에 발견된 형상이다. 그리고 종말이 가까운 발견물일 것이다. … [만일 그 발견을 가능케 했던] 지식의 배치가 뒤흔들리게 된다면, 인간은 바닷가 모래사장에 그려놓은 얼굴처럼 사라질지 모른다."

12 질 들뢰즈, 『푸코』, 허경 옮김, 서울: 그린비, 2019, 222쪽.

13 같은 책, 223쪽.

14 리오타르, 앞의 책, §12, 133쪽 참조. 여기서 리오타르는 탈근대 지식인의 상상력을 설명하기 위해 들뢰즈의 두 저작 『차이와 반복』(1968)과 『의미의 논리』(1969)를 인용한다.

15 오늘날에는 일상에서도 특이점이란 말이 자주 쓰인다. 그러나 지금까지 설명한 것과는 조금 다른 의미다. 그것은 주로 로봇이나 인공지능 같은 기계가 인간을 능가하는 지점을 뜻한다. 이때 특이점은 어떤 대대적인 변화가 일어나는 변곡점에 해당한다. 일종의 패러다임 전환이 일어나는 지점에 가깝다.

16 들뢰즈는 의미(문제)가 발생하고 구조가 성립하는 사건 전체를 점, 선, 면이라는 세 가지 형태의 연속적 관계에 의존하여 요약한다. "따라서 의미-사건의 조직화 전체는 점에서 직선으로, 직선에서 표면으로 나아간다. 즉 점은 선을 그리고, 선은 경계를 만들며, 표면은 [경계의] 두 가지 측면에서 전개, 개진된다." 질 들뢰즈, 『의미의 논리』, 이정우 옮김, 서울: 한길사, 1999, 23 계열, 286-287쪽.

17 질 들뢰즈, 『차이와 반복』, 김상환 옮김, 민음사, 2004, 388쪽 역주 그림 참조.

18 리오타르, 앞의 책, §11, 115쪽. "논리학자에게 인공언어(공리)를 설명하는 데 사용하는 메타언어는 '자연'언어 혹은 '일상'언어다. 이 언어는 다른 모든 언어를 번역해낼 수 있기에 보편적이지만, 부정에 관해서는 일관적이지 못하다. 그것은 역설의 발생을

19 같은 책, §11, 116쪽. "여러 과학은 스스로 증명될 수 없고 전문가 사이의 합의 대상에 불과한 기능 규칙을 가진 언어가 존재한다는 사실 덕분에 자신의 지위를 유지한다."

20 위와 같음. "그 하나는 [합의나 계약을 통해] 확정된 규칙 내에서 새로운 수나 행마 (새로운 논증)를 두는 것에 해당한다. 다른 하나는 전혀 새로운 규칙을 창안하는 것, 다시 말하면 전혀 새로운 게임으로 변하는 것에 해당한다."

21 같은 책, 「서론」 14쪽. "나는 '포스트모던'을 거대서사에 대한 불신과 회의라고 정의한다. 이 회의는 여러 가지 과학 진보의 산물이다."

22 같은 책, §10, 111쪽. "이러한 분열에서 비관적 인상을 받을 수도 있다. 누구라 해도 이 언어들을 전부 다 말할 수 없으며, 이 언어들을 묶어줄 보편적 메타언어도 없다. 체계-주체의 기획은 실패했으며, 해방의 목표는 과학과 무관하다. 우리는 모두 이러저러한 지식 분과의 실증주의에 갇혀 있다. 박학의 거장들은 협소 영역의 과학자로 변했고, 연구 조사는 축소되고 구획되었으며, 누구라 해도 이 모든 분야를 전부 다 배울 수 없다."

23 가령 과거에는 화학의 기호법과 미적분학의 기표법이 주종을 이루었다면, 이후 "기계언어, 게임이론, 새로운 음악 기보법, 비외연적 논리 형식의 기호체계(시간 논리, 규범 논리, 양상 논리), 유전정보언어, 음성학적 구조의 그래프" 같은 것이 추가되었으며, 이런 분열의 양상은 가속화하고 있다. 같은 책, §10, 110-111쪽 참조.

24 루트비히 비트겐슈타인, 『철학적 탐구』, 이승종 옮김, 파주: 아카넷, 2016, §23. "여기서 '언어 놀이'라는 낱말은 언어를 말하는 일이 어떤 활동의 일부, 또는 '삶의 형식'의 일부라는 사실을 강조하기 위해 사용된다." 이 책의 영어본에서 '언어 놀이'의 원어는 language game이고, 독일어본에서는 Sprachspiel이다. 우리말 번역본에서는 '언어 게임'으로 옮겼다. 그러나 독일어 단어 Spiel이 갖는 광의적인 의미를 살리기 위해, 그리고 리오타르처럼 비트겐슈타인의 개념을 놀이 철학 전통 일반과 연결하기 위해 '말놀이'나 '언어 놀이'로 옮긴다. 수없이 다양한 말놀이 중에는 협소한 의미의 게임 같은 것만이 있는 것이 아니다. 게임은 놀이의 한 부분이다.

25 헤라클레이토스에서 비트겐슈타인에 이르는 놀이 철학의 상세한 역사에 대해서는 정낙림, 『놀이하는 인간의 철학: 호모 루덴스를 위한 철학사』, 서울: 책세상, 2017 참조.

26 탈레스 외, 『소크라테스 이전 철학자들의 단편 선집』, 김인곤 외 옮김, 서울: 아카넷, 2005, 249쪽.

27 리오타르, 앞의 책, §11, 117쪽. "고전 과학과 근대과학에서 역설paradoxe로, 심지어 배리pralogisme로 치부되는 것들이 이들 일부 [탈근대] 체계에서는 새로운 설득력을 얻게 되고, 전문가 사회에서 받아들여진다. 내가 여기서 이용하는 언어 놀이 방법은 이런 사상적 흐름에 적절한 지위를 주장할 수 있다." 국내 번역본은 paralogie와 paralogisme을 모두 배리로 번역하여 많은 혼동을 준다.

28 장프랑수아 리오타르, 『쟁론』, 진태원 옮김, 부산: 경성대학교출판부, 2015, 222쪽 이하 참조.

29 최근 생산된 논문에서도 리오타르의 '작은 이야기'를 파편화하는 지식의 단위로 간주하는 오해를 볼 수 있다. Christian Baier, "Narrative of Post-Truth: Lyotard and the Epistemic Fragmentation of Society", *Theory, Culture & Society*, 2023, pp. 1-16 참조.

30 리오타르,『포스트모던의 조건』, §13, 149쪽. "P. B. 메다워는 이렇게 말했다. '과학자에겐 아이디어를 갖는 것avoir des ideés이 최고의 성취다.' 그는 또 '과학적 방법이란 없으며, 과학자란 무엇보다 이야기를 들려주는raconter histoires 사람'이라 했다."

31 가령 다음 논문이 이런 해석을 내놓는다. Alphonso Lingis, "Some Quetions about Lyotard's Postmodern Legitimation Narrative", *Philosophy & Social Criticism* Vol 20: 1-12, 1994 마지막 부분 참조.

32 이런 리오타르의 비판에 대해 하버마스를 옹호하고 두 철학자 사이의 접근 가능성을 타진하는 글로는 Mariana Papastephanou, "From Consensus to Dissensus and Back Again: Habermas and Lyotard", *The European Legacy* Vol. 19: 679-697, 2014 참조.

「프란츠 칼 슈탄젤의『서사 이론』속에 나타난 서사성과 창의성」
(본문 107-142쪽)

1   최라영,「서사론 개념과 역사 고찰」,『비교문학』66: 226, 2015.
2   F. K. Stanzel, *A theory of narrative*, Cambridge: Cambridge University Press, 1986, p. 6
3   T. Todorov, *Grammaire du Décaméron*, Paris: Mouton, 1969, p. 10.
4   『에크리튀르의 영도Le degré zéro de l'écriture』(1953)에서 롤랑 바르트는 에크리튀르를 한 시대를 지시하는 기호로 정의한다. 그에 따르면 대혁명 당시 그 시대를 가리키는 기호 중의 하나는 "제기랄"이라는 표현이다. 구조주의 시대 '과학'이라는 용어는 바르트적 의미에서 이 시대를 가리키는 하나의 기호로 작용했다. 문학을 위시해서 인문학을 하나의 과학으로 정립하려는 시도가 이러한 맥락에서 활발하게 전개된다.
5   R. Barthes, "Introduction à l'analyse structurale du récit", in *Communications*, Paris: Seuil, 1966, p. 1.
6   Ibid., p. 22.
7   Ibid., p. 4. 바르트에 따르면 "모든 진술문이 어떤 점에서 작은 서사의 스케치인 것처럼 서사는 커다란 문장이다."
8   G. Genette, "Le discours du récit", in *Figures III*, Paris: Seuil, 1972, p. 75. 주네트는 "모든 서사"는 "동사의 확장"으로 환원될 수 있다고 주장한다. 예를 들어 "나는 걷는다", "피에르가 왔다" 등 하나의 문장은 서사의 최소 형태와 다름없다. 주네트는 이러한 가설을 바탕으로 시제, 법, 태 등 동사의 문법적 범주를 서사학적 모델링에 차용할 명분을 확보한다.
9   M. Fludernik, *Towards a 'Natural' Narratology*, London and New York: Routledge, 1996, p. 26.
10 Ibid., p. 12.
11 Ibid., p. 28.
12 Ibid., p. 31.
13 D. Herman, *Story Logic*, Lincoln and London: University of Nebraska Press, 2002, p. 6.
14 Fludernik, op. cit., p. 37.
15 예를 들어 플루더닉은『자연 서사학을 향하여』에서 다음과 같이 주장한다. "내가 구상하는 자연 서사학은 (행위 층위나 허구적 의식의 층위에서 플롯으로 만들어질 수 있는) 매개된 인간 경험성이라는 서사성의 정의에 기초한다. 매개는 (행위소적이거

나 반영적이거나 관찰적이거나 자기-반성적인 의식 등) 다양한 형태로 나타나는 의식의 매개 변양을 통해 이루어진다. 따라서 서사성은 … 독서 과정에서 독자에 의해 구축된다."(Ibid., p. 36)

16　J. Culler, "Story and discourse in the analysis of narrative", in *The Pursuit of Signs*, London and New York: Routledge, 1981, p. 204.
17　Stanzel, op. cit., p. 4.
18　웨인 C. 부스, 『소설의 수사학』, 최상규 옮김, 서울: 예림기획, 1999, 206쪽.
19　M. Bal, *Narratologie*, Utrecht: H&S, 1984, p. 39.
20　Ibid., p. 39.
21　부스, 앞의 책, 206쪽.
22　같은 책, 206-207쪽.
23　Stanzel, op. cit., p. 83.
24　아니 에르노, 『한 여자』, 정혜용 옮김, 서울: 열린책들, 2012, 18쪽.
25　에밀 졸라, 『테레즈 라캥』, 박이문 옮김, 파주: 문학동네, 2009, 10쪽.
26　비관점주의에서 관점주의로의 이행은 사실주의에서 모더니즘으로의 이행에 상응한다. 이에 대해 김태환은 다음과 같이 논평한다. "시점의 도입 혹은 초점화는 20세기에 들어서면서 소설의 주요한 경향으로 확산, 발전해갔으며, 그 대표적 작가로 헨리 제임스 외에도 프란츠 카프카, 버지니아 울프, 제임스 조이스와 같은 모더니스트들을 꼽을 수 있다. 초점화와 함께 이야기 세계를 객관적 현실로 확인해주는 전지적 화자가 전반적으로 퇴조하게 되는데("화자의 죽음", 볼프강 카이저), 그 배경에는 현실에 대한 완전하고 단일한 인식이 가능하지 않다는 현대의 회의주의가 놓여 있다."(김태환, 「초점화 개념의 재해석 시도: 제라르 주네트와 미케 발 이론의 화해 가능성에 대하여」, 『일꾼과 이야기꾼』, 서울: 이학사, 2022, 275쪽)
27　프랑수아즈 사강, 『브람스를 좋아하세요...』, 김남주 옮김, 서울: 민음사, 2008, 9쪽.
28　어니스트 헤밍웨이, 「살인자들」, 『헤밍웨이 단편선』, 김욱동 옮김, 서울: 민음사, 2013, 101쪽.
29　롤랑 바르트, 『롤랑 바르트가 쓴 롤랑 바르트』, 이상빈 옮김, 서울: 강, 1997, 169쪽.
30　Stanzel, op. cit., p. 232.
31　Ibid., p. 4.
32　정낙림, 『놀이하는 인간의 철학』, 서울: 책세상, 2017, 119쪽.
33　요한 하위징아, 『호모 루덴스』, 이종인 옮김, 고양: 연암서가, 2010, 165쪽.
34　에르노, 앞의 책, 110쪽.
35　같은 책, 19쪽.
36　같은 책, 30-31쪽.
37　Stanzel, op. cit., p. 236.

「시 짓기에 관한 하이데거의 생각」(본문 143-168쪽)

1　마르틴 하이데거, 『예술 작품의 샘』, 한충수 옮김, 서울: 이학사, 2022, 124쪽.
2　Thomas Rentsch, "Vorwort", in: Martin Heidegger, *Sein und Zeit*(Klassiker Auslegen, Band 25), hrsg. von Thomas Rentsch, Berlin: Akademieverlag, 2007, S. VII.

3 Martin Heidegger & Elisabeth Blochmann, *Briefwechsel 1918-1969*, Marbach am Neckar: Deutsche Schillergesellschaft, 1977, S. 87.
4 Martin Heidegger, *Holzwege*, Frankfurt am Main: Vittorio Klostermann, 1950.
5 Martin Heidegger, *Holzwege*(Heidegger Gesamtausgabe, Band 5), Frankfurt am Main: Vittorio Klostermann, 1977.
6 한국어 번역의 서지 사항은 다음과 같다. 마르틴 하이데거, 『숲길』, 신상희 옮김, 파주: 나남, 2008.
7 Martin Heidegger, *Der Ursprung des Kunstwerkes*, Stuttgart: Reclam, 1960.
8 Martin Heidegger, *Der Ursprung des Kunstwerkes*, Frankfurt am Main: Vittorio Klostermann, 2012. 이 책의 한국어 번역본은 다음과 같다. 마르틴 하이데거, 『예술 작품의 샘』, 한충수 옮김, 서울: 이학사, 2022.
9 Cf. Karsten Harries, *Art Matters. A Critical Commentary on Heidegger's "The Origin of the Work of Art"*, Dordrecht: Springer, 2010, p. v.
10 하이데거, 『예술 작품의 샘』, 112쪽.
11 같은 책, 48쪽.
12 위와 같음.
13 같은 책, 76쪽.
14 같은 책, 45쪽.
15 위와 같음.
16 같은 책, 113쪽.
17 "entwerfen", Digitales Wörterbuch der deutschen Sprache, https://www.dwds.de, 2023년 6월 20일 참조.
18 김헌, 『김헌의 그리스 로마 신화』, 서울: 을유문화사, 2022, 387-389쪽 참조.
19 소포클레스, 「오이디푸스 왕」, 『오이디푸스 왕. 콜로노스의 오이디푸스』, 천병희 옮김, 파주: 숲, 2017, 26-29쪽 참조.
20 프리드리히 횔덜린·소포클레스, 「오이디푸스 왕」, 『프리드리히 횔덜린이 번역하고 주석한 소포클레스의 비극』, 장영태 옮김, 서울: 부북스, 2023, 31쪽.
21 Martin Heidegger, "Hölderlins und das Wesen der Dichtung", in: *Erläuterungen zu Hölderlinss Dichtung*, Frankfurt am Main: Vittorio Klostermann, 1981, S. 47에서 재인용.
22 프리드리히 니체, 『비극의 탄생』, 박찬국 옮김, 서울: 아카넷, 2007, 133쪽.
23 Heidegger, "Hölderlins und das Wesen der Dichtung", S. 33.
24 Ibid., S. 34.
25 Ibid., S. 41에서 재인용.
26 Ibid., S. 41.
27 김헌, 앞의 책, 262-266쪽 참조.
28 Heidegger, "Hölderlins und das Wesen der Dichtung", S. 35.
29 Ibid., S. 44.
30 김헌, 앞의 책, 209-214쪽 참조.
31 Martin Heidegger, " 'Wie wenn am Feiertage … ' ", in: *Erläuterungen zu Hölderlinss Dichtung*, Frankfurt am Main: Vittorio Klostermann, 1981, S. 50. 니체도 오이디푸스 신화의 참혹함이 소포클레스를 통해서 견딜 만한 것으로 되었다고 말한다(니체, 앞의 책, 133

쪽 참조).
32 Heidegger, "Hölderlins und das Wesen der Dichtung", S. 47.
33 Ibid.
34 Martin Heidegger, "' ... dichterisch wohnet der Mensch ... '", in: *Vorträge und Aufsätze*, Frankfurt am Main: Vittorio Klostermann, 2000, S. 191.
35 Ibid., S. 194.
36 Ibid., S. 196.
37 횔덜린과 하이데거가 말하는 척도가 무엇인지 이해하기 어려울 수 있다. 하지만 그들이 그 척도를 하늘이라고 부른 것이 그 이해에 작은 도움이 될 수 있을 것 같다. 척도로서의 하늘은 "죽는 날까지 하늘을 우러러 / 한 점 부끄럼이 없기를" 바라며 괴로워하였던 한국 시인 윤동주를 떠올리기 때문이다. 그리고 그 척도는 그의 노래를 통해서 지금까지 전달되었고, 그 하늘의 불은 아직도 수많은 사람의 가슴속에 꺼지지 않고 있기 때문이다.
38 Ibid., S. 200.
39 Ibid.

「데리다의 서사론: 이야기 혹은 끝없는 거짓말」(본문 169-194쪽)

1   Jacques Derrida, *Mémoire, Pour Paul de Man*, Paris: Galilée, 1988, p. 27.
2   Ibid., p. 33.
3   Jacques Derrida, *Histoire du mensonge*, Paris: Galilée, 2012.
4   Jacques Derrida, *Le parjure, peut-être*, Paris: Galilée, 2017.
5   récit, histoire, narration 등의 개념을 데리다가 일관되게 사용하지는 않는다는 사실을 의식해야 한다.
6   Jacques Derrida, *L'écriture et la différence*, Paris: Seuil, 1967, p. 153.
7   Jacques Derrida, *Donner le temps I. La fausse monnaie*, Paris: Galilée, 1991, pp. 114-115.
8   청각적인 현상acoustique phénomène을 뜻할 'akoumène'을 청상으로 번역한 연원에 대해서는 자크 데리다, 『목소리와 현상』, 김상록 옮김, 고양: 인간사랑, 2006, 157쪽의 6번 역주를 보라.
9   Jacques Derrida, *De la grammatologie*, Paris: Minuit, 1967, p. 328.
10 Derrida, *Histoire du mensonge*, p. 66.
11 Ibid.: "cette dimension performative fait la vérité."
12 Ibid., pp. 8-9.
13 Derrida, *De la grammatologie*, p. 220.
14 Jacques Derrida, *Limited Inc.*, Paris: Galilée, 1990, p. 252.
15 Derrida, *Histoire du mensonge*, p. 102.
16 Derrida, *L'écriture et la différence*, p. 173.
17 Derrida, *Histoire du mensonge*, p. 102
18 이것이 파레시아의 의무라는 쟁점과 관련해서 푸코가 구축한 사유를 전격적으로 논박하기보다는 데리다와 푸코 사이에 존재하는 지향성의 차이를 드러낼 뿐이라는 데 유의해야 한다. 기실 양자는 상이한 용어들 아래 같은 사태를 말한다. 자기 자신의 이

름을 걸고 지금 여기에 대해서 발언한다는 점에서 예언자, 교육자, 현자 그 모두와 다른 파레시아스트는 도래할-것의 지금-여기, 임박함, 긴급함으로 규정될 수 있는 데리다적인 정의justice 개념과 오히려 맞닿기까지 한다.

19 Jacques Derrida, *Penser à ne pas voir*, Paris: Éd. de la Difference, 2013, pp. 26-27.
20 https://www.newshub.co.nz/home/lifestyle/2020/01/auckland-bar-frames-hole-punched-in-men-s-toilet-as-fragile-masculinity-becomes-viral-hit-online.html(2023년 6월 21일 조회).
21 자크 데리다, 『비밀의 취향』, 김민호 옮김, 서울: 이학사, 2022, 31-32쪽.
22 Jacques Derrida, *Apprendre à vivre enfin*, Paris: Galilée, 2005, p. 38.(국역으로는 https://blog.naver.com/limitedinc/221386299424, 엄태연 옮김, 2023년 4월 21일 조회).
23 Jacques Derrida et al, *Life.after.theory*, London: Continuum, 2004, pp. 37-38.
24 Derrida, *Penser à ne pas voir*, p. 25
25 Jacques Derrida, *Without Alibi*, tr. Peggy Kamuf, Stanford: Stanford University Press, 2002.
26 Derrida, *De la grammatologie*, p. 125.
27 Jacques Derrida, *La carte postale*, Paris: Flammarion, 1980, p. 7.
28 Jacques Derrida, *Politiques de l'amitié*, Paris: Galilée, 1994, p. 11.
29 Derrida, *De la grammatologie*, p. 141.
30 Anna Strasser, Eric Schwitzgebel & Matthew Crosby, "How far can we get in creating a digital replica of a philosopher?", Raul Hakli, Pekka Mäkelä & Johanna Seibt (eds.), *Social Robots in Social Institutions: Proceedings of Robophilosophy 2022*, Amsterdam: IOS PRESS, 2023, pp. 371-380.

2부 서사와 창의성

「놀이의 세 얼굴: 해방, 입법, 경쟁」(본문 197-211쪽)

1 많은 사람은 놀이와 진지함을 구분한다. 그러나 과연 둘은 구분할 수 있는 것일까? 주식시장에서 미래의 주가를 예측할 수 있다고 주장하는 트레이더들과 카지노에서 주사위 놀이를 하는 도박꾼들은 본질적으로 얼마나 다를까(요한 하위징아, 『호모 루덴스: 놀이하는 인간』(개정판), 이종인 옮김, 고양: 연암서가, 2018, 122쪽)?
2 놀이에 대한 서양철학자들의 사유에 대해서는 정낙림, 『놀이하는 인간의 철학: 호모 루덴스를 위한 철학사』, 서울: 책세상, 2017을 볼 것.
3 놀이에 대한 여러 연구 중 가장 주목할 만한 것은 요한 하위징아의 『호모 루덴스』와 로제 카유아의 『놀이와 인간: 가면과 현기증』일 것이다. 두 학자는 그간 폄하되었던 놀이의 가치를 재평가하는데, 특히 하위징아는 놀이야말로 인류 문화를 구성하는 핵심적인 요소이며 문화의 뼈대가 된다는 입장을 취하고 있다. 그는 『호모 루덴스』의 서문에서 "나의 목적은 여러 문화 현상들 중에서 놀이가 차지하는 지위를 논하려는 것이 아니라, 문화가 어느 정도까지 놀이의 특징을 지니고 있는지 탐구하려는 것"(하위징아, 앞의 책, 22쪽)이라고 말한다.
4 여기서 제시하는 세 개념은 놀이를 사유하기 위한 화두의 역할을 할 뿐, 놀이를 분류

하는 기준도 아니며 놀이를 정의하기 위한 필요조건이나 충분조건도 아니다. 하위징아는 놀이의 유형을 재현과 경쟁으로 나누었고, 카유아는 놀이에서 경쟁, 우연, 모의, 현기증이라는 네 가지 역할 중에서 어느 것이 우위를 차지하는지에 따라 아곤agôn, 알레아alea, 미미크리mimicry, 일링크스illinx라는 네 가지 놀이의 유형을 제안하였다. 이 글은 두 가지 분류 방법의 유효성을 인정하면서도, 그것으로 충분히 전달할 수 없는 놀이의 측면을 포착하려는 시도이다.

5 "모든 놀이는 자발적 행위이다. 명령에 의한 놀이는 더이상 놀이가 아니다. 기껏해야 놀이를 모방한 것에 지나지 않는다. … 놀이는 언제라도 그만둘 수 있는 기능이다. … 그것은 결코 의무적으로 수행해야 하는 일이 아니다. '자유 시간'에 한가롭게 할 수 있는 행위이다."(같은 책, 43-44쪽)

6 프리드리히 니체,『비극의 탄생·반시대적 고찰』, 이진우 옮김, 서울: 책세상, 2005.

7 자본주의사회는 달리지 않으면 넘어지는 자전거처럼 끊임없이 성장하지 않으면 존속할 수 없다. 이 점은 자본주의사회를 비판하는 근거 중 하나이지만, 디오니소스적인 것의 쇠퇴가 희랍 문명의 몰락을 가져왔다고 말하는 니체의 관점에서 본다면 끊임없이 변화하고 발전하지 않으면 소멸한다는 것은 자본주의사회뿐 아니라 모든 공동체의 본성인지도 모른다.

8 하위징아, 앞의 책, 51-53쪽.

9 가면을 통한 변신은 현대의 슈퍼히어로물로 이어진다. 작중에서 슈퍼히어로가 나타나는 시공간은 현실(작품 속 현실)이지만 어떤 의미로는 놀이의 시공간이다. 다만 가면은 놀이의 시공간에서만 의미를 가지며, 그곳에서만 써야 한다. 가면을 쓰고 일상으로 돌아오거나 일상으로 돌아와서도 가면을 벗지 않는다면 문제가 생길 수밖에 없다. 가면이 벗겨지지 않는다는 이야기는 여러 가지로 전해진다. 영화 〈마스크〉나 동화『가면 학교』나『마법의 가면』등이 그 예이며, 가면 증후군imposter syndrome도 이와 유사한 문제를 지적한다. 리사 손,『임포스터: 가면을 쓴 부모가 가면을 쓴 아이를 만든다』, 파주: 21세기북스, 2022 참조.

10 슈퍼맨과 원더우먼의 경우 그들의 본모습은 크립톤 행성의 외계인과 아마존 종족의 공주이므로 안경을 쓴 모습이 오히려 가면이라는 해석도 불가능하지는 않다.

11 이런 관점을 취할 경우 우리는 하나의 가면에서 다른 가면으로 가면을 갈아 쓰는 셈이며, 하나의 놀이터에서 다른 놀이터로 이동하는 것이다. 어빙 고프먼이 말하는 '연극으로서의 사회적 삶'도 이런 관점에서 사회를 바라보는 것이다. 어빙 고프먼,『자아 연출의 사회학: 일상이라는 무대에서 우리는 어떻게 연기하는가』, 진수미 옮김, 서울: 현암사, 2016 참조.

12 놀이의 이런 특성을 미미크리라는 말로 지칭하는 카유아는 동물들의 의태에도 이런 특성이 있다고 본다. 로제 카이와,『놀이와 인간: 가면과 현기증』(개정판), 이상률 옮김, 서울: 문예출판사, 2018, 47쪽 이하.

13 놀이와 예술의 관계에 대해서는 민주식,「놀이 개념의 정립을 위한 시론: 예술과 놀이의 비교를 중심으로」,『인문연구』54: 1-36, 2008 참조. 민주식은 놀이의 자기 목적적 성격이 놀이를 진지하고 엄숙하게 만든다고 주장한다.

14 하위징아, 앞의 책, 32-36쪽.

15 하위징아는 동물도 놀이를 한다는 것을 인정하지만, 이 책에서 자신이 놀이라는 용어를 사용할 때는 "생물[학]적 현상이 아니라 문화적 현상으로 이해되어야 한다"(같은

책, 22쪽)고 말한다.

16　모방 본능의 충족, 긴장의 해소 등. 같은 책, 34쪽.

17　한스 게오르크 가다머, 『진리와 방법 1 : 철학적 해석학의 기본 특징들』, 이길우·이선관·임호일·한동원 옮김, 서울: 문학동네, 2000, 189-238쪽.

18　"놀이의 규칙을 의문시하는 자는 놀이를 방해하는 사람이다. 그는 놀이에서 속임수를 쓰는 사람보다 더 나쁘다. 이 관계는 대략 다음과 같이 표현될 수 있다. '속임수를 쓰는 사람' vs '방해하는 사람'의 관계는 '위선자' vs '이단자'의 관계와 비슷하다. 위선자는 사기만 치지만, 이단자는 놀이를 망친다."(노르베르트 볼츠, 『놀이하는 인간: 놀지 못해 아픈 이들을 위한 인문학』. 윤종석·나유신·이진 옮김, 서울: 문예출판사, 2017, 81쪽.)

19　같은 책, 51쪽.

20　같은 책, 48쪽. 같은 곳에서 하위징아는 "놀이는 긴장이다"라고까지 말한다.

21　카이와, 앞의 책, 41쪽.

22　놀이 연구자들은 우리가 일반적으로 싸움이라고 간주하는 많은 것에서 규칙을 발견한다. 하위징아는 전쟁에도 다양한 규칙이 존재하며, 특히 고대와 중세의 전쟁은 거의 대부분 정해진 규칙을 따르는 아곤이라고 말한다(하위징아, 앞의 책, 187-215쪽). 카유아는 동물들의 싸움도 많은 경우 규칙에 따라 진행되는 경쟁임을 서술한다(카이와, 앞의 책, 40-44쪽). 이들의 주장을 받아들인다면 아곤이 아닌 싸움은 먹이를 구하기 위한 동물들의 사냥과 근대 이후의 총력전 정도뿐인 것 같다.

23　미주 18 참조. 규칙을 위반하는 참가자와 규칙을 무시하는 참가자의 차이는 라캉이 말하는 신경증과 정신병의 차이에 해당한다고도 말할 수 있다. 신경증자는 왜곡된 방식으로나마 '아버지의 이름'을 받아들이는 반면 정신병자는 그것의 존재 자체를 부정하기 때문이다.

24　골을 넣은 축구선수는 대단한 만족감을 느끼겠지만, 그것이 축구공이 골대를 통과했다는 물리적 사실 때문은 아니다. 경기가 시작되기 전이나 끝난 후, 또는 경기가 중단된 동안 선수는 축구공을 골 안으로 얼마든지 넣을 수 있다.

25　하위징아, 앞의 책, 79쪽 이하. 하위징아는 인류 문화의 거의 모든 면에서 아곤의 요소를 발견한다. 카유아는 어린아이들이 어떤 규칙도 배우기 전에 이미 '참을성 놀이'를 한다는 점을 예리하게 지적한다. 카이와, 앞의 책, 43쪽.

26　하위징아, 앞의 책, 384-385쪽. 하위징아의 관점에서 볼 때 드라마 〈오징어 게임〉 속의 '게임'을 놀이라고 부르기는 힘들 것이다. 오히려 이 드라마는 현대적 놀이에 대한 풍자와 조롱에 가깝다.

27　영화를 집에서 즐길 수 있게 되면서 영화를 보는 시간은 일상에서 벗어난 축제의 시간이 아니라 즐거움을 최대한 끌어내야 하는 효율의 시간으로 변했다. 축제의 논리가 아니라 자본과 기술의 논리가 적용되는 시간이 된 것이다. 이나다 도요시는 이런 점을 잘 지적하고 있다(이나다 도요시, 『영화를 빨리 감기로 보는 사람들: 가성비의 시대가 불러온 콘텐츠 트렌드의 거대한 변화』, 황미숙 옮김, 서울: 현대지성, 2022).

28　티 응우옌은 컴퓨터게임을 포함한 게임의 다른 가치에 주목한다. 그에 따르면 게임은 음악이 소리를 기록하고 이야기가 서사를 기록하듯이 행위성agency를 기록하는 예술 형식이다. 게임의 이런 특성 덕분에 우리는 다른 예술에서 얻을 수 없는 독자적인 미적 경험을 할 수 있지만, 게임 세계에서 반드시 일어나는 가치의 단순화를 현실 세계

로 가져오면서 생겨나는 여러 위험에도 노출되어 있다. C. 티 응우옌, 『게임: 행위성의 예술』, 이동휘 옮김, 서울: 워크룸프레스, 2022 참조.

「놀이-서사-창의성」(본문 213-240쪽)

1 요한 하위징아, 『호모 루덴스』, 이종인 옮김, 고양: 연암서가, 2018, 21쪽.
2 같은 책, 31쪽.
3 같은 책, 22쪽.
4 민주식, 「놀이 개념의 정립을 위한 시론」, 『인문연구』 54: 8, 2008.
5 하위징아, 앞의 책, 80쪽.
6 같은 책, 43쪽.
7 민주식, 앞의 글, 15-16쪽.
8 노르베르트 볼츠, 『놀이하는 인간: 놀지 못해 아픈 이들을 위한 인문학』, 윤종석·나유신·이진 옮김, 서울: 문예출판사, 2017, 52쪽.
9 하위징아, 앞의 책, 48쪽.
10 같은 책, 47쪽.
11 같은 책, 48쪽.
12 프리드리히 실러, 『프리드리히 실러의 미적 교육론』, 윤선구·이경희·조경식·하선규·한진이 옮김, 서울: 대화문화아카데미, 2015, 138쪽.
13 '이야기의 끈'에 대해서는 김상환, 「이야기의 끈」, 『이야기의 끈』, 서울: 이학사, 2021 참조. '서사적 사고'에 대해서는 이재환, 「서사적 자아와 서사적 사고 능력」, 『이야기의 끈』, 서울: 이학사, 2021, 351-370쪽 참조.
14 실러, 앞의 책, 65-66쪽.
15 같은 책, 70쪽.
16 같은 책, 69쪽.
17 위와 같음.
18 같은 책, 70쪽.
19 같은 책, 112쪽.
20 같은 책, 114쪽.
21 같은 책, 115쪽.
22 같은 책, 117쪽.
23 같은 책, 133쪽.
24 같은 책, 127쪽.
25 같은 책, 135쪽.
26 같은 책, 134, 135쪽.
27 같은 책, 154쪽.
28 같은 책, 227, 232쪽.
29 하위징아, 앞의 책, 44쪽.
30 같은 책, 54쪽.
31 실러, 앞의 책, 155쪽.
32 A. Koestler, "The Three Domains of Creativity" in *The Concept of Creativity in Science and*

    Art, D. Dutton and N. Krausz (eds.), The Hague/Boston/London: Martinus Nijhoff Publishers, 1981, p. 1.
33 Ibid., pp. 1-2
34 Ibid., p. 2.
35 데니스 셰커지안, 『천재들의 생각수업』, 김혜선 옮김, 서울: 슬로디미디어, 2017, 43쪽.
36 같은 책, 45쪽.
37 실러, 앞의 책, 156쪽.
38 하위징아, 앞의 책, 47쪽.
39 셰커지안, 앞의 책, 151쪽.
40 같은 책, 247쪽.
41 실러, 앞의 책, 115쪽.
42 피터 브룩스, 『정신분석과 이야기 행위』, 박인성 옮김, 서울: 문학과지성사, 2017, 158쪽.
43 알래스데어 매킨타이어, 『덕의 상실』, 이진우 옮김, 서울: 문예출판사, 1997, 318쪽.
44 브룩스, 앞의 책, 95쪽.
45 '반사실적 가능성'과 서사의 관계에 대해서는 이재환, 「서사성, 주체성, 가상성」, 『일꾼과 이야기꾼』, 서울: 이학사, 2022 참조.
46 마틴 셀리그먼·로이 바우마이스터·피터 레일턴·찬드라 스리파다, 『전망하는 인간, 호모 프로스펙투스』, 김경일·김태훈 옮김, 파주: 웅진지식하우스, 2021, 371쪽.
47 같은 책, 210쪽.
48 같은 책, 32쪽.
49 유발 하라리, 『사피엔스』, 조현욱 옮김, 서울: 김영사, 2018, 32쪽.
50 같은 책, 30쪽.
51 제롬 브루너, 『교육 이론의 새로운 지평』, 강현석 옮김, 파주: 교육과학사, 2011, 31, 37쪽.
52 같은 책, 33쪽.

「사물의 서사와 창의성」(본문 241-260쪽)

1 마르틴 하이데거, 『강연과 논문』, 이기상·신상희·박찬국 옮김, 서울: 이학사, 2008, 9-49쪽. 이 글에서 하이데거는 전통적 기술과 현대 기술을 구분하며, 전통적 기술의 탈은폐aletheia는 인정하지만 현대 기술의 도발적 탈은폐는 닦달Gestell이라고 부르며 비판한다.
2 손화철, 『호모 파베르의 미래: 기술의 시대, 인간의 자리는 어디인가』, 파주: 아카넷, 2020, 123-127쪽.
3 ARS 전화의 경우 사람이 자신의 목적과 의도를 위해 설정하고 계획한 것이므로 사물을 매개로 사람과 사람이 연결되는 경우라는 반론이 가능하지만, 연결의 중간 단계가 너무나 복잡하고 발신자와 수신자가 직접 연결된다고 보기 힘들다(여론조사용 ARS 전화를 받은 사람이 여론조사의 설계자나 여론조사 회사의 직원과 직접 연결되는 일은 거의 없을 것이다). ARS 시스템이 인공지능과 만났을 때 우리의 상상을 뛰어넘는 일이 벌어질 수도 있을 것이다.

4 영화 〈그녀Her〉나 로봇이 등장하는 다른 SF 작품에서 이런 예는 얼마든지 찾아볼 수 있으며, 현재 상용화를 준비하고 있는 노인 돌봄 로봇 등도 이런 예가 될 수 있다.
5 최근에 식당이나 카페에서 키오스크를 통한 주문 방식이 늘어나면서 기계에 익숙하지 않은 사람들이 겪는 어려움은 이런 문제의 한 가지 예일 수도 있다.
6 H. 포터 애벗, 『서사학 강의: 이야기에 대한 모든 것』, 우찬제·공성수·이소연·박상익 옮김, 서울: 문학과지성사, 2010, 35쪽.
7 아리스토텔레스, 『수사학/시학』, 천병희 옮김, 서울: 숲, 2017, 345쪽[1448a1]. 역주에 따르면 "'행동하다'의 원어 프라테인prattein은 단순히 무엇을 한다는 뜻보다는 뚜렷한 목적의식을 갖고 행동하는 것을 의미한다."
8 같은 책, 374쪽[1452a1-2].
9 폴 리쾨르, 『시간과 이야기 3: 이야기된 시간』, 김한식 옮김, 서울: 문학과지성사, 2004; 폴 리쾨르, 『타자로서 자기 자신』, 김웅권 옮김, 서울: 동문선, 2006; 알레스데어 매킨타이어, 『덕의 상실』, 이진우 옮김, 서울: 문예출판사, 1997; 찰스 테일러, 『자아의 원천들』, 권기돈·하주영 옮김, 서울: 새물결, 2015 등.
10 리쾨르, 『시간과 이야기 3: 이야기된 시간』, 467-477쪽.
11 "한 개인이나 공동체의 정체성을 말한다는 것은, 누가 그런 행동을 했는가? 누가 그 행동 주체이고 당사자인가? 하는 물음에 답하는 것이다."(같은 책, 471쪽)
12 Paul Ricoeur, "Identité narrative", *Esprit 140/141*: 295-304, 1988.
13 분석철학에서는 personal identity를 '인격 동일성'이라고 번역하는 경우도 있다.
14 리쾨르, 『타자로서 자기 자신』, 157-190쪽.
15 사물의 경우 항구성을 가진 것은 사물 자체라기보다는 그것의 구조라고 볼 수 있다. 자동차의 부품 일부, 또는 전부를 교체해도 그것을 '동일한' 자동차라고 부를 수 있는 것은 구조가 유지되기 때문이다. 철학자들에게 '테세우스의 배의 역설'로 알려진 문제가 항구성을 다룬다.
16 같은 책, 165쪽.
17 정확히는 항구성의 근거가 되는 성격의 동일성과 자기성 사이이다. 같은 책, 164쪽.
18 Derek Parfit, *Reasons and Persons*, Oxford: Clarendon Press, 1984.
19 "Personal identity is not what matters." (Ibid., p. 255 et passim.)
20 Ibid., 211.
21 리쾨르, 『타자로서 자기 자신』, 188-189쪽.
22 같은 책, 189쪽. 강조는 원저자.
23 파핏이 리쾨르가 규정한 동일성 개념을 받아들이는지는 명확하지 않지만, 그의 다른 주장들로 볼 때 연속성과 항구성에 대해서는 부정적이거나 큰 의미를 부여하지 않을 것으로 보인다.
24 아마도 그는 인격적 정체성을 포함하는 정체성 대부분을 무의미하다고 생각할 것이다.
25 리쾨르, 『타자로서 자기 자신』, 188쪽.
26 전형상화-형상화-재형상화 또는 삼중의 미메시스에 대해서는 폴 리쾨르, 『시간과 이야기 1: 줄거리와 역사 이야기』, 김한식·이경래 옮김, 서울: 문학과지성사, 1999, 125-188쪽 참조.
27 질 들뢰즈, 『차이와 반복』, 김상환 옮김, 서울: 민음사, 2004, 169-288쪽. 세 가지 종합

28   같은 책, 169-170쪽.
29   들뢰즈는 반복적 자극 앞에 놓인 대상이 반복으로 인해 겪는 변화를 '수축contraction'이라고 말한다. 이는 반복되는 경우를 응축하여 하나의 규칙으로 받아들인다는 의미이다.
30   같은 책, 175쪽.
31   같은 책, 238-239쪽.
32   리쾨르, 『시간과 이야기 1: 줄거리와 역사 이야기』, 159-188쪽 참조. 피터 브룩스는 이야기와 수용자가 만나는 과정을 정신분석의 전이 개념으로 해석하였는데, 이 해석 역시 들뢰즈의 두 번째 종합과 일맥상통한다. 피터 브룩스, 『정신분석과 이야기 행위』, 박인성 옮김, 서울: 문학과지성사, 2017, 115-149쪽 참조.
33   레비 R. 브라이언트, 『객체들의 민주주의』, 김효진 옮김, 서울: 갈무리, 2021, 244-245쪽 참조.
34   서사적 정체성으로 사물의 정체성을 규정하는 것은 객체지향 존재론보다 우월한 점이 있다. 객체지향 존재론은 사물을 혼돈스런 흐름(들뢰즈)이나 관계망(라투르)으로 보는 것을 거부하는 경향이 있다. 객체지향 존재론자들은 사물은 어쨌든 사물이며, 먼저 사물이 존재한다고 말한다. 그러나 사물이 무엇인지에 대해 답하는 것은 간단하지 않다. 서사적 정체성 이론은 사물의 정체성을 시간을 통한 경험과 시간 속에서의 연속성, 시간을 견뎌낸 항구성으로 정의함으로써 사물을 규정하는 어려움에 빠지지 않을 수 있다.
35   들뢰즈가 『시네마』에서 적극적으로 활용하는 베르그손의 감각-운동 도식 schème sensori-moteur은 사물의 서사를 설명할 수 있는 또 한 가지의 가능한 도식이다. 베르그손과 들뢰즈는 인간의 정신 또는 영혼의 독특성을 외부 자극에 대해 즉각적이고 기계적으로 반응하는 것이 아니라 자극을 받아들여 저장해두었다가 다른 방식으로 반응하는 것으로 보았다. 이 경우에도 자극-저장-반응의 도식은 인간과 비인간 생물, 무생물을 본질적으로 구분하는 것이 아니라 정도의 차이만을 전제할 뿐이다.
36   일반적으로 character는 '등장인물'로 번역하지만, 우리의 논의에서는 비인간 캐릭터가 주요 관심 대상이므로 '캐릭터'로 음역한다.
37   들뢰즈는 『시네마』 1권에서 영화에서 선택의 문제를 보여주는 인물의 유형을 나열하면서 당나귀 발타자르를 마지막인 다섯 번째 유형의 예로 언급하였다. 이 유형은 아무 선택도 할 수 없으면서 다른 인물들의 선택의 결과를 드러내는 유형이다. 질 들뢰즈, 『영화』, 주은우·정원 옮김, 서울: 새길, 1995, 223쪽 참조. 브레송의 〈돈 L'argent〉의 경우는 위조지폐가 일종의 타이틀롤이기는 하지만 이야기의 주요인물이라고 보기는 힘들다.
38   우리에게 잘 알려진 이야기 중에는 동화 『아낌없이 주는 나무』(실버스타인, 1975)의 나무가 발타자르에 가까운 캐릭터이지만, 이 나무는 당나귀와 달리 주인공 소년과 대화를 할 수 있으므로 완전한 수동성을 가지고 있다고 볼 수는 없다.
39   이런 이야기 중 가장 유명한 것은 스탠리 큐브릭이 영화화한 아서 클라크의 소설 『2001 스페이스 오디세이』일 것이다.
40   영화 〈터미네이터〉 연작이나 〈매트릭스〉 연작이 대표적인 예이다.
41   〈터미네이터〉 시리즈의 경우 1편에서 그야말로 '비인간적인' 잔혹함을 보여주었던

터미네이터(아놀드 슈워제네거 분)가 2편에서는 인간적인 모습을 보여주며, 〈매트릭스〉 시리즈에서는 프로그램들이 인간의 형상으로 주인공 앞에 나타난다.

42 들뢰즈가 든 예는 아니지만, 디킨스의 「크리스마스 캐럴」의 주인공인 스크루지가 하룻밤 사이에 겪은 변화를 이 과정의 예로 들 수 있을 것이다.

「연상호 감독의 SF 영화 〈정이〉에 나타난 포스트휴먼 시대의 서사적 욕망」(본문 261-290쪽)

1 이 문장의 형식은 한병철의 『피로사회』의 첫 문장("시대마다 그 시대에 고유한 주요 질병이 있다")을 패러디한 것이다. 이 문장의 내용은 레이먼드 윌리엄스가 『기나긴 혁명』에서 상정한 '감정의 구조'라는 개념에 기초한 것이다. 그에 따르면 시대마다 그 시대에 고유한 감정의 구조가 존재한다. 서사적 욕망은 문화적 텍스트에 각인된 이러한 구조의 원인으로 간주될 수 있을 것이다.
2 피터 브룩스, 『육체와 예술』, 이봉지 옮김, 서울: 문학과지성사, 2000, 68-69쪽.
3 물론 피그말리온의 갈라테이아나 빅터 프랑켄슈타인의 괴물도 포스트휴먼의 족보 맨 앞에 이름을 올릴 수 있는 기괴한 존재들이다. 하지만 여기서 우리가 20세기 중반으로 시기를 특정한 것은 우리의 관심이 계보학적인 기원에 있는 것이 아니라 우리 시대를 지배하는 서사적 욕망에 있기 때문이다.
4 『정치적 무의식』에서 프레드릭 제임슨은 모든 문화적 텍스트를 모순의 상상적 해결로 정의하고, 텍스트가 해결하고자 하는 모든 형태의 모순을 계급 갈등의 알레고리로 해석한다.
5 프레드릭 제임슨, 『정치적 무의식』, 이경덕·서강목 옮김, 서울: 민음사, 2015, 96쪽.
6 같은 책, 377쪽.
7 같은 책, 381쪽.
8 예를 들어 유발 하라리는 『21세기를 위한 21가지 제언』 4장 「평등」에서 소수의 슈퍼휴먼과 다수의 호모 사피엔스로 새로운 계급분화가 이루어질 것으로 예측한다.
9 피터 브룩스, 『멜로드라마적 상상력』, 이승희·이혜령·최승연 옮김, 서울: 소명출판, 2013, 162쪽.
10 같은 책, 106쪽.
11 리쾨르는 로크의 이러한 시간적 정체성identité temporelle을 동일성mêmeté으로 규정하고 이를 자기성ipséité과 구분한다. 그에 따르면 동일성이 사실의 질서에 속한 개념이라면 자기성은 도덕의 질서에 속한 개념이다.
12 브룩스, 『육체와 예술』, 30쪽.
13 브룩스, 『멜로드라마적 상상력』, 166쪽.
14 같은 책, 108쪽.
15 위와 같음.
16 같은 책, 53-54쪽.
17 같은 책, 40쪽.

3부 디지털 문화와 서사적 창의성

「디지털 게임의 서사성과 창의성」(본문 293-319쪽)

1 이와타니 토루, 『팩맨의 게임학』, 김훈 옮김, 서울: 비즈앤비즈, 2012, 54쪽.
2 크리스 크로포드, 『인터랙티브 스토리텔링』, 최향숙 옮김, 서울: 한빛미디어, 2015, 59쪽.
3 노르베르트 볼츠에 따르면 호모 루덴스의 이항대립은 호모 에코노미쿠스economicus, 즉 경제적 인간이다. 노르베르트 볼츠, 『놀이하는 인간』, 윤종석·나유신·이진 옮김, 서울: 문예출판사, 13-14쪽.
4 크로포드, 앞의 책, 58-59쪽.
5 케이티 살렌·에릭 짐머만, 『게임디자인원론 1』, 윤형섭·권용만 옮김, 서울: 지코사이언스, 2010, 174-176쪽.
6 "이스포츠(전자스포츠)란 게임물을 매개媒介로 하여 사람과 사람 간에 기록 또는 승부를 겨루는 경기 및 부대 활동"이다. 출처: 「이스포츠(전자스포츠) 진흥에 관한 법률」 제2조 제1호, 제18778호, 시행 2022.7.19. https://www.law.go.kr
7 Greg Costikyan, *Uncertainty in Games*, Cambridge, MA: MIT Press books, 2013, pp. 1-2.
8 브렌다 로렐, 『컴퓨터는 극장이다』, 유민호·차경애 옮김, 서울: 커뮤니케이션북스, 2008, 43-47쪽.
9 엄밀한 의미에서 롤플레잉게임(RPG)은 디지털 게임 이전부터 존재했다. 대표적인 게임으로는 1970년대에 등장한 테이블 롤플레잉게임(TRPG) 〈던전 앤 드래곤Dungeons & Dragons〉 등이 있다. 이 게임은 실제 RPG 장르의 기초와 문법을 제공한 게임이기도 하다.
10 마리-로어 라이언 엮음, 『스토리텔링의 이론, 영화와 디지털을 만나다』, 조애리 외 옮김, 파주: 한울아카데미, 2004, 285-303쪽.
11 엄밀한 의미에서 MMORPG의 원형은 텍스트 기반 MUD 게임이다. 물론 MMORPG의 개념을 선언한 리처드 게리엇의 〈울티마 온라인〉(1997) 등 북미 및 유럽의 대표적인 사례도 있었으나, 동시 접속자 수 등을 기준으로 할 때 〈울티마 온라인〉을 국내에서 대중적으로 성공한 MMORPG라고 보긴 어렵다.
12 Clark C. Apt, *Serious Games*, New York: Viking Press, 1970, p. 6.
13 크로포드, 앞의 책, 147-148쪽.
14 야스퍼 율, 『캐주얼 게임』, 이정엽 옮김, 서울: 커뮤니케이션북스, 2012.
15 야스퍼 율에 따르면 전형적인 하드코어 플레이어는 SF, 흡혈귀, 판타지, 전쟁 등과 같이 감정적으로 부정적인 소재의 게임들을 좋아하며, 게임 플레이에 충분한 시간과 자원을 투자하며 어려운 게임을 즐긴다. 같은 책, 41쪽.
16 Sebastian Deterding, "Progress Wars: Idle Games and the Demarcation of 'Real' Games", *Proceedings of 1st International Joint Conference of DiGRA and FDG 2016*, 2016, p. 1.
17 Katta Spiel, Sultan A. Alharthi, "'It Started as a Joke': On the Design of Idle Games", *Proceedings of the Annual Symposium on Computer-Human Interaction in Play*, 2019, p. 496.
18 살렌·짐머만, 앞의 책, 78-79쪽.
19 제이 데이비드 볼터·리처드 그루신, 『재매개: 뉴미디어의 계보학』, 이재현 옮김, 서

20 Forbes, "'Genshin Impact' Players Discover Censored Chinese Outfits Are Permanent Story Additions"(2022.1.28.) 출처: https://www.forbes.com/sites/paultassi/2022/01/28/genshin-impact-players-discover-censored-chinese-outfits-are-permanent-story-additions/?sh=cea62233e9b3 (2023.5.20. 접속)
21 Mary Flanagan & Helen Nissenbaum, *Values at Play in Digital Games*, Cambridge, MA: Mit Press, 2014, p. 3.

「한국 웹툰 서사의 창의성: 틀 안의 천착과 틀 밖의 확장에 대하여」
(본문 321-343쪽)

1 한국콘텐츠진흥원, 「2022 웹툰 사업체 실태조사」, 2022, 99쪽.
2 초기 웹툰의 서사적 특징에 대한 주요 논의로는 한혜원·김유나의 연구와 홍난지·박진우의 연구가 있다. 한혜원·김유나, 「한국 웹툰의 아이러니 연구」, 『만화애니메이션연구』 33, 2013; 홍난지·박진우, 「병맛만화의 서사 구조에 관한 연구」, 『애니메이션연구』 10(3), 2014.
3 윤태진·이효민, 「K-웹툰의 일본 진출에 따른 J-망가 시장/문화의 변화: 매체기술의 발전과 산업지형의 변화를 중심으로」, 『애니메이션연구』 17(1), 2021.
4 Wkikipedia, https://en.wikipedia.org/wiki/Shared_universe
5 캐스린 흄, 『환상과 미메시스』, 한창엽 옮김, 서울: 푸른나무, 2000.
6 웹소설이라는 용어는 2013년 네이버에서 '네이버 웹소설' 서비스를 시작하면서 만들어낸 것으로 알려져 있으나 인터넷상에서 연재되는 장르소설은 2000년대 이전부터 이미 인터넷소설(소위 '인소')이라는 형태로 보편화되어 있었다.
7 김경화, 『모든 것은 인터넷에서 시작되었다』, 서울: 다른, 2020, 102-107쪽.
8 츠베탕 토도로프, 『담론의 장르』, 송덕호·조명호 옮김, 서울: 예림기획, 2004, 72-73쪽.
9 로버트 맥키, 『STORY: 시나리오 어떻게 쓸 것인가』, 고영범 옮김, 서울: 민음인, 2002.
10 Neil Gaiman, *The View from the Cheap Seats*, New York: William Morrow, 2016.
11 웹툰 및 웹소설 플랫폼에서 제목과 함께 독자에게 노출되는 작은 크기의 대표 이미지를 말한다.
12 빌렘 플루서의 정의를 따르자면 코드는 상징들의 조작을 정돈하는 체계를 말한다. 상징은 여러 사람의 합의에 따라 다른 현상을 의미하는 모든 현상을 의미하며, 따라서 설명되지 않아도 해석되어야 한다. 인간은 의도적으로 상징들을 코드로 정돈한다. 빌렘 플루서, 『코무니콜로기: 코드를 통해 본 커뮤니케이션의 역사와 이론 및 철학』, 김성재 옮김, 서울: 커뮤니케이션북스, 2001.
13 같은 책.
14 '인스타툰Instatoon'은 SNS 플랫폼 '인스타그램'과 '웹툰'의 합성어로, 인스타그램에서 창작·유통·감상되는 만화를 말한다. 최민지는 작가 자신의 일상을 소재 삼아 서사화하는 2000년대 초반의 초기 웹툰의 특성이 인스타툰에서 이어지고 있음에 주목한다. 최민지, 「인스타툰, 정동하는 진정성의 일상」, 『대중서사연구』 28(3), 2022.
15 조시형, 「웹툰 '신과함께 돌아온 기사왕님', AI 후보정 작업 논란, 왜?」, 한국경제TV, 2023.5.24, https://www.wowtv.co.kr/NewsCenter/News/Read?articleId-

=A202305240017

16 해당 게시물들은 웹툰의 형태로 업로드되었으며 AI가 만들어낸 그림은 무단 도용의 결과물일 뿐이라는 주장을 공통적으로 담고 있다.

17 임정환, 「'웹툰 종주국' 디지털 코리아서… 'AI 보이콧' 논란」, 『문화일보』, 2023.6.12, https://www.munhwa.com/news/view.html?no=20230612010071607018001

18 한국콘텐츠진흥원, 『2022 만화산업백서』, 2022, 27쪽.

「트랜스미디어 스토리텔링의 서사성과 창의성」(본문 345-385쪽)

1 Henry Jenkins, "Transmedia Storytelling"(online article), *MIT Technology Review*. http://www.technologyreview.com/biomedicine/13052/

2 Elizabeth Evans, *Transmedia television: Audiences, new media, and daily life*, Oxfordshire: Taylor & Francis, 2011, p. 24.

3 Domingo Sánchez-Mesa Martínez et al., "Transmedia(Storytelling?): A polyphonic critical review", *Artnodes*, Num. 18, 2016. https://doi.org/10.7238/a.v0i18.3064

4 Marie-Laure Ryan, "Transmedia Storytelling: Industry Buzzword or New Narrative Experience?", *Storyworlds: A Journal of Narrative Studies* Vol. 7, No. 2: 1, 2015.

5 Sánchez-Mesa et al., op. cit.

6 헨리 젠킨스, 『컨버전스 컬처』, 김정희원 · 김동신 옮김, 서울: 비즈앤비즈, 2006.

7 같은 책, 24쪽.

8 Andrea Philips, *A Creator's guide to Transmedia Storytelling: how to captivate and engage audiences across multiple platforms*, New York: Mc Graw Hill, 2012, p. 257.

9 박기수, 『웹툰, 트랜스미디어 스토리텔링의 구조와 가능성』, 서울: 커뮤니케이션북스, 2018, 16쪽.

10 서성은, 「매체 전환 스토리텔링 연구」, 이화여대 박사학위논문, 2015, 277-308쪽.

11 Robert Pratten, *Getting Started in Transmedia Storytelling: A Practical Guide for Beginners*, South Carolina: CreateSpace, 2011, pp. 21-24.

12 한혜원, 「트랜스미디어+스토리텔링: 스토리를 통한 생성적 융합」, 류철균 · 한혜원 외, 『트랜스미디어 스토리텔링의 이해』, 서울: 이화여자대학교출판부, 2015, 22-23쪽.

13 Philips, op. cit., p. 16.

14 〈마리카에 관한 진실〉과 〈스코치드〉 등 소형 · 동기식 유형의 스토리텔링에 관한 상세한 내용은 서성은, 「트랜스미디어+스토리텔링: 개념과 유형」, 류철균 · 한혜원 외, 『트랜스미디어 스토리텔링의 이해』, 서울: 이화여자대학교출판부, 2015를 참조하라.

15 Espen Aarseth, "The Culture and Business of Cross-Media Productions, Popular Communication", *The International Journal of Media and Culture* Vol. 4, No. 3, 2006.

16 Ryan, op. cit.

17 Ibid.

18 아즈마 히로키, 『게임적 리얼리즘의 탄생』, 장이지 옮김, 서울: 현실문화, 2012.

19 Sánchez-Mesa et al., op. cit.

20 이 글에서는 스토리와 내러티브, 스토리텔링의 차이를 다음과 같이 정의한다. 스토리는 '캐릭터+사건=결과'다. 즉 캐릭터에게 어떤 사건이 일어나고, 그 사건으로 인해

변화가 일어난 것(결과)이 이야기다. 이중에서 하나의 요소라도 부족하면 이야기는 성립하지 않는다. 캐릭터가 없는 사건은 단순 정보이자 사실일 뿐이고, 사건이 없는 것은 캐릭터에게 의미 있는 일이 일어나지 않았다는 뜻이며, 결과가 없는 것은 사건으로 인한 변화가 없다는 뜻이다. 다음으로 스토리와 내러티브의 개념을 구분해보자. 서사narrative란 무엇인가? 서사는 스토리 중에서 인과관계에 의해 구성된 일상의 경험과는 다른 특별한 경험을 의미한다. 서사는 스토리보다 훨씬 제한된 개념이다. 서사는 스토리 중에서도 인과관계와 사건성이 뚜렷한 이야기 집합체다. 스토리텔링은 '스토리'를 '텔링(전달하고 표현)'하는 것이다. 따라서 스토리텔링은 서사보다 포괄적인 이야기 집합체를 대상으로 한다. 스토리텔링은 인과성과 사건성이 뚜렷한 서사를 포함하면서, 동시에 서사로 분류되지 않는 느슨한 이야기도 포함한다.

21　Ryan, op. cit.

22　조은하, 『게임 시나리오 쓰기』, 서울: 랜덤하우스코리아, 2008.

23　이와 관련해서 박근서의 예시는 명쾌하다. 예를 들어 〈바이오쇼크〉에서 플레이어는 수많은 스플라이서의 피를 보아야 하고, 랩처의 창조자인 라이언을 죽여야 하며, 결국 그의 라이벌인 아틀라스까지 해치워야 한다. 세계관은 왜 그렇게 해야 하는지, 그렇게 하지 않으면 안 되는 이유가 무엇인지를 설명해준다. 그뿐만 아니라 세계관은 그 세계에서 가능한 것과 가능하지 않은 것을 규정하고, 행위와 그 행위의 결과가 어떻게 연관되는지 설명해준다(박근서, 『게임하기』, 서울: 커뮤니케이션북스, 2009).

24　요한 하위징아, 『호모 루덴스: 놀이와 문화에 관한 한 연구』, 김윤수 옮김, 서울: 까치글방, 1993.

25　자넷 H. 머레이, 『사이버 서사의 미래: 인터랙티브 스토리텔링』, 한용환·변지연 옮김, 서울: 안그라픽스, 2001.

26　이인화, 「디지털 스토리텔링 창작론」, 고욱·이인화 엮음, 『디지털 스토리텔링』, 서울: 황금가지, 2003.

27　이동은, 「메타이야기적 상상력과 캐릭터 중심 스토리텔링 모델」, 『만화애니메이션연구』 42집: 213-240, 2016.

28　아즈마, 앞의 책, 26-30쪽.

29　Tom Dowd et al., pp. 39-40.

30　Sánchez-Mesa et al., op. cit.

31　마블 엔터테인먼트 회장인 앨런 파인Alan Fine의 인터뷰. 〈Marvel Studios: Assembling a Universe〉, ABC Television Network, 2014. 3. 18. 방송.

32　〈인크레더블 헐크〉의 마지막 장면이 대표적이다. 로스 장군이 술집에서 혼자 술을 마시고 있을 때 문이 열리고 토니 스타크(아이언맨)가 등장하는데 그는 "나는 늘 슈퍼 솔저 프로그램이 위험하다고 생각했어요. 장군 내 말 들어봐요. 우리 팀을 만듭시다"라고 말하며 로스 장군의 참여를 권유한다. 이 장면에서 관객들은 두 번 놀라게 되는데 첫째로 토니 스타크와 로스 장군이 '아는 사이'로서 두 스토리 세계가 연결되어 있다는 것 때문이며, 둘째는 토니 스타크와 로스 장군이 동시에 '슈퍼 솔저 프로젝트', 즉 캡틴 아메리카와 연결되어 있다는 암시 때문이다. 불과 이십여 초에 불과한 짧은 장면임에도 '아이언맨'과 '헐크'의 세계를 연결하고 동시에 '캡틴 아메리카'의 세계와도 연결되는 것을 보여준다는 점에서 고도의 서사 연속성 전략을 취하고 있음을 알 수 있다.

33　권호창, 「트랜스미디어 스토리텔링의 일관성 개념과 분석 방법에 관한 시론」, 『문화

와 융합』 제42권 9호: 358-359, 2020.
34 조민선·정은혜, 「한국 아이돌 콘텐츠의 트랜스미디어 스토리텔링 연구: EXO와 BTS를 중심으로」, 『인문콘텐츠』 52집: 223-246, 2019.
35 김나경, 「케이팝 수용자의 세계관 수용 현상 연구: 그룹 에스파의 세계관 사례를 중심으로」, 『trans-』 12집: 213, 2022.
36 강은원, 『스핀오프』, 서울: 커뮤니케이션북스, 2021, 5-6쪽.
37 아즈마, 앞의 책, 28-37쪽.
38 원용진·강신규, 「게임화로 구축된 텔레비전 리얼 버라이어티쇼의 게임적 리얼리즘」, 『대중서사연구』, 30집: 347-348, 2019 참조.
39 김유나, 『브랜드 유니버스 플랫폼 전략』, 서울: 학지사, 2021, 33쪽.
40 더글라스 B. 홀트, 『브랜드는 어떻게 아이콘이 되는가』, 윤덕환 옮김, 서울: 한국경제신문, 2021, 9-19쪽.

「'생생한' 내러티브의 표현: 창의적인 영화에 관하여」(본문 387-412쪽)

1 이는 마거릿 A. 보든이 분류한 '조합combination' 유형에 해당한다. 보든은 이 외에도 '탐구exploration'와 '변형transformation' 유형을 제시한 바 있다. Margaret A. Boden, *The Creative Mind*, London: Routledge, 2004(1990), pp. 3-4.
2 크리스티앙 메츠, 『상상적 기표』, 이수진 옮김, 서울: 문학과지성사, 2009, 255쪽.
3 같은 책, 200-210쪽.
4 https://www.institut-lumiere.org/musee/pr%C3%A9sentation.html를 참조하라.
5 롱숏 내부에 삽입된 클로즈업은 A. G. 스미스의 영화 〈작은 의사〉(1900)에서, 교차편집은 윌리엄슨의 〈중국의 선교단 공격〉(1901)에서, 파노라마 기법은 E. S. 포터의 〈대열차 강도〉(1903)에서, 병행편집은 포터의 〈전과자〉(1905)에서, 카메라가 이동하면서 찍는 이동 숏은 그리피스의 〈국가의 탄생〉(1915)에서 최초로 등장했다. 크리스티앙 메츠, 『영화의 의미작용에 관한 에세이 2』, 이수진 옮김, 서울: 문학과지성사, 2011, 115쪽.
6 보든은 창의성을 "새로움, 놀라움, 가치 있음"으로 정의한다. Boden, op. cit., p. 1.
7 메츠, 『영화의 의미작용에 관한 에세이 2』, 280쪽.
8 Michel Marie & Jacques Aumont, *Dictionnaire théorique et critique du cinéma*, Paris: Nathan, 2001, p. 158.
9 이수진, 「인터페이스와 은유의 상상력」, 『기호학연구』 25권: 439, 2009.
10 메츠, 『상상적 기표』, 100쪽.
11 같은 책, 78쪽.
12 같은 책, 82쪽.
13 Roland Barthes, *La chambre claire*, Paris: Gallimard, 1980, p. 65.
14 크리스티앙 메츠, 『영화의 의미작용에 관한 에세이 1』, 이수진 옮김, 서울: 문학과지성사, 2011, 64쪽.
15 Jacques Lancière, *Le spectateur émancipé*, Paris: La Fabrique-Édition, 2008, p. 125 참조.
16 Ibid., p. 126.
17 Ibid., p. 122.

참고문헌

가다머, 한스 게오르크, 『진리와 방법 1 : 철학적 해석학의 기본 특징들』, 이길우·이선관·임호일·한동원 옮김, 서울: 문학동네, 2000.
강은원, 『스핀오프』, 서울: 커뮤니케이션북스, 2021.
고프먼, 어빙, 『자아 연출의 사회학: 일상이라는 무대에서 우리는 어떻게 연기하는가』, 진수미 옮김, 서울: 현암사, 2016.
김경화, 『모든 것은 인터넷에서 시작되었다』, 서울: 다른, 2020.
김나경, 「케이팝 수용자의 세계관 수용 현상 연구: 그룹 에스파의 세계관 사례를 중심으로」, 『trans-』 12집, 2022.
김상환 외, 『이야기의 끈』, 서울: 이학사, 2021.
김상환 외, 『일꾼과 이야기꾼』, 서울: 이학사, 2022.
김상환, 「이야기의 끈」, 『이야기의 끈』, 서울: 이학사, 2021.
김유나, 『브랜드 유니버스 플랫폼 전략』, 서울: 학지사, 2021.
김재철, 「E. 핑크의 놀이 존재론 1: 실존 범주로서의 놀이」, 『존재론 연구』 32집, 2013.
김태환, 「초점화 개념의 재해석 시도: 제라르 주네트와 미케 발 이론의 화해 가능성에 대하여」, 『일꾼과 이야기꾼』, 서울: 이학사, 2022.
김헌, 『김헌의 그리스 로마 신화』, 서울: 을유문화사, 2022.
니체, 프리드리히, 「그리스 비극 시대의 철학」, 『유고 1870년-1873년』, 이진우 옮김, 서울: 책세상, 2001.
니체, 프리드리히, 『비극의 탄생·반시대적 고찰』, 이진우 옮김, 서울: 책세상,

2005.

니체, 프리드리히, 『비극의 탄생』, 박찬국 옮김, 서울: 아카넷, 2007.

니체, 프리드리히, 『차라투스트라는 이렇게 말했다』, 정동호 옮김, 서울: 책세상, 2000.

데리다, 자크, 『목소리와 현상』, 김상록 옮김, 고양: 인간사랑, 2006.

데리다, 자크, 『비밀의 취향』, 김민호 옮김, 서울: 이학사, 2022.

들뢰즈, 질, 『영화』, 주은우·정원 옮김, 서울: 새길, 1995.

들뢰즈, 질, 『의미의 논리』, 이정우 옮김, 서울: 한길사, 1999.

들뢰즈, 질, 『차이와 반복』, 김상환 옮김, 서울: 민음사, 2004.

들뢰즈, 질, 『푸코』, 허경 옮김, 서울: 그린비, 2019.

들뢰즈, 질·펠릭스 과타리, 『천 개의 고원』, 김재인 옮김, 서울: 새물결, 2003.

라이언, 마리-로어 엮음, 『스토리텔링의 이론, 영화와 디지털을 만나다』, 조애리 외 옮김, 파주: 한울아카데미, 2004.

로렐, 브렌다, 『컴퓨터는 극장이다』, 유민호·차경애 옮김, 서울: 커뮤니케이션북스, 2008.

로크, 존, 『인간 지성론』 1, 2, 정병윤·이재영·양선숙 옮김, 파주: 한길사, 2015.

리사 손, 『임포스터: 가면을 쓴 부모가 가면을 쓴 아이를 만든다』, 파주: 21세기북스, 2022.

리오타르, 장프랑수아, 『쟁론』, 진태원 옮김, 부산: 경성대학교출판부, 2015.

리오타르, 장프랑수아, 『포스트모던의 조건』, 유정완 옮김, 서울: 민음사, 1992.

리쾨르, 폴, 『시간과 이야기 1: 줄거리와 역사 이야기』, 김한식·이경래 옮김, 서울: 문학과지성사, 1999.

리쾨르, 폴, 『시간과 이야기 3: 이야기된 시간』, 김한식 옮김, 서울: 문학과지성사, 2004.

리쾨르, 폴, 『타자로서 자기 자신』, 김웅권 옮김, 서울: 동문선, 2006.

매킨타이어, 알래스데어, 『덕의 상실』, 이진우 옮김, 서울: 문예출판사, 1997.

맥키, 로버트, 『STORY: 시나리오 어떻게 쓸 것인가』, 고영범 옮김, 서울: 민음인, 2002.

머레이, 자넷 H., 『사이버 서사의 미래: 인터랙티브 스토리텔링』, 한용환·변지연 옮김, 서울: 안그라픽스, 2001.

메츠, 크리스티앙, 『상상적 기표』, 이수진 옮김, 서울: 문학과지성사, 2009.

메츠, 크리스티앙, 『영화의 의미작용에 관한 에세이 1』, 이수진 옮김, 서울: 문학과지성사, 2011.

메츠, 크리스티앙, 『영화의 의미작용에 관한 에세이 2』, 이수진 옮김, 서울: 문학과지성사, 2011.

민주식, 「놀이 개념의 정립을 위한 시론: 예술과 놀이의 비교를 중심으로」, 『인문연구』 54: 1-36, 2008.

바르트, 롤랑, 『글쓰기의 영도』, 김웅권 옮김, 서울: 동문선, 2007.

바르트, 롤랑, 『롤랑 바르트가 쓴 롤랑 바르트』, 이상빈 옮김, 서울: 강, 1997.

박근서, 『게임하기』, 서울: 커뮤니케이션북스, 2009.

박기수, 『웹툰, 트랜스미디어 스토리텔링의 구조와 가능성』, 서울: 커뮤니케이션북스, 2018.

베이트슨, 그레고리, 「놀이와 환상에 대한 이론」, 『마음의 생태학』, 박대식 옮김, 서울: 책세상, 2006.

벤야민, 발터, 「기술복제시대의 예술 작품」, 『발터 벤야민의 문예이론』, 반성완 편역, 서울: 민음사, 1983.

벤야민, 발터, 「이야기꾼」, 반성완 편역, 서울: 민음사, 1983.

볼츠, 노르베르트, 『놀이하는 인간: 놀지 못해 아픈 이들을 위한 인문학』, 윤종석·나유신·이진 옮김, 서울: 문예출판사, 2017.

볼터, 제이 데이비드·리처드 그루신, 『재매개: 뉴미디어의 계보학』, 이재현 옮김, 서울: 커뮤니케이션북스, 2006.

부스, 웨인 C., 『소설의 수사학』, 최상규 옮김, 서울: 예림기획, 1999.

브라이언트, 레비 R., 『객체들의 민주주의』, 김효진 옮김, 서울: 갈무리, 2021.

브루너, 제롬, 『교육 이론의 새로운 지평』, 강현석 옮김, 파주: 교육과학사, 2011.

브룩스, 피터, 『멜로드라마적 상상력』, 이승희·이혜령·최승연 옮김, 서울: 소명출판, 2013.

브룩스, 피터, 『육체와 예술』, 이봉지 옮김, 서울: 문학과지성사, 2000.

브룩스, 피터, 『정신분석과 이야기 행위』, 박인성 옮김, 서울: 문학과지성사, 2017.

비트겐슈타인, 루트비히, 『철학적 탐구』, 이승종 옮김, 파주: 아카넷, 2016.

사강, 프랑수아즈, 『브람스를 좋아하세요...』, 김남주 옮김, 서울: 민음사, 2008.

살렌, 케이티·에릭 짐머만, 『게임디자인원론 1』, 윤형섭·권용만 옮김, 서울: 지코사이언스, 2010.

서성은, 「트랜스미디어+스토리텔링: 개념과 유형」, 류철균·한혜원 외, 『트랜스미디어 스토리텔링의 이해』, 서울: 이화여자대학교출판부, 2015.

서성은, 『매체 전환 스토리텔링 연구』, 이화여대 박사학위논문, 2015.

셰커지안, 데니스, 『천재들의 생각 수업』, 김혜선 옮김, 서울: 슬로디미디어, 2017.

셀리그먼, 마틴·로이 바우마이스터·피터 레일턴·찬드라 스리파다, 『전망하는 인간, 호모 프로스펙투스』, 김경일·김태훈 옮김, 파주: 웅진지식하우스, 2021.

소포클레스, 「오이디푸스 왕」, 『오이디푸스 왕. 콜로노스의 오이디푸스』, 천병희 옮김, 파주: 숲, 2017.

손화철, 『호모 파베르의 미래: 기술의 시대, 인간의 자리는 어디인가』, 파주: 아카넷, 2020.

실러, 프리드리히, 『프리드리히 실러의 미적 교육론』, 윤선구·이경희·조경식·하선규·한진이 옮김, 서울: 대화문화아카데미, 2015.

실버스타인, 셸, 『아낌없이 주는 나무』, 김영무 옮김, 서울: 분도출판사, 1975.

아리스토텔레스, 『수사학/시학』, 천병희 옮김, 서울: 숲, 2017.

아즈마 히로키, 『게임적 리얼리즘의 탄생』, 장이지 옮김, 서울: 현실문화, 2012.

애벗, H. 포터, 『서사학 강의: 이야기에 대한 모든 것』, 우찬제·공성수·이소연·박상익 옮김, 서울: 문학과지성사, 2010.

에르노, 아니, 『한 여자』, 정혜용 옮김, 서울: 열린책들, 2012.

원용진·강신규, 「게임화로 구축된 텔레비전 리얼 버라이어티쇼의 게임적 리얼리즘」, 『대중서사연구』 30집, 2019.

윌리엄스, 레이먼드, 『기나긴 혁명』, 성은애 옮김, 파주: 문학동네, 2021.

윤태진·이효민, 「K-웹툰의 일본 진출에 따른 J-망가 시장/문화의 변화: 매체기술의 발전과 산업지형의 변화를 중심으로」, 『애니메이션연구』 17(1), 2021.

율, 야스퍼, 『캐주얼 게임』, 이정엽 옮김, 서울: 커뮤니케이션북스, 2012.

응우옌, C. 티, 『게임: 행위성의 예술』, 이동휘 옮김, 서울: 워크룸프레스, 2022.

이나다 도요시, 『영화를 빨리 감기로 보는 사람들: 가성비의 시대가 불러온 콘텐츠 트렌드의 거대한 변화』, 황미숙 옮김, 서울: 현대지성, 2022.

이동은, 「메타야기적 상상력과 캐릭터 중심 스토리텔링 모델」, 『만화애니메이션연구』 42집, 2016.

이수진, 「인터페이스와 은유의 상상력」, 『기호학연구』 25권, 한국기호학회, 2009.

이와타니 토루, 『팩맨의 게임학』, 김훈 옮김, 서울: 비즈앤비즈, 2012.
이인화, 「디지털 스토리텔링 창작론」, 고욱·이인화 엮음, 『디지털 스토리텔링』, 서울: 황금가지, 2003.
이재환, 「서사성, 주체성, 가상성」, 『일꾼과 이야기꾼』, 서울: 이학사, 2022.
이재환, 「서사적 자아와 서사적 사고 능력」, 『이야기의 끈』, 서울: 이학사, 2021.
임정환, 「'웹툰 종주국' 디지털 코리아서⋯ 'AI 보이콧' 논란」, 『문화일보』, 2023.6.12, https://www.munhwa.com/news/view.html?no=2023061201071607018001
정낙림, 『놀이하는 인간의 철학: 호모 루덴스를 위한 철학사』, 서울: 책세상, 2017.
제임슨, 프레드릭, 『정치적 무의식』, 이경덕·서강목 옮김, 서울: 민음사, 2015.
젠킨스, 헨리, 『컨버전스 컬처』, 김정희원·김동신 옮김, 서울: 비즈앤비즈, 2006.
조시형, 「웹툰 '신과함께 돌아온 기사왕님', AI 후보정 작업 논란, 왜?」, 한국경제TV, 2023.5.24, https://www.munhwa.com/news/view.html?no=2023061201071607018001
조은하, 『게임 시나리오 쓰기』, 서울: 랜덤하우스코리아, 2008.
졸라, 에밀, 『테레즈 라캥』, 박이문 옮김, 파주: 문학동네, 2009.
최라영, 「서사론 개념과 역사 고찰」, 『비교문학』 66집, 2015.
최민지, 「인스타툰, 정동하는 진정성의 일상」, 『대중서사연구』 28(3), 2022.
카이와, 로제, 『놀이와 인간: 가면과 현기증』(개정판), 이상률 옮김, 서울: 문예출판사, 2018.
칸트, 임마누엘, 『순수이성비판』, 백종현 옮김, 서울: 아카넷, 2006.
칸트, 임마누엘, 『판단력비판』, 백종현 옮김, 서울: 아카넷, 2009.
크로포드, 크리스, 『인터랙티브 스토리텔링』, 최향숙 옮김, 서울: 한빛미디어, 2015.
탈레스 외, 『소크라테스 이전 철학자들의 단편 선집』, 김인곤 외 옮김, 서울: 아카넷, 2005.
테일러, 찰스, 『자아의 원천들』, 권기돈·하주영 옮김, 서울: 새물결, 2015.
토도로프, 츠베탕, 『담론의 장르』, 송덕호·조명호 옮김, 서울: 예림기획, 2004.
포스터, E. M., 『소설의 이해』, 이성호 옮김, 서울: 문예출판사, 1990.
푸코, 미셸, 『말과 사물』, 이규현 옮김, 서울: 민음사, 2012.
푸코, 미셸, 『지식의 고고학』, 이정우 옮김, 서울: 민음사, 1992.
프랭스, 제랄드, 『서사학이란 무엇인가?』, 최상규 옮김, 서울: 예림기획, 1999.
프로프, 블라디미르, 『민담 형태론』, 황인덕 옮김, 서울: 예림기획, 1998.

플루서, 빌렘, 『코무니콜로기: 코드를 통해 본 커뮤니케이션의 역사와 이론 및 철학』, 김성재 옮김, 서울: 커뮤니케이션북스, 2001.
하라리, 유발, 『21세기를 위한 21가지 제언』, 전병근 옮김, 파주: 김영사, 2018.
하위징아, 요한, 『호모 루덴스: 놀이와 문화에 관한 한 연구』, 김윤수 옮김, 서울: 까치글방, 1993.
하위징아, 요한, 『호모 루덴스: 놀이하는 인간』(개정판), 이종인 옮김, 고양: 연암서가, 2018.
하이데거, 마르틴, 『강연과 논문』, 이기상·신상희·박찬국 옮김, 서울: 이학사, 2008.
하이데거, 마르틴, 『사유란 무엇인가』, 권순홍 옮김. 서울: 길, 2005
하이데거, 마르틴, 『숲길』, 신상희 옮김, 파주: 나남, 2008.
하이데거, 마르틴, 『예술 작품의 샘』, 한충수 옮김, 서울: 이학사, 2022.
하이데거, 마르틴, 『존재와 시간』, 소광희 옮김, 서울: 경문사, 1995.
하이데거, 마르틴, 『칸트와 형이상학의 문제』, 이선일 옮김, 서울: 한길사, 2001.
한국콘텐츠진흥원, 『2022 웹툰 사업체 실태조사』, 2022.
한국콘텐츠진흥원, 『2022 만화산업백서』, 2022.
한병철, 『피로사회』, 김태환 옮김, 서울: 문학과지성사, 2012.
한혜원, 「트랜스미디어+스토리텔링: 스토리를 통한 생성적 융합」, 류철균·한혜원 외, 『트랜스미디어 스토리텔링의 이해』, 서울: 이화여자대학교출판부, 2015.
한혜원·김유나, 「한국 웹툰의 아이러니 연구」, 『만화애니메이션 연구』 33, 2013.
헤밍웨이, 어니스트, 「살인자들」, 『헤밍웨인 단편선』, 김욱동 옮김, 서울: 민음사, 2013.
홀트, 더글라스 B., 『브랜드는 어떻게 아이콘이 되는가』, 윤덕환 옮김, 서울: 한국경제신문, 2021.
홍난지·박진우, 「병맛만화의 서사 구조에 관한 연구」, 『애니메이션연구』 10(3), 2014.
횔덜린, 프리드리히·소포클레스, 「오이디푸스 왕」, 『프리드리히 횔덜린이 번역하고 주석한 소포클레스의 비극』, 장영태 옮김, 서울: 부북스, 2023.
흄, 캐스린, 『환상과 미메시스』, 한창엽 옮김, 서울: 푸른나무, 2000.
Aarseth, Espen, "The Culture and Business of Cross-Media Productions, Popular

Communication", *The International Journal of Media and Culture*, Vol. 4, No. 3, 2006.

Apt, Clark C., *Serious Games*, New York: Viking Press, 1970.

Baier, Christian, "Narrative of Post-Truth: Lyotard and the Epistemic Fragmentation of Society", *Theory, Culture & Society*, 2023, https://doi.org/10.1177/02632764231162027.

Bal, M., *Narratologie*, Utrecht: H&S, 1984.

Barthes, R., "Introduction à l'analyse structurale du récit", in *Communications*, Paris: Seuil, 1966.

Barthes, Roland, *La chambre claire*, Paris: Gallimard, 1980.

Boden, Margaret A., *The Creative Mind*, London: Routledge, 2004(1990).

Bremond, C., *Logique du récit*, Paris: Seuil, 1973.

Chatman, S., *Story and Discourse*, Ithaca and London: Cornell University Press, 1978.

Costikyan, Greg, *Uncertainty in Games*, Cambridge, MA: MIT Press books, 2013.

Culler, J., "Story and discourse in the analysis of narrative", in *The Pursuit of Signs*, London and New York: Routledge, 1981.

Derrida, Jacques, *Apprendre à vivre enfin*, Paris: Galilée, 2005.

Derrida, Jacques, *De la grammatologie*, Paris: Minuit, 1967.

Derrida, Jacques, *Donner le temps I. La fausse monnaie*, Paris: Galilée, 1991.

Derrida, Jacques, *Histoire du mensonge*, Paris: Galilée, 2012.

Derrida, Jacques, *L'écriture et la différence*, Paris: Seuil, 1967.

Derrida, Jacques, *La carte postale*, Paris: Flammarion, 1980.

Derrida, Jacques, *Le parjure, peut-être*, Paris: Galilée, 2017.

Derrida, Jacques, *Limited Inc.*, Paris: Galilée, 1990.

Derrida, Jacques, *Mémoires pour Paul de Man*, Paris: Galilée, 1988.

Derrida, Jacques, *Penser à ne pas voir*, Paris: Éd. de la Difference, 2013.

Derrida, Jacques, *Politiques de l'amitié*, Paris: Galilée, 1994.

Derrida, Jacques, *Without Alibi*, tr. Peggy Kamuf, Stanford: Stanford University Press, 2002.

Deterding, Sebastian, "Progress Wars: Idle Games and the Demarcation of 'Real' Games", *Proceedings of 1st International Joint Conference of DiGRA and FDG 2016*, 2016.

Dowd, Tom, Michael Niederman, Michael Fry and Josef Steiff, *Storytelling Across Worlds: Transmedia for Creatives and Producers*, Boston: Focal Press, 2013.

Evans, Elizabeth, *Transmedia television: Audiences, new media, and daily life*, Oxfordshir: Taylor & Francis, 2011.

Fink, E., *Oase des Glücks. Gedanken zu einer Ontologie des Spiels*, Freiburg: Alber, 1957.

Flanagan, Mary & Helen Nissenbaum, *Values at Play in Digital Games*, Cambridge, MA: Mit Press, 2014.

Fludernik, M., *Towards a 'Natural' Narratology*, London and New York: Routledge, 1996.

Gaiman, Neil, *The View from the Cheap Seats*, New York: William Morrow, 2016.

Genette, G., "Le discours du récit", in *Figures III*, Paris: Seuil, 1972.

Graimas, A. J., *Sémantique structurale*, Paris: Puf, 1966.

Harries, Karsten, *Art Matters. A Critical Commentary on Heidegger's "The Origin of the Work of Art"*, Dordrecht: Springer, 2010.

Heidegger, Martin & Blochmann, Elisabeth, *Briefwechsel 1918-1969*, Marbach am Neckar: Deutsche Schillergesellschaft, 1977.

Heidegger, Martin, "'... dichterisch wohnet der Mensch ...'", in: *Vorträge und Aufsätze*, Frankfurt am Main: Vittorio Klostermann, 2000.

Heidegger, Martin, "'Wie wenn am Feiertage ··· '", in: *Erläuterungen zu Hölderlinss Dichtung*, Frankfurt am Main: Vittorio Klostermann, 1981.

Heidegger, Martin, "Hölderlins und das Wesen der Dichtung", in: *Erläuterungen zu Hölderlinss Dichtung*, Frankfurt am Main: Vittorio Klostermann, 1981.

Heidegger, Martin, *Der Ursprung des Kunstwerkes*, Frankfurt am Main: Vittorio Klostermann, 2012.

Heidegger, Martin, *Der Ursprung des Kunstwerkes*, Stuttgart: Reclam, 1960.

Heidegger, Martin, *Holzwege* (Gesamtausgabe, Band 5), Frankfurt am Main: Vittorio Klostermann, 1977.

Heidegger, Martin, *Holzwege*, Frankfurt am Main: Vittorio Klostermann, 1950.

Herman, D., *Story Logic*, Lincoln and London: University of Nebraska Press, 2002.

Ingarden, R., "Aesthetic Experience and Aesthetic Object", *Philosophy and Phenomenological Research* Vol. 21, No. 3, 1961.

James, H., "The Art of Fiction", *Longman's Magazine 4*, 1884.

Jenkins, H. "Transmedia Storytelling"(online article). MIT Technology Review. http://www.technologyreview.com/biomedicine/13052/

Koestler, A., "The Three Domains of Creativity" in *The Concept of Creativity in Science and Art*, D. Dutton and N. Krausz (eds.), The Hague/Boston/London: Martinus Nijhoff Publishers, 1981.

Lancière, Jacques, *Le spectateur émancipé*, Paris: La Fabrique-Édition, 2008.

Lévi-Strauss, C., "Analyse des Mythes", in *Anthorpologie structurale*, Paris: Plon, 1958.

Lingis, Alphonso, "Some Quetions about Lyotard's Postmodern Legitimation Narrative", *Philosophy & Social Criticism* Vol 20: 1-12, 1994.

Lubbock, P., *The Craft of Fiction*, CreateSpace Independent Publishing Platform, 2013(1921).

Lyotard, J.-F., *La condition postmoderne*, Paris: Minuit, 1979.

Lyotard, J.-F., *Le différend*, Paris: Minuit, 1983.

Marie, Michel & Jacques Aumont, *Dictionnaire théorique et critique du cinéma*, Paris: Nathan, 2001.

Nola, Robert & Gürol Irzik, "Incredulity towards Lyotard: a Critique of a Postmodernist Account of Science and Knowledge", *Studies in History and Philosophy of Science* 34.2, 2003.

Papastephanou, Mariana, "From Consensus to Dissensus and Back Again: Habermas and Lyotard", *The European Legacy* Vol. 19: 679-697, 2014.

Parfit, Derek, *Reasons and Persons*, Oxford: Clarendon Press, 1984.

Philips, Andrea, *A Creator's guide to Transmedia Storytelling: how to captivate and engage audiences across multiple platforms*, New York: Mc Graw Hill, 2012.

Pier, J., 2008, *Théorie du récit: L'apport de la recherche allemande*, Paris: Septentrion.

Pratten, Robert, *Getting Started in Transmedia Storytelling: A Practical Guide for Beginners*, South Carolina: CreateSpace, 2011.

Rentsch, Thomas, "Vorwort", in: Martin Heidegger, *Sein und Zeit*(Klassiker Auslegen, Band 25), hrsg. von Thomas Rentsch, Berlin: Akademieverlag, 2007.

Ricoeur, Paul, "Identité narrative", *Esprit 140/141*, 1988.

Rimmon-Kenan, S., *Narrative Fiction*, London and New York: Methuen, 1983.

Ryan, M. L., *Avatars of story*, Minneapolis: University of Minnesota Press, 2006.

Ryan, Marie-Laure, "Transmedia Storytelling: Industry Buzzword or New Narrative Experience?", *Storyworlds: A Journal of Narrative Studies* Vol. 7, No. 2, 2015.

Ryan, M-L., J. N. Thon, al., *Storyworlds across Media: Toward a Media-Conscious Narratology*, Lincoln: University of Nebraska Press, 2014.

Sánchez-Mesa Martínez, Domingo, Espen Aarseth, Robert Pratten, Carlos Scolari, "Transmedia (Storytelling?): A polyphonic critical review", *Artnodes*, Num. 18, 2016. https://doi.org/10.7238/a.v0i18.3064

Simons, Massimiliano, "Jean-François Lyotard and Postmodern Technoscienc", *Philosophy & Technology* 35(2), 2022.

Spiel, Katta, Sultan A. Alharthi, "'It Started as a Joke': On the Design of Idle Games", *Proceedings of the Annual Symposium on Computer-Human Interaction in Play*, 2019.

Stanzel, F. K., *A theory of narrative*, Cambridge: Cambridge University Press, 1986 (1979).

Stockwell, P., *Cognitive Poetics*, London and New York: Routledge, 2002.

Strasser, Anna, Eric Schwitzgebel & Matthew Crosby, "How far can we get in creating a digital replica of a philosopher?", Raul Hakli, Pekka Mäkelä & Johanna Seibt (eds.), *Social Robots in Social Institutions: Proceedings of Robophilosophy 2022*, Amsterdam: IOS PRESS, 2023.

Todorov, T., *Grammaire du Décaméron*, Paris: Mouton, 1969.

Waugh, P., *Metafiction: the theory and practice of self-conscious fiction*, London: Routledge, 2002.